NCS 직업기초능력평가

2023

최신 서교공 기출유형 모의고사

사무직 기술직 직업기초능력평가

8회

고시넷 공기업

서울교통공사 NCS 기출예상모의고사

동영상 강의 WWW.GOSINET.CO.KR

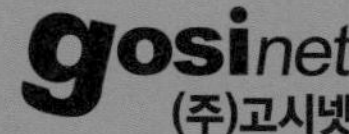

정오표 및 학습 질의 안내

정오표 확인 방법

고시넷은 오류 없는 책을 만들기 위해 최선을 다합니다. 그러나 편집에서 미처 잡지 못한 실수가 뒤늦게 나오는 경우가 있습니다. 고시넷은 이런 잘못을 바로잡기 위해 정오표를 실시간으로 제공합니다. 감사하는 마음으로 끝까지 책임을 다하겠습니다.

고시넷 홈페이지 접속 〉 고시넷 출판-커뮤니티 〉 정오표

www.gosinet.co.kr

모바일폰에서 QR코드로 실시간 정오표를 확인할 수 있습니다.

학습 질의 안내

학습과 교재선택 관련 문의를 받습니다. 적절한 교재선택에 관한 조언이나 고시넷 교재 학습 중 의문 사항은 아래 주소로 메일을 주시면 성실히 답변드리겠습니다.

이메일주소 qna@gosinet.co.kr

차례

서울교통공사 필기시험 정복

파트 1 서울교통공사 기출예상모의고사

파트 2 인성검사

파트 3 면접가이드

책속의 책

파트 1 서울교통공사 기출예상모의고사 정답과 해설

구성과 활용

1 서울교통공사 소개 & 채용 절차

서울교통공사의 미션, 비전, 경영목표, 인재상 등을 수록하였으며 최근 채용 절차 및 지원자격 등을 쉽고 빠르게 확인할 수 있도록 구성하였습니다.

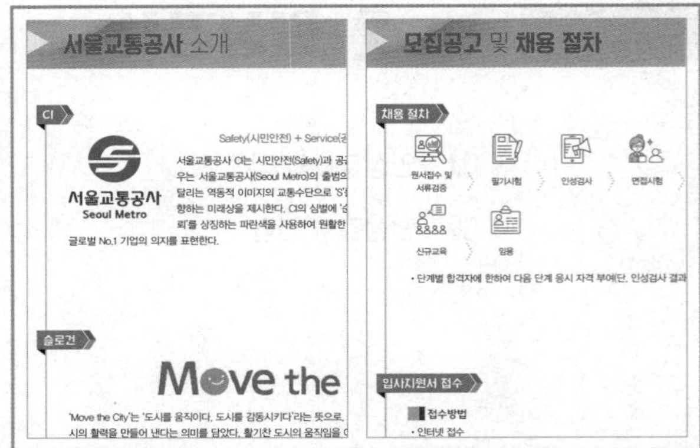

2 서울교통공사 기출 유형 분석

최근 기출문제 유형을 분석하여 최신 출제 경향을 한눈에 파악할 수 있도록 하였습니다.

서울교통공사 기출 유형분석

2022.10.15. 서울교통공사 기출문제 분석

문번	구분		문항구조	평가요소
1	의사소통능력	문서이해	중문, 표, 2문항	자료이해
2				
3		문서이해	장문, 3문항	자료이해
4				
5		문서작성		
6		문서이해	장문, 3문항	자료이해
7				
8		문서작성		
9	수리능력	도표분석	표 1, 2문항	자료이해
10				자료변환
11		도표분석	표 2, 3문항	자료이해
12				자료계산
13				자료변환
14		도표분석	표 1, 3문항	자료이해
15				자료계산
16				자료변환

문번	구분		문항구조	평가요소
27		업무이해	표 2, 2문항	자료계산
28				
29		업무이해	표 3, 2문항	자료계산
30				
31		업무이해	표 2, 2문항	자료계산
32				
33	정보능력	컴퓨터활용	중문, 2문항	자료이해
34				
35		컴퓨터활용	중문, 2문항	자료이해
36				
37		컴퓨터활용	장문, 표 2, 그림 2, 4문항	자료이해
38				
39				
40				
41		예산관리	표 2, 2문항	자료계산
42				
43				

3 실제와 같은 기출예상문제로 실전 연습 & 실력 UP!!

2023년 변경된 필기시험 평가방식을 반영한 총 8회의 기출예상문제로 자신의 실력을 점검하고 완벽한 실전 준비가 가능하도록 구성하였습니다.

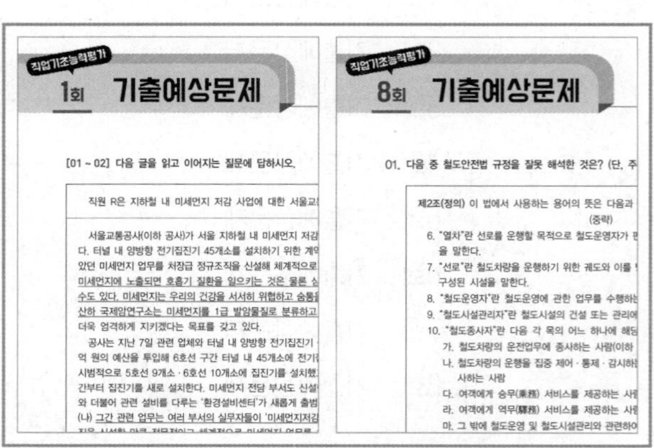

4 인성검사 & 면접으로 마무리까지 OK!!!

최근 채용 시험에서 점점 중시되고 있는 인성검사와 면접 질문들을 수록하여 마무리까지 완벽하게 대비할 수 있도록 하였습니다.

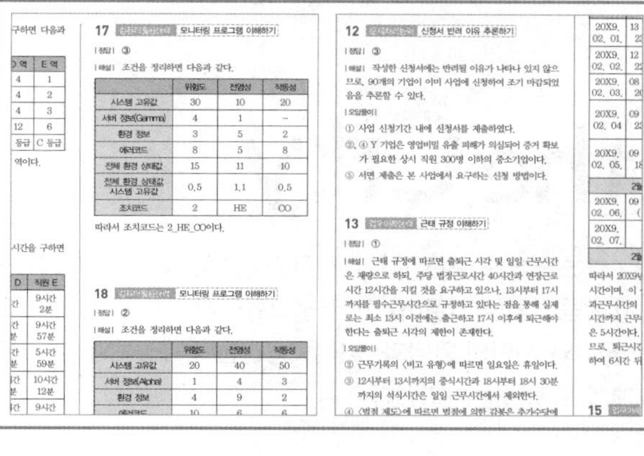

5 상세한 해설과 오답풀이가 수록된 정답과 해설

상세한 해설과 오답풀이 및 보충 사항들을 수록하여 문제풀이 과정에서의 학습 효과가 극대화될 수 있도록 구성하였습니다.

서울교통공사 소개

Safety(시민안전) + Service(공공서비스) + Seoul(교통공사)

서울교통공사 CI는 시민안전(Safety)과 공공서비스(Service) 확보를 최우선으로 내세우는 서울교통공사(Seoul Metro)의 출범의지를 '에스(S)'로 상징한다. 지상과 지하를 달리는 역동적 이미지의 교통수단으로 'S'를 표현하여 향후 대중교통 통합 운영을 지향하는 미래상을 제시한다. CI의 심벌에 '순환, 지구, 세계' 등을 상징하는 원형을, '신뢰'를 상징하는 파란색을 사용하여 원활한 교통체계를 구축하고 세계 속에 우뚝 서는 글로벌 No.1 기업의 의지를 표현한다.

슬로건

Move the City

'Move the City'는 '도시를 움직이다, 도시를 감동시키다'라는 뜻으로, 서울교통공사가 제공하는 교통서비스가 도시의 활력을 만들어 낸다는 의미를 담았다. 활기찬 도시의 움직임을 이끌어가는 서울교통공사의 미래 비전을 표현한 그래픽으로, 하늘색 원 안에 담긴 행복한 미소는 공사와 시민의 만남과 소통을 상징한다. 'the City'는 서울교통공사의 기술과 노하우로 변화하는 대한민국과 세계의 도시들을 가리킨다.

캐릭터

서울교통공사의 공식 캐릭터 '또타'는 시민과 늘 함께하는 서울지하철의 모습을 밝고 유쾌한 이미지로 표현한다. 캐릭터의 얼굴을 전동차의 측면 모양으로 디자인하여 일상적으로 이용하는 대중교통수단의 모습을 참신한 느낌으로 담아냈고, 메인 컬러인 파란색은 시민과 공사 간의 두터운 신뢰를 상징한다.

미션·비전

미션	안전한 도시철도, 편리한 교통 서비스
비전	사람과 도시를 연결하는 종합교통기업 서울교통공사

경영목표

시스템 기반 최고 수준의 안전운행

미래 성장동력 지속 발굴 및 강화

더 나은 서비스를 통한 고객만족도 제고

지속가능한 혁신 경영관리 체계 구축

인재상

열정과 도전정신을 가진 인재

안전분야 최고를 지향하는 인재	혁신을 주도하는 인재	열린 마음으로 협력하는 인재
세계 최고 수준의 안전 전문가가 되기 위해 노력하는 인재	실패를 두려워하지 않고 이를 통해 배우고 성장함으로써, 끊임없이 발전을 주도해 나가는 인재	나와 동료의 성공, 공사 발전에 기여하고 협력할 수 있는 영향력 있는 인재

모집공고 및 채용 절차

채용 절차

원서접수 및 서류검증

필기시험

인성검사

면접시험

신체검사 결격조회

신규교육

임용

- 단계별 합격자에 한하여 다음 단계 응시 자격 부여(단, 인성검사 결과는 면접 시 참고)

입사지원서 접수

접수방법

- 인터넷 접수
- 접수시작일부터 공사 홈페이지를 통해 채용시스템 접속이 가능합니다.
- 접수마감일은 동시접속에 의한 시스템 장애가 발생할 수 있으니 가급적 마감일을 피해 지원하시기 바랍니다.
- 입사지원서를 제출한 이후에는 수정, 취소가 불가하니 최종 제출 전 반드시 재확인 후 제출하시기 바랍니다.

필기시험

시험과목

- NCS 직업기초능력평가(40문항)

대상	NCS 직업기초능력평가
전 직종(공통)	의사소통능력, 수리능력, 문제해결능력, 조직이해능력, 정보능력, 자원관리능력, 기술능력, 자기개발능력, 대인관계능력, 직업윤리

• 직무수행능력평가(40문항)

직종	직무수행능력평가
사무	행정학, 경영학, 법학, 경제학 중 택1
승무	기계일반, 전기일반, 전자일반 택1
차량	기계일반, 전기일반, 전자일반 택1
전기	전기일반
정보통신	통신일반
신호	신호일반
기계	기계일반, 전기일반 택1
전자	전자일반, 통신일반 택1
궤도 · 토목	궤도 · 토목 일반
건축	건축일반
승강장안전문	전기일반, 전자일반, 통신일반 택1
보건관리	산업안전보건법
후생지원(조리)	위생법규 일반

• 평가문항 및 배점
NCS 직업기초능력평가 40문항(50%)+직무수행능력평가 40문항(50%) / 100분간
※ 직무수행능력평가 선택과목 간 난이도 차이로 인한 점수 편차 해소를 위해 조정점수 적용
※ 2023년부터 사무직종 필기시험 평가방법 변경 : 직무수행능력평가 추가
• 합격결정 : 각 과목 만점의 40% 이상 득점자 중 가산점수를 합산한 총득점자 순
• 합격인원 : 채용예정인원의 1.5배수 범위 내
(채용예정인원이 5명 이하인 경우, 채용예정인원에 3명을 합한 인원)

인성검사

• 직무수행 및 직장생활 적응에 요구되는 기초적인 인성 측정(온라인검사)
※ 인성검사 결과는 면접 시 참고자료로 활용(기간 중 검사 미시행 시 불합격 처리)

면접시험

• 직원으로서의 정신자세, 전문지식과 응용능력, 의사발표의 정확성과 논리성, 예의 · 품행 및 성실성, 창의력 · 의지력 및 기타 발전가능성
• 시험방법 : 개별(PT) 면접 + 집단 면접(3~4명) / 각 15점 만점
• 합격결정 : 필기점수, 면접점수를 50 : 50의 비율로 환산하여 고득점자 순
※ 개별(PT) 면접, 집단 면접 각각 10점 이상 득점한 자에 한함.
• 합격인원 : 채용예정인원의 1배수

서울교통공사 기출 유형분석

2022.10.15. 서울교통공사 기출문제 분석

문번	구분		문항구조	평가요소	소재
1	의사소통능력	문서이해	중문, 표, 2문항	자료이해	면접시험 안내문
2					
3		문서이해	장문, 3문항	자료이해	미세먼지 저감 사업 보도자료
4					
5		문서작성			
6		문서이해	장문, 3문항	자료이해	서울 지하철 1호선 설명자료
7					
8		문서작성			
9	수리능력	도표분석	표 1, 2문항	자료이해	연도별 고용 현황
10				자료변환	
11		도표분석	표 2, 3문항	자료이해	대중교통 이용 현황
12				자료계산	
13				자료변환	
14		도표분석	표 1, 3문항	자료이해	차령별 전철 보유 현황
15				자료계산	
16				자료변환	
17	문제해결능력	문제처리	중문, 표 1, 2문항	자료이해	지하안전영향평가제도
18				자료변환	
19		문제처리	중문, 표 2, 3문항	자료이해	생활물류센터 서비스
20				자료변환	
21				자료이해	
22		문제처리	장문, 표 2, 3문항	자료이해	기간제업무직 채용 공고문
23					
24					
25	조직이해능력	업무이해	표 2, 2문항	자료계산	운영 실적 평가
26					

문번	구분		문항구조	평가요소	소재
27		업무이해	표 2, 2문항	자료계산	근태 규정
28					
29		업무이해	표 3, 2문항	자료계산	성과급 지급
30					
31		업무이해	표 2, 2문항	자료계산	유급 휴가비
32					
33	정보능력	컴퓨터활용	중문, 2문항	자료이해	암호 설정
34					
35		컴퓨터활용	중문, 2문항	자료이해	비밀번호 찾기
36					
37		컴퓨터활용	장문, 표 2, 그림 2, 4문항	자료이해	시스템 모니터링
38					
39					
40					
41	자원관리능력	예산관리	표 2, 2문항	자료계산	업체 선정
42					
43		시간관리	그림 1, 2문항	자료이해	최소 이동 시간
44					
45					
46		예산관리	표 2, 3문항	자료계산	가용예산에 따른 생산이익
47					
48					
49	기술능력	기술이해	표 1, 2문항	자료이해	제품 코드
50					
51		기술선택	표 1, 그림 1, 3문항	자료이해	기기 사용 매뉴얼
52					
53					
54		기술선택	표 2, 3문항	자료이해	기기 점검 시기
55				자료계산	
56					

서울교통공사 기출 유형분석

문번	구분		문항구조	평가요소	소재
57	자기개발능력	자기개발	중문, 1문항	개념이해	자기개발의 이유
58		경력개발	중문, 1문항	개념이해	경력개발의 방법
59		자기관리	중문, 1문항	개념이해	거절의 의사표현
60		자기개발	중문, 1문항	개념이해	자기개발의 장애요인
61		자기개발	중문, 1문항	개념이해	자기개발의 설계전략
62		자기개발	중문, 1문항	개념이해	자기개발의 특징
63		경력개발	중문, 1문항	개념이해	경력개발 단계
64		자아인식	중문, 1문항	개념이해	흥미와 적성
65	대인관계능력	팀워크	중문, 1문항	개념이해	팀워크 촉진
66		팀워크	단문, 1문항	개념이해	팀워크의 개념
67		리더십	단문, 1문항	개념이해	팔로워십
68		고객서비스	중문, 1문항	개념이해	고객 불만 처리 프로세스
69		리더십	중문, 1문항	개념이해	리더와 관리자
70		갈등관리	단문, 1문항	개념이해	갈등의 증폭 요인
71		협상능력	표 1, 1문항	개념이해	협상에서의 대처법
72		리더십	표 1, 1문항	개념이해	임파워먼트의 장애요인
73	직업윤리	직업윤리	중문, 1문항	개념이해	직업윤리의 덕목
74		직업윤리	단문,1문항	개념이해	개인윤리와 직업윤리
75		직업윤리	단문, 1문항	개념이해	윤리적 규범
76		직업윤리	단문, 1문항	개념이해	직업윤리의 덕목
77		근로윤리	중문, 1문항	개념이해	근면의 종류
78		직업윤리	중문, 1문항	개념이해	직업의 조건
79		공동체윤리	단문, 1문항	개념이해	직장 내 괴롭힘
80		근로윤리	중문, 1문항	개념이해	비윤리적 행위의 유형

2021.10.09. 서울교통공사 기출문제 분석

문번	구분		문항구조	평가요소	소재
1	조직이해능력	업무이해	중문, 표, 3문항	시간 계산	휴가 규정
2					
3					
4		업무이해	표 3, 3문항	자료이해	근태 규정
5				시간 계산	
6				금액 계산	
7		체제이해	단문, 표 3, 2문항	자료이해	조직의 구조
8					
9	문제해결능력	문제처리	단문, 표, 그림, 2문항	자료이해	역명병기사업 공고문
10					
11		문제처리	단문, 표 2, 2문항	자료이해	문화사업 공고문
12					
13		문제처리	단문, 표, 그림, 2문항	자료이해	기술지원사업 공고문
14					
15		문제처리	표 2, 2문항	자료이해	시설 임대 및 환불규정
16					
17	의사소통능력	문서이해	중문, 2문항	자료이해	인구주택 총 조사
18					
19		문서이해	중문, 2문항	자료이해	지하철 내 공유오피스
20					
21		문서이해	장문, 2문항	자료이해	시스템 구축 사업 공고문
22					
23		문서이해	중문, 2문항	자료이해	고객서비스 관련 보도자료
24					
25	수리능력	도표분석	표 2, 2문항	자료이해	지역별 온라인쇼핑 이용인원
26				자료계산	

서울교통공사 기출 유형분석

문번	구분		문항구조	평가요소	소재
27		도표분석	표 2, 그래프, 2문항	자료이해	운수업 현황 자료
28		도표작성		자료변환	
29		도표작성	표 3, 그래프, 2문항	자료변환	부정승차 적발현황
30		도표분석		자료이해	
31		도표분석	표 2, 2문항	자료계산	회계결산
32				자료계산	
33	자원관리능력	시간관리	단문, 그림, 3문항	시간 계산	지하철 노선도
34		예산관리		비용 계산	
35		시간관리		경로 계산	
36		인적자원관리	표, 그림, 3문항	자료이해	부서 배치
37					
38					
39		예산관리	단문, 표 2, 2문항	자료이해	소양 교육 프로그램
40				자료이해	
41	자기개발능력	경력개발	그래프 2, 1문항	개념이해	경력개발 관련 이슈
42		자기개발	그림 4, 1문항	개념이해	자기개발의 개념
43		자기관리	단문, 1문항	개념이해	올바른 거절 방법
44		경력개발	표 1, 1문항	개념이해	경력 단계의 특징
45		자기관리	단문, 1문항	개념이해	성과 향상을 위한 행동 전략
46		자아인식	단문, 1문항	개념이해	자기성찰의 개념
47		자기관리	단문, 1문항	개념이해	자기관리의 과정
48		자기개발	단문, 1문항	개념이해	자기개발 계획의 어려움
49	기술능력	기술이해	단문, 표 2, 3문항	자료이해	열차번호 부여지침
50					
51					
52		기술이해	표 1, 단문, 2문항	시간 계산	선로의 주기별 점검표
53					
54		기술이해	단문, 그림, 3문항	자료이해	철도표지
55					
56					

문번	구분		문항구조	평가요소	소재
57	정보능력	컴퓨터활용	표 4, 그림 2, 4문항	자료이해	시스템 모니터링 화면
58					
59					
60					
61		컴퓨터활용	표 4, 그림, 4문항	자료이해	시스템 모니터링 화면
62					
63					
64					
65	직업윤리	공동체윤리	단문, 1문항	개념이해	비즈니스 예절
66		공동체윤리	단문, 1문항	개념이해	상호존중의 문화
67		공동체윤리	중문, 1문항	개념이해	직장 내 괴롭힘 금지 규정
68		근로윤리	중문, 1문항	개념이해	성실함의 개념
69		공동체윤리	그림, 1문항	개념이해	SERVICE의 의미
70		직업윤리	단문, 1문항	개념이해	윤리의 개념
71		직업윤리	단문, 1문항	개념이해	직업윤리의 기본원칙
72		공동체윤리	그림, 1문항	개념이해	준법정신
73	대인관계	대인관계	단문, 1문항	개념이해	대인관계 향상 방법
74		갈등관리	단문, 1문항	개념이해	갈등 해결 방법
75		갈등관리	단문, 1문항	개념이해	윈–윈 갈등관리법
76		팀워크	단문, 1문항	개념이해	효과적인 팀의 특징
77		리더십	단문, 1문항	개념이해	내적 동기부여 방법
78		팀워크	단문, 1문항	개념이해	팔로워십의 유형
79		협상	단문, 1문항	개념이해	협상의 전략
80		고객서비스	단문, 1문항	개념이해	불만 고객 대처법

서울교통공사 기출 유형분석

2020.10.11. 서울교통공사 기출문제 분석

문번	구분		배점	문항구조	평가요소	소재
1	의사소통능력	문서이해	0.8점	장문, 2문항	자료이해	철도국 예산안
2		문서작성	1.2점		빈칸 추론	
3		문서이해	1.2점	장문, 3문항	자료이해	철도안전법
4		문서이해	1.2점		자료이해	
5		문서작성	1.5점		빈칸 추론	
6		문서작성	1.5점	장문, 3문항	글의 주제	4차 산업혁명 관련 보도자료
7		문서이해	1.5점		자료이해	
8		문서작성	1.5점		문단의 주제	
9	수리능력	도표분석	1.1점	표, 2문항	자료이해	철도운임 원가정보 총괄표
10		도표작성	1.2점		자료변환	
11		도표분석	1.2점	단문, 표, 3문항	자료이해	국가철도 개량투자계획
12		도표작성	1.2점		자료변환	
13		도표작성	1.5점		자료변환	
14		도표분석	1.2점	표 2, 3문항	자료이해	열차 운행장애 현황
15		도표분석	1.5점		자료이해	
16		도표작성	1.5점		자료변환	
17	문제해결능력	문제처리	0.8점	표, 2문항	자료이해	반부패 행동지침 기관별 협조사항
18			1.2점			
19		문제처리	1.2점	단문, 표 2, 3문항	자료이해	스마트 스테이션
20			1.2점		특징 비교	
21			1.5점		자료이해	
22		문제처리	1.2점	단문, 표, 그림, 3문항	자료이해	BIM기반 통합운영시스템
23			1.5점		내용 추론	
24			1.5점		도식화	
25	조직이해능력	경영이해	0.5점	단문, 표, 2문항	시기 계산	사업별 수익체계
26			1.2점		순수익 계산	

문번	구분		배점	문항구조	평가요소	소재
27	조직이해능력	경영이해	1.2점	표 4, 3문항	자료이해	영업 매출 보고서 및 성과 기준표
28			1.2점			
29			1.5점			
30		체제이해	1.2점	중문, 표, 3문항	자료이해	근태 규정
31			1.5점		금액 계산	
32			1.5점		근무시간 계산	
33	정보능력	컴퓨터활용	0.8점	표 2, 예시, 4문항	시스템 상태	시스템 오류 모니터링 화면
34			1.2점			
35			1.2점			
36			1.2점			
37		컴퓨터활용	1.2점	표 2, 예시, 4문항	시스템 상태	시스템 오류 모니터링 화면
38			1.5점			
39			1.5점			
40			1.5점			
41	자원관리능력	인적자원관리	0.8점	단문, 표 2, 3문항	자료이해	근무지 배정
42			1.2점			
43			1.5점			
44		시간관리	1.2점	단문, 표, 그림, 5문항	자료이해	매장별 물건 운송
45			1.2점		시간 계산	
46			1.5점		시간 및 비용 계산	
47			1.5점		시간 계산	
48			1.5점		시간 계산	
49	기술능력	기술선택	0.5점	표, 3문항	자료이해	설비관리 점검일지
50			1.2점			
51			1.5점			
52		기술선택	1.2점	단문, 표 2, 그림, 5문항	자료이해	세탁기 사용설명서
53			1.2점		시간 계산	
54			1.5점		자료이해	
55			1.5점		자료이해	
56			1.5점		자료 추가	

문번	구분		배점	문항구조	평가요소	소재
57	자기개발능력	자아인식	0.8점	단문, 1문항	개념이해	자아를 인식하는 방법
58		자아인식	1.2점	단문, 1문항	개념이해	조하리의 창
59		자기관리	0.8점	그림, 1문항	개념이해	자기관리 절차
60		자기관리	1.2점	단문, 1문항	개념이해	업무수행 성과를 높이기 위한 행동전략
61		자기관리	1.5점	단문, 1문항	개념이해	거절의 의사결정
62		경력개발	1.2점	단문, 1문항	개념이해	경력개발이 필요한 이유
63		경력개발	1.5점	단문, 1문항	개념이해	경력개발 단계
64		경력개발	1.5점	단문, 1문항	개념이해	경력개발 관련 최신 이슈
65	대인관계능력	대인관계	0.8점	중문, 1문항	개념이해	감정은행계좌
66		팀워크	1.2점	단문, 1문항	개념이해	팀워크를 저해하는 요소
67		리더십	1.5점	그림, 1문항	개념이해	코칭의 진행과정
68		갈등관리	0.8점	단문, 1문항	개념이해	갈등을 파악하는 데 도움이 되는 단서
69		협상	1.2점	단문, 1문항	개념이해	협상에서 자주 하는 실수 및 대처방안
70		협상	1.5점	단문, 1문항	개념이해	의사결정 차원에서의 협상
71		고객서비스	1.5점	단문, 1문항	개념이해	고객 만족의 측정
72		고객서비스	1.2점	단문, 1문항	개념이해	설문조사와 심층면접법
73	직업윤리	직업윤리	1.2점	단문, 1문항	개념이해	개인윤리와 직업윤리
74		직업윤리	1.5점	단문, 1문항	개념이해	직업윤리 덕목
75		근로윤리	1.2점	단문, 1문항	개념이해	정직과 신용
76		근로윤리	1.5점	단문, 1문항	개념이해	정직
77		근로윤리	1.5점	단문, 1문항	개념이해	근면
78		공동체윤리	0.8점	단문, 1문항	개념이해	고객접점서비스
79		공동체윤리	0.8점	단문, 1문항	개념이해	명함 교환 예절
80		공동체윤리	0.8점	단문, 1문항	개념이해	소개의 예절

2019.12.14. 서울교통공사 기출문제 분석

문번	구분		문항구조	평가요소	소재
1	수리능력	기초연산	단문, 1문항	단순계산	멱급수
2		기초연산	단문, 1문항	수추리	숫자 규칙 찾기
3		기초연산	단문, 1문항	수추리	숫자 규칙 찾기
4		기초연산	단문, 1문항	거리 · 속력 · 시간	열차의 길이
5		도표분석	단문, 그래프 2, 1문항	자료이해	연령대별 시민희망지수
6		도표분석	단문, 그래프 2, 1문항	자료이해	음료류 섭취량
7		도표분석	단문, 그래프 2, 1문항	자료이해	의료폐기물의 배출량과 유역별 발생 현황
8		도표작성	단문, 표, 1문항	자료변환	지하철 이용 만족도
9	문제해결능력	사고력	단문, 그림, 2문항	조건추리	도로망에 물류센터 건설
10					
11		문제처리	중문, 1문항	자료이해	알코올과 뇌
12		사고력	단문, 1문항	개념이해	트리즈의 원리
13		문제처리	단문, 2문항	환경분석	제약회사 SWOT 분석
14		사고력	중문, 1문항	개념이해	문제의 유형(발생형, 탐색형, 설정형)
15					
16		사고력	단문, 1문항	진위판단	용의자의 진술
17	자원관리능력	자원관리	단문, 1문항	개념이해	자원의 특징과 낭비요인
18		자원관리	단문, 1문항	개념이해	자원관리 과정
19		시간관리	단문, 1문항	개념이해	시간 계획의 절차
20		예산관리	단문, 표, 1문항	자료이해	단체복 업체 선정
21		예산관리	단문, 1문항	개념이해	직접비와 간접비
22		예산관리	단문, 1문항	개념이해	예산관리의 방법
23		물적자원관리	단문, 표, 1문항	자료이해	작업에 사용될 부품 선정
24		인적자원관리	단문, 1문항	개념이해	4차 산업혁명시대의 인적관리의 변화

서울교통공사 기출 유형분석

문번	구분		문항구조	평가요소	소재
25	기술능력	기술	단문, 1문항	개념이해	기술과 기술능력
26		기술	단문, 1문항	개념이해	기술과 관련된 용어
27		기술	단문, 1문항	개념이해	기술과 고기술능력
28		기술	단문, 1문항	개념이해	산업재해
29		기술이해	단문, 1문항	개념이해	기술이해능력과 기술시스템
30		기술이해	장문, 1문항	자료이해	경영혁신기업
31		기술	단문, 1문항	자료이해	4차 산업혁명
32		기술이해	단문, 1문항	개념이해	4차 산업혁명의 주요 분야 및 기술
33	정보능력	컴퓨터활용	단문, 그림, 1문항	컴퓨터 설정	[Windows 설정] 화면의 메뉴
34		정보	단문, 1문항	개념이해	파밍
35		컴퓨터활용	단문, 1문항	진수변환	2진수, 8진수, 10진수, 16진수
36		정보	단문, 1문항	컴퓨터 설정	개인용 PC 보안 강화
37		정보	단문, 그림, 1문항	개념이해	캡차
38		컴퓨터활용	단문, 그림, 2문항	엑셀	도시철도 유실물 반환율
39					
40		컴퓨터활용	단문, 그림, 1문항	한글프로그램	협의회 참석 공문 작성
41	의사소통능력	문서이해	장문, 2문항	자료이해	열차 출 · 도착 데이터와 교통카드 데이터를 활용한 도시철도 역사 시설물 서비스 수준 추정 방안 연구
42					
43		문서이해	장문, 2문항	자료이해	철도안전법 제2장 철도안전관리체계
44					
45		문서이해	중문, 1문항	자료이해	철도안전법 제5장 철도차량 운행안전 및 철도 보호
46		문서이해	장문, 1문항	주제파악	안전한국훈련 보도자료
47		문서작성	장문, 2문항	공문서 작성법	행정업무운영실무 매뉴얼
48					

문번	구분		문항구조	평가요소	소재
49	대인관계능력	대인관계	중문, 그림, 1문항	자료이해	대인관계의 형성 과정
50		팀워크	중문, 그림, 1문항	개념이해	팀의 발전과정
51		리더십	단문, 그림 2, 2문항	개념이해	임파워먼트
52					
53		리더십	단문, 1문항	자료이해	거래적 리더십과 변혁적 리더십
54		팀워크	중문, 그림, 1문항	개념이해	팔로워십 유형
55		리더십	단문, 표, 1문항	개념이해	코칭
56		협상	장문, 1문항	자료이해	왕홍식품의 협상전략
57	자기개발능력	자아인식	중문, 1문항	자료이해	사빅카스의 세 가지 자아
58		경력개발	장문, 그림, 3문항	자료이해	진로탄력성
59					
60					
61		자기관리	단문, 그림, 1문항	자료이해	자기관리를 위한 절차
62		자기관리	단문, 1문항	개념이해	개인 차원의 스트레스 관리 방법
63		경력개발	중문, 그림, 1문항	개념이해	경력개발 모델
64				자료이해	
65	직업윤리	공동체윤리	장문, 1문항	자료이해	철도안전법 제4장 철도시설 및 철도차량 안전관리
66		근로윤리	단문, 1문항	자료이해	서울교통공사 윤리강령
67		직업윤리	장문, 2문항	자료이해	
68				개념이해	윤리적 의사결정
69		공동체윤리	장문, 1문항	자료이해	온수역 전동열차 탈선사고
70		공동체윤리	중문, 2문항	자료이해	직장 내 성희롱
71					
72		공동체윤리	장문, 1문항	자료이해	MOT(Moment of Truth)
73	조직이해능력	체제이해	단문, 그림, 1문항	자료이해	조직목표
74		체제이해	단문, 1문항	개념이해	조직목표의 종류
75		경영이해	단문, 그림, 1문항	자료이해	서울교통공사의 경영전략체계도
76		체제이해	장문, 2문항	빈칸추론	4차 산업혁명시대의 조직구조
77				자료이해	
78		경영이해	중문, 1문항	자료이해	경영의 구성 요소
79		경영이해	단문, 그림, 1문항	자료이해	기업환경
80		체제이해	단문, 1문항	개념이해	조직문화의 순기능

유형별 출제키워드

서울교통공사 보도자료 이해하기
도표를 바탕으로 그래프 작성하기
매뉴얼을 모식도로 나타내기
채용기준에 따라 인력선발하기
모니터링 프로그램 이해하기
최단거리 구하기
기기 점검 매뉴얼 이해하기
팀워크와 팔로워십 이해하기
개인윤리와 직업윤리 이해하기

출제분석

서울교통공사의 직업기초능력평가에서는 NCS 10개 영역 전반에서 제시된 자료를 이해하고 응용하는 형식의 문제를 주로 출제한다. 의사소통능력에서는 주로 서울교통공사의 사업에 관한 보도자료를 소재로 문서이해능력과 문서작성능력을 측정하고, 수리영역에서는 제시된 도표의 수치를 분석하고 이를 그래프로 작성하는 과정에 관한 문제를 출제한다. 문제해결능력에서는 자료를 통해 문제를 해결하는 능력을, 자원관리능력에서는 예제를 통해 가용예산을 활용하는 능력을 측정한다. 조직이해능력에서는 업무평가자료, 정보능력은 제시된 프로그램 규칙, 기술능력에서는 기기 설명서를 이해하고 적용하는 문제를 출제한다. 그리고 대인관계능력과 직업윤리에서는 각각에 관한 이론을 올바르게 이해하고 있는지를 확인한다.

파트  서울교통공사

기출예상모의고사

1회 기출예상문제

문항수 | 40문항

정답과 해설 2 쪽

[01 ~ 02] 다음 글을 읽고 이어지는 질문에 답하시오.

직원 R은 지하철 내 미세먼지 저감 사업에 대한 서울교통공사 보도자료를 열람하고 있다.

서울교통공사(이하 공사)가 서울 지하철 내 미세먼지 저감 사업을 본격적으로 추진한다고 밝혔다. 터널 내 양방향 전기집진기 45개소를 설치하기 위한 계약을 추진하고, 여러 부서가 나누어 맡았던 미세먼지 업무를 처장급 정규조직을 신설해 체계적으로 관리한다. (가) 면역력이 떨어진 몸이 미세먼지에 노출되면 호흡기 질환을 일으키는 것은 물론 심한 경우 사망률을 높이는 원인이 될 수도 있다. 미세먼지는 우리의 건강을 서서히 위협하고 숨통을 조이는 물질로, 세계보건기구(WHO) 산하 국제암연구소는 미세먼지를 1급 발암물질로 분류하고 있다. 공사는 미세먼지 관련 기준을 더욱 엄격하게 지키겠다는 목표를 갖고 있다.

공사는 지난 7일 관련 업체와 터널 내 양방향 전기집진기 설치를 위한 계약을 체결했다. 약 128억 원의 예산을 투입해 6호선 구간 터널 내 45개소에 전기집진기를 설치하는 게 골자다. 지난해 시범적으로 5호선 9개소 · 6호선 10개소에 집진기를 설치했고, 올해는 본격적으로 6호선 본선 구간부터 집진기를 새로 설치한다. 미세먼지 전담 부서도 신설했다. 처장급 정규조직인 '대기환경처'와 더불어 관련 설비를 다루는 '환경설비센터'가 새롭게 출범해 이날 시행한 직제개편에 반영된다. (나) 그간 관련 업무는 여러 부서의 실무자들이 '미세먼지저감TF'를 만들어 수행해 왔다. 두 정규조직을 신설한 만큼 전문적이고 체계적으로 미세먼지 업무를 처리할 것으로 공사는 기대하고 있다.

(다) 공사는 지난 2011년 이전부터 미세먼지 저감 대책을 시행해 왔다. 승강장안전문 설치, 노후 환기설비 개량, 고압살수차 도입, 역사 및 전동차 청소 등 정책으로 지하역사 미세먼지를 100$\mu g/m^3$ 이하까지 낮추는 데 성공했다. 2018년 이후부터는 터널 양방향 전기 집진기, 승강장 공기질 개선장치, 친환경모터카 교체, 전동차 객실 내 공기질 개선장치 설치, 객실 출입문 에어커튼 시범 설치 등 신규 사업도 추가로 추진했다. 그 결과, 지난 10년 전과 비교해 지하철 역사 내 미세먼지(PM10)는 37.3%, 전동차 객실 내 미세먼지는 33.0% 줄어든 것으로 자체 측정 결과가 나타났다.

미세먼지에 대한 사회적 관심 또한 높아지면서 관련법에 따른 기준 또한 엄격해졌다. 2019년 7월 환경부에서는 실내공기질관리법을 개정해 지하역사 미세먼지 농도 기준을 150$\mu g/m^3$에서 100$\mu g/m^3$으로 강화하였으며, 지하 역사 및 전동차 객실 내 초미세먼지 관리기준(지하역사 및 전동차 50$\mu g/m^3$ 이하)을 새롭게 세웠다. (라) 공사는 향후 4년간 4,000억 원을 투입해 터널본선의 환기설비 집진효율 개선 등 4대 분야 20개 대책을 수립 · 추진할 계획이다. 미세먼지 저감 사업은 2024년까지 역사 내 미세먼지(PM10)는 50$\mu g/m^3$ 이하, 초미세먼지(PM2.5) 30$\mu g/m^3$ 이하, 전동차 내 초미세먼지는 35$\mu g/m^3$ 이하로 유지하는 것이 목표다. 공사는 실내공기질관리법보다 더 엄격한 기준으로 관리할 방침이다.

서울교통공사 사장은 "서울 지하철은 대부분 지하 구간에서 운행되는 데다, 환기구 구조 및 위치와 시설 노후화, 공기여과장치의 낮은 효율성 등 구조적 한계로 미세먼지 저감에 많은 어려움이 있다"라며, (마) <u>"서울시 미세먼지 개선 의지에 부응해, 자체 노력으로 미세먼지 오염도를 50%로 줄이고, 비상저감조치 발령 시 외부 공기보다 더욱 깨끗하게 관리될 수 있도록 최선을 다하겠다"라고 말했다.</u>

01. 다음 중 직원 R이 위 자료를 이해한 내용으로 적절하지 않은 것은?

① 서울 지하철은 구조적인 한계로 인해 미세먼지를 저감하는 데 있어 어려움이 존재한다.
② 이번 직제개편에는 미세먼지 업무를 전문적으로 다루는 두 개의 조직이 신설된다.
③ 터널 내 양방향 전기집진기는 새롭게 설치되는 곳까지 총 54개소에 위치하게 된다.
④ 관련법에 따라 지하역사 미세먼지 농도 기준이 강화되었다.
⑤ 현재 전동차 객실 내 미세먼지는 10년 전보다 33.0% 줄어들었다.

02. 위 자료의 (가) ~ (마) 중 문맥상 적절하지 않은 것은?

① (가) ② (나) ③ (다)
④ (라) ⑤ (마)

[03 ~ 04] 다음 글을 읽고 이어지는 질문에 답하시오.

서울교통공사 직원 T는 지하철 1호선에 대한 설명 자료를 열람하고 있다.

(가) 서울 지하철 건설이 처음 언급된 것은 일제 강점기 시대로 거슬러 올라간다. 1920년대 말 서울 인구가 100만 명을 넘어서자 전차와 버스로 도시교통을 감당하기 어려워질 것을 우려해 논의가 시작되었으며, 1930년대 말 일제는 본격적인 지하철 건설 계획을 수립한다. 그러나 중 · 일 전쟁을 시작으로 일제가 철근 · 시멘트 등 건축자재를 전부 전쟁용으로 사용하기 위해 통제하면서 지하철 건설은 중단되었다. 한동안 멈춰 있던 지하철 건설은 1960년대 본격적인 경제성장과 함께 서울이 발전하기 시작하며 다시 물꼬를 트게 된다. 1961년 철도청이 최초로 지하철 건설 계획을 입안했으며, 이후 1964년 윤치영 서울시장이 국회 교통체신분과위원회에 제출한 '서울 교통 문제 해결책'에 지하철 건설 계획이 언급되면서 본격적인 논의가 시작된다. 활발한 논의 끝에 서울시는 1965년 「서울 시정 10개년 계획」을 통해 '향후 10년 내에 4개 노선 51.5km의 지하철을 건설하겠다'라는 방침을 발표한다. 이후 김현옥 서울시장의 지휘 아래 지하철 건설 준비에 본격적으로 들어가며, 1970년 6월에는 서울특별시 지하철건설본부를 발족했다. 이후 같은 해 9월 일본 조사단이 서울을 방문해 한 달 동안 현장 조사를 거쳐 '서울특별시 수도권도시교통계획 조사보고서'를 작성하였다. 이를 바탕으로 정부가 '지하철 1호선 건설계획 및 수도권전철계획'을 10월에 공식 발표하며 1호선의 건설이 공식적으로 알려지게 된다.

(나) 우여곡절 끝에 1971년 4월 12일 서울시청 앞 광장에서 첫 착공식이 열렸다. 당시 착공식에는 박정희 전 대통령과 3만여 명의 시민이 참석했다는 점에서 당시 지하철 1호선이 국가적으로 큰 관심을 받고 있었다는 사실을 알 수 있다. 3년이 지난 1974년 4월 12일 서울역 ~ 종각역 구간에서 첫 시운전을 무사히 진행하며 모든 준비를 완료한 끝에, 같은 해 8월 15일 광복절에 서울 지하철 1호선(종로선)이라는 이름으로 개통했다. 종로선은 서울역부터 청량리역까지 9개역 7.8km 구간을 5분 간격으로(출 · 퇴근 시간 기준) 달리는 우리나라 최초의 지하철이다. 같은 날 철도청도 경부선, 구인선, 경원선의 전철화를 완료해 서울 지하철 1호선과 직결운행하기 시작했다.

(다) 개통 당시 전동차는 6칸을 한 편성으로 구성해, 총 10개 편성을 일본 히타치중공업에서 들여왔다. 이른바 '1세대 전동차'라 불리는 차량으로, 교 · 직류 겸용 저항제어 전동차였다. 외관은 폭 3.2m · 길이 20m에 선두부 관통문과 출입문 4개가 있었고, 바탕은 크림색 · 창틀은 빨간색인 통근형 열차였다. 1977년에서 1978년 사이 대우중공업이 해외 기술제휴를 통해 최초로 국산 전동차를 36칸 제작해 1호선에 도입하였다. 1981년에는 한 편성을 8칸으로 늘렸으며, 1989년에는 대우중공업과 현대정공에서 64량을 추가로 도입하고 한 편성을 10칸으로 늘렸다. 이후 공사는 1999년 개통 시 도입한 60칸을 모두 폐차하고 VVVF 전동차로 전량 교체했다.

(라) 지하철 1호선은 오랜 기간 달려온 만큼 다양한 기록도 남겼다. 개통 이후 2019년까지 46년간 1호선이 달려온 총 운행거리는 약 9,100만km다. 지구 둘레가 약 4만 km이니, 환산하면 지구를 총 2,275바퀴 돈 셈이다. 열차 운행횟수 역시 첫 해 2만 회를 기록하였는데, 지금은 2019년 기준 59만 회로 크게 늘어났다. 누적 운행횟수는 총 2,300만 회인데, 직결운행하는 한국철도(코레일) 차량의 운행횟수까지 합치면 총 3,200만 회다. 첫 해 약 3,177만 명이었던 수송인원 역시 1억 7236만 명으로 늘어났다. 누적 수송인원만 해도 92억 4천만 명인, 명실상부한 '시민의 발'로 자리 잡은 셈이다.

(마) 지금까지 서울 중심부를 한 번도 쉬지 않고 달려온 지하철 1호선이기에, 그만큼 시설물도 노후화되어 있다. 지난 1970년대에 지은 시설물이 여전히 남아 운영되고 있기도 하다. 정기적인 안전 점검을 통해 이용에는 큰 문제가 없다는 것이 확인됐지만, 미관상으로는 낡고 오래된 것처럼 보인다. 서울교통공사는 1호선의 낡고 오래된 이미지를 바꾸고 이용객들의 편의를 개선하기 위해 1호선 역사를 단계적으로 리모델링하고 있다. 공사는 "서울 지하철 1호선은 국내 지하철의 역사가 그대로 담겨 있는 역사적 유물이다"라며 "지속적인 관리와 개선을 통해 100년 넘게 이어질 수 있도록 힘쓰겠다"라고 말했다.

03. **다음 중 직원 T가 위 자료를 이해한 내용으로 적절하지 않은 것은?**

① 1964년 국회에 제출한 '서울 교통 문제 해결책'을 시작으로 본격적인 서울 지하철 건설계획이 논의되었다.

② 서울특별시 지하철건설본부는 1970년 6월에 발족하였다.

③ 서울 지하철 1호선은 1974년 한 해 동안 열차 운행횟수 2만 회를 기록하였다.

④ 1981년에는 전동차 64량을 추가로 도입하고 10칸을 한 편성으로 구성하였다.

⑤ 현재 서울 지하철 1호선은 노후화되었지만 정기적인 안전 점검을 통해 이용에는 큰 문제가 없는 상황이다.

04. **다음 중 (가) ~ (마)의 소제목으로 가장 적절하지 않은 것은?**

① (가) 첫 건설 논의는 일제 강점기 때부터, 60년대 본격 검토되며 건설

② (나) 1971년 착공해 3년 만에 완공, 시작은 9개 역 7.8km 구간으로 출발

③ (다) 열차는 6칸짜리 일본제 전동차 10개 편성, 이후 국산 전동차 제작으로 이어져

④ (라) 지하철 1호선 이모저모, 누적 운행거리 9,100만km, 운행횟수 5,500만 회 돌파

⑤ (마) 낡고 오래된 지하철 1호선, 단계적 리모델링 추진

[05 ~ 06] 다음 자료를 보고 이어지는 질문에 답하시오.

직원 S는 연도별 고용 현황 자료를 보고 있다.

〈연도별 고용 현황〉

(단위 : 천 명)

구분			20X1년	20X2년	20X3년	20X4년	20X5년
남성	만 15세 이상 인구		17,953	18,825	19,978	20,989	21,699
		경제활동인구	13,478	14,021	14,621	15,607	16,002
		비경제활동인구	4,475	4,804	5,357	5,382	5,697
	취업자		12,988	13,481	14,041	15,057	15,372
	실업자		490	540	580	550	630
여성	만 15세 이상 인구		19,061	19,806	20,846	21,807	22,483
		경제활동인구	9,504	10,002	10,335	11,229	11,893
		비경제활동인구	9,557	9,804	10,511	10,578	10,590
	취업자		9,243	9,707	9,992	10,840	11,450
	실업자		261	295	343	389	443

※ 경제활동인구=(취업자)+(실업자)

※ 증감값=(해당 연도 값)−(직전 연도 값)

05. 다음 중 직원 S가 위 자료를 이해한 내용으로 적절한 것은?

① 20X1 ~ 20X5년 동안 남성의 경우 취업자 수는 남성 비경제활동인구수의 3배 미만이다.

② 20X1 ~ 20X5년 동안 여성의 경우 매년 취업자보다 비경제활동인구가 더 많다.

③ 20X2 ~ 20X5년 중 전년 대비 비경제활동인구수의 증감이 가장 작은 연도는 남녀 모두 동일하다.

④ 20X2 ~ 20X5년 동안 여성의 전년대비 취업자 수 증감은 동기간 남성의 취업자 수 증감보다 매년 작다.

⑤ 20X1 ~ 20X5년 중 연도별 남성 취업자 수와 여성 취업자 수의 차이는 20X3년이 가장 크다.

06. 다음 중 위 자료를 바탕으로 작성한 그래프로 적절하지 않은 것은?

① 〈만 15세 이상 전체 인구수〉

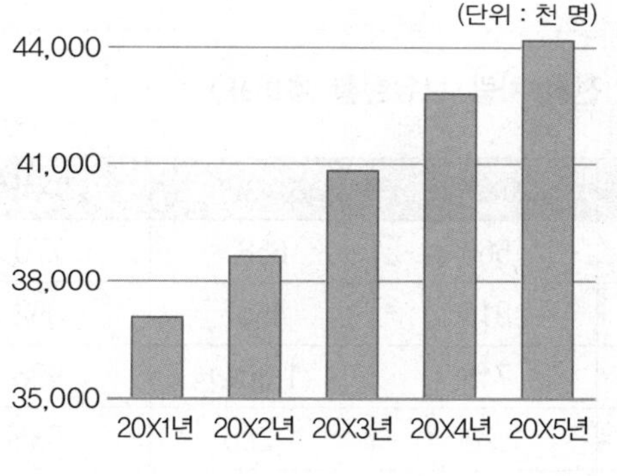

② 〈전년 대비 경제활동인구수 증감값〉

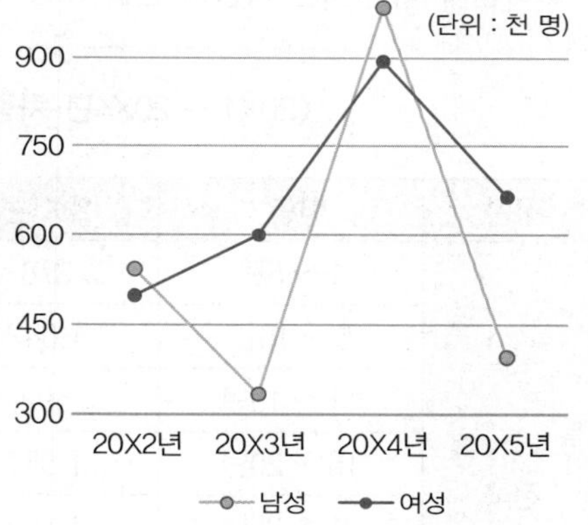

③ 〈20X3년 기준 전체 실업자 수 차이*〉

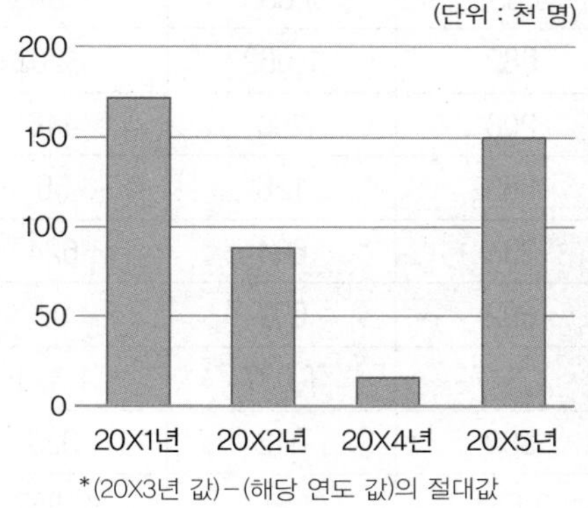

*(20X3년 값)−(해당 연도 값)의 절대값

④ 〈남녀 간 만 15세 이상 인구 차이〉

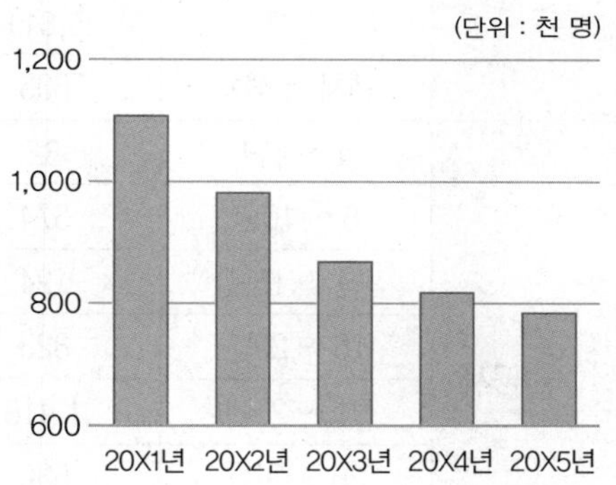

⑤ 〈전년 대비 실업자 수 증감값〉

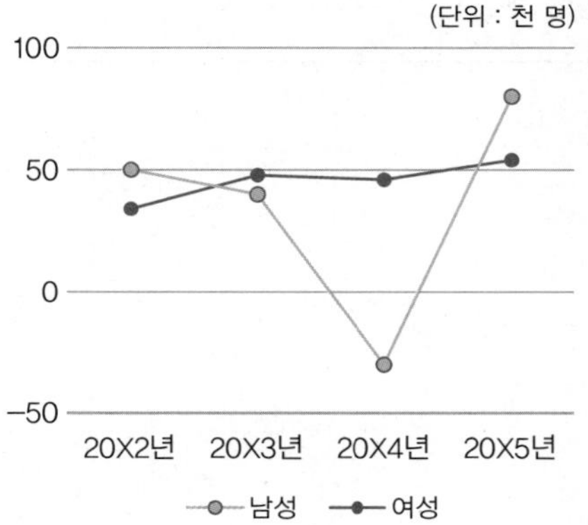

[07 ~ 08] 다음 자료를 보고 이어지는 질문에 답하시오.

○○공사 직원 N은 차령별 전철 차량 보유현황 추이표를 확인하고 있다.

〈20X1 ~ 20X4년 차령별 전철 차량 보유현황 추이표〉

(단위 : 대)

구분	차령*	20X1년	20X2년	20X3년	20X4년
전국	1 ~ 5년	378	566	658	770
	6 ~ 10년	1,042	816	458	352
	11 ~ 15년	592	718	1,084	996
	16 ~ 20년	1,551	1,280	1,280	535
	21 ~ 25년	1,502	1,695	1,385	2,053
	26년 이상	746	758	1,018	1,189
	소계	5,811	5,833	5,883	5,895
	폐차 누적치	805	982	1,062	1,202
○○공사	1 ~ 5년	82	208	250	446
	6 ~ 10년	574	388	126	56
	11 ~ 15년	124	334	604	624
	16 ~ 20년	823	692	692	87
	21 ~ 25년	1,418	1,347	1,037	1,421
	26년 이상	530	582	842	923
	소계	3,551	3,551	ⓐ	3,557
	폐차 누적치	793	930	1,010	1,150

* 차량이 처음 출고된 해를 기준으로 하여 현재까지 사용한 햇수

07. 다음 중 자료의 ⓐ에 들어갈 값으로 옳은 것은?

① 3,548　② 3,551　③ 3,554
④ 3,563　⑤ 3,569

08. 다음 중 〈보기〉의 ㉠에 해당하는 값으로 옳은 것은? (단, 보유 비율은 소수점 첫째 자리에서 버림한다)

보기

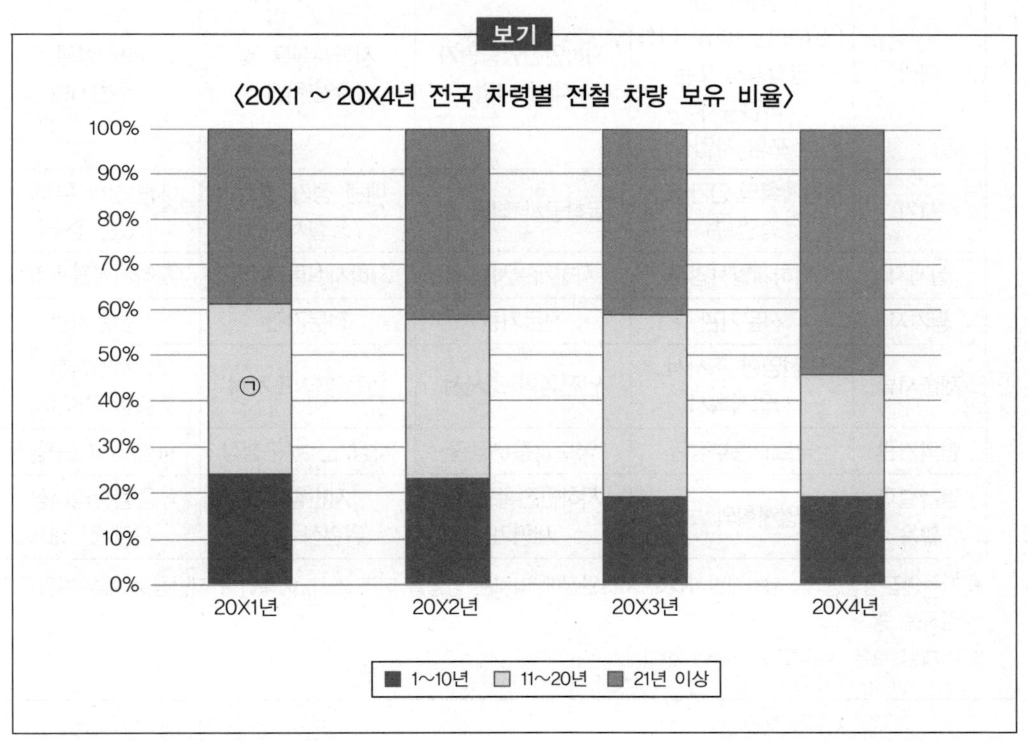

① 34%　② 36%　③ 38%
④ 40%　⑤ 42%

[09 ~ 10] 다음 자료를 보고 이어지는 질문에 답하시오.

사원 W는 지하안전영향평가 매뉴얼을 열람하고 있다.

• 지하안전법에 따른 사전/사후관리 제도
  – 전문기관 : 지하안전 영향평가서를 대행/작성하는 민간 기관
  – 검토기관 : ○○공단, ☆☆공사(국토교통부장관이 협의기관 자격으로 검토 및 현지조사 의뢰)
  – 협의기관 : 각종 서류를 전달받는 국토교통부 및 지역별 각 정부기관 등

구분	일반/소규모 지하안전영향평가	사후 지하안전영향평가	지하안전점검평가	지반침하 위험도평가
대상	굴착깊이 20m (소규모는 10m) 이하 굴착공사 또는 터널공사 포함 사업	지하안전영향평가 대상 사업	지하시설물 및 주변지반	지하시설물 및 주변지반
시기	사업계획의 인가 또는 승인 전	굴착공사 착공 후	매년 정기적으로 실시	지반침하 우려가 있는 경우
실시자	지하개발사업자	지하개발사업자	지하시설물관리자	지하시설물관리자
평가자	전문기관	전문기관	전문기관	전문기관
제출서류	안전영향 조사서, 사업계획서	안전영향 조사서	안전영향 조사서	지반침하 위험도평가서
협의기관	국토교통부장관	국토교통부장관	시장/군수/구청장	시장/군수/구청장
평가결과 활용	사업계획의 보정	지하안전확보 및 재평가	지반침하 위험성 점검	중점관리대상 지정 및 해제

※ 지하안전영향평가 : 지하개발사업이 지하안전에 미치는 영향을 미리 조사, 예측하여 지반침하 예방 방안을 마련하는 평가

※ 기재된 모든 서류를 제출해야 한다.

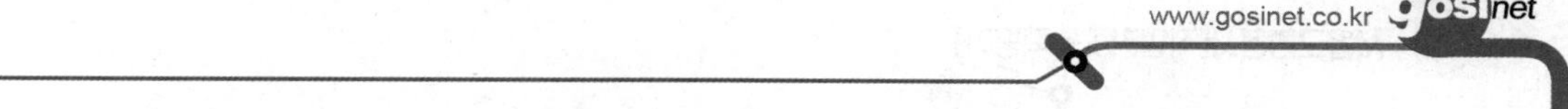

09. 다음 중 사원 W가 위 자료를 이해한 내용으로 적절하지 않은 것은?

① 지하안전점검평가의 대상 사업은 총 5가지이다.
② 지하안전점검평가는 매년 실시되고 있다.
③ 지하안전점검평가와 사후 지하안전영향평가는 제출해야 하는 서류가 동일하다.
④ 지하안전점검평가와 지반침하 위험도평가는 지하시설물관리자가 실시한다.
⑤ 지반침하 위험도평가를 통해 지하시설물의 중점관리대상 지정이 해제될 수 있다.

10. 다음 〈보기〉의 모식도에서 나타내고 있는 지하안전영향평가의 절차로 적절한 것은? (단, 〈보기〉 외의 사항은 위 자료와 동일하다)

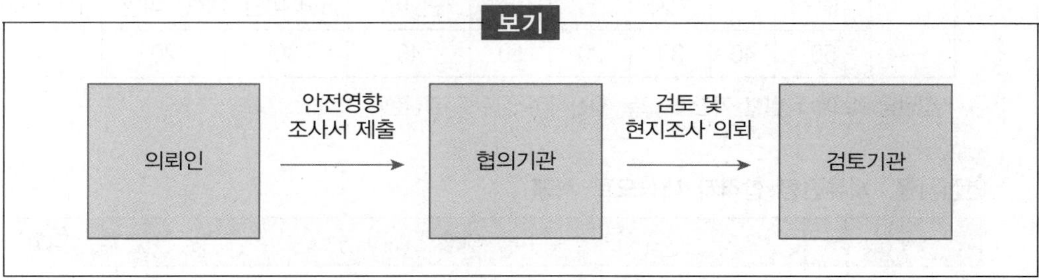

① 일반 지하안전영향평가
② 소규모 지하안전영향평가
③ 사후 지하안전영향평가
④ 지하안전점검평가
⑤ 지반침하 위험도평가

[11 ~ 12] 다음 글을 읽고 이어지는 질문에 답하시오.

〈기간제업무직(조리원) 채용 공고〉

서류전형(1차) ⇒ 면접시험(2차) ⇒ 신체검사 및 결격사유조회 ⇒ 최종합격

• 서류전형

– 자격요건 평가로 적격여부 판단, 평가기준에 의한 평가 후 고득점 순으로 10배수 선발

– 지원자가 10배수 미만일 경우 자격요건 충족 시 전원 합격 처리

– 자격에 적합하여 합격배수를 초과하는 동점자 발생 시 동점자 전원 합격

1) 자격증 : 한식, 중식, 일식, 양식, 복어조리산업기사 및 조리기능사

※ 자격증 종류에 따라 점수 부여(점수는 1개 자격증에 한하여 인정)

※ 접수마감일 이전 취득한 것만 인정

2) 경력 : 집단급식소 근무경력만 인정(면접시험 시 서류 확인)

3) 가점 : 「국가유공자 등 예우 및 지원에 관한 법률」 제31조(취업지원 대상자)에 따라 국가유공자 본인 및 자녀는 서류전형 점수에 10% 가점부여

합계	자격증				경력사항*				
100점	50점				50점				
	기술사/기능장	기사	산업기사	기능사	7년 이상	5년 이상 7년 미만	3년 이상 5년 미만	1년 이상 3년 미만	6개월 이상 1년 미만
	50	40	30	20	50	40	30	20	10

* 집단급식소에서 일한 기간을 모두 합산하여 점수로 환산한다.

• 면접시험 : 서류전형 합격자 대상으로 시행

구분	내용	비고
면접평가위원	• 공사 내부직원 1명, 외부위원 2명으로 구성	
평가방법	• 블라인드 면접 – 해당 직무 수행능력에 필요한 능력 및 적격성 평가	
평가기준	• 평가기준 요소별 배점(상 3점, 중 2점, 하 1점/15점 만점) – 직원으로서의 정신자세(3점) – 업무적합성 및 경험(3점) – 의사발표의 정확성과 논리성(3점) – 예의 품행 및 성실성(3점) – 창의력, 의지력, 기타 발전가능성(3점)	

11. 다음 중 〈보기〉의 지원자 K가 서류전형과 면접전형에서 받는 점수의 합계로 옳은 것은?

보기

지원자 K

항목	내용
자격증	한식조리산업기사(취득완료) 양식조리기능장(취득준비)
경력	어린이집 급식소 3년 근무(원아 20명) 고등학교 급식소 1년 근무(학생 150명)
면접평가 점수	상-2개 항목, 중-2개 항목, 하-1개 항목
특이사항	할아버지가 6.25 전쟁 국가유공자

① 66점　② 71점　③ 77점
④ 78점　⑤ 88점

12. 다음 〈보기〉와 같이 채용전형이 변경되었다. 지원자 Q가 서류평가 점수에서 채용정원의 10배수 순위 안에 들고자 할 때, 추가적으로 갖춰야 할 자격은? (단, 〈보기〉 외의 사항은 모두 위 자료와 동일하다)

보기

상사 B : 금번 채용전형이 변경됨에 따라 모든 서류평가 대상자들도 면접을 보게 되었습니다. 단, 서류전형 점수가 채용정원의 10배수 안에 들지 못하면 최종점수 동점자 처리에서 후순위로 밀리게 되므로 참고하시기 바랍니다. 금번 채용정원은 2명이며 서류전형 20등의 점수는 71점입니다. 서류평가 71점자는 모두 20위로 처리할 예정입니다.

지원자 Q

항목	내용
자격증	중식조리기능사 1개
경력	○○사업장 급식소(300명) 경력 5년

① 양식조리기술사 자격증　② 한식조리산업기사 자격증
③ □□센터 급식소(70명) 경력 1년　④ 국가유공자 자녀 가점
⑤ 면접전형 점수 만점

[13 ~ 14] 다음 글을 읽고 이어지는 질문에 답하시오.

○○기관 직원 H는 20X2년 상반기 역사 운영에 대한 평가를 정리하고 있다.

〈20X2년 상반기 역사 운영 실적〉

구분	A 역	B 역	C 역	D 역	E 역
지면 광고 매출(백만 원)	1,300	900	450	2,200	430
매출 흑자 상점 수(개)	15	6	2	17	12
전체 상점 수(개)	28	17	11	23	35
20X1년 하반기 이용객(만 명)	7,500	7,200	6,500	9,100	7,500
20X2년 상반기 이용객(만 명)	8,000	8,100	6,800	12,200	8,600

〈평가 항목별 점수 산출 기준〉

평가항목 \ 점수	1점	2점	3점	4점
지면 광고 매출(백만 원)	500 미만	500 이상 1,000 미만	1,000 이상 2,000 미만	2,000 이상
역내 상점 지수	0.1 미만	0.1 이상 0.4 미만	0.4 이상 0.7 미만	0.7 이상
이용객 증가율	5% 미만	5% 이상 10% 미만	10% 이상 20% 미만	20% 이상

- 역내 상점 지수=(매출 흑자 상점 수)÷(전체 상점 수)
- 이용객 증가율(%)={(20X2년 상반기 이용객)−(20X1년 하반기 이용객)}÷(20X1년 하반기 이용객)×100
- 최종 평가등급은 평가 항목별 점수를 합산한 총점이 높은 순서대로 S 등급, A 등급, B 등급, C 등급, D 등급을 부여한다.

1회 기출예상
2회 기출예상
3회 기출예상
4회 기출예상
5회 기출예상
6회 기출예상
7회 기출예상
8회 기출예상
인성검사
면접가이드

13. 위 자료를 바탕으로 역내 상점 지수를 점수로 산출하였을 때, 다음 중 각각의 역에 해당하는 역내 상점 지수 점수를 적절하지 않게 짝지은 것은?

① A 역 – 3점 ② B 역 – 2점 ③ C 역 – 1점
④ D 역 – 4점 ⑤ E 역 – 2점

14. 위 자료를 바탕으로 최종 평가등급을 산출할 때, A 등급에 해당하는 역은?

① A 역 ② B 역 ③ C 역
④ D 역 ⑤ E 역

[15 ~ 16] 다음 글을 읽고 이어지는 질문에 답하시오.

인사부 P 부장은 직원들의 5월 출퇴근 기록을 확인하고 있다.

〈5월 출퇴근 기록〉

구분	직원 A		직원 B		직원 C		직원 D		직원 E	
	출근	퇴근	출근	퇴근	출근	퇴근	출근	퇴근	출근	퇴근
10일	07 : 40	19 : 02	07 : 42	17 : 52	07 : 24	18 : 00	08 : 00	18 : 00	07 : 58	18 : 00
11일	08 : 01	19 : 18	08 : 31	17 : 00	07 : 55	20 : 01	08 : 56	18 : 10	08 : 15	19 : 12
12일	09 : 00	19 : 20	07 : 55	18 : 00	08 : 00	19 : 10	08 : 16	18 : 00	08 : 00	14 : 59
13일	07 : 54	20 : 31	08 : 20	18 : 25	09 : 00	17 : 30	07 : 32	19 : 47	07 : 24	18 : 36
14일	09 : 13	18 : 00	08 : 30	20 : 05	07 : 44	18 : 00	07 : 47	20 : 11	07 : 00	17 : 55

〈근태 규정〉

- 출 · 퇴근 시간은 자유로우며, 하루 근무시간은 출퇴근 기록 기준 9시간 이상이어야 한다. 하루 근무시간을 미달한 경우에는 1일 기준으로 1회 추가근무를 실시해야 한다.
- 오후 12시 ~ 오후 1시는 점심시간으로 근무시간에서 제외한다.
- 하루 10시간 이상 근무하였을 시 초과수당을 지급한다(초과수당은 분당 1,000원씩 계산되며 5일치를 계산하여 한 번에 지급한다).

15. 위 기록을 기준으로 할 때, 다음 중 2회 이상 추가근무를 실시해야 하는 직원은?

① 직원 A ② 직원 B ③ 직원 C
④ 직원 D ⑤ 직원 E

16. 다음 중 직원 A가 지급받을 초과수당 금액으로 옳은 것은? (단, 제시된 자료 이외의 사항은 고려하지 않는다)

① 116,000원 ② 125,000원 ③ 136,000원
④ 146,000원 ⑤ 155,000원

[17 ~ 20] 다음 자료를 읽고 이어지는 질문에 답하시오.

신입사원 A, B, C는 ○○사의 모니터링 프로그램을 숙지하고 있다.

다음 프로그램은 시스템 환경과 변수, 조건을 고려하여 적합한 조치 프로토콜을 실행합니다.

1) 시스템 고유값(System Status)
- 환경값(위험도 K, 전염성 S, 작동성 A 순서대로 표기)을 제어하는 시스템 고유의 상태값
- 예시의 시스템 상태값은 [위험도 : 22, 전염성 : 12, 작동성 : 20]

2) 환경 조건(Circumstance Condition)
- 현재 시스템 환경을 분석하여 환경 상태 값을 도출
- 서버 정보(Server Data), 환경 정보(Circumstance Data), 에러코드(Error Code)로 구성
- 모든 환경 조건은 특정한 분류에 따라 위험도, 전염성, 작동성으로 구분되는 고유의 환경 상태값을 가정
- 전체 환경 상태값은 각 환경 조건의 환경 상태값을 모두 더한 것임.
  (예 서버 정보 : Alpha, 환경 정보 : 2_1_4, 에러코드 : 320일 경우 전체 환경 상태값은 8, 8, 15)

예시)

1) System Status

```
System Fix: [22,12,20]
```

2) Circumstance Condition

```
Server Data: Alpha
Circumstance Data: 2_1_4
Error Code: 320
```

3) Input Code

```
Input Code: ____________
```

〈환경 조건 분류〉

환경 조건	분류	위험도	전염성	작동성
서버 정보	Alpha	1	4	3
	Beta	2	2	4
	Gamma	4	1	-
환경 정보	(위험도)_(전염성)_(작동성)			
에러코드	3xx	5	3	8
	4xx	8	5	8
	5xx	10	6	6

3) 조치코드(Input Code)
- 전체 시스템 환경 상태값을 시스템 고유값으로 나누어 그 값에 맞는 코드를 작성하여 조치
- 단, 소수점 셋째 자리에서 버림.

(예) 전체 환경 상태값 8, 8, 15, 시스템 고유값 : 22, 12, 20일 경우 각 조치 코드는 0.36, 0.66, 0.75로 조치코드는 1_CE_IO)

〈범위별 조치코드〉

Risk(위험도) : k		Contagious(전염성) : s		Operability(작동성) : a	
범위	코드	범위	코드	범위	코드
k<0.5	1	s<0.5	NE	a<0.25	NO
0.5≤k<1	2	0.5≤s<1	CE	0.25≤a<0.5	AO
1≤k	3	1≤s	HE	0.5≤a<0.75	CO
				0.75≤a	IO

예시

System Status

```
System Fix: [5,5,20]
```

Circumstance Condition

```
Server Data: Alpha
Circumstance Data: 2_1_4
Error Code: 320
```

Input Code

```
Input Code: ______________
```

1. System Status에서 시스템 고유값은 위험도 5, 전염성 5, 작동성 20
2. Server Data는 Alpha, 위험도 1, 전염성 4, 작동성 3
3. Circumstance Data는 위험도 2, 전염성 1, 작동성 4
4. Error Code는 3xx이므로 위험도 5, 전염성 3, 작동성 8
5. 전체 환경 상대값을 시스템 고유값으로 나누면 위험도 $\frac{8}{5}=1.6$, 전염성 $\frac{8}{5}=1.6$, 작동성 $\frac{15}{20}=0.75$
6. 따라서 조치코드는 3_HE_IO

17. 모니터에 다음과 같은 화면이 떴을 때, A가 입력할 조치코드로 적절한 것은?

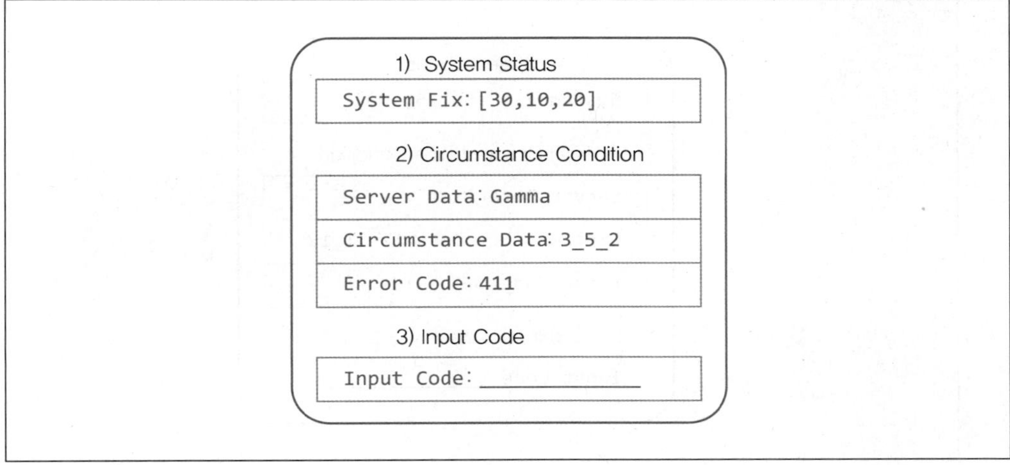
1) System Status

System Fix: [30,10,20]

2) Circumstance Condition

Server Data: Gamma

Circumstance Data: 3_5_2

Error Code: 411

3) Input Code

Input Code: ______

① 1_CE_CO ② 2_CE_AO ③ 2_HE_CO
④ 3_CE_CO ⑤ 3_HE_CO

18. 모니터에 다음과 같은 화면이 떴을 때, B가 입력할 조치코드로 적절한 것은?

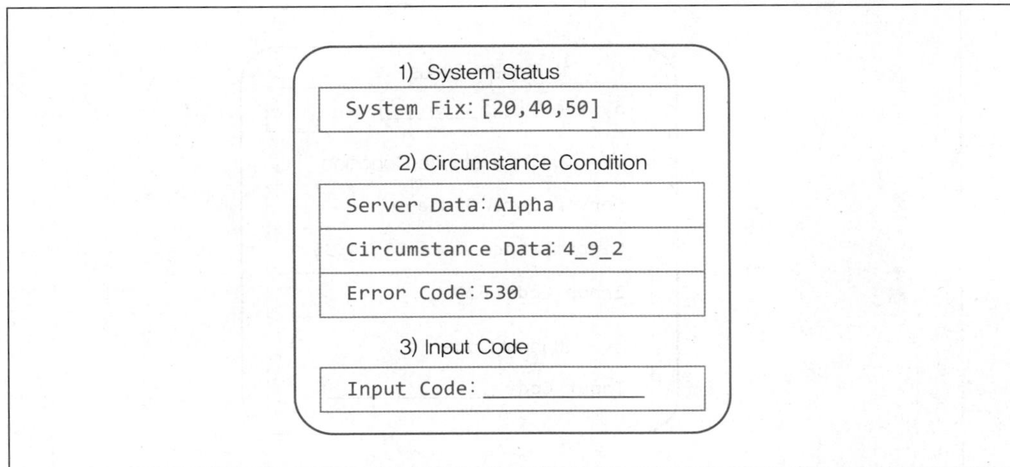
1) System Status

System Fix: [20,40,50]

2) Circumstance Condition

Server Data: Alpha

Circumstance Data: 4_9_2

Error Code: 530

3) Input Code

Input Code: ______

① 1_NE_NO ② 2_NE_NO ③ 2_NE_AO
④ 3_NE_AO ⑤ 3_CE_NO

19. 모니터에 다음과 같은 화면이 떴을 때, C가 입력할 조치코드로 적절한 것은?

1) System Status

```
System Fix: [50,25,100]
```

2) Circumstance Condition

```
Server Data: Beta
Circumstance Data: 12_21_15
Error Code: 365
```

3) Input Code

```
Input Code: ________
```

① 1_HE_AO　　② 1_HE_NO　　③ 2_CE_AO
④ 2_CE_CO　　⑤ 2_HE_NO

20. 다음 상황에서 조치코드가 3_NE_IO일 때, ⓐ에 들어갈 시스템 고유값으로 가장 적절한 것은?

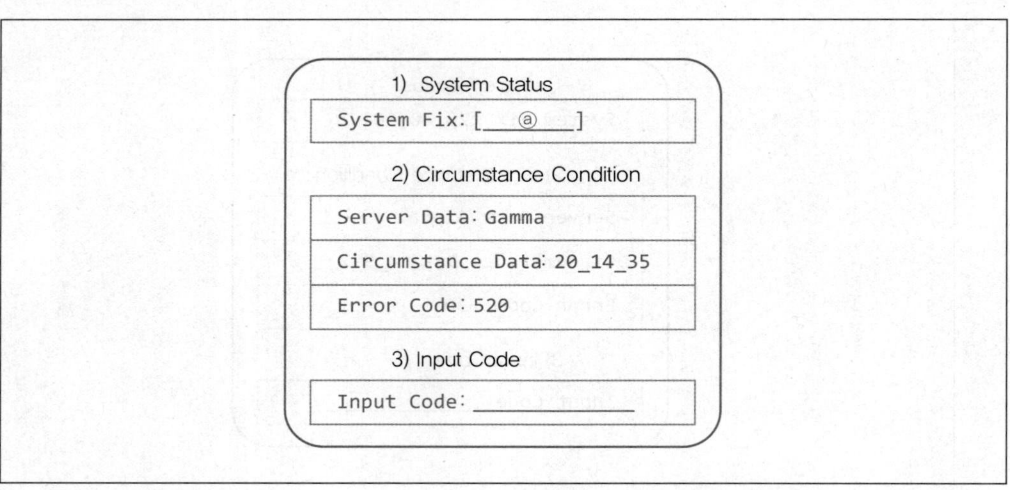

1) System Status

```
System Fix: [___ⓐ___]
```

2) Circumstance Condition

```
Server Data: Gamma
Circumstance Data: 20_14_35
Error Code: 520
```

3) Input Code

```
Input Code: ________
```

① [30, 45, 45]　　② [31, 50, 70]　　③ [32, 35, 30]
④ [50, 40, 50]　　⑤ [50, 40, 54]

21. 다음의 자료와 조건에 따라 지수가 선정할 업체로 적절한 것은?

지수는 사무실 인테리어 업체 선정을 위해 관련 자료를 검토 중이다.

업체명 \ 기준	경영상태	공사기간	비용	후기/점수	A/S기간
K 시공	보통	4주	350만 원	3.5/5	1년
G 시공	매우 좋음	3주	400만 원	4/5	2년
H 시공	좋음	3주	380만 원	3.5/5	1년
M 시공	좋지 않음	4주	330만 원	4.5/5	1년
U 시공	매우 좋음	5주	370만 원	5/5	3년

〈순위－점수 환산표〉

순위	1위	2위	3위	4위	5위
점수	5점	4점	3점	2점	1점

- 5개의 기준에 따라 5개의 업체 간 순위를 매기고 순위－점수 환산표에 의한 점수를 부여함.
- 경영상태가 좋을수록, 공사기간이 짧을수록, 비용이 낮을수록, 후기 점수가 높을수록, A/S 기간이 길수록 높은 순위를 부여함.
- 2개 이상의 업체의 순위가 동일할 경우, 그 다음 순위의 업체는 순위가 동일한 업체 수만큼 순위가 밀려남(예 A, B 업체가 모두 1위일 경우, 그 다음 순위 C 업체는 3위).
- 환산 점수의 합이 가장 높은 업체를 선정함.
- 환산 점수의 합이 가장 높은 업체가 2개 이상일 경우, 경영상태가 더 좋은 업체를 선정함.

① K 시공　② G 시공　③ H 시공
④ M 시공　⑤ U 시공

[22 ~ 24] 다음 자료를 보고 이어지는 질문에 답하시오.

본사 직원 P는 물류창고와 가맹점의 물류 흐름 관리 업무를 수행하고 있다.

〈각 가맹점과 물류창고의 위치 및 장소간 이동시간〉

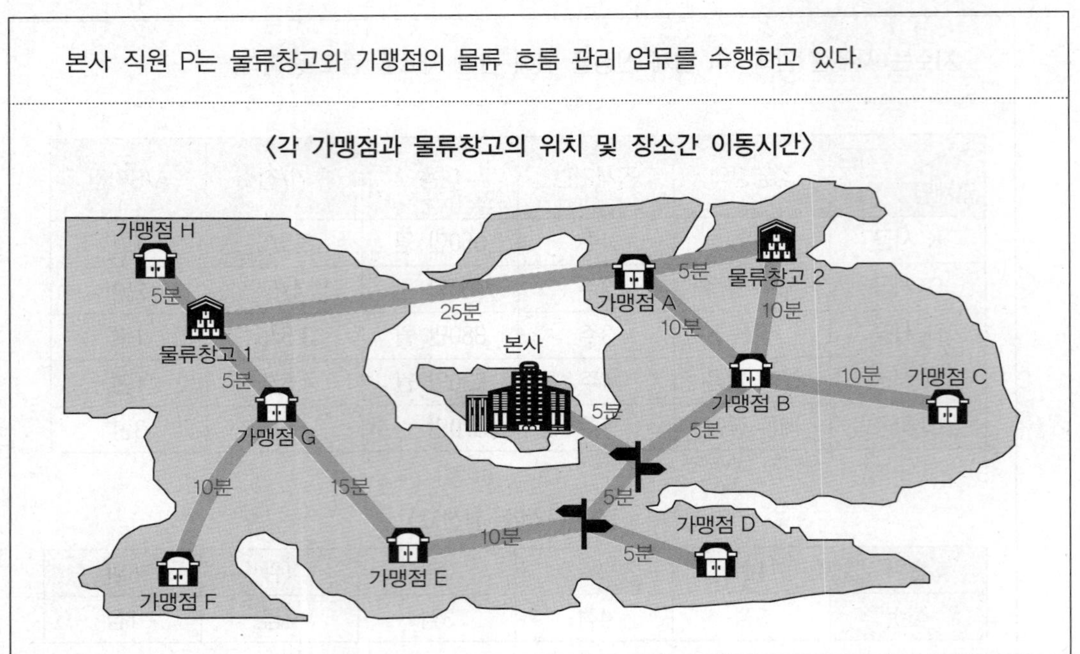

22. 다음 중 직원 P가 본사에서 물류창고 1과 2 순으로 시찰하고 본사로 복귀하는 데 걸리는 최소 이동시간은? (단, 시찰로 소요되는 시간은 고려하지 않는다)

① 1시간 20분　② 1시간 25분　③ 1시간 30분
④ 1시간 35분　⑤ 1시간 40분

23. 본사는 가맹점을 두 물류창고 중 이동시간이 더 짧은 곳과 연결하여 운영하고 있다. 다음 중 물류창고 1, 2와 연결된 각 가맹점 개수를 올바르게 짝지은 것은?

	물류창고 1	물류창고 2
①	2개	6개
②	3개	5개
③	4개	4개
④	5개	3개
⑤	6개	2개

24. 직원 P는 시제품을 모든 가맹점과 물류창고에 지급하기 위해 오전 9시에 본사에서 출발하여 모든 가맹점과 물류창고에 방문하고 다시 본사로 복귀하려 한다. 다음 중 직원 P가 가장 빠르게 본사에 도착하는 시각은? (단, 이동 외의 소요시간은 고려하지 않는다)

① 11시 15분　② 11시 30분　③ 11시 45분
④ 12시 00분　⑤ 12시 15분

[25 ~ 26] 다음 자료를 보고 이어지는 질문에 답하시오.

직원 C는 새로 들여온 에스프레소 머신의 사용법을 파악하고 있다.

• 에스프레소 머신 구조도

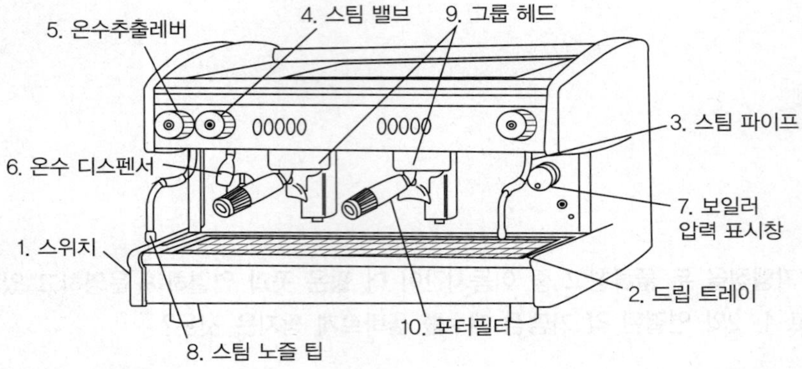

• 세부 기능

구분	이름	설명
1	스위치	시계 방향으로 돌리는 다이얼 방식으로 조작이 가능한 전원 스위치이다.
2	드립 트레이	컵을 놓는 곳이자 떨어지는 커피나 물들이 배수되는 받침대이다.
3	스팀 파이프	뜨거운 스팀이 나오는 곳이다. 우유 스티밍 시 우유에 잠기는 부분이다. 스티밍 전에도 밸브를 돌려서 우유, 공기, 물 등을 배출하는 퍼징 과정을 거친다.
4	스팀 밸브	다이얼 방식으로 섬세한 스팀 조절이 가능하다.
5	온수추출레버	시계 방향으로 돌리면 온수가 추출된다. 버튼식으로 한 번 누를 때 마다 약 100ml씩 더 추출된다.
6	온수 디스펜서	온수가 추출되는 곳이다.
7	보일러 압력 표시창	① 0 ~ 15까지의 숫자 : 펌프 모터 압력 게이지, 에스프레소 추출 시 펌프 모터에 가해지는 압력을 표시한다. ② 0 ~ 3까지의 숫자 : 보일러 압력 게이지, 보일러에서 생성한 스팀 압력을 표시하며 항상 1에서 1.5를 유지하여야 한다.
8	스팀 노즐 팁	우유 스티밍 시 공기를 주입시키는 부분이다. 우유에 잠기는 정도에 따라 공기의 유입, 회전 등 거품의 질과 양이 달라진다.
9	그룹 헤드	에스프레소 추출을 위해 물이 공급되는 곳이다. 추출 시 이곳에서 최종적으로 물이 분사되면서 포터필터로 공급되어 에스프레소가 추출된다. 항상 외부에 노출되어 있기 때문에 샤워홀더에 두꺼운 니켈 재질을 사용하며 예열 시스템을 갖추고 있다.
10	포터필터	분쇄된 원두를 담으며, 이 온도가 에스프레소의 품질을 좌우한다. 1잔용과 2잔용이 있다. 그룹 헤드에 장착하여 사용한다.

25. 다음 중 위 자료를 읽고 추론할 수 있는 주의사항으로 적절하지 않은 것은?

① 스팀 파이프를 잡고 퍼징할 때에는 뜨거울 수 있으므로 깨끗한 천으로 감싸고 스팀을 배출시켜야겠군.

② 온수 디스펜서는 화상을 입을 수도 있으니 무심코 닿지 않도록 유의하여야겠군.

③ 드립 트레이는 막히지 않게 수시로 확인하고 세척해야겠군.

④ 스팀 노즐 팁은 쉽게 오염될 수 있으니 꼼꼼히 자주 세척해야겠군.

⑤ 그룹 헤드는 적정 온도 유지가 중요하니 포터필터에 장착하기보단 자주 빼 두어야겠군.

26. 다음 〈보기〉는 그룹 헤드와 포터필터의 세부부품에 대한 설명이다. 직원 C가 위 자료와 〈보기〉를 보고 추론할 수 있는 내용으로 적절하지 않은 것은?

보기

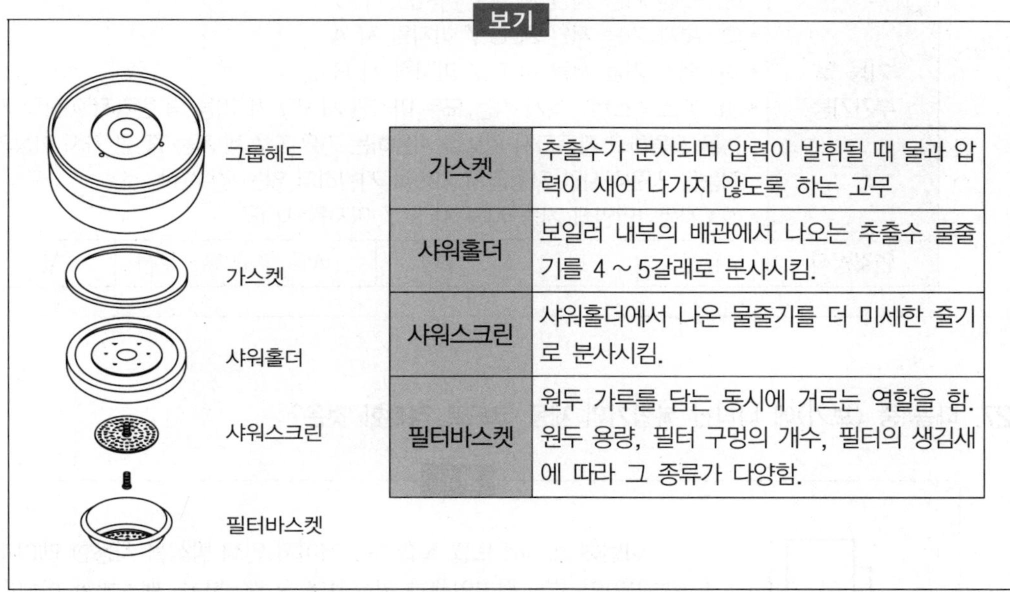

구분	설명
가스켓	추출수가 분사되며 압력이 발휘될 때 물과 압력이 새어 나가지 않도록 하는 고무
샤워홀더	보일러 내부의 배관에서 나오는 추출수 물줄기를 4 ~ 5갈래로 분사시킴.
샤워스크린	샤워홀더에서 나온 물줄기를 더 미세한 줄기로 분사시킴.
필터바스켓	원두 가루를 담는 동시에 거르는 역할을 함. 원두 용량, 필터 구멍의 개수, 필터의 생김새에 따라 그 종류가 다양함.

① 가스켓은 사용자의 취향에 따라서 사용할 수 있도록 종류가 다양하게 있겠군.

② 샤워홀더엔 니켈 재질이 사용되겠군.

③ 샤워홀더와 샤워스크린은 본질적으로 비슷한 기능을 수행한다고 볼 수 있겠군.

④ 필터바스켓은 포터필터 안에 끼워져 있겠군.

⑤ 필터바스켓은 1잔을 만들 수 있는 용량과 2잔을 만들 수 있는 용량을 선택해서 쓸 수 있겠군.

[27 ~ 28] 다음 자료를 보고 이어지는 질문에 답하시오.

직원 W는 복합기를 구매하기 위해 제품 코드를 살피고 있다.

〈복합기 제품 코드〉

- 제품 코드 형식
  - 인쇄 방식_컬러인쇄 여부_기능_연결방식
  - 제품 코드 부여

<table>
<tr><th>분류</th><th colspan="12">제품 코드 부여방법</th></tr>
<tr><td>인쇄 방식</td><td colspan="3">잉크젯</td><td colspan="3">INK</td><td colspan="3">레이저</td><td colspan="3">RAZ</td></tr>
<tr><td>컬러인쇄 여부</td><td colspan="3">흑백</td><td colspan="3">BLK</td><td colspan="3">컬러</td><td colspan="3">COL</td></tr>
<tr><td>기능 및 부가기능</td><td colspan="12">• 총 다섯자리의 코드로 구성(①②③④⑤)
• ① : 스캔 기능 지원 시 J / 미지원 시 G
• ② : 복사 기능 지원 시 C / 미지원 시 A
• ③ : 팩스 기능 지원 시 F / 미지원 시 R
• ④ : 팩스 · 스캔 · 복사 기능 모두 미지원 시 V / 세 기능 중 한가지 이상의 기능을 지원하고 자동급지 기능을 지원하는 경우 T / 세 기능 중 한 가지 이상의 기능을 지원하지만 자동급지 기능을 지원하지 않는 경우 N
• ⑤ : 자동양면인쇄 기능 지원 시 B / 미지원 시 E</td></tr>
<tr><td>연결방식</td><td colspan="2">유선</td><td colspan="2">LL</td><td colspan="2">무선</td><td colspan="2">WF</td><td colspan="2">유 · 무선</td><td colspan="2">AL</td></tr>
</table>

27. 다음 중 〈보기〉에 나타난 복합기의 제품 코드로 적절한 것은?

보기

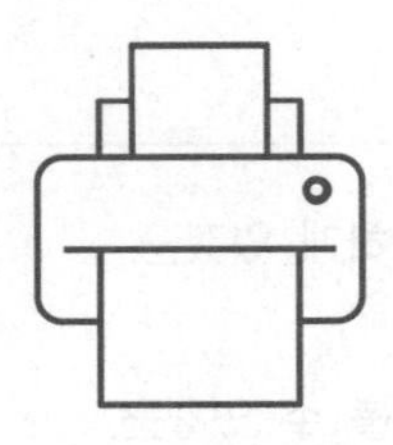

이번에 소개해 드릴 복합기는 레이저 인쇄 방식을 사용한 레이저 복합기입니다. 컬러인쇄가 가능하며, 스캔, 복사, 팩스뿐만 아니라 자동급지 기능까지 지원하는 고급모델에 해당합니다. 또한, 자동양면인쇄를 지원합니다. 연결방식은 무선 연결방식으로, 별도의 선 연결 없이 원격으로 인쇄, 스캔 등이 가능합니다.

① RAZ_BLK_JCFTB_WF ② RAZ_COL_JCFTB_AL ③ RAZ_COL_JCRTB_AL

④ RAZ_COL_JCFTB_WF ⑤ INK_COL_JCFTE_AL

28. 직원 W는 제품 코드가 INK_COL_GCFTB_AL인 복합기를 5대 구매하여 각 팀 사무실에 전달하려고 한다. 다음 중 해당 복합기를 전달받아 필요사항이 충족되는 팀이 아닌 것은?

	부서명	필요사항
①	마케팅팀	자동양면인쇄가 가능할 것
②	총무팀	자동급지 기능을 지원할 것
③	영업팀	무선 인쇄를 지원할 것
④	기획팀	스캔 기능이 있을 것
⑤	디자인팀	컬러 인쇄를 지원할 것

29. 다음은 직원 A를 대상으로 진행된 인터뷰 내용이다. 이를 바탕으로 할 때, 직원 A가 일본어 공부를 하는 이유로 적절하지 않은 것은?

> 반갑습니다. 마케터를 대상으로 진행하는 인터뷰에 응해 주셔서 감사합니다. 최근 일본어 회화 공부를 시작하셨다고 들었는데, 공부를 시작하시게 된 특별한 이유가 있나요?
>
> 
> [직원 A]
>
> 네, 제가 다니고 있는 회사는 그동안 국내 시장만을 타깃으로 운영해 왔는데, 한 달 전에 일본 시장으로 진출하기 시작했어요. 그에 따라 저도 일본인 고객을 상대해야 하므로 일본어 공부를 시작했어요. 그동안 회의를 하려면 일본어를 잘하는 제 동료 직원이 필요했는데 앞으로 열심히 공부해서 저 혼자서도 회의를 진행하고 싶어요. 사실 이번 기회에 일본어 공부를 제대로 시작했지만, 저는 고등학교 때 일본어를 배운 이후로 늘 일본어를 원어민처럼 구사하고 싶다는 꿈이 있었어요. 일본어를 잘하게 된다면 꿈을 이룰 뿐만 아니라 자신감을 얻을 수 있다는 점도 제가 일본어 공부를 시작하게 된 이유예요.

① 직원 A는 자신의 목표를 성취하기 위해 공부하고 있다.
② 직원 A는 자신의 업무를 효과적으로 처리해 성과를 높이기 위해 공부하고 있다.
③ 직원 A는 자기관리를 통해 좋은 인간관계를 형성하기 위해 공부하고 있다.
④ 직원 A는 삶의 질 향상으로 보람된 삶을 살기 위해 공부하고 있다.
⑤ 직원 A는 변화하는 환경에 적응하기 위해서 공부하고 있다.

30. 다음은 자기개발과 관련하여 직원들이 나눈 대화이다. 대화에서 언급된 자기개발 계획 수립의 장애요인으로 적절하지 않은 것은?

[김☆☆]

자기개발을 시작하고 싶은데 가족들이 저에게 기대하는 역할이 많아 저의 자기개발 목표를 정하는 데 갈등을 겪고 있어요.

[이○○]

자기개발을 위해 직무 전환과 이직을 함께 준비하고 있는데, 다른 직무나 기업에 대한 정보가 부족해 어려움을 겪고 있어요.

[박◇◇]

아직 제가 좋아하는 것과 잘하는 것이 무엇인지 몰라서 어떻게 자기개발을 시작해야 할지 모르겠어요.

[최□□]

항상 자기개발에 관한 결정을 내릴 때, 제가 내린 결정에 대한 확신이 서지 않아서 걱정입니다.

[윤△△]

은퇴 이후의 삶을 위해 자기개발을 해 보려고 하는데, 모아 둔 돈도 부족하고 나이도 많아 계획 수립에 어려움을 겪고 있어요.

① 자기 정보의 부족
② 주변 상황의 제약
③ 내부 작업정보 부족
④ 일상생활의 요구사항
⑤ 의사결정 시 자신감의 부족

31. 다음 〈보기〉는 A 대리의 사내 메신저 내용이다. A 대리가 상사의 요청에 거절의 의사결정을 표현하려 할 때, 적절하지 않은 것은?

보기

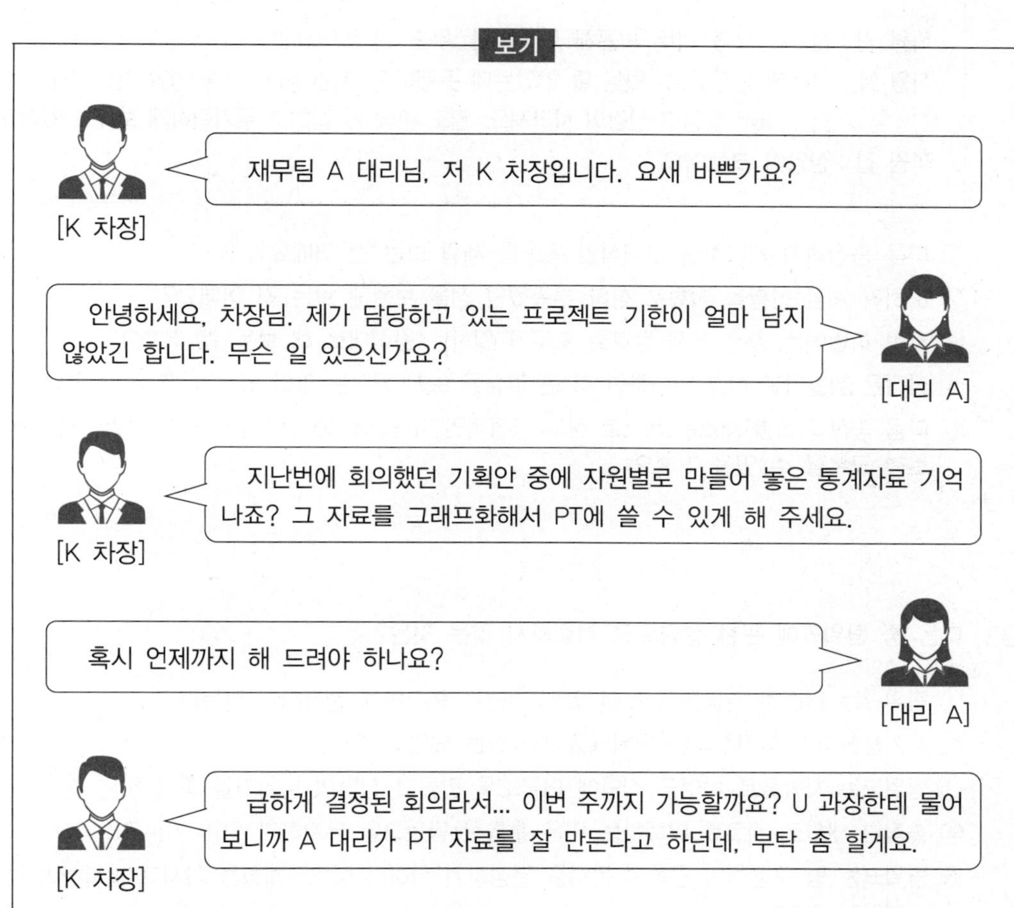

재무팀 A 대리님, 저 K 차장입니다. 요새 바쁜가요?
[K 차장]
안녕하세요, 차장님. 제가 담당하고 있는 프로젝트 기한이 얼마 남지 않았긴 합니다. 무슨 일 있으신가요?
[대리 A]
지난번에 회의했던 기획안 중에 자원별로 만들어 놓은 통계자료 기억나죠? 그 자료를 그래프화해서 PT에 쓸 수 있게 해 주세요.
[K 차장]
혹시 언제까지 해 드려야 하나요?
[대리 A]
급하게 결정된 회의라서... 이번 주까지 가능할까요? U 과장한테 물어보니까 A 대리가 PT 자료를 잘 만든다고 하던데, 부탁 좀 할게요.
[K 차장]

① 잠시만요. 일정 좀 확인해 보겠습니다. (2분 후) 죄송합니다, 차장님. 이번 주까지는 기한이 빠듯해 업무 진행이 어려울 것 같습니다.

② PT에 쓸 그래프 자료를 만들어야 한다는 말씀이시죠? 그래프는 같은 팀 B 대리가 빠르게 잘 만드는데, 괜찮으시다면 B 대리에게 부탁하겠습니다.

③ U 과장님이 제가 자료를 잘 만든다고 하셨나요? 하하. 쑥스럽지만 U 과장님이 제 능력을 과대평가하신 것 같습니다.

④ 해당 자료는 B 대리와 함께 작성하였는데, B 대리는 최근에 담당하던 프로젝트가 종료되어 일정이 가능할 것 같습니다.

⑤ 죄송합니다, 차장님. 이번 주까지 제가 담당하고 있는 프로젝트에만 집중해야 할 것 같아서 이번 주까지라면 해당 업무는 어려울 것 같습니다.

32. 다음은 직원 갑과 을의 대화 내용이다. 대화의 흐름상 (가)에 들어갈 말로 적절하지 않은 것은?

> 직원 갑 : 을 씨, 요즘 너무 피곤해 보이던데, 무슨 일 있어요?
> 직원 을 : 이번에 승진할 수 있을 줄 알았는데 못했어요. 저만 빼고 다들 성공하는 삶을 사는 것 같아서 점점 자신감이 사라져요. 일도 손에 안 잡히고 무기력하게 보내고 있어요.
> 직원 갑 : 실망이 크겠어요. (가)

① 다음 승진까지 차근차근 구체적인 목표를 세워 보는 건 어때요?
② 오히려 지금 상황을 기회로 삼아 부족했던 점을 보완해 보는 건 어때요?
③ 그럼 이번에는 같은 부서 동료들 모두가 일하는 방식대로 해 보는 건 어때요?
④ 당장은 힘들어도 참고 인내하면 더 큰 결실을 보게 된다는 말이 있듯이, 조금 더 인내해 봐요.
⑤ 다음 승진 기회를 새로운 목표로 삼고 긍정적인 마음으로 왜 이번에는 되지 않았는지 분석하다 보면 극복할 수 있을 거예요.

33. 다음 중 팀워크에 관한 설명으로 적절하지 않은 것은?

① 팀워크는 단순히 사람들이 모여 있는 것만을 중요하게 생각하지 않는다.
② 자기중심적인 이기주의는 팀워크를 저해하는 요인이 된다.
③ 팀워크는 사람들로 하여금 집단에 머물도록 만들고 집단의 분위기를 좋게 하는 힘이다.
④ 솔직한 대화로 서로를 이해하는 것은 훌륭한 팀워크를 유지하기 위한 기본요소이다.
⑤ 팀워크는 팀 구성원이 공동의 목적을 달성하기 위하여 상호관계성을 가지고 협력하여 업무를 수행하는 것이다.

34. 다음 중 팔로워십에 대한 설명으로 적절하지 않은 것은?

① 가장 이상적인 팔로워십 유형은 주도형 팔로워십이다.
② 팔로워십과 리더십은 상호 보완적인 관계이다.
③ 팔로워십을 잘 발휘할 수 있는 팀원은 리더와 함께 시너지를 낼 수 있다.
④ 순응형 팔로워십 유형은 솔선수범을 보이고 주인의식을 가지고 있다.
⑤ 팔로워들은 헌신, 전문성, 용기, 정직하고 현명한 평가 능력을 보유해야 한다.

35. 다음 그래프는 갈등의 정도와 조직성과의 관계를 나타낸 것이다. 〈보기〉의 ㉠ ~ ㉣ 중 갈등을 증폭시켜 조직성과를 저해하는 요인을 모두 고른 것은?

보기

㉠ 모든 직원들에게 지나치게 이성적으로 대한다.
㉡ 상반된 입장을 가진 두 직원이 서로 마주치는 것을 피한다.
㉢ 논의를 할 때 문제를 해결하기보다는 자신이 이기기를 원한다.
㉣ 자신의 입장에 감정적인 유대를 가진다.

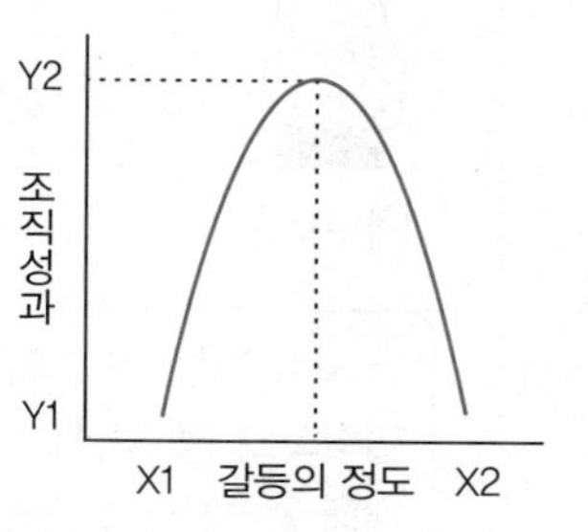

① ㉠, ㉡　　② ㉠, ㉢　　③ ㉡, ㉢
④ ㉡, ㉣　　⑤ ㉡, ㉢, ㉣

36. 다음 중 고객 불만 처리 프로세스에서 상황 A, B가 해당하는 단계를 올바르게 짝지은 것은?

상황 A	고객은 어제 구입한 과일이 모두 썩어 있었다며 교환을 요청했다. 품질 보증 상품이었는데 어떻게 이런 물건을 팔 수 있냐며 화가 난 상태로 불만을 토로했고, 직원은 고객의 말을 끝까지 들으며 문제를 파악하고자 노력했다.
상황 B	직원은 고객이 원하는 것이 교환과 포인트 적립이라는 사실을 파악했다. 이어 썩은 과일을 신속하게 수거한 다음 싱싱한 과일을 골라 고객에게 전달하였다. 추가로 고객이 원하는 포인트 적립을 빠르게 진행하였다.

	상황 A	상황 B
①	경청	신속 처리
②	경청	해결 약속
③	피드백	해결 약속
④	피드백	신속 처리
⑤	정보 파악	신속 처리

37. 다음 〈보기〉에서 직원 A가 한 인터뷰에 나타난 직업윤리로 적절하지 않은 것은?

보기

지금 하고 있는 일에 대해 어떤 생각을 가지고 계신가요?

[질문자]

사실 저는 이 일이 제가 제 능력을 잘 발휘할 수 있거나 적성에 딱 맞는 일이라고 생각하지는 않아요. 그렇지만 제가 하는 일이 오랫동안 이 분야에 대해 공부하고 실습해야만 할 수 있는 일이기도 하고 사회에 도움이 되면서 꼭 필요한 일이기도 하잖아요? 그래서 저에게 주어진 일에 대해 책임감을 가지고 꾸준히 일을 할 수 있었던 것 같아요. 이렇게 오래 일한 걸 돌아보니, 이 일을 선택하고 지금까지 하게 된 건 하늘의 뜻인 것 같네요.

[직원 A]

① 소명의식　② 천직의식　③ 직분의식
④ 책임의식　⑤ 전문가의식

38. 다음 중 개인윤리와 직업윤리의 조화에 대한 설명으로 적절한 것은?

① 특수한 직무 상황에서는 개인적 덕목차원의 일반적인 상식과 기준으로 규제가 가능한 경우가 많다.
② 기업이 경쟁을 통해 사회적 책임을 다하고, 보다 강한 경쟁력을 키우기 위해서는 개개인의 역할과 능력보다 경영진의 역량이 크게 요구된다.
③ 직장이라는 특수 상황에서 갖는 집단적 인간관계는 가족관계나 개인적 선호에 의한 친분관계와 비슷한 측면의 배려가 요구된다.
④ 업무상 개인의 판단과 행동이 사회적 영향력이 큰 기업시스템을 통하여 다수의 이해관계자와 관련을 맺게 된다.
⑤ 규모가 큰 공동의 재산과 정보 등을 개인의 권한하에 위임 또는 관리하므로 윤리 의식이 비교적 적게 요구된다.

39. 다음 〈보기〉에서 윤리적 규범을 형성하는 기반을 모두 고른 것은?

보기

ㄱ. 공동생활　　ㄴ. 협력의 필요
ㄷ. 공동의 이익 추구　　ㄹ. 도덕적 가치와 신념
ㅁ. 공동 행동의 룰

① ㄱ　② ㄴ, ㄷ　③ ㄱ, ㄴ, ㅁ
④ ㄴ, ㄷ, ㄹ　⑤ ㄷ, ㄹ, ㅁ

40. 다음 중 〈보기〉의 ㉠, ㉡에 들어갈 내용을 올바르게 짝지은 것은?

보기

- ㉠에는 과거 고된 노동을 강요받았던 이들이 포함된다. 이들은 노동을 하지 않으면 생계를 유지함에 있어 어려움을 겪었기 때문에 강요된 노동을 해야 했다. 이로 인한 악순환으로 인해 ㉠이 계속해서 유지될 수밖에 없었다.
- ㉡은 업무로 인해 자신의 것을 발전시키고, 자아를 확립시켜 나가는 것이다. 이는 ㉠에 비해 상당히 건강한 것이며, 자기개발과 같이 능동적이고 적극적으로 임할수록 자신에게 더 좋은 결과를 낳을 수 있다는 장점을 가진다.

	㉠	㉡
①	외재적인 근면	내재적인 근면
②	외부적인 근면	내부적인 근면
③	외부적인 근면	자기개발 근면
④	외부로부터 강요당한 근면	자진해서 하는 근면
⑤	외부로부터 강요당한 근면	자기개발을 위한 근면

2회 기출예상문제

문항수 | 40문항

정답과 해설 10 쪽

[01 ~ 02] 다음 글을 읽고 이어지는 질문에 답하시오.

○○부 직원 L은 면접시험 안내문을 열람하고 있다.

〈○○부 서류전형 합격자 대상 면접시험 안내〉

일시	202X년 2월 3일 토요일 13시
장소	○○부 G건물 로비 ※ 담당자 안내에 따라 면접대기실 및 시험장으로 이동
시험 안내	개별면접 후 평정요소별 평가가 이루어짐. • 총 세 가지 평정요소에 대하여 상 · 중 · 하로 평가 • 평정요소 : ① 의사표현능력, ② 성실성, ③ 창의력 및 발전가능성
당일 제출서류	면접 당일에 원서접수 시 작성하였던 경력 전부에 대한 증빙자료 제출해야 함. ※ 서류는 반드시 시험장 이동 전 담당자에게 제출할 것 • 4대 보험 자격득실 이력확인서 중 1종 제출 : 고용보험, 국민연금, 건강보험, 산재보험 중 1종 • 소득금액증명서(☆☆청 발급) 제출 : 무인민원발급기, 인터넷 또는 세무서에서 발급 가능 • 폐업자 정보 사실증명서 제출 : 작성한 경력이 폐업회사인 경우 제출
유의사항	• 면접 당일 ○○부 G건물 로비에서 출입증을 발급받아야만 면접대기실 및 시험장 입실이 가능함. • 출입증 발급 시 반드시 신분증(주민등록증, 운전면허증, 여권만 인정)이 필요함. • 면접대기실에서 담당자에게 출석을 확인한 뒤 안내에 따라 시험장으로 이동함. • 불참 시 채용을 포기한 것으로 간주함.
최종 합격자 발표	• 202X년 2월 20일 화요일 15시 • 합격자 명단은 ○○부 홈페이지에 게재됨(개별통지 하지 않음). ※ 시험 결과, 적합한 대상이 없는 경우 선발하지 않을 수 있음.

01. 다음 중 직원 L이 제시된 자료를 이해한 내용으로 적절하지 않은 것은?

① 평정요소 중 의사표현능력이 창의력 및 발전가능성보다 중요하다.
② 원서접수 시 기재한 경력에 대한 증빙서류를 당일 제출하여야 한다.
③ 폐업회사에서의 경력이 있는 경우 추가로 제출하여야 하는 서류가 있다.
④ 시험장에 입실하기 위해서 반드시 신분증이 필요하다.
⑤ 시험장 이동 전 담당자에게 출석을 확인하여야 한다.

02. 직원 L은 제시된 자료에 대해 〈보기〉와 같은 질문을 받았다. 다음 중 (가) ~ (마)에 대한 답변으로 올바른 것은?

보기

〈면접시험 관련 질문〉

(가) 면접은 어디에서 진행되나요?
(나) 경력 증빙자료는 당일 누구에게 제출하면 되나요?
(다) 소득금액증명서는 어디서 발급 가능한가요?
(라) 세 가지 평정요소에 대한 평가는 어떻게 이루어지나요?
(마) 최종 합격자 발표 결과는 어떻게 알 수 있나요?

① (가) ○○부 Y건물 로비에서 진행됩니다.
② (나) 시험장에 입실하여 앞에 앉은 면접관에게 제출하시면 됩니다.
③ (다) 세무서에 직접 방문해야만 발급받을 수 있습니다.
④ (라) 개별면접 이후 면접관이 상 · 하로 평가합니다.
⑤ (마) 최종 합격자 발표는 ○○부 홈페이지에서 확인할 수 있습니다.

[03 ~ 04] 다음 글을 읽고 이어지는 질문에 답하시오.

"우리나라는 민주주의 국가이고 민주주의는 대화와 토론을 통해 문제를 해결하려는 합리적인 관용과 타협의 정신을 지닌 다수에 의한 지배이다." 어릴 적부터 많이 들어온 말이다. 그러나 작금의 사회에서 민주적 과정과 그 가치에 대한 존중을 찾아보기란 쉽지 않다. 여의도에도 캠퍼스에도 '대화'보다는 '대립'이 난무한다. 대립을 전제로 한 대화로 어찌 상대를 이해하려 하는가. 그렇다면 진정한 대화란 무엇인가. 대화란 '말을 하는 것'이 아니라 '듣는 것'이라 한다.

'듣는 것'에는 다섯 가지가 있다. 첫 번째는 '무시하기'로 가정에서 아버지들이 자주 취하는 듣기 자세다. 아이들이 호기심을 갖고 아버지에게 말을 건네면 대체로 무시하고 듣지 않는다. 남이 이야기하는 것을 전혀 듣지 않는 것이다. (가) 두 번째는 '듣는 척하기'다. 마치 듣는 것처럼 행동하지만 상대가 말하는 내용 중 10% 정도만 듣는다. 부부 간 대화에서 남편이 종종 취하는 자세다. 부인이 수다를 떨며 대화를 건네면 마치 듣는 것처럼 행동하지만 거의 듣지 않는 태도가 이에 해당한다. 세 번째는 '선택적 듣기'다. 이는 상사가 부하의 말을 들을 때 취하는 자세로 어떤 것은 듣고 어떤 것은 안 듣는 자세다. 민주적 리더십보다는 전제적인 리더십을 발휘하는 사람일수록 이런 경험이 강하다. 상대가 말하는 내용 중 30% 정도를 듣는 셈이다. (나) 네 번째는 '적극적 듣기'다. 이는 그나마 바람직한 자세라고 할 수 있다. 상대가 말을 하면 손짓, 발짓을 해 가며 맞장구를 쳐 주고 적극적으로 듣는 것이다. 그러나 귀로만 듣기 때문에 상대가 말한 내용 중 70% 정도만 듣는 데 그친다. (다) 다섯 번째는 ㉠ <u>'공감적 듣기'</u>다. 귀와 눈 그리고 마음으로 듣는 가장 바람직한 자세다. 상대의 말을 거의 90% 이상 듣는다. 연애할 때를 회상해 보라. 상대가 말하는 내용을 자신의 이야기처럼 마음을 열고 들었던 기억이 있을 것이다.

우리 주변 대화에서 '공감적 듣기'를 발견하기란 여간 어려운 것이 아니다. 모든 일이 잘 이뤄지기 위해서는 자신의 주장을 피력하기보다 듣는 것부터 잘해야 한다. 모든 대인 관계는 대화로 시작한다. 그러나 대화를 하다 보면 남의 말을 듣기보다 자신의 말을 하는 데 주력하는 경우가 많다. (라) 이러한 것을 모르는 것인지 아니면 알면서도 간과하는 것인지, 유독 우리 사회에는 '고집'과 '자존심'을 혼동해 고집을 앞세워 상대의 말에 귀 기울이지 않는 이가 많다. '고집'과 '자존심'은 전혀 다른 개념이다. '고집'은 스스로의 발전을 막는 우둔한 자의 선택이고 '자존심'은 자신의 마음을 지키는 수단이기 때문이다. (마) 자존심을 간직하되 고집을 버리고 인간관계에서 또는 대화에서 '듣는 것'에 집중한다면 한국사회가 좀 더 합리적인 단계로 발전하지 않을까.

"말을 배우는 데는 2년, 침묵을 배우는 데는 60년이 걸린다."고 했다. 상대가 누구든지 대화에서 가장 중요한 것은 유창한 '말하기'보다 '듣기'이다. 한자 '들을 청(聽)'은 '耳, 王, 十, 目, 一, 心'으로 구성돼 있다. 어쩌면 이것은 "왕(王)처럼 큰 귀(耳)로, 열 개(十)의 눈(目)을 갖고 하나(一)된 마음(心)으로 들으라."는 의미는 아닐까.

03. 다음 중 밑줄 친 ㉠의 사례로 가장 적절한 것은?

① 오 대리는 점심메뉴로 김치찌개가 어떠냐는 신입사원의 제안을 듣고 자신도 좋아한다며 적극적으로 의사를 밝혔다.

② 박 대리는 회식 자리에서 직장 상사의 비위를 맞추기 위해 듣기 싫은 이야기도 고개를 끄덕이고 맞장구를 치며 열심히 들었다.

③ 윤 대리는 회사 축구대회에서 자신의 실수로 실점을 해 괴로워하는 동료의 이야기를 듣고 남자가 뭐 그런 걸로 우느냐며 핀잔을 주었다.

④ 송 대리는 신입사원과 대화를 하는 중 자신에게 불리한 내용에는 반응하지 않고 자신에게 유리한 내용에는 적극적으로 반응하며 들었다.

⑤ 강 대리는 여자친구와 헤어져 힘들어 하는 신입사원의 이야기를 듣고 얼마나 힘든지, 아픈 곳은 없는지 묻고 걱정된다고 이야기했다.

04. 윗글의 (가) ~ (마) 중 문맥상 다음 내용이 들어갈 위치로 가장 적절한 것은?

> 이러한 경우, 서로 열심히 이야기를 하고 있지만 정작 대화가 원활히 이뤄지기 어렵다. 효과적인 대화를 하려면 우선 잘 들어주는, 경청하는 자세가 필요하다. 상대의 말을 잘 들어주는 사람을 싫어할 리가 없고 이런 사람은 주변으로부터 신뢰를 받는다.

① (가)　　② (나)　　③ (다)

④ (라)　　⑤ (마)

[05 ~ 06] 다음 자료를 바탕으로 이어지는 질문에 답하시오.

○○공사에서 근무하는 황 사원은 예산관리를 위해 철도운임 원가정보 총괄표를 참조하고 있다.

〈철도운임 원가정보 총괄표〉

(단위 : 억 원, %)

항목	결산					예산	
	20X4년	20X5년	20X6년	20X7년	20X8년	20X9년	비중
Ⅰ. 총괄원가	25,040	26,456	29,568	28,109	28,798	31,202	100.0
1. 적정원가	22,010	23,629	24,960	23,625	25,229	27,576	88.4
① 영업비용	22,010	23,629	24,960	23,625	25,229	27,576	88.4
ⓐ 인건비	6,219	7,380	7,544	7,827	8,732	9,121	29.2
ⓑ 판매비 및 일반관리비	844	799	896	774	767	802	2.6
- 간접부서 경비	795	765	856	733	699	731	2.3
- 연구관련 경비	25	12	18	12	12	20	0.06
- 판매촉진비 등	24	22	22	29	56	51	0.16
ⓒ 기타 경비	14,947	15,450	16,521	15,024	15,730	17,653	56.6
- 감가상각비	2,279	2,579	2,864	2,945	2,865	2,972	9.5
- 동력비	2,646	2,543	2,371	2,308	2,642	2,751	8.8
- 선로사용비	5,467	6,574	6,945	5,914	6,330	6,591	21.1
- 수선유지비 등 기타	4,555	3,754	4,341	3,857	3,894	5,339	17.1
2. 적정투자보수(①×②)	3,030	2,827	4,608	4,484	3,569	3,626	11.6
① 운임기저*	69,971	72,314	75,413	79,643	69,711	70,961	-
② 적정투자보수율**	4.33%	3.91%	6.11%	5.63%	5.12%	5.11%	-
Ⅱ. 총수입(1×2)	24,920	25,787	26,805	23,936	25,346	27,065	-
1. 수요량(1억 인km)***	228	234	237	220	230	-	-
2. 적용단가(원/인km)	109.3	110.2	113.1	108.8	110.2	-	-

* 운임기저 : 운송서비스에 기여하고 있는 해당 회계연도의 기초 · 기말 평균 순가동설비자산액, 기초 · 기말 평균 무형자산액, 운전자금 및 일정분의 건설중인 자산을 합산한 금액에서 자산재평가액을 차감한 금액

** 적정투자보수율 : 타인자본과 자기자본의 투자보수율을 가중평균

*** 수요량 : 해당 회계기간에 수송한 수송량으로 인km 단위 사용(1인km는 승객 1인이 1km 이동한 수송량)

05. 다음 중 제시된 자료에 대한 설명으로 적절하지 않은 것은?

① 총괄원가는 적정원가와 적정투자보수의 합이다.
② 20X4년부터 20X8년까지 인건비는 매년 증가하고 있다.
③ 20X8년 총괄원가에서 적정원가가 차지하는 비중은 87% 이상이다.
④ 기타 경비의 20X9년 예산 중 가장 큰 비중을 차지하는 것은 선로사용비이다.
⑤ 20X9년 총수입이 2조 7,065억 원이고 적용단가가 115원/인km라면 수요량은 약 232억 인km 이다.

06. 황 사원은 제시된 자료를 바탕으로 다음과 같은 총괄원가 구성비 그래프를 작성하였다. ㉠, ㉡에 해당하는 값을 순서대로 나열한 것은? (단, 소수점 아래 둘째 자리에서 반올림한다)

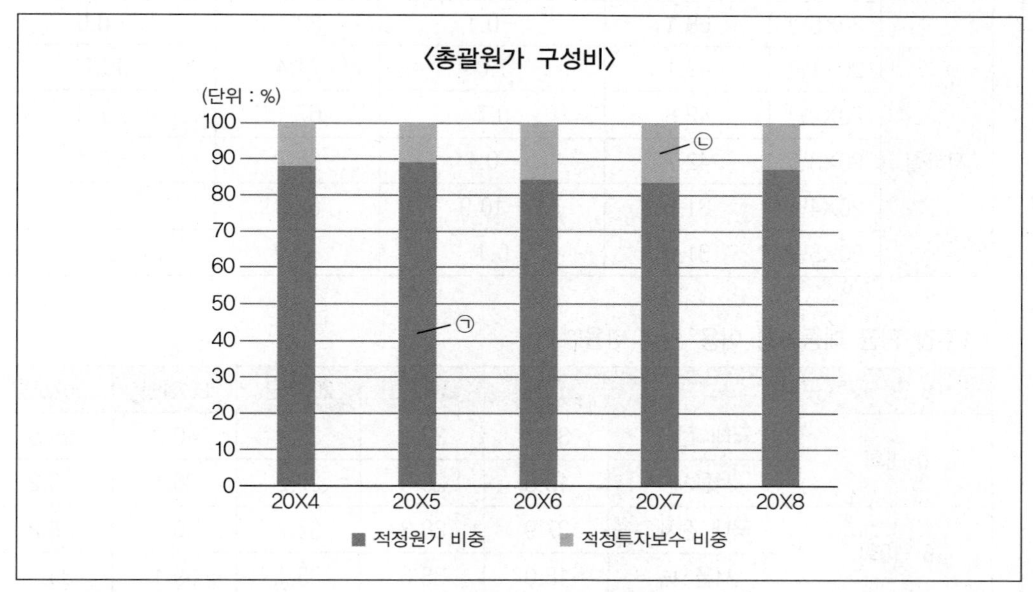

	㉠	㉡
①	89.3	15.0
②	89.3	15.5
③	89.3	16.0
④	89.7	15.5
⑤	89.7	16.0

[07 ~ 08] 다음 자료를 보고 이어지는 질문에 답하시오.

○○공사 직원 D는 국내 대중교통 이용 현황 통계를 확인하고 있다.

〈5년간 대중교통 이용 현황 통계〉

• 대중교통 이용 비율

항목	연도	국내 전체		서울시	
		이용 비율(%)	전년 대비 증감(%p)	이용 비율(%)	전년 대비 증감(%p)
시내버스	20X1년	57.9	-1.0	25.6	-13.2
	20X2년	57.2	-0.7	32.9	7.3
	20X3년	57.3	0.1	33.3	0.4
	20X4년	68.2	10.9	32.7	-0.6
	20X5년	68.1	-0.1	32.1	-0.6
지하철	20X1년	42.1	1.0	74.4	13.2
	20X2년	42.8	0.7	67.1	-7.3
	20X3년	42.7	-0.1	66.7	-0.4
	20X4년	31.8	-10.9	67.3	0.6
	20X5년	31.9	0.1	67.9	0.6

• 1주간 평균 대중교통 이용 횟수 비율(%)

구분		20X1년	20X2년	20X3년	20X4년	20X5년
0-5회	국내 전체	34.2	33.2	33.9	40.2	29.6
	서울시	13.8	26.0	27.2	36.1	23.2
6-10회	국내 전체	37.9	38.3	37.7	40.1	38.2
	서울시	18.0	38.6	38.1	39.1	39.5
11-15회	국내 전체	16.0	16.2	16.1	12.5	23.4
	서울시	21.4	19.3	18.8	15.4	24.9
16-20회	국내 전체	5.7	6.0	5.9	4.3	6.3
	서울시	23.2	7.7	7.4	5.4	8.8
21회 이상	국내 전체	6.2	6.4	6.4	2.9	2.5
	서울시	23.6	8.4	8.5	4.0	3.6

※ 국내 전체 인구수 : 5,000만 명　　※ 서울시 인구수 : 1,000만 명

07. 다음 중 제시된 자료를 이해한 내용으로 적절한 것은?

① 국내 전체의 시내버스 이용 비율은 계속해서 증가하고 있다.
② 서울시의 20X0년 시내버스 이용 비율은 51.2%이다.
③ 국내 전체의 1주간 평균 대중교통 이용 횟수 비율은 6-10회가 0-5회보다 매년 높다.
④ 20X1 ~ 20X5년 동안 매년 서울시 지하철의 이용 비율이 시내버스의 이용 비율보다 높다
⑤ 서울시의 1주간 평균 대중교통 이용 횟수가 21회 이상인 사람의 비율은 매년 감소하는 추세이다.

08. 직원 D는 제시된 자료를 바탕으로 그래프를 작성하였다. 다음 중 적절하지 않은 것은? (단, 서울시 인구 중 지하철을 이용하는 사람은 서울시 지하철만을 이용한다고 가정한다)

① 주 평균 대중교통 이용횟수 0 ~ 5회 인원수

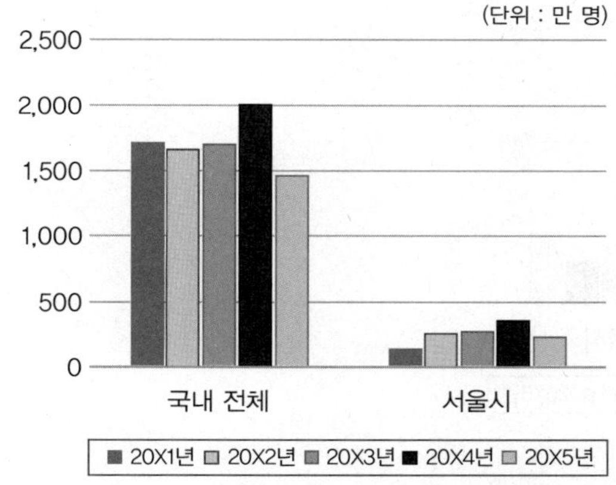

② 주 평균 대중교통 이용횟수 6 ~ 10회 인원수

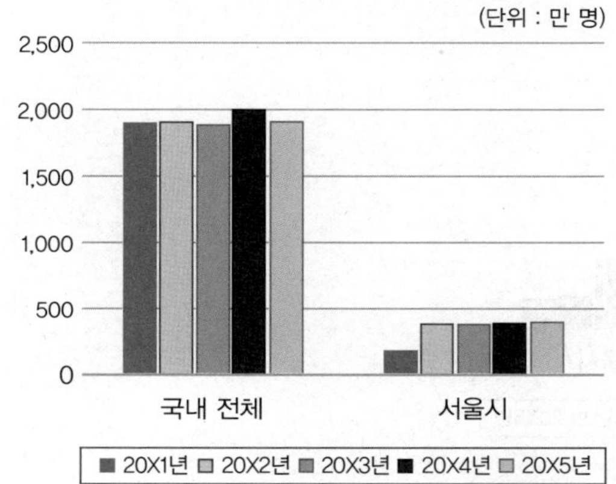

③ 주 평균 대중교통 이용횟수 11 ~ 15회 인원수

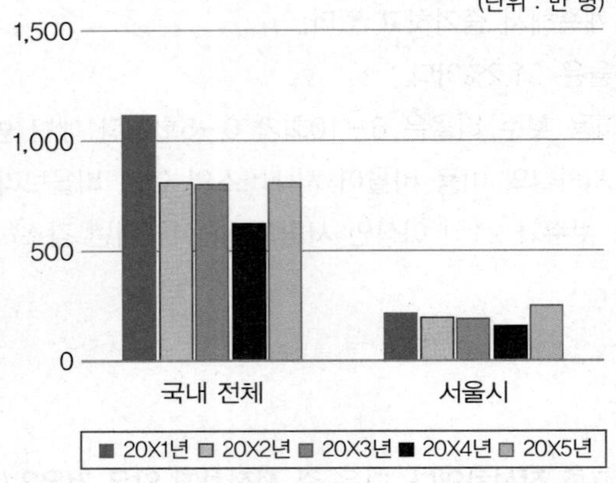

④ 주 평균 대중교통 이용횟수 16 ~ 20회 인원수

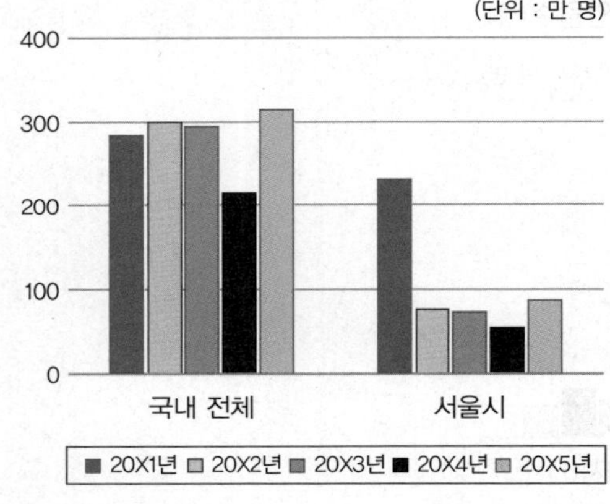

⑤ 주 평균 대중교통 이용횟수 21회 이상 인원수

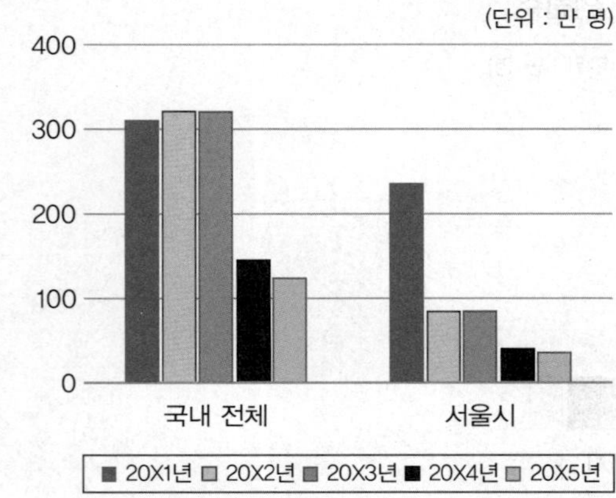

[09 ~ 11] 다음 자료를 보고 이어지는 질문에 답하시오.

지하철 이용객 G는 생활물류센터 위치와 개수를 확인하고 있다.

생활물류센터란 시민 누구나가 계절의류, 취미용품, 기업서류 등을 접근성이 뛰어난 지하철 역사에 장기간 보관할 수 있는 무인형 개인창고 대여 서비스입니다.

〈생활물류센터 조성현황(전 지역 모든 호선 생활물류센터 내년 말 완공)〉

호선	역명	위치(층)	0.3평형(칸)	0.5평형(칸)
5	신정역	2번 출구(B2)	3/10	–
	답십리역	2번 출구(B2)	4/12	0/3
6	월드컵경기장역	1번 출구(B2)	8/14	–
	광흥창역	1번 출구(B2)	2/12	–
	창신역	4번 출구(B1)	3/8	5/8
7	중계역	5번 출구(B2)	3/6	2/5
	태릉입구역(A)	3번 출구(B1)	–	1/6
	태릉입구역(B)	4번 출구(B1)	0/10	–
	상봉역	3번 출구(B1)	12/20	6/14
	반포역	4번 출구(B1)	0/8	0/4
	이수역	10번 출구(B3)	6/15	2/6
	신풍역	1번 출구(B1)	–	1/4
	가락시장역	2번 출구(B1)	4/10	2/3

※ 각 평형별 칸수는 현재 비어 있는 칸수/총 칸수를 의미한다.

〈생활물류센터 이용요금〉

(단위 : 원)

TYPE	1개월	3개월 (10%할인)	6개월 (15%할인)	12개월 (20%할인)
0.3평형	79,000	213,300	402,900	758,400
0.5평형	131,000	353,700	668,100	1,257,600

09. 다음 중 이용객 G가 제시된 자료를 이해한 것으로 적절하지 않은 것은?

① 조성 완료된 생활물류센터들은 모두 지하에 위치하고 있구나.
② 현재 0.3평형과 0.5평형 모두 이용 가능한 역은 모두 7개구나.
③ 태릉입구역에는 생활물류센터가 두 개 있구나.
④ 생활물류센터를 한 번에 오랜 기간 신청하면 한 달씩 신청하는 것보다 한 달에 저렴하게 이용이 가능하구나.
⑤ 내년 말에는 모든 호선에서 생활물류센터를 이용할 수 있겠구나.

10. 다음 〈보기〉는 생활물류센터의 위치를 그림으로 나타낸 것이다. A ~ F에 들어갈 수 있는 역명으로 적절하지 않은 것은? (단, 〈보기〉에 표시된 출구는 모두 다른 역이다)

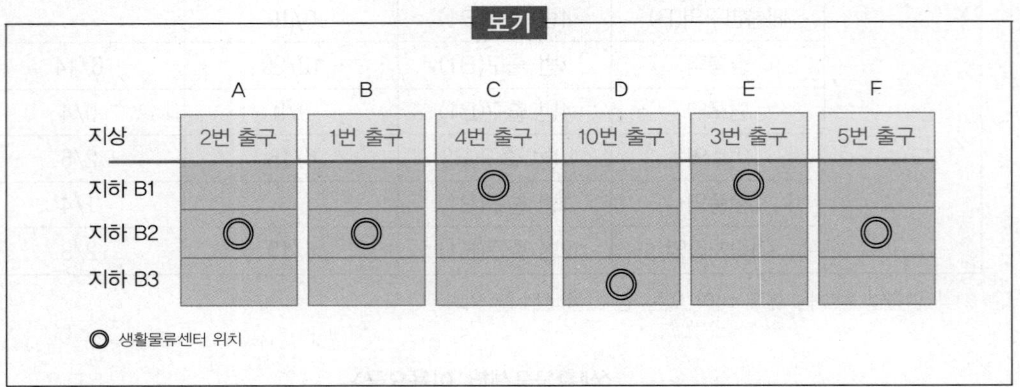

① 답십리역 ② 광흥창역 ③ 창신역
④ 상봉역 ⑤ 가락시장역

11. 다음 중 〈보기〉의 요구사항에 부합하는 생활물류센터가 위치한 역명으로 가장 적절한 것은?

보기

이용객 G

개인물품을 보관할 장소가 없어서 지하철 생활물류센터에 맡기려고 합니다.
3개월만 사용할 예정이고 예산은 30만 원입니다. 평소에 7호선을 주로 이용해서 7호선이 정차하는 역 중에 대여하려고 합니다. 마지막으로 짐이 많아서 위치는 가장 높은 층이었으면 좋겠어요.

① 중계역 ② 태릉입구역(A) ③ 상봉역
④ 이수역 ⑤ 신풍역

12. 다음 열차추돌사건의 '문제'와 '문제점'에 대한 설명으로 적절하지 않은 것은?

20XX년 ○○방향으로 달리던 무궁화호가 □□역을 통과한 직후 화물열차와 추돌하였다. 열차가 추돌한 이 구간은 20XX년 KTX의 개통을 앞두고 기존선의 개량 공사를 진행하던 곳이라 자동신호를 차단하고 무전통신을 이용하여 열차의 운행 정보를 알려 주고 있는 곳이었다.

철도청이 이 구간의 당시 상황을 조사한 결과, 역과 역 사이의 폐색구간(Block Section)에는 규정상 한 열차만 운행할 수 있게 되어 있었지만 사고 당시에는 사고 차량인 화물열차와 무궁화호를 포함해 또 다른 화물열차까지 총 3개 열차가 운행 중이었던 것으로 밝혀졌다. 또한 사고 당시의 □□역 운전취급 역무원은 실제로 운전취급 자격증이 없이 무자격으로 근무하고 있었던 것도 드러났다.

당시 역무원은 "자동신호기가 제대로 차단되지 않아 신호기가 작동되고 있었으므로 신호를 무시하고 정상 속도로 오라는 뜻으로 '정상 운행하라'고 화물열차에 무전으로 통보했으나 화물열차 기관사는 이를 정상적 신호에 따라 운행하라는 뜻으로 받아들여 비정상적인 신호를 표출하고 있는 자동신호기의 신호에 따라 운행하였다."라고 진술했다.

① 무궁화호와 화물열차의 추돌은 문제이다.
② 추돌한 구간의 개량 공사는 문제점이다.
③ 운전취급 자격증이 없는 역무원의 고용은 문제점이다.
④ 자동신호기의 작동은 문제점이다.
⑤ 폐색구간 내의 규정 초과 열차 대수는 문제점이다.

[13 ~ 14] 다음 자료를 읽고 이어지는 질문에 답하시오.

총무부 김 대리는 경영부서의 성과급 관련 자료를 보고 있다.

〈경영부서 인사등급〉

이름	직급	인사등급	이름	직위	인사등급
김철수	부장	B	이미래	사원	S
나희민	대리	A	정해원	과장	A
박민영	부장	C			

〈월 기본급〉

직급	부장	과장	대리	사원
기본급	400만 원	350만 원	280만 원	230만 원

〈성과급 지급률〉

인사등급	S등급	A등급	B등급	C등급
지급률	기본급의 150%	기본급의 120%	기본급의 100%	지급하지 아니함

※ 성과급은 12월에 기본급과 함께 지급한다.

13. 경영부서에서 가장 많은 성과급을 받게 되는 직원은?

① 김철수 ② 나희민 ③ 박민영
④ 이미래 ⑤ 정해원

14. 12월 경영부서 직원들에게 지급되는 금액의 합계는?

① 2,784만 원 ② 2,822만 원 ③ 2,958만 원
④ 3,161만 원 ⑤ 3,202만 원

[15 ~ 16] 다음 자료를 읽고 이어지는 질문에 답하시오.

○○공사 L 사원은 유급휴가비 관련 사내 자료를 보고 있다.

〈유급휴가비〉

구분	부장	과장	대리	사원
유급휴가비(1일당)	5만 원	4만 원	3만 원	2만 원

〈직원 월차사용 현황(12월 31일 기준)〉

[영업1팀]

이름	직급	사용 월차개수
김민석	부장	5개
노민정	대리	2개
송민규	과장	2개
오민아	사원	3개
임수린	사원	7개

[영업2팀]

이름	직급	사용 월차개수
정가을	사원	2개
최봄	대리	2개
한여름	대리	6개
한겨울	과장	5개
황아라	과장	1개

※ 유급휴가비는 남은 월차 한 개당 해당하는 금액을 지급한다.
※ 월차는 1달에 1개씩 생기며, 다음 해로 이월할 수 없다.
※ 유급휴가비는 연말에 지급된다.
※ 모든 직원은 올해 1/1부터 만근하였다.

15. 연말에 유급휴가비를 가장 많이 받을 영업1팀 직원은?

① 김민석 ② 노민정 ③ 송민규
④ 오민아 ⑤ 임수린

16. 연말에 영업2팀에 지급될 유급휴가비의 합계는?

① 120만 원 ② 130만 원 ③ 140만 원
④ 150만 원 ⑤ 160만 원

[17 ~ 18] 다음 자료를 읽고 이어지는 질문에 답하시오.

올해 입사한 이 사원은 회사의 암호 설정 규칙을 숙지하고 있다.

〈□□사 암호 설정 규칙〉

– 암호 설정 참여자 갑, 을은 소수(素數) P와 정수 G를 설정하여 공유한다.
– 갑은 C = G^a(mod P)를 만족하는 C를 참여자 을에게 전달한다.
– 을은 D = G^b(mod P)를 만족하는 D를 참여자 갑에게 전달한다.
– 참여자 갑, 을의 암호는 a, b로 각각 설정한다.

※ Q(mod R)은 Q를 R로 나눈 나머지를 의미한다. (예시) 14(mod 3)=2
※ P, G, a, b, C, D는 모두 자연수이다.

예시)
– 갑과 을은 P=7, G=6으로 설정하였다.
– 갑은 6^2(mod 7)=1을 을에게 전달한다.
– 을은 6^3(mod 7)=6을 갑에게 전달한다.
– 갑과 을은 암호를 2, 3으로 각각 설정한다.

17. 김 대리는 이 사원과 암호 설정에 참여하려 한다. 〈보기〉의 (가), (나)에 들어갈 알맞은 숫자를 순서대로 나열한 것은?

보기

- 김 대리와 이 사원은 P=7, G=4로 설정하였다.
- 김 대리는 (가)=4^3(mod 7)를 만족하는 (가)를 이 사원에게 전달한다.
- 이 사원은 2=$4^{(나)}$(mod 7)를 만족하는 2를 김 대리에게 전달한다.
- 김 대리와 이사원은 암호를 3, (나)로 각각 설정한다.

	(가)	(나)		(가)	(나)		(가)	(나)
①	1	1	②	1	2	③	2	1
④	2	2	⑤	3	2			

18. 박 과장은 유 대리와 암호를 설정하고자 한다. 〈보기〉의 ㉠, ㉡에 들어갈 알맞은 숫자를 순서대로 나열한 것은?

보기

- 박 과장과 유 대리는 P=㉠, G=㉡으로 설정하였다.
- 박 과장은 2=$㉡^1$(mod ㉠)를 만족하는 2를 유 대리에게 전달한다.
- 유 대리는 3=$㉡^3$(mod ㉠)를 만족하는 3을 박 과장에게 전달한다.
- 박 과장과 유대리는 암호를 1, 3으로 각각 설정한다.

	㉠	㉡		㉠	㉡		㉠	㉡
①	3	1	②	4	2	③	5	2
④	6	8	⑤	7	3			

[19 ~ 20] 다음 자료를 읽고 이어지는 질문에 답하시오.

K는 □□사이트의 비밀번호 관련 규정을 보고 있다.

〈사이트 비밀번호 구성〉

- 비밀번호는 0을 제외한 숫자와 영문자로 구성합니다.
- 영어 대소문자의 구분은 없습니다. (단, l는 소문자로만, L은 대문자로만 표기)
- 하나의 비밀번호 내에서 같은 숫자와 문자는 중복해서 사용할 수 없습니다.

〈비밀번호 분실 시〉

- 비밀번호 찾기를 3회까지 시도할 수 있습니다.
- 비밀번호 찾기 결과는 다음과 같이 출력됩니다.
  1) 문자와 문자의 위치 모두 옳은 경우 : ○
  2) 문자와 문자의 위치 중 한개만 옳거나 혹은 모두 틀린 경우 : ●

(예시) ○○의 비밀번호 : 4q8t
1회차 시도 : 8uyt 시도 → ●●●○
2회차 시도 : oq3t 시도 → ●○●○
3회차 시도 : 4yQu 시도 → ○●●●
총 ○ : 4회, ● : 8회 출력

19. K는 〈보기〉와 같이 비밀번호 찾기를 시도하였다. 이때 ○가 출력된 횟수는?

보기

K의 비밀번호 : vwo4c3d

1회차 시도 : 3mvi1d7
2회차 시도 : uwq8cdL
3회차 시도 : pr2xni4

① 0회 ② 1회 ③ 2회
④ 3회 ⑤ 4회

20. J가 비밀번호 찾기를 시도한 결과가 〈보기〉와 같았을 때, J의 비밀번호는?

보기

J의 비밀번호 : (?)

1회차 시도 : e5p → ○●●
2회차 시도 : ab7 → ●●○
3회차 시도 : nd4 → ●○●

① 6pd ② ps6 ③ de7
④ sp6 ⑤ ed7

[21 ~ 23] 다음 자료를 보고 이어지는 질문에 답하시오.

직원 P는 자원에 대한 다음 자료를 살펴보고 있다.

〈상품별 1개 생산 시 자원 사용량과 개당 이익〉

구분	자원 1	자원 2	자원 3	개당 이익
상품 A	20원	60원	15원	1,200원
상품 B	24원	20원	60원	600원

〈자원별 가용 예산〉

구분	자원 1	자원 2	자원 3
가용 예산*	2,300원	5,000원	5,000원

- 상품 생산은 자원별 가용 예산 범위 내에서 이루어지며, 상품 A, B는 자연수 단위로 생산 가능하다.
- 상품 생산 시 모든 자원은 동일한 개수가 필요하다.

* 가용 예산은 상품을 생산하는 데 사용할 수 있는 최대 예산이다.

21. 다음 중 상품 A를 단독으로 생산하고자 할 때, 최대 생산 가능 개수는?

① 67개 ② 83개 ③ 93개
④ 115개 ⑤ 333개

22. 다음 중 상품 B를 단독으로 생산하고자 할 때, 얻을 수 있는 최대 이익은?

① 36,000원 ② 49,800원 ③ 57,000원
④ 69,000원 ⑤ 150,000원

23. 직원 P가 상품 A, B를 동일한 수량으로 동시에 생산하려고 할 때, 직원 P가 얻을 수 있는 최대 이익은?

① 93,600원 ② 111,600원 ③ 118,800원
④ 149,400원 ⑤ 171,000원

24. 최근 정부는 다음과 같은 철도안전법 개정안을 입법예고하였다. 이에 A 교통공사에서는 〈철도안전 교육 안내〉에 따라 철도종사자에 대한 철도안전 교육을 실시하려고 한다. 이에 관한 대화 내용 중 적절한 것은?

> 철도안전법 제24조(철도종사자에 대한 안전교육)
>
> ① 철도운영자 등은 자신이 고용하고 있는 철도종사자에 대하여 정기적으로 철도안전에 관한 교육을 실시하여야 한다.
>
> ② 제1항에 따라 철도운영자 등이 실시하여야 하는 교육의 대상, 과정, 내용, 방법, 시기, 그 밖에 필요한 사항을 국토교통부령으로 정한다.
>
> 〈철도안전 교육 안내〉
>
> 1. 대상 : 전 사원
> 2. 기간 : 202X. 9. 3. ~ 202X. 11. 30.
> 3. 장소 : A 교통공사 서울본부 컨퍼런스룸
> 4. 교육방법 : 외부강사(별지 참조)
> 5. 기타 : 각 팀별로 별도 전달
>
> 〈주차별 안전교육 일정〉

주차	교육내용
공통	철도안전 학습 및 최근 철도사고 사례
1주차	개정된 철도안전법령 및 안전관련 제 규정
2주차	안전관리의 중요성 등 정신교육
3주차	철도사고를 통한 사고예방대책 및 작업 사항
4주차	근로자의 건강관리
5주차	철도사고를 통한 사고예방대책 및 작업 사항

① 갑 : 이번 교육은 전문가에 의해서 이루어지는 것이라 강의 내용이 매우 어렵겠네요.

② 을 : 게다가 다른 업무 부담이 적으니 교육의 효과도 클 것 같습니다.

③ 병 : 일정을 보니 전 직원이 동시에 교육받는 것은 아닌가 봐요.

④ 정 : 자체적인 계획에 따라 교육진행이 이루어지니까 좋은 것 같습니다.

⑤ 무 : 문제는 많은 비용이 들 것 같아요. 강사님들도 모두 유명하신 분들이고요.

[25 ~ 27] 다음 자료를 보고 이어지는 질문에 답하시오.

직원 Y는 공기압축기의 정기점검 목록에 대한 매뉴얼을 작성하고 있다.

〈공기압축기 점검 매뉴얼〉

점검대상	점검사항	점검시기								
		①	②	③	④	⑤	⑥	⑦	⑧	⑨
이상음/이상진동	유무확인		○							
오일	오일점검	○								
	오일교체					○				
자동 스위치	작동확인		○							
안전핀	작동확인						○			
공기누설	점검	○								
압력탱크	응축수 배출			○						
	점검							○		
	교체									○
흡입필터	청소				○					
	교체						○			
볼트/너트	결착점검					○				
흡입/배기밸브	청소					○				
	카본제거							○		
압력계	점검								○	

• 점검 시기

①	매일 가동 전	⑥	6개월 경과/1,200시간 사용 후
②	매일 가동 중	⑦	1년 경과/2,400시간 사용 후
③	매일 가동 후	⑧	2년 경과/4,800시간 사용 후
④	2주 경과/100시간 사용 후	⑨	5년 경과/12,000시간 사용 후
⑤	3개월 경과/600시간 사용 후		

• 점검해야 하는 시기 혹은 사용 시간이 도래한 경우, 그 날의 사용이 끝나고 그 날 관리하는 것을 원칙으로 한다(단, ①, ②는 제외한다).

• 점검 시행은 사용 날짜와 시간 중 확인 가능한 것을 기준으로 하는 것을 원칙으로 한다(단, 사용 날짜와 시간 모두 확인 가능한 경우 먼저 도래한 시점을 기준으로 관리한다).

※ 공기압축기는 매일 사용한다.

25. **다음 중 위 자료를 이해한 내용으로 적절하지 않은 것은? (단, 한 달은 30일, 4주로 계산한다)**

① 흡입필터는 약 6회 청소 이후 교체해야 한다.

② 자동 스위치와 안전핀은 공기압축기에서 정상적으로 작동하는지 확인해야 한다.

③ 공기압축기를 하루 10시간씩 매일 사용 시 압력계는 16개월에 한 번 점검해야 한다.

④ 점검사항이 가장 많은 점검대상은 압력탱크이다.

⑤ 공기압축기는 매일 총 5가지의 항목을 관리해야 한다.

26. **다음 중 공기압축기를 새로 구매한 후 하루에 5시간씩 이용했을 때, 공기압축기를 총 1,200시간 이용한 시점에서 각 점검이 이루어진 횟수 합계가 적절하지 않은 것은? (단, 한 달은 30일, 4주. 1년은 12개월로 계산한다)**

① 안전핀 작동확인 – 1회

② 압력탱크 응축수 배출 – 240회

③ 압력탱크 점검 – 0회

④ 흡입필터 청소 – 6회

⑤ 흡입/배기밸브 청소 – 3회

27. 〈보기〉는 202X년 10월의 공기압축기 사용내역이다. 다음 중 10월 1일부터 10월 31일까지 진행해야 하는 점검 횟수를 모두 더한 값은? (단, 사용 시기와 사용 시간 중에서는 사용 시간만 고려하며, 이전 달 사용내역은 고려하지 않는다)

보기

〈202X년 10월 공기압축기 사용내역〉

일	월	화	수	목	금	토
202X년 10월 동안 공기압축기 사용시간 : 292시간			1 17시간	2 5시간	3 12시간	4 5시간
5 6시간	6 15시간	7 9시간	8 10시간	9 7시간	10 4시간	11 10시간
12 11시간	13 8시간	14 11시간	15 11시간	16 6시간	17 10시간	18 18시간
19 5시간	20 7시간	21 2시간	22 13시간	23 23시간	24 8시간	25 3시간
26 14시간	27 6시간	28 9시간	29 6시간	30 10시간	31 11시간	

① 155회　② 156회　③ 157회　④ 158회　⑤ 160회

28. **다음은 최근 핸드폰을 출시한 ○○기업의 벤치마킹 보고서를 보고 나눈 대화이다. 다음 의견 중 적절하지 않은 것은?**

1. 목적

   최근 ○○기업이 출시한 '믿음 1500'의 판매 부진을 극복하기 위한 대안 모색

2. 개요

   (1) 대상 : □□기업의 스마트 300

   (2) 기간 : 2021. 4. 1. ~ 2021. 7. 3.

   (3) 방법 : □□기업의 본사를 방문하여 수행

   (4) 참여자 : 甲 외 팀원 15명

3. 주요 내용

(중략)

(5) 대상과의 비교

구분	믿음 1500	스마트 300	구분	믿음 1500	스마트 300
화면크기(in)	5.8	4.5	해상도	1280×720	1240×720
내장메모리(g)	16	16	무게(g)	138.5	145
카메라 화소(만)	800	800	색상	B/W, W, B	B/W
배터리용량(mA)	2,150	2,100	통신사	X, Y, Z	X, Y, Z
RAM(GB)	2	2	출고가	899,800원	966,900원
CPU(GHZ)	1.6쿼터	1.4쿼터			

(6) 소비자의 선호 조사

– 화면이 작고 핸드폰이 가벼울수록 소비자의 선호도가 높음.

– 다양한 색상을 선호하는 경향이 있음.

① 벤치마킹은 '경쟁자에게서 배운다'라는 말을 실행 가능하도록 만들어 주는 경영 혁신 기법이야.

② 강물 등의 높낮이를 측정하기 위해 설치된 기준점인 벤치마크(Benchmark)가 어원이야.

③ 궁극적인 목적은 고객의 요구에 충족되는 최고 수준의 프로세스를 만들어 전략적 우위를 확보하는 것이지.

④ □□기업의 '스마트 300' 제품 자체에만 초점을 맞추고, □□기업의 인적자원과 정보 시스템 등은 고려할 필요가 없어.

⑤ 벤치마킹을 하려면 최고 수준의 정보를 파악하고 우리의 성취도가 어느 정도인지를 분석해야 해.

29. 다음 중 자기개발 설계 전략을 올바르게 이해하지 못한 직원은?

보기

직원 A: 계획이 불분명하다면 노력을 낭비하게 될 수도 있어요. 따라서 장기 목표를 수립할 때는 항상 구체적이고 명확하게 세우는 것이 좋아요.

직원 B: 현재의 직무를 유지하거나 새로운 직무를 찾을 때는 현재 직무 수행에 필요한 능력과 자신이 개발해야만 하는 능력 등을 고려해야 합니다.

직원 C: 자기개발을 설계할 때는 장단기 목표를 수립하는 것이 중요해요. 그중 단기목표는 1 ~ 3년 정도의 목표로 장기목표를 달성하기 위한 하위목표에 해당하죠.

직원 D: 자기개발 계획을 수립할 때는 가족, 동료, 상사, 부하직원, 고객 등 다양한 관계를 고려해야 해요. 그리고 관계를 발전시키는 것도 자기개발 목표 중 하나가 될 수 있어요.

직원 E: 자신을 브랜드화하는 것도 중요해요. 브랜드화는 나만의 차별성을 부각하기 위해 지속적으로 자기개발하며 PR하는 것을 의미하는데, 경력 포트폴리오 등을 통해 PR이 가능해요.

① 직원 A ② 직원 B ③ 직원 C

④ 직원 D ⑤ 직원 E

30. 다음 중 자기개발의 특징을 올바르게 이해한 사람은 몇 명인가?

보기

A : 자기개발은 주로 외부로부터 요구가 있을 때, 일시적으로 이루어지는 과정입니다.

B : 개개인마다 자기개발에 적합한 방법이 다르기 때문에 자신에게 맞는 방법으로 자기개발을 하는 것이 중요해요.

C : 자기개발은 쉬운 일이 아니기 때문에, 모든 사람이 반드시 해야 하는 것은 아니에요.

D : 다른 사람과 의사소통하는 것은 자기개발이라고 보기 어려워요. 자기개발을 하기 위해서는 교육훈련기관에서 교육프로그램을 이수해야 해요.

① 0명　② 1명　③ 2명
④ 3명　⑤ 4명

31. 다음 중 직원 갑이 속한 경력 단계로 적절한 것은?

보기

직원 갑은 ○○기업에 입사한 신입사원이다. 첫째 날에는 기업 소개 및 기업 이념과 사내 규정들을, 둘째 날에는 팀 소개와 팀별 업무에 대한 설명을 들었다. 마지막 날에는 앞으로 맡게 될 업무를 소개받고 인수인계를 받았다.

또한, 직원 갑은 팀원들과 함께 점심을 먹으며 팀과 사내 분위기를 파악하고 적응하기 위해 노력하고 있다. 퇴근길에는 사내에서 자신의 입지를 다지기 위한 방법과 승진에 대한 고민을 가지고 있다.

① 직업선택　② 조직입사　③ 경력초기
④ 경력중기　⑤ 경력말기

32. 〈보기〉는 직원 A와 상담사 B의 대화이다. 다음 중 〈보기〉의 ㉠에 들어갈 말로 적절한 것은?

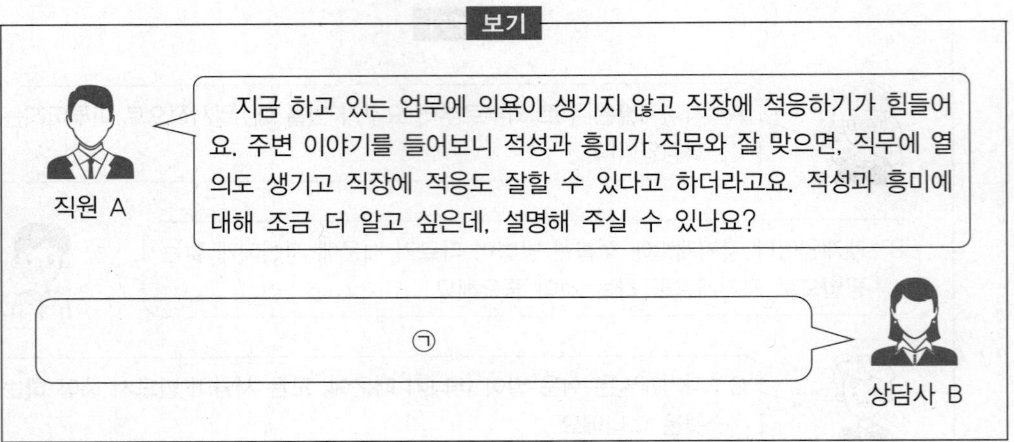

보기
지금 하고 있는 업무에 의욕이 생기지 않고 직장에 적응하기가 힘들어요. 주변 이야기를 들어보니 적성과 흥미가 직무와 잘 맞으면, 직무에 열의도 생기고 직장에 적응도 잘할 수 있다고 하더라고요. 적성과 흥미에 대해 조금 더 알고 싶은데, 설명해 주실 수 있나요?
직원 A
㉠
상담사 B

① 흥미는 선천적으로 부여되는 것이 아니라 후천적으로 개발됩니다.

② 흥미를 가지기 위해서는 작은 목표보다 원대한 목표를 세우는 것이 좋아요.

③ 적성은 절대적인 개념으로, 개인에 따른 유무로 나눌 수 있어요.

④ 자신에게 적합한 일을 찾기 위해 적성검사를 활용할 수 있지만, 일터에서의 성공을 보장하지는 않아요.

⑤ 자기암시는 자신감을 얻을 수 있게 도와줘 흥미를 높일 수 있지만, 적성 개발에는 적합하지 않아요.

33. 다음 중 〈보기〉에서 팀워크 촉진 방법을 잘못 이해한 팀장을 모두 고르면?

보기

팀장 K

우리 팀은 창의적인 아이디어가 생명이기 때문에 최대한 수평적인 분위기를 유지하며 자유롭게 의견을 제시할 수 있도록 하고 있습니다. 특히 매주 있는 팀 회의의 진행자를 매번 다르게 하여 각자 책임감을 가지고 회의에 참여할 수 있도록 하죠. 진행자는 회의의 안건을 상정하고 최종 의사결정을 하는 데 큰 권한을 부여받으므로 더욱 열정을 가지고 업무에 임하는 것 같아요.

저는 팀워크 촉진에 있어서 갈등 관리만큼 중요한 문제가 없다고 생각합니다. 갈등은 시간이 지날수록 증폭되기 때문에, 즉시 올바른 방법으로 해소할 필요가 있습니다. 저는 팀장으로서 팀원 간의 갈등을 발견하면 우선 갈등을 빚은 팀원들과의 공개적인 미팅을 진행합니다. 미팅에서 모두가 갈등이 생긴 팀원의 문제점을 전달한 후 개선을 요청하죠.

팀장 L

팀장 P

우리 팀은 팀 목표를 달성하도록 팀원을 고무시키는 환경을 조성하기 위해 동료 피드백을 활용합니다. 긍정적이든 부정적이든, 피드백은 팀원의 발전에 기여하기 때문입니다. 동료의 피드백은 우선 간단한 목표와 우선순위를 설정하고, 대상의 행동과 수행을 관찰한 후, 피드백이 필요한 상황에서 즉각적으로 피드백을 제공하는 식으로 이루어집니다. 또한, 뛰어난 수행성과에 대해서는 주저 않고 인정해 주는 팀 문화가 형성되어 있죠.

① 팀장 K ② 팀장 L ③ 팀장 P
④ 팀장 L, 팀장 P ⑤ 팀장 K, 팀장 L, 팀장 P

34. 리더와 관리자의 특징을 구분하였을 때, 다음 중 리더의 특징을 가진 사람을 모두 고른 것은?

K 과장	계산된 위험을 취하는 편이 좋아. 중요한 건 직원들에게 동기를 부여하는 것이지.
H 팀장	체제나 기구는 꼭 마련되어야 하고, 현 시점을 안정적으로 유지하는 것이 좋아.
Y 부장	새로운 상황을 창조하는 것은 내가 잘할 수 있어. 사람을 중시하고 내일을 보며 일하자.

① K 과장 ② H 팀장 ③ K 과장, H 팀장
④ K 과장, Y 부장 ⑤ H 팀장, Y 부장

35. 다음 〈보기〉의 가 ~ 마 중 임파워먼트 장애요인에서 대인 차원에 해당하는 것은?

보기

가	역량이 부족해 주어진 업무를 수행하지 못한 경우
나	업무를 함께 하는 타부서에서 마감기한을 계속 지키지 않아 업무에 차질이 생긴 경우
다	중장기 프로젝트에 참여한 사원이 심리적 부담으로 중간에 프로젝트에서 이탈한 경우
라	업무에 착수할 때 마다 직속 상사에게 의지하는 경우
마	중요한 계약 체결이 업무로 주어진 상황이지만 계약 체결에 대한 의지가 없는 경우

① 가 ② 나 ③ 다
④ 라 ⑤ 마

36. 〈보기〉는 협상에서 주로 나타나는 실수와 그에 따른 대처방안을 정리한 표이다. 다음 〈보기〉의 A ~ E 중 협상의 실수에 따른 대처방안으로 적절하지 않은 것은?

보기

협상의 실수	대처방안	
협상을 위한 준비를 하고 있는데 협상 상대방이 협상을 바로 시작한 경우	A	"아직 저희가 준비가 덜 되어서 그러는데 시간을 좀 주세요. 혹시 이번 협상건에 어떤 입장이십니까?"
협상 상대방에게 협상의 통제권을 잃을까 두려워하는 경우	B	'나의 한계를 설정하고 상대방과 함께 의견차이를 조정하면서 해결책을 찾아봐야지'
협상 주제인 부품이 아닌 공장에 관한 논의만 하여 타결이 이루어지지 않는 경우	C	"이번 협상의 주제가 부품에 관한 사항이었다는 것을 잊지 않으셨지요? 저희 협상 타결을 위해 힘냅시다."
거래 상대방이 사전에 협의된 예산 기준에서 벗어난 제안을 하게 되는 경우	D	'상대방이 원하는 것을 얻지 못하면 어떻게 할지 걱정하지 말고 모두가 만족할 수 있는 상황이 되었는지 확인해 봐야지'
타결권한이 없는 사람을 대상으로 협상을 진행한 경우	E	"혹시 당신이 협상 타결권한을 가지고 있나요? 협상결과에 책임을 질 수 있는 사람과 협상을 진행하고 싶습니다."

① A ② B ③ C
④ D ⑤ E

37. 다음 대화 내용을 바탕으로 볼 때 갑의 주장과 유사한 의미의 주장을 하는 사람은?

> 갑 : 지난주 학교 운동회 정말 재미있지 않았니?
> 을 : 응. 사실 평소 공부만 하다 보니 선생님들 좀 거리감이 느껴졌었는데, 운동도 같이 하고 응원도 같이 하다보니 많이 가까워진 것 같아.
> 갑 : 그러게. 특히 학생하고 나눠서 축구 시합할 때, 선생님들 그렇게 반칙을 많이 할지 몰랐어. 뭐랄까 선생님들이 팀을 이뤄서 이겨야 한다고 마음먹으니까 상당히 수단과 방법을 가리지 않으시더라고. 분명 개별적으로 보면 규칙 같은 걸 강조하시고 규칙에 어긋나는 행동을 안 하실 텐데 말이야. 그런 걸 보면 지난주에 윤리선생님께서 말씀하신 것처럼 사회 집단의 도덕성은 개인의 도덕성보다 현저하게 떨어진다는 말씀에 전적으로 동의해.

① A : 어떤 행위든 그것이 집단에 의해 이루어진 행위라도 그 결과에 대한 책임은 집단이 아니라 개인에게 돌아가야 한다고 생각해.

② B : 사회적 정의는 개인의 도덕만으로 이뤄지지 않으므로 개인의 양심에만 맡겨서는 공동선을 완성하기 어려워.

③ C : 도덕적인 사회를 만들기 위해서 개인이 도덕적일 필요는 전혀 없어. 히틀러는 개인적으로는 매우 도덕적인 사람으로 보일 수 있었거든.

④ D : 사회의 도덕 문제는 분명 법과 같은 제도적인 문제들과 구별해야 하는 것이지.

⑤ E : 구성원들이 모두 도덕적이라면 결국 그 집단도 도덕적이라고 판단할 수 있어.

38. 다음 〈보기〉의 김 대리가 하는 일을 직업으로 볼 수 없는 이유는?

보기

김 대리

> 저는 최근 광고회사에 입사하여 주말을 제외하고는 매일 출근하고 있습니다. 저는 홍보팀 소속으로, 보통 출근해서 가장 먼저 하는 일은 새로 작성된 보도자료들을 확인하는 일입니다. SNS 공식 채널을 관리하고 가끔 이벤트를 기획하기도 합니다. 아직 신입 직원이라 일에 대해 배우는 단계이다 보니 급여를 받고 있지는 않지만, 점차 실력이 늘면 언젠가 높은 급여도 받을 수 있을 것이라 기대합니다. 업무에서 힘든 점도 많지만, 저는 제 일을 사랑합니다.

① 계속성 ② 경제성 ③ 윤리성

④ 사회성 ⑤ 자발성

39. 다음 중 〈보기〉의 사례에서 나타난 사람들이 행하는 비윤리적인 행위로 적절한 것은?

보기

A사 직원 김 씨는 지난 202X년 5월 서울 한 음식점에서 운항 증명서 발급 등 행정 편의를 위한 대가성으로 항공사 대표 이 씨에게 현금 200만 원을 받은 혐의(뇌물수수)로 검찰에 송치됐다. 조사 결과 직원 김 씨는 처음에는 받아도 되는 것인지 고민을 했지만, 남들도 다 하는 것이고 자신만 그러는 것도 아닌데 잘못된 것도 아니지 않냐는 생각으로 뇌물을 받았다고 했다.

① 허영심 ② 기만 ③ 윤리적 무지
④ 도덕적 해이 ⑤ 도덕적 태만

40. 다음 〈보기〉의 ㄱ ~ ㅁ 중 직장 내 괴롭힘에 해당하는 상황을 모두 고른 것은?

보기

ㄱ. 상사가 퇴근 후 부하 직원에게 개인 운동 트레이너 역할을 시켰다.
ㄴ. 상사가 당일에 급작스럽게 잡힌 회식에 꼭 참여하라고 강요하였다.
ㄷ. 상사가 부하 직원이 낸 아이디어를 자신의 아이디어라고 보고했다.
ㄹ. 상사가 단체 채팅방에서 업무상 실수를 지적하며 공개적으로 모욕감을 주는 언행을 하였다.
ㅁ. 상사가 상습적으로 지각하는 부하 직원의 출근 시간을 개별적으로 기록하고 개인적으로 불러 지적하였다.

① ㄱ, ㄴ ② ㄴ, ㄹ ③ ㄱ, ㄴ, ㄷ
④ ㄱ, ㄴ, ㄷ, ㄹ ⑤ ㄴ, ㄷ, ㄹ, ㅁ

3회 기출예상문제

문항수 | 40문항

정답과 해설 17 쪽

[01 ~ 02] 다음 제시상황과 글을 읽고 이어지는 질문에 답하시오.

A 교통공사의 박 대리는 보도자료를 열람하고 있다.

〈 ㉠ 〉

A 교통공사는 이달 공모를 통해 국내 최초로 지하철 역사 내 공유오피스를 조성하기 위한 사업의 최종 운영사로 P 사를 선정했다. 공유오피스로 탈바꿈할 임대공간이 위치한 역사는 A 역(2 · 5호선 환승역), B 역(5 · 6 · 경의중앙선 · 공항철도 환승역), C 역(2 · 5 · 경의중앙선 · 수인분당선 환승역), D 역(7호선) 등 4개소로 총 임대면적 951m^2 규모로 조성공사 등 시험 준비를 거친 뒤 오는 7월 오픈할 예정이다.

공유오피스는 이용자가 원하는 시기를 정해 업체가 관리하는 공간을 예약하여 사용하는 장소로, 자본이 부족한 스타트업이나 1인 기업이 사무실 개설 시의 초기 비용부담(보증금 · 중개수수료 · 인테리어 비용 등) 없이 이용할 수 있다는 장점이 있다. 대부분의 공유오피스들은 이동 편의성을 중시해 역세권에 위치하고 있는데 이번 지하철역 공유오피스는 '역세권 이상'의 이동 편의와 초접근성을 지니게 된다. 또한 수많은 승객이 타고 내리는 지하철 공간의 특성상 이용자들이 부수적으로 광고효과까지 노릴 수 있을 것으로 전망된다.

이번 사업을 통해 P 사는 시내 주요 도심에 위치한 4개 역사의 뛰어난 접근성을 활용한 직주근접(직장, 주거지 근접) 오피스를 선보인다. 고정 근무를 위한 데스크형 공간이 아닌 필요한 일정에 따라 자유로운 이용이 가능한 라운지형 공간으로 조성될 예정이며, 비대면 환경 구축과 편의성을 위해 간편하고 안전한 QR코드 출입 시스템으로 운영된다.

또한, 이번 협업을 기점으로 B2B와 B2C 시장의 니즈를 모두 충족한다는 목표를 세워 최근 높아진 기업고객의 분산근무 수요를 충족해 나가는 동시에, 일 혹은 주 단위의 단기 업무 공간 혹은 소모임 공간이 필요한 개인고객 대상 라운지형 상품 출시도 검토하고 있다.

향후 P 사는 이와 같은 새로운 시도를 통해 고객들이 근무 장소에 국한되지 않고 어디에서나 자유롭게 일할 수 있는 환경, 즉 '워크 애니웨어(Work Anywhere)' 실현을 비전으로 정립하고 가치를 추구하기 위해 다양한 혁신을 선보일 계획이다.

01. 다음 중 박 대리가 위 자료를 이해한 내용으로 적절한 것은?

① P 사는 직주근접 오피스와 개인고객 대상 라운지형 상품을 함께 출시할 예정이다.

② 이번에 공유오피스를 설치할 4개 역사는 7월부터 조성공사를 실시한다.

③ P 사는 현재 16개의 지점을 운영하고 있으며, 상반기에 추가로 3개 지점을 더 추가 개점할 예정이다.

④ 지하철역 공유오피스는 지하철 내에 위치하여 이동의 편의성과 광고효과를 기대할 수 있다.

⑤ 공유오피스 보증금은 사무실 개설 시 보증금의 절반 정도밖에 되지 않으므로 자본이 부족한 스타트업이나 1인 기업의 초기 이용부담을 줄일 수 있다.

02. 다음 중 ㉠에 들어갈 제목으로 적절한 것은?

① 코로나 시대의 달라진 업무 환경과 오피스 활용 혁신 사례

② 공유오피스 사업, 예비타당성조사 통과 후 진행에 박차를 가할 것인가?

③ A 교통공사 · P 사, 국내 최초 지하철 역내 공유오피스 조성

④ A 교통공사 · P 사, 임대공간 활용 방안에 대한 연구 협약 체결

⑤ 유니콘 기업 P 사, 비대면 시대의 공유오피스의 현재와 미래의 가능성

[03 ~ 04] 다음 제시상황과 글을 읽고 이어지는 질문에 답하시오.

J 교통공사 직원 갑은 고객서비스와 관련된 보도자료를 살펴보고 있다.

△△시 지하철 고객센터에 6개월간 전화 38회 · 문자 843회를 보내며 열차 지연이 기분 나쁘다는 이유로 욕설 · 고성 · 반말로 직원들을 괴롭혔던 악성 민원인이 유죄를 선고받았다.

J 교통공사는 공사와 고객센터 상담직원 3명이 남성 김 씨를 지난 20X1년 7월 업무방해죄 등으로 고소한 건과 관련하여, 최종적으로 김 씨가 지난달 1일 대법원에서 징역 6개월 · 집행유예 2년 · 사회봉사 160시간의 양형에 처해졌다고 밝혔다. 김 씨 고소의 근거는 형법 제314조(업무방해죄) 및 정보통신 이용촉진 및 정보보호 등에 관한 법률 제44조 및 제74조(공포심 · 불안감 유발 문언 · 음향 등 반복 전송)다.

김 씨는 지난 20X1년 3월 12일 저녁 지하철 2호선이 막 1 ~ 5분 연착되었다며 공사 고객센터에 전화를 걸어 상담 직원에게 연착에 대한 책임을 지고 통화료 및 소비한 시간에 대한 보상을 지급하라는 등 과도한 사항을 요구하였다. 이후 김 씨는 고객센터 직원의 사과를 받았음에도 불구하고 자신이 만족할 만한 대답을 듣지 못했다는 이유로 같은 해 9월까지 6개월간 전화 38회 · 문자 843회를 보내며 욕설과 반말 등을 통해 직원들의 업무를 방해하는 등 비상식적인 행위를 계속 이어갔다.

특히 폭력적인 언행을 지속적으로 일삼으며 직원들이 업무 중 심한 공포감과 자괴감을 느끼게 만들었다. 전화를 여러 차례 받았던 상담직원 정 씨는 김 씨로 인한 스트레스로 결국 작년 1월 29일 근로복지공단에서 업무상 질병(적응장애)에 따른 산업재해를 인정받는 등 막대한 정신적 피해를 호소했다.

이러한 행위를 더는 그대로 둘 수 없겠다고 판단한 공사는 결국 김 씨를 업무방해죄 등으로 고소하였으며, 1심과 2심을 거쳐 지난 달 1일 최종적으로 유죄가 선고됐다. 김 씨는 자신의 양형이 과도하다며 항고 및 상고하였지만, 법원은 상담 직원들이 입은 정신적 피해가 적지 않다며 이를 받아들이지 않았다.

공사는 김 씨 사건 이외에도 감정노동자로서 고객을 응대하는 직원을 보호하고, 폭력 등을 사전에 방지하기 위한 대책 마련에도 힘을 쏟고 있다. 감정노동 전담 부서를 새롭게 만들어 피해직원 보호 및 대응 매뉴얼 제작 등 관련 업무를 전문적으로 수행하게 하고, 피해를 입은 직원에게는 심리 안정 휴가를 부여하고 공사 내 마음건강센터에서 심리치료를 받을 수 있도록 지원하고 있으며, 고객센터 및 각 역에 전화 시 직원을 존중해달라는 안내방송을 사전에 자동으로 송출하고 있다.

J 교통공사 고객서비스본부장은 "고객 응대 직원에 대한 도를 넘어선 행위에 대해서는 앞으로도 무관용 원칙하에 엄정히 대처할 것이다." 라며 "지하철을 이용하는 고객 편의와 안전을 위해 직원들이 최선을 다하고 있는 만큼, 고객 여러분께서도 직원을 인간적으로 존중하여 대해 주시기 바란다."라고 말했다.

03. **다음 중 제시된 자료를 이해한 내용으로 적절한 것은?**

① 김 씨는 유죄를 선고받은 이번 판결에 불복하여 항고 및 상고할 예정이다.
② 김 씨는 지하철 연착에 대한 민원 이후 4개월간 욕설 및 폭언을 일삼았다.
③ 공사는 고객 존중 우선 원칙으로 인해 엄격한 대처가 힘들다고 호소하였다.
④ 김 씨의 전화를 받은 직원 정 씨는 업무상 질병에 따른 산업재해를 인정받았다.
⑤ 김 씨가 고소된 근거는 업무방해죄 및 허위사실 적시에 의한 명예훼손 혐의이다.

04. **다음 중 갑이 동료 직원 을의 질문에 답한 내용으로 적절하지 않은 것은?**

동료 직원 을

공사가 감정노동자로서 고객을 응대하는 직원 보호 및 폭력 방지 대책을 마련하고 있다고 하는데, 이에 대한 구체적인 사항으로 어떤 것이 있나요?

① 피해를 입은 직원에게 휴가를 제공하고 있습니다.
② 피해를 입은 직원이 공사 내 마음건강센터에서 심리치료를 받을 수 있도록 지원하고 있습니다.
③ 피해 직원이 고소를 원한다면 그를 위한 변호사 선임과 보상금을 지원하고 있습니다.
④ 피해 직원 보호 및 대응 매뉴얼 제작 등 관련 업무를 전담하는 부서를 신설했습니다.
⑤ 고객센터 및 각 역에 전화 시 직원을 존중해 달라는 안내방송을 사전에 자동으로 송출하고 있습니다.

[05 ~ 06] 다음 자료를 바탕으로 이어지는 질문에 답하시오.

〈자료 1〉 2X19년 물류산업 총괄 개요

(단위 : 개, 명, 십억 원, %)

구분	20X8년	20X9년	전년 대비 증감률
기업체 수	208,260	216,627	
종사자 수	588,164	596,420	
매출액	89,494	92,354	
영업비용	81,794	84,385	3.1

〈자료 2〉 20X9년 물류산업 주요 현황

(단위 : 개, 천 명, 십억 원)

구분	기업체 수	종사자 수	매출액	영업비용
운수업(A)	392,500	1,154	152,016	139,523
물류산업(B)	216,627	596	92,354	84,385
화물운송업	202,954	495	70,767	64,658
물류시설 운영업	1,198	16	4,534	3,921
물류 관련 서비스업	12,475	85	17,053	15,806
운수업 관련 서비스업*	12,338	75	12,475	11,677
운수업 외 서비스업**(C)	137	10	4,578	4,129

* 운수업에 포함된 화물취급업, 운송중개서비스업, 기타 운송관련 서비스업 등

** 운수업 외 서비스업 중 물류 관련 정보처리서비스업, 장비 임대업, 경영컨설팅업 등(8개 업종)

※ 운수업 내 물류산업 비중(%) = $\frac{B-C}{A} \times 100$

05. 다음 중 위 자료를 분석한 내용으로 적절하지 않은 것은?

① 20X9년 물류산업 기업체 수의 전년 대비 증감률은 10% 미만이다.

② 20X9년 물류산업 종사자 수의 전년 대비 증감률은 5% 이상이다.

③ 20X9년 물류산업 기업체 수에서 화물운송업이 차지하는 비중은 90% 이상이다.

④ 20X9년 운수업 외 서비스업은 운수업 관련 서비스업보다 기업체 1개당 평균 매출액이 더 크다.

⑤ 20X9년 물류산업에서 매출액과 영업비용 중 전년 대비 증가액이 더 많은 것은 매출액이다.

06. 위 자료를 바탕으로 다음과 같은 그래프를 작성하였다. ㉠에 들어갈 값으로 옳은 것은? (단, 소수점 아래 둘째 자리에서 반올림한다)

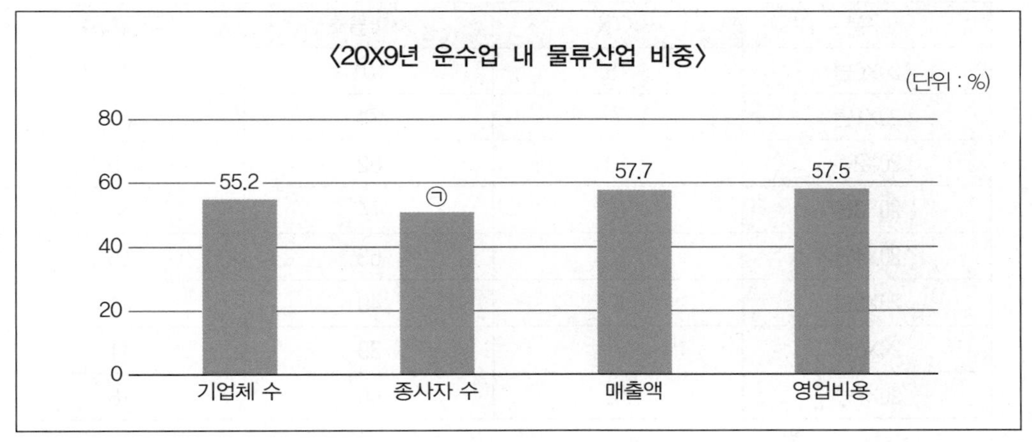

① 50.8　② 51.2　③ 51.6
④ 52.0　⑤ 52.4

[07 ~ 08] 다음 자료를 바탕으로 이어지는 질문에 답하시오.

〈철도 부정승차 적발현황〉

(단위 : 천 건, 천 명)

구분	적발건수		미구입자		부정할인자	
	전체	자진신고 제외	전체	자진신고 제외	전체	자진신고 제외
20X0년	186	112	118	57	70	57
20X1년	166	94	106	49	105	90
20X2년	147	74	93	34	48	34
20X3년	136	70	78	29	538	521
20X4년	116	60	74	27	42	30
20X5년	96	55	58	24	39	32
20X6년	87	46	51	18	30	22
20X7년	70	50	40	23	27	24

〈철도종류별 부정승차 적발현황〉

(단위 : 천 건)

구분	KTX	새마을호	무궁화호
20X0년	15	101	70
20X1년	7	74	85
20X2년	10	82	55
20X3년	8	74	54
20X4년	8	63	45
20X5년	6	49	41
20X6년	7	39	41
20X7년	12	40	18

〈철도종류별 부정승차자 적발현황〉

(단위 : 천 명)

구분	KTX		새마을호		무궁화호	
	미구입자	부정할인자	미구입자	부정할인자	미구입자	부정할인자
20X0년	10	4	66	38	42	28
20X1년	3	4	49	24	54	77
20X2년	9	1	54	22	30	25
20X3년	5	3	48	32	25	503
20X4년	7	1	41	21	26	20
20X5년	5	1	27	23	26	15
20X6년	5	2	23	12	23	16
20X7년	4	9	28	8	8	10

07. 다음은 위 자료를 바탕으로 작성한 그래프이다. ㉠ ~ ㉤에 해당하는 수치로 옳지 않은 것은? (단, 소수점 아래 첫째 자리에서 버림한다)

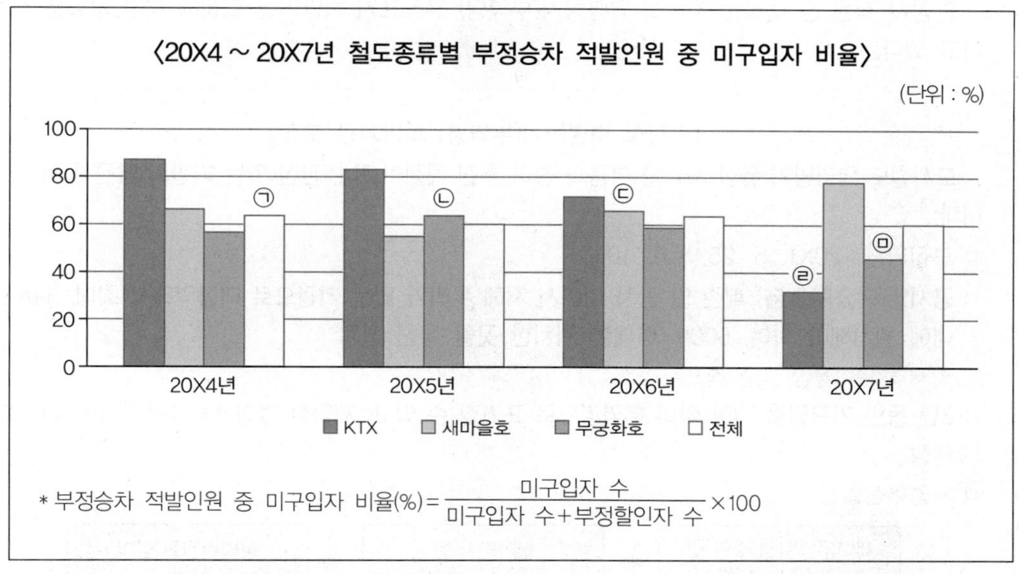

* 부정승차 적발인원 중 미구입자 비율(%) = $\frac{\text{미구입자 수}}{\text{미구입자 수} + \text{부정할인자 수}} \times 100$

① ㉠ : 61　　② ㉡ : 63　　③ ㉢ : 65

④ ㉣ : 30　　⑤ ㉤ : 44

08. 다음 중 위 자료를 분석한 내용으로 옳지 않은 것은?

① 부정승차의 적발건수와 미구입자 수 모두 매년 지속적으로 감소하였다.

② 부정승차 적발건수 중 자진신고된 건은 20X0년 대비 20X7년에 70% 이상 감소하였다.

③ 20X0 ~ 20X7년 동안 부정승차는 연평균 120천 건 이상 적발되었다.

④ 20X0 ~ 20X7년의 부정승차자 총 인원은 미구입자와 부정할인자 모두 무궁화호에서 가장 많이 적발되었다.

⑤ 20X0 ~ 20X7년 동안 새마을호의 총 부정승차 적발건수는 전체 철도의 총 부정승차 적발건수의 50% 이상을 차지한다.

[09 ~ 10] 다음 제시상황과 글을 읽고 이어지는 질문에 답하시오.

S 공사 직원 김 대리는 지하철 역명병기(부역명) 유상표기 희망기관 모집에 대한 자료를 작성하고 있다.

〈지하철 역명병기(부역명) 희망기관 모집〉

도시철도 역명병기 유상 사업을 다음과 같이 추진 예정이오니, 관심 있는 기관의 많은 참여 바랍니다.

- ㅁ 모집기간 : 20X1. 5. 25. ~ 6. 10.
- ㅁ 공서양속(公序良俗) 훼손 및 공사 이미지 저해 우려가 없는 기관으로 대상역에서 최대 1km 이내에 위치해야 하며, 500m 이내에 위치한 곳을 우선 선정
  ※ 세부기준 [붙임] 파일 참고
- ㅁ 3년 동안 기관명을 대상 역의 부역명으로 표기할 수 있고, 재입찰 없이 1회(1년)에 한하여 계약 연장
- ㅁ 사업추진일정

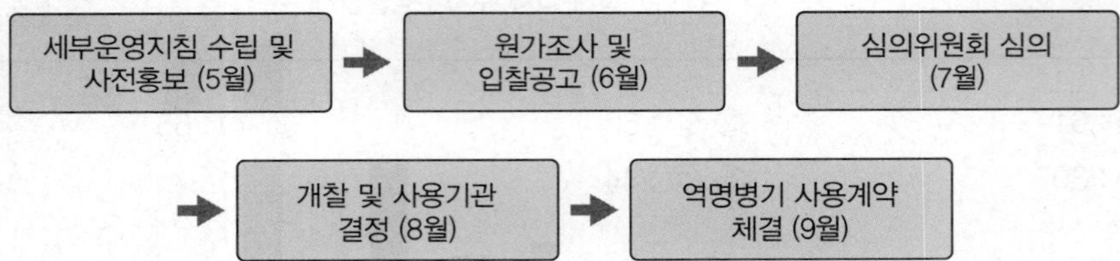

- ㅁ 문의처 : 부대사업처 광고팀, 02－1234－5678

[붙임] 역명병기 대상기관 선정기준

구분		표기대상	우선순위
공통사항	기본요건	인지도가 높고 승객의 이용편의를 증진시킬 수 있으며 공서양속 훼손 및 공사 이미지 저해 우려가 없는 기관	－
	거리제한	대상 역에서 최대 1km 이내에 위치해야 하며, 500m 이내에 위치한 곳을 우선 선정	－
공익기관	지명 등	지명, 거리명, 국유재산, 공유재산(도로, 공원, 광장), 문화재	1
	관공서	정부조직협상 중앙행정기관 및 지방자치기관과 하부기관	
	공익시설	공원, 운동장, 터미널, 도서관, 체육관, 박물관, 미술관	
	공공기관	공공기관에 해당하는 기관	

※ 2개 이상의 기관의 순위가 동일한 경우, 응찰금액이 더 높은 기관, 거리가 P 역으로부터 가까운 기관 순으로 우선 선정한다.

09. 김 대리가 위 자료를 이해한 내용으로 적절하지 않은 것은?

① 대상기관 선정 시 부역명 표기 관련 질의를 위한 위원회가 존재한다.
② 재입찰 없이 역명병기를 유지할 수 있는 기간은 최대 4년이다.
③ 지하철 역명병기 유상표기 희망기관 모집 기간은 약 보름 동안 이루어진다.
④ 해당 사업에서 역명병기 기관 선정은 8월에 결정된다.
⑤ 해당 사업에서 공익기관은 기관 특성상 무상으로 부역명 표기가 가능하다.

10. 다음 기관들이 P 역의 역명병기 모집에 신청하였을 때 선정될 기관은?

① 
- 응찰금액 : 8,500만 원
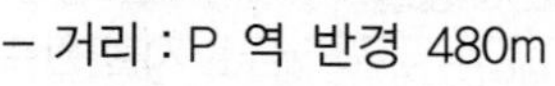
- 거리 : P 역 반경 480m
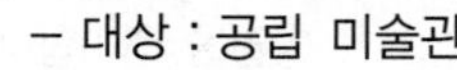
- 대상 : 공립 미술관

② 
- 응찰금액 : 8,500만 원
- 거리 : P 역 반경 450m
- 대상 : R 정부청사

③ 
- 응찰금액 : 8,700만 원
- 거리 : P 역 반경 900m
- 대상 : S 대학병원(200병상)

④ 
- 응찰금액 : 8,800만 원
- 거리 : P 역 반경 1,000m
- 대상 : 고속버스터미널

⑤ 
- 응찰금액 : 9,000만 원
- 거리 : P 역 반경 300m
- 대상 : O 통신기업

[11 ~ 12] 다음 글을 읽고 이어지는 질문에 답하시오.

〈객실 예약 및 환불 안내〉

◆ 객실 안내

A 타입	B 타입	C 타입	D 타입	E 타입
대여료 400,000원	대여료 300,000원	대여료 250,000원	대여료 200,000원	대여료 150,000원
50인 수용 가능	40인 수용 가능	35인 수용 가능	30인 수용 가능	25인 수용 가능
방 5개	방 3개	방 2개	방 2개	방 2개
개별 냉방 취사 가능	개별 냉방 취사 가능	개별 냉방	개별 냉방 취사 가능	개별 냉방

※ 예약 시 대여료의 20%에 해당하는 선입금을 지불하셔야 예약이 확정됩니다.

◆ 객실 환불 규정

구분	환불기준		비고
시설 사용예정일 이전 및 당일에 예약을 취소한 경우	사용예정일 5일 전까지 취소 또는 계약체결 당일 취소	선입금 전액 환불	• 기간 계산 시 토요일 또는 공휴일을 포함하며, 사용예정일은 산입하지 않습니다. • 계약체결 당일이란 이용객이 선입금을 지불 완료하여 계약이 체결된 당일을 의미합니다. • 계약체결일이 사용예정일 이전 4일 이내인 경우, 당일 취소 시 전액 환불은 불가하며, 사용예정일 기준으로 환불됩니다. • 환불에 따라 발생하는 이체수수료(1,000원)가 제외된 금액이 환불됩니다.
	사용예정일 3일 전까지 취소	선입금의 90% 환불	
	사용예정일 2일 전까지 취소	선입금의 80% 환불	
	사용예정일 1일 전까지 취소	선입금의 70% 환불	
	사용예정일 전날부터 당일까지 취소	사용시간 이전	
		사용시간 이후	
관리자의 사정으로 시설사용이 불가능한 경우	선입금 전액 환불		이체수수료는 ○○시설에서 부담합니다.
천재지변, 그 밖의 불가항력에 의해 시설사용이 불가능한 경우	이체수수료의 50%(500원)를 제외한 선입금 전액 환불		환불 기준은 기상청에서 강풍 · 호우 · 대설 · 해일 · 태풍주의보 또는 경보를 발령한 경우로 한정합니다.

11. 〈보기〉에 따라 예약을 하려고 할 때, ○○시설에 지불해야 할 선입금 금액은?

> **보기**
>
> 이번 직원 리더십 워크숍 참여인원은 남자 10명, 여자 18명으로 총 28명이므로 두 개의 객실을 예약하는 것이 좋을 것 같습니다. 이 경우, 취사는 최소 한 객실에서 가능해야 하고, 개별 냉방은 두 객실 모두 가능해야 합니다. 이와 같은 사항을 참고해서 최소 금액으로 객실을 예약해 주시기 바랍니다.

① 70,000원　② 80,000원　③ 90,000원
④ 100,000원　⑤ 120,000원

12. 다음은 ○○시설 Q&A 게시판에 올린 문의에 대한 상담원의 답변이다. 답변의 빈칸에 들어갈 내용으로 적절한 것은?

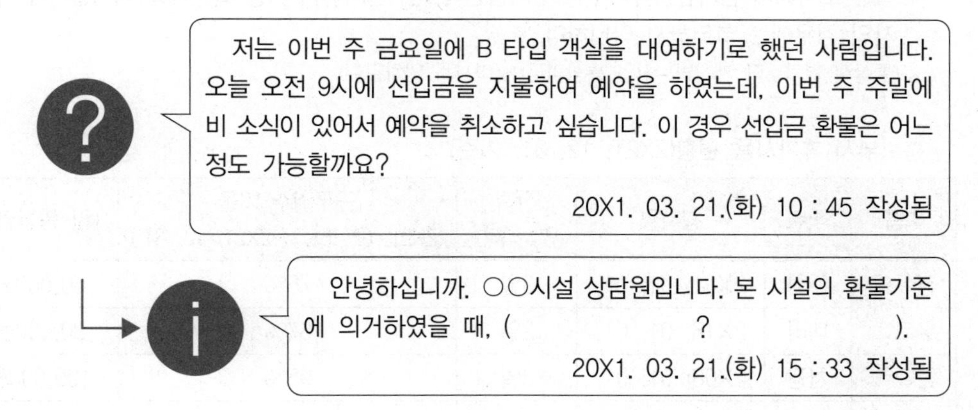

?
저는 이번 주 금요일에 B 타입 객실을 대여하기로 했던 사람입니다. 오늘 오전 9시에 선입금을 지불하여 예약을 하였는데, 이번 주 주말에 비 소식이 있어서 예약을 취소하고 싶습니다. 이 경우 선입금 환불은 어느 정도 가능할까요?
20X1. 03. 21.(화) 10 : 45 작성됨
i
안녕하십니까. ○○시설 상담원입니다. 본 시설의 환불기준에 의거하였을 때, (　　　　?　　　　).
20X1. 03. 21.(화) 15 : 33 작성됨

① 천재지변에 의한 예약 취소이므로 이체수수료를 제외한 전액 환불이 가능합니다.
② 관리자 사정에 의한 예약 취소이므로 전액 환불이 가능합니다.
③ 계약체결 당일 예약을 취소하는 경우이므로 이체수수료를 제외한 전액 환불이 가능합니다.
④ 사용예정일 사이에 토요일이 포함되어 있으므로 사용예정일 2일 전에 환불신청을 하신 것으로 인정되어 선입금의 80%가 환불됩니다.
⑤ 사용예정일 3일 전에 환불신청을 하시는 경우이기 때문에 이체수수료를 제외하고 선입금의 90%까지 환불받으실 수 있습니다.

[13 ~ 14] 다음 글을 읽고 이어지는 질문에 답하시오.

□ ●●공단 휴가 규정

- 계속근로기간이 1년 미만인 근로자는 입사 후 1년간 매 1개월 개근 시마다 1일의 연차휴가가 발생한다.
- 계속근로기간이 1년 미만인 근로자의 연차휴가는 휴가 발생일과 무관하게 입사 후 1년 내 행사하지 않으면 소멸한다. 단, 사용자의 시기변경권 행사로 사용하지 못한 경우에는 그러하지 아니하다.
- 계속근로기간이 1년 이상인 근로자의 연차휴가는 휴가 발생일로부터 1년 내 행사하지 않으면 소멸한다. 단, 사용자의 시기변경권 행사로 사용하지 못한 경우에는 그러하지 아니하다.
- 연차휴가 사용 촉진제의 적용을 받는 근로자는 연차유급휴가수당이 지급되지 않는다.
- 사용자는 계속근로기간이 1년 이상인 근로자가 지난 1년간 80% 이상 출근했을 경우, 15일의 연차휴가를 지급하여야 한다.
- 계속근로기간이 만 3년이 되는 시점에 연차휴가는 기존 15일에 1일이 추가되고, 그 다음 매 2년마다 1일씩 늘어난다. 단, 최대 연차 발생 휴가일수는 25일이다.
- 근로자가 발생한 연차휴가를 사용하지 않아 자동 소멸한 경우 통상적 연차수당계산법*에 따라 근로자에게 연차유급휴가수당이 지급된다. 단, 연차휴가 사용 촉진제의 적용을 받는 근로자의 경우에는 그러하지 아니하다.

※ (통상적 연차수당 계산법)=(1일 통상임금)×(미사용 연차일수)

□ 홍보부서 휴가사용 현황(2X21. 12. 31. 기준)

이름	직위	입사일	잔여 연차휴가	근무일수 비율 (2X21. 01. 01. ~ 2X21. 12. 31.)	1일 통상임금
전○○	주임	2X21. 01. 01.	3일	75%	60,000원
우○○	대리	2X16. 01. 01.	2일	87%	80,000원
임○○	차장	2X08. 01. 01.	3일	95%	100,000원
주○○	과장	2X15. 01. 01.	0일	87%	80,000원
현○○	선임	2X19. 01. 01.	4일	90%	70,000원
정○○	부장	2X01. 01. 01.	5일	97%	120,000원
윤○○	선임	2X19. 01. 01.	7일	93%	70,000원
김○○	주임	2X21. 01. 01.	2일	81%	60,000원

13. ●●공단은 매년 12월 31일에 연차유급휴가수당을 지급한다. 2X21년 홍보부 선임급 이상 직원들의 연차휴가 사용 촉진제 적용 여부가 다음 〈보기〉와 같을 때, 각 직원의 이름과 2X21년 연차유급휴가수당 지급 금액을 짝지은 것으로 적절하지 않은 것은?

보기

이름(직위)	연차휴가 사용 촉진제 적용 여부
우○○(대리)	X
임○○(차장)	X
주○○(과장)	O
현○○(선임)	O
정○○(부장)	X
윤○○(선임)	O

① 우○○, 16만 원
② 임○○, 30만 원
③ 주○○, 0원
④ 정○○, 60만 원
⑤ 윤○○, 49만 원

14. 2X21년 홍보부서 차장과 부장의 1년간 연차휴가 사용일수의 합으로 옳은 것은? (단, 2X20년에 사용자의 시기변경권 행사는 없었으며, 2X21년에 연차휴가 외에 직원들에게 지급된 휴가는 없다)

① 36일
② 37일
③ 38일
④ 39일
⑤ 40일

[15 ~ 16] 다음 제시상황과 자료를 읽고 이어지는 질문에 답하시오.

○○회사 고객맞춤형 광고 TF팀 직원 H는 부서별 업무내용과 결재절차를 파악하고 있다.

◇ 조직도

◇ 팀별 주요 업무

경영기획	사업환경 분석, 경영계획 및 평가, 경영리스크 관리, 신규사업 관리
인력관리	조직관리, 직무관리, 채용관리, 교육훈련, 임금관리, 인사평가
홍보	언론 홍보전략 수립, 기업 이미지 광고, 상품/제품 언론 광고, 대외 언론매체 관리
국내외영업	신규고객 유치, 기존고객 관리, 판매사원 및 대리점 관리, 홍보전략 교육
물류관리	하역, 포장, 창고보관, 출하, 유통가공, 재고관리
생산관리	상품/제품 제작, 자재관리, 공정관리, 생산설비관리, 원가관리
제품연구	정보 수집 및 분석(기술동향, 고객 니즈), 신규제품 개발, 기존제품 개선
마케팅	상품/제품 매출 분석, 상품/제품 홍보전략 수립, 매출 향상 계획 수립

◇ 각 팀의 결재 절차

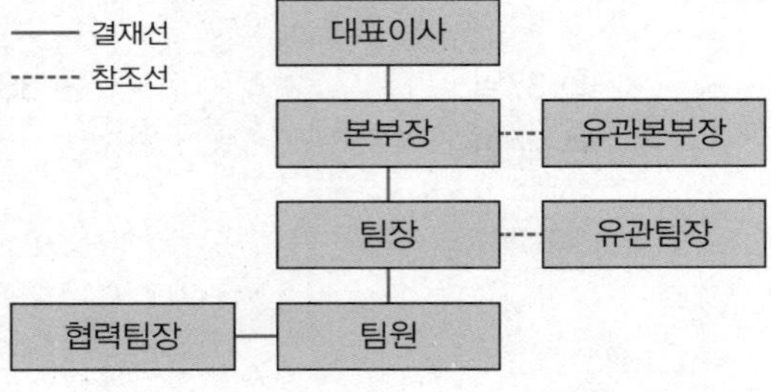

◇ 팀 간 관계

유관관계	• 업무상 밀접한 관계에 있어 결재 시 참조자에 포함됨. • 경영기획팀 – 생산관리팀 – 제품연구팀 • 홍보팀 – 마케팅팀 – 국내외영업팀 • 구매관리팀 – 품질관리팀 – 자재관리팀
협력관계 (TF팀)	• 필요에 따라 각 사업별로 상이한 협력관계를 구축함. • 여러 본부 소속 팀이 협력관계를 구축할 경우, 사업총괄은 한 개 본부에서 담당함. • TF팀에 속한 팀은 신설된 팀으로 간주하며, 기존의 유관관계 등에 속하지 않음.

◇ 고객맞춤형 광고 TF팀 과업 프로세스

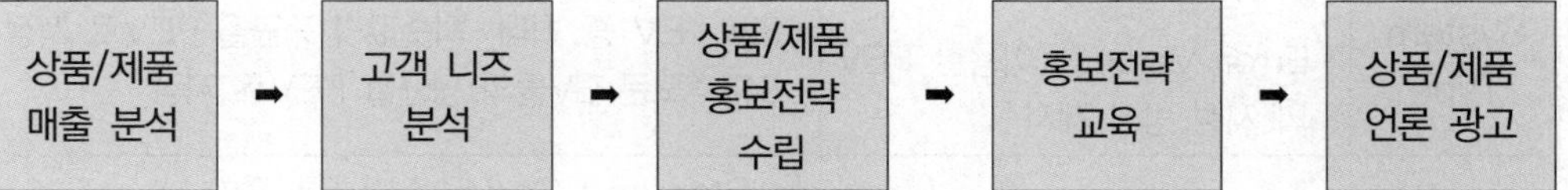

※ 각 과업이 끝날 때마다 해당 과업을 수행하는 팀의 장에게 결재를 받아야 하며, 최종 결재는 대표이사 또는 마지막 과업을 수행하는 본부의 장이 한다. 단, 본부의 장이 결재한 경우 대표이사의 결재는 생략한다.

15. 다음 중 직원 H가 제시된 자료를 읽고 이해한 내용으로 적절하지 않은 것은?

① 모든 팀은 한 명 이상의 유관팀장의 참조를 받는다.

② 협력관계는 유관관계와 달리 소속되는 팀들이 고정적이지 않다.

③ 사업지원본부의 장은 품질관리팀 서류를 참조할 수 있다.

④ 기존고객 관리 업무를 담당하는 팀은 대외 언론매체를 관리하는 팀과 밀접한 관계이다.

⑤ 신규사업 관리 업무는 제품 제작 및 신규제품 개발 업무와 밀접한 관계이다.

16. 다음 중 직원 H가 결재를 받아야 할 순서로 가장 적절한 것은?

① 마케팅팀장 → 제품연구팀장 → 국내외영업팀장 → 홍보팀장 → 마케팅본부장

② 마케팅팀장 → 제품연구팀장 → 국내외영업팀장 → 홍보팀장 → 마케팅본부장 → 대표이사

③ 마케팅팀장 → 제품연구팀장 → 마케팅팀장 → 국내외영업팀장 → 홍보팀장 → 마케팅본부장

④ 마케팅팀장 → 제품연구팀장 → 마케팅팀장 → 국내외영업팀장 → 마케팅본부장 → 대표이사

⑤ 마케팅팀장 → 제품연구팀장 → 마케팅팀장 → 국내외영업팀장 → 홍보팀장 → 마케팅본부장 → 대표이사

[17 ~ 20] 다음 제시상황과 글을 읽고 이어지는 질문에 답하시오.

○○회사 직원 G는 사내 시스템의 모니터링 및 관리 업무를 맡아 업무 처리 방식을 익히고 있다.

◆ 시스템 안내

제시값	설명	종류 및 예시	
System Code	• 시스템의 고유 코드 • System Code에 따라 FEV를 적용할 Error Code 선정	• C# : 모든 Error Code를 선정 • D# : 먼저 발견된 Error Code 2개를 선정 • E# : SV값이 제일 큰 Error Code 2개를 선정	
System Type	• 시스템의 종류 • Error Value를 이용한 FEV의 지정 방식 제시	• 32# : EV 중 최대, 최솟값의 평균을 FEV로 지정 • 64# : 모든 EV들의 평균을 FEV로 지정	
Standard Code	• 시스템의 기준 코드 • 장치별 기준값(Standard Value ; SV)을 표시	예 Standard Code : A12_B8_C10 장치 A의 기준값(SV) 12, 장치 B의 기준값(SV) 8, 장치 C의 기준값(SV) 10	
Error Value	오류의 각 항목별 위험값(EV)	예 Error Code of A : HV13_CV81_IV29 장치 A의 HV 항목 위험값(EV) 13, CV 항목 위험값(EV) 81, IV 항목 위험값(EV) 29	
Error Code	• 각 오류의 위험 코드 • 발견된 순으로 제시		
Error Division	각 오류의 위험 항목	HV(Hazard Value)	에러의 위험도
		CV(Complexity Value)	에러의 복잡도
		IV(Influence Value)	에러의 확산성

구분	종류 및 예시	
FEV(Final Error Value)	각 Error Code의 위험값으로 산출되는 최종 에러값	
SV(Standard Value)	• 각 장치에 대응하는 위험 항목에 대한 기준값 • 해당 위험 항목과 비교하여 시스템의 최종 평가값(FV)을 조정	• SV>FEV일 경우 : FV값 −1 • SV=FEV일 경우 : FV값 변동 없음 • SV<FEV일 경우 : FV값 +1
FV(Final Value)	• 최종 산출된 FEV값에 따른 전체 시스템의 최종 평가값 • FV의 기본값은 0이며, 기본값에 장치별로 SV와 FEV를 비교한 값을 합산하여 산출	

◆ 입력 코드 안내

입력값	설명	종류 및 예시
Input Code(입력 코드)	진단에 따라 관리자가 해당 코드를 입력	하단의 표 참고

진단 기준	진단 결과	Input Code(입력 코드)
FV<-1일 경우	정상	Green
FV=-1일 경우	주의	Yellow
FV=0일 경우	재진단 필요	Orange
FV=1일 경우	위험	Red
FV>1일 경우	경고	Black

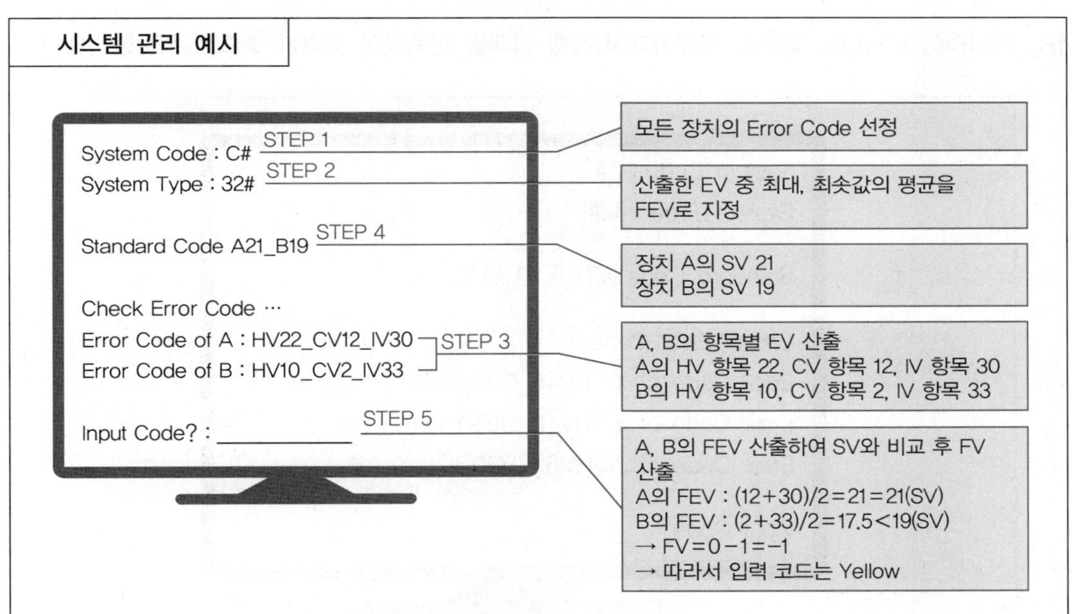

시스템 관리 예시
System Code : C#
STEP 1
System Type : 32#
STEP 2
Standard Code A21_B19
STEP 4
Check Error Code …
Error Code of A : HV22_CV12_IV30
Error Code of B : HV10_CV2_IV33
STEP 3
Input Code? :
STEP 5
모든 장치의 Error Code 선정
산출한 EV 중 최대, 최솟값의 평균을 FEV로 지정
장치 A의 SV 21
장치 B의 SV 19
A, B의 항목별 EV 산출
A의 HV 항목 22, CV 항목 12, IV 항목 30
B의 HV 항목 10, CV 항목 2, IV 항목 33
A, B의 FEV 산출하여 SV와 비교 후 FV 산출
A의 FEV : (12+30)/2=21=21(SV)
B의 FEV : (2+33)/2=17.5<19(SV)
→ FV=0-1=-1
→ 따라서 입력 코드는 Yellow

17. 다음 중 제시된 프로그램에 대한 설명으로 적절하지 않은 것은?

① System Code는 FV를 산출하는 데 필요한 FEV값을 적용할 Error Code를 결정한다.
② 현재의 시스템에서 FV는 반드시 −2, −1, 0, 1, 2 중 하나의 값을 가진다.
③ FV가 0보다 작을 경우 입력 코드는 Green과 Yellow 중 하나이다.
④ 각 장치별로 SV와 FEV를 비교하였을 때 FV의 변동값은 1, 0, −1 중 하나이다.
⑤ System Code가 D#일 경우 최초로 발견된 Error Code의 SV가 FEV보다 작으면 입력 코드는 Orange, Red, Black 중 하나이다.

18. 모니터에 나타나는 정보를 이해하고 시스템 상태를 판독하여 입력할 코드로 적절한 것은?

System Code : C#
System Type : 64#

Standard Code X21_Y10_Z12

Check Error Code …
Error Code of X : HV18_CV5_IV22
Error Code of Y : HV10_CV10_IV10
Error Code of Z : HV6_CV20_IV1

Input Code? : ______________

① Green ② Yellow ③ Orange ④ Red ⑤ Black

19. 모니터에 나타나는 정보를 이해하고 시스템 상태를 판독하여 입력할 코드로 적절한 것은?

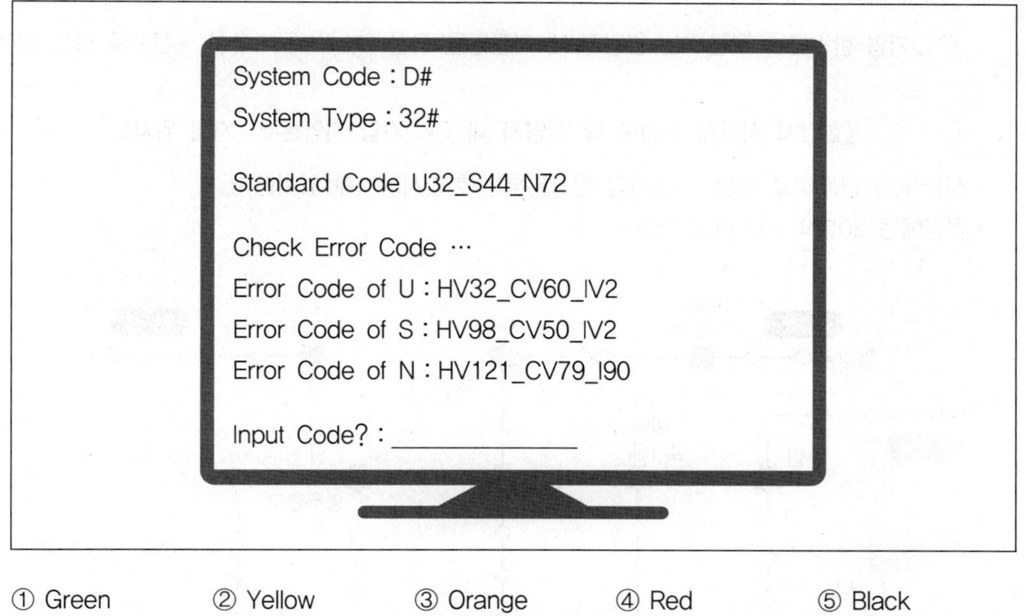

System Code : D#
System Type : 32#
Standard Code U32_S44_N72
Check Error Code …
Error Code of U : HV32_CV60_IV2
Error Code of S : HV98_CV50_IV2
Error Code of N : HV121_CV79_I90
Input Code? : ______________

① Green ② Yellow ③ Orange ④ Red ⑤ Black

20. 모니터에 나타나는 정보를 이해하고 시스템 상태를 판독하여 입력할 코드로 적절한 것은?

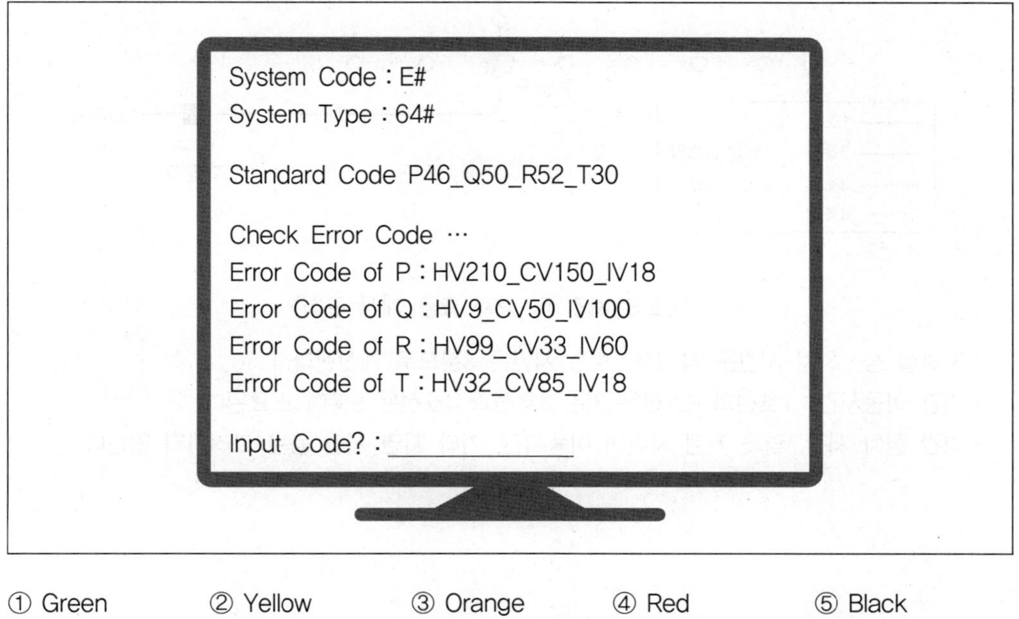

System Code : E#
System Type : 64#
Standard Code P46_Q50_R52_T30
Check Error Code …
Error Code of P : HV210_CV150_IV18
Error Code of Q : HV9_CV50_IV100
Error Code of R : HV99_CV33_IV60
Error Code of T : HV32_CV85_IV18
Input Code? : ______________

① Green ② Yellow ③ Orange ④ Red ⑤ Black

[21 ~ 23] 다음 제시상황과 자료를 보고 이어지는 질문에 답하시오.

○○기업 한양본부 직원 K는 한양시 내 지점들을 점검하기 위해 지하철 노선도를 보고 있다.

〈한양시 지하철 노선도 및 한양시 내 ○○기업 지역본부 · 지점 위치〉

- 직원 K가 근무하고 있는 ○○기업 한양본부는 한양시청역에 위치한다.
- 점검에는 30분의 시간이 소요된다.

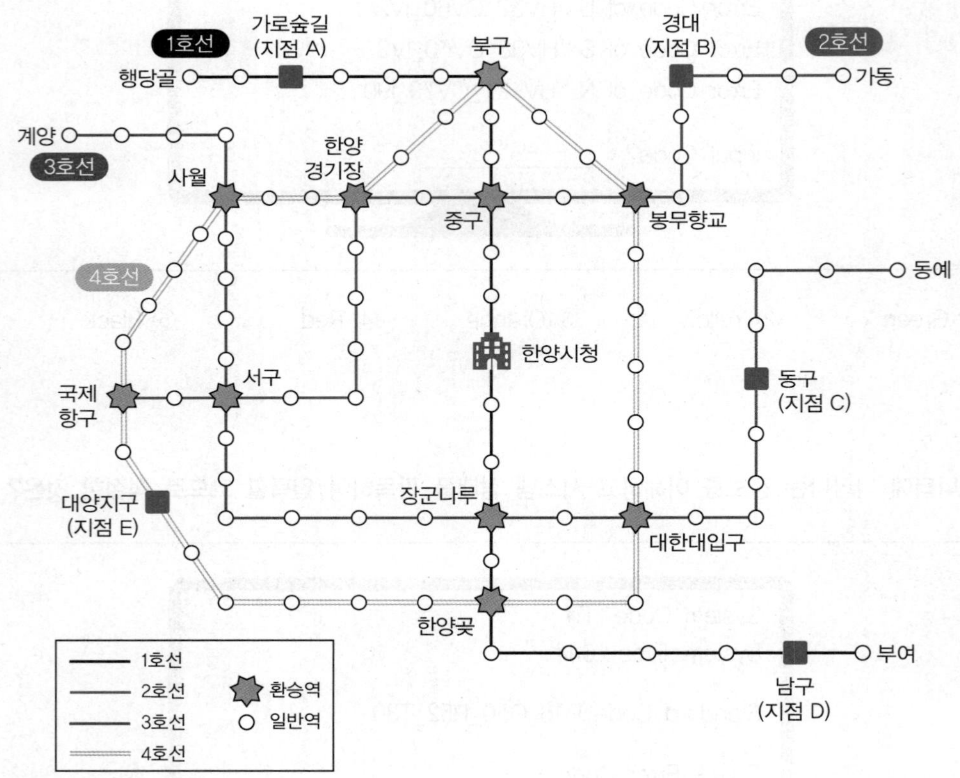

〈소요 시간 및 승차 요금 계산 규칙〉

- 지하철 승 · 하차 시간은 각 2분, 환승 시간은 3분으로 계산한다.
- 역간 이동시간 : 1호선과 2호선은 3분, 3호선과 4호선은 5분이 소요된다.
- 역간 정차 시간, 역과 지점 사이의 이동시간, 기타 지연 시간 등은 고려하지 않는다.

- 지하철의 승차 요금은 1,300원(기본 8개역 승차 기준)이며, 이후 3개역 이동 시마다 50원이 추가된다.
  ㉮ 총 15개 지하철 역 이동 시 승차요금 계산법 : 기본 8개역 1,300원+3개역 추가 50원+3개역 추가 50원=총 1,400원
- 환승은 요금에 영향을 미치지 않는다.

21. 다음 중 직원 K가 한양본부에서 출발하여 지점 C의 점검을 마친 후 다시 본부로 복귀하는데 소요되는 최소 시간은?

① 127분　② 132분　③ 137분
④ 142분　⑤ 147분

22. 직원 K는 한양본부에서 출발해 지점 B와 지점 E를 연이어 점검한 뒤 본부로 복귀하려 한다. 직원 K가 지불해야 하는 최소 승차 요금은?

① 4,050원　② 4,100원　③ 4,150원
④ 4,200원　⑤ 4,250원

23. 직원 K가 한양본부에서 출발해 최소 시간으로 지점 A, B, C, D 순으로 점검한 후 본부로 복귀하려 한다. 다음 중 직원 K가 4호선을 이용하여 이동할 역의 개수는? (단, 계산 시 환승역으로 이동하는 것은 제외한다)

① 0개　② 5개　③ 7개
④ 9개　⑤ 11개

24. 다음 표는 급행열차의 정차역과 소요시간을 정리한 것이다. 〈보기〉를 참고할 때, 급행열차가 정차하는 시간이 동일한 역들로 묶인 것은?

도착 / 출발	김포공항	가양	염창	당산	여의도	노량진	동작	고속터미널	신논현	선정릉	봉은사
종합운동장	47 : 58	40 : 18	34 : 56	30 : 53	28 : 05	24 : 21	19 : 46	14 : 14	11 : 35	8 : 02	3 : 30
봉은사	44 : 08	36 : 28	31 : 06	27 : 03	24 : 15	20 : 31	15 : 56	10 : 24	7 : 45	4 : 12	
선정릉	39 : 38	31 : 58	26 : 36	22 : 33	19 : 45	16 : 01	11 : 26	5 : 54	3 : 15		
신논현	36 : 01	28 : 21	22 : 59	18 : 56	16 : 08	12 : 24	7 : 49	2 : 17			
고속터미널	33 : 14	25 : 34	20 : 12	16 : 09	13 : 21	9 : 37	5 : 02				
동작	27 : 48	20 : 08	14 : 46	10 : 43	7 : 55	4 : 11					
노량진	23 : 16	15 : 36	10 : 14	6 : 11	3 : 23						
여의도	19 : 13	11 : 33	6 : 11	2 : 08							
당산	16 : 44	9 : 04	3 : 42								
염창	12 : 46	5 : 06									
가양	7 : 25										

보기

종합운동장역과 선정릉역의 교차 지점에 있는 '8 : 02'는 종합운동장역에서 출발하여 선정릉역에 도착하는 데 소요되는 시간이 8분 2초임을 의미한다.

종합운동장역에서 출발하여 선정릉역에 도착하는 데에 소요되는 시간은 종합운동장역에서 출발하여 봉은사역에 도착하는 데에 소요되는 시간과 봉은사역에서 정차한 시간, 그리고 봉은사역에서 출발하여 선정릉역에 도착하는 데 소요되는 시간의 합이다.

① 봉은사, 신논현 ② 선정릉, 가양 ③ 노량진, 당산
④ 고속터미널, 여의도 ⑤ 동작, 염창

[25 ~ 27] 다음 자료를 읽고 이어지는 질문에 답하시오.

현장 책임자 P와 R는 철도 시설에 적합한 안내 표지를 부착하는 업무를 하고 있다.

〈주요 철도표지 종류〉

			정거장경계	무인역	
열차정지표지	차량정지표지	선로전환기 표지	정거장경계 표지	무인역표지	차막이표지
	정 지	일단정지	40		
차량접촉 한계표지	열차정지 위치표지	일단정지표지	속도제한표지	속도제한 해제표지	선로작업표지
			제동주의	제동경고	
기적표지	기적제한표지	기적제한 해제표지	제동취급 주의표지	제동취급 경고표지	

※ 예시로 제시된 속도제한 표시는 40km/h 속도제한을 의미

〈철도표지 규칙 및 관리〉

- 철도표지는 식별이 명확한 재질을 사용하고 승무원이 쉽게 확인할 수 있도록 열차 진행 방향의 좌측에 설치한다. 다만, 양방향 운행구간이거나 기관사가 인식하기 곤란한 경우에는 열차 진행 방향의 우측에 설치할 수 있다.
- 열차운행상 특별한 주의가 필요한 곳에는 이를 표시하는 표지를 따로 설치할 수 있다.
- 열차표지의 치수는 따로 표시하는 설계시공표준도에 의한다.
- 열차표지의 설치 및 치수 등에 있어 특이사항이 있는 구간에서는 현장 책임자의 판단에 따라 시설할 수 있다.

25. 다음 중 제시된 자료에 대한 설명으로 올바르지 않은 것은?

① 속도제한표지는 표지 중앙의 숫자를 통해 제한속도를 표기한다.
② 철도표지는 열차 진행 방향의 좌측에 설치하는 것을 기본으로 한다.
③ 차량정지표지와 차막이표지는 동일한 디자인에 반대되는 색상으로 나타낸다.
④ 제동취급에 대한 열차표지는 형태만으로도 다른 내용의 열차표지들과 구분할 수 있다.
⑤ 만일 특이사항이 있는 구간이라면 그 현장의 책임자는 열차표지의 설치 및 치수 등을 스스로의 판단에 따라 시설할 수 있다.

26. 다음 중 □□역의 현장 책임자 R이 설명된 노선에 설치해야 할 철도표지로 적절하지 않은 것은?

- 인근에 주택가 등 소음 최소화 구간이 존재
- 속도제한 60km/h
- 해당 노선에는 차로와 교차하는 구간이 존재하여 열차 및 차량을 정지시켜야 함.
- □□역 이후에 속도제한 및 소음 최소화 구간이 종료됨.
- 현재 노선의 일부는 선로작업이 진행 중임.

①

②
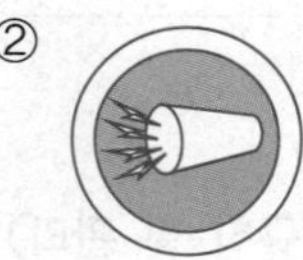

③
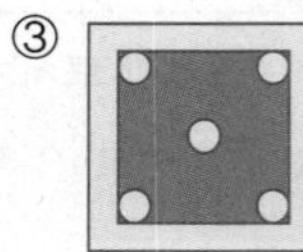

④
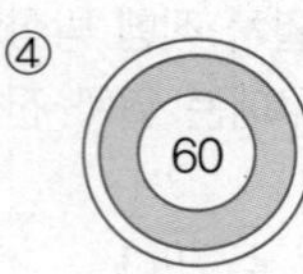

⑤
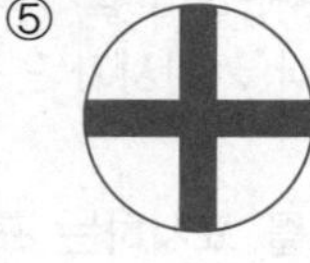

27. 다음은 신설되는 노선 구간의 지형과 노선의 특이사항을 표기한 지도이다. 이 구간의 현장 책임자 P가 설치해야 할 철도표지는?

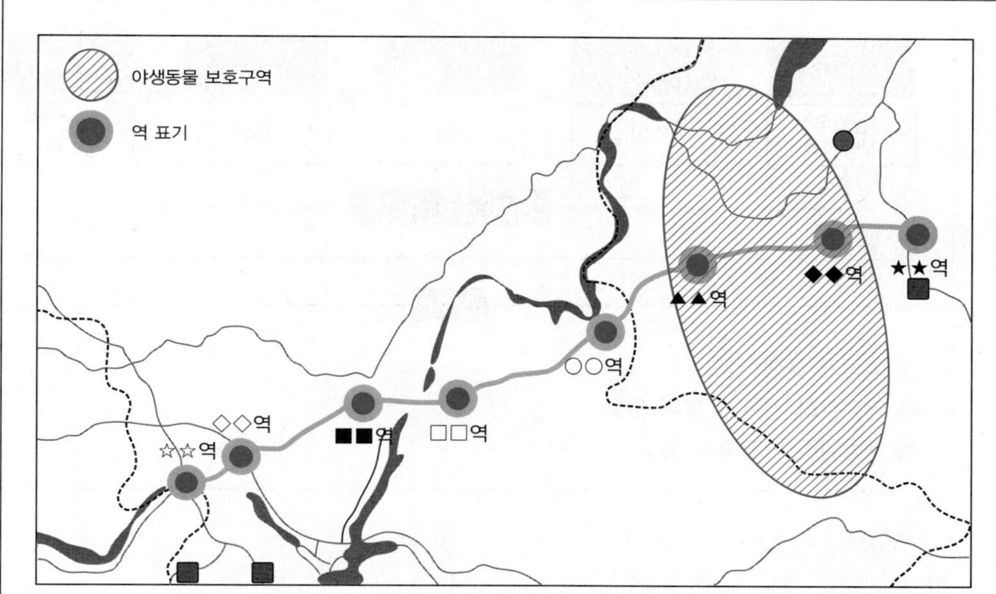

• 야생동물 보호구역에 진입할 때는 일단 정지해야 하며 제동취급에 있어 주의해야 함.
• ■■역과 ○○역 사이의 구간에서는 속도제한을 해제함.
• □□역과 ○○역에는 선로전환기가 존재

① 

② 

③ 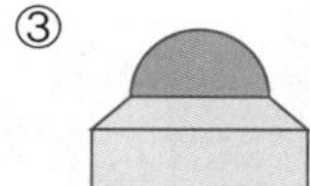

④  

⑤ 

28. 다음은 ○○공사에서 산업 재해 예방을 위해 마련한 안전관리시스템 5단계를 나타낸 것이다. (가) ~ (다)에 들어갈 내용을 〈보기〉에서 골라 바르게 묶은 것은?

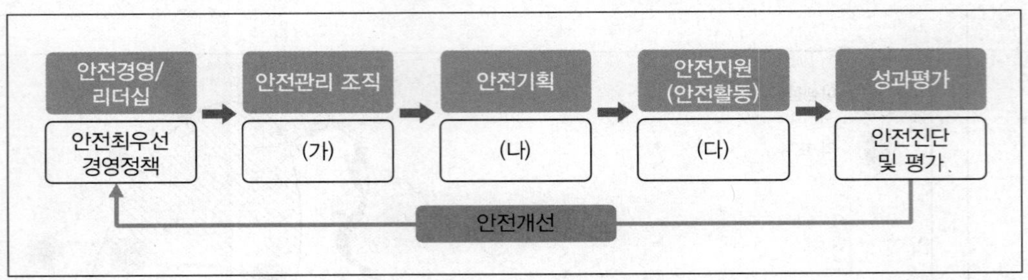

보기

㉠ 중장기 플랜 연계
㉡ 안전관리 컨트롤 타워 운영
㉢ 예방위주 안전증진 활동

	(가)	(나)	(다)
①	㉠	㉡	㉢
②	㉠	㉢	㉡
③	㉡	㉠	㉢
④	㉡	㉢	㉠
⑤	㉢	㉠	㉡

29. 다음 자료를 바탕으로 경력개발과 관련된 최근 이슈에 대하여 적절하지 않은 의견은?

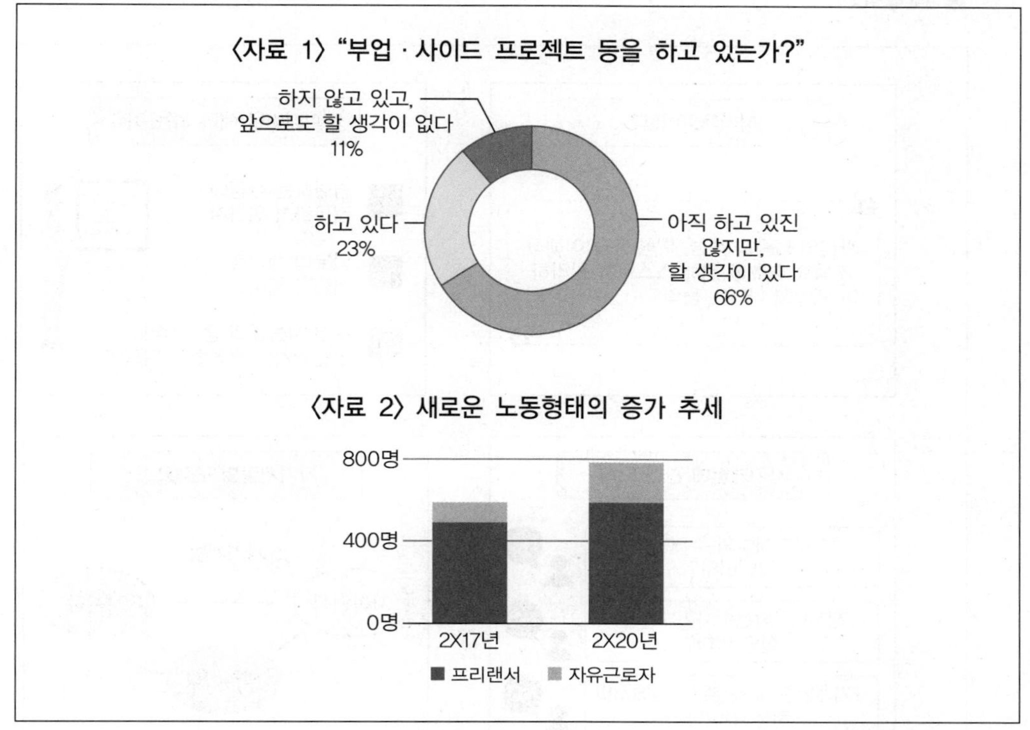

① 경제적인 이유도 있겠지만 또 다른 실무를 체험하며 궁극적으로 자아실현을 하기 위한 목적에서 투잡을 하는 경우도 있을 거 같아.

② 지속적인 경기불황에 따라 두 개 이상의 직업을 가지는 사람이 늘고 있겠네.

③ 정보기술의 발달로 원격근무 등 근무환경이 유연해진 것, AI · IoT 등 다양한 4차 산업분야가 성장한 것 등이 새로운 노동형태의 성장을 가속화시켰을 거야.

④ 새롭게 등장한 형태의 노동자들은 지속적으로 특정 조직에 고용되지 않는 성향이 있지만, 전문적인 경력 개발을 위해 조직 안에 고용된 사람들과 같은 방식으로 경력을 개발할 필요성이 있겠네.

⑤ 프리랜서나 자유근로자들은 고용 불안을 겪기도 하지만 언제 일하고 언제 쉴지를 스스로 결정할 수 있다는 장점이 있어.

30. 다음 ㉠ ~ ㉣은 A 씨가 자기개발을 주제로 준비한 강연 자료이다. 수정이 필요한 것은 모두 몇 개인가?

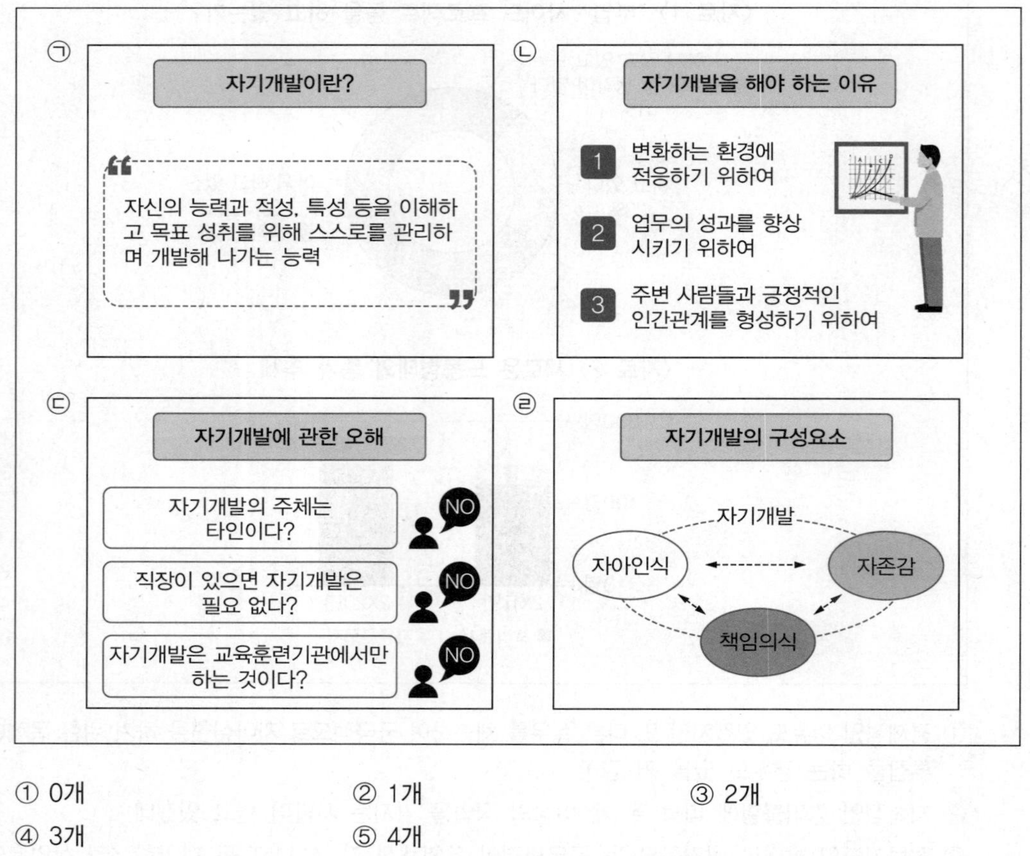

㉠
자기개발이란?
자신의 능력과 적성, 특성 등을 이해하고 목표 성취를 위해 스스로를 관리하며 개발해 나가는 능력
㉡
자기개발을 해야 하는 이유
1 변화하는 환경에 적응하기 위하여
2 업무의 성과를 향상 시키기 위하여
3 주변 사람들과 긍정적인 인간관계를 형성하기 위하여
㉢
자기개발에 관한 오해
자기개발의 주체는 타인이다?
NO
직장이 있으면 자기개발은 필요 없다?
NO
자기개발은 교육훈련기관에서만 하는 것이다?
NO
㉣
자기개발의 구성요소
자기개발
자아인식
자존감
책임의식

① 0개 ② 1개 ③ 2개
④ 3개 ⑤ 4개

31. 다음은 경력단계에 따른 경력개발 가이드 자료이다. ㉠ ~ ㉤에 대한 설명으로 적절하지 않은 것은?

	준비 단계	실행	완료 단계
조직 입사	조직에 입사하기 위해 준비해야 할 것은 무엇인가?	입사할 때 어떤 과정을 거쳤는가?	㉠
경력 초기	㉡	㉢	직무와 조직의 규칙에 어느 정도 숙달하고 있는가?
경력 중기	㉣	직무와 조직에서 안정기에 접어들면서 무엇을 준비하는가?	㉤

① ㉠ : 조직에 입사하는 과정에서 어떠한 경험을 하였는지 정리해야 한다.

② ㉡ : 내가 맡은 직무와 조직의 규칙 등을 파악하기 위해 업무 매뉴얼을 숙지하고 직장 선배에게 궁금한 점을 적극적으로 물어봐야 한다.

③ ㉢ : 내가 맡은 직무에 적응하기 위해 어떤 방법을 활용하여 노력하고 있는지 확인해봐야 한다.

④ ㉣ : 조직에서 입지를 다지고 나서도 직무 능력이 정체되지 않도록 끊임없이 학습해야 한다.

⑤ ㉤ : 경력 중기에 목표했던 바를 성취했으니 퇴직 이후의 삶을 준비해야 한다.

32. 다음은 A ~ E가 동료 직원 F에 대해 나눈 대화이다. 올바른 성찰에 관하여 적절하지 않은 발언을 한 직원은?

F는 평소에 잘못을 저지르거나 실수를 했을 때 성찰하지 않고 지나쳐 버리는 것으로 동료 직원들 사이에서 유명하다.

직원 A: F가 앞으로 회사 업무를 잘 해낼 수 있을지 걱정돼요. 성찰을 통해 부족한 점을 보완하고 같은 실수를 반복하지 말아야 하는데, F는 성찰 없이 항상 똑같은 실수를 반복해요.

직원 B: 맞아요. 매번 성찰 없이 같은 실수를 반복하다 보니 F에 대한 신뢰가 사라진 지 오래 됐어요. 중요한 업무를 F에게 맡기지 않는 것만 봐도 알 수 있죠.

직원 C: 그리고 F는 큰 잘못을 저질렀을 때만 성찰을 하는 것이라고 착각하고 있어요. 잘못이 없더라도 개선할 점에 대해 지속적으로 성찰하면 다른 일을 하는 데 필요한 노하우가 축적된다는 걸 모르는 것 같아요.

직원 D: 그래도 너무 걱정하지 마세요. 성찰이 꼭 지속적인 연습이나 훈련을 필요로 하는 건 아니니까 성찰의 필요성만 일깨워주면 F도 금방 발전할 수 있을 거예요.

직원 E: 하지만 문제는 누군가가 떠먹여 주는 것으로는 성찰이 불가능하다는 데 있어요. F가 주체가 되어 스스로 해야 해요... 빨리 F가 성찰의 중요성을 느끼고 성장할 수 있으면 좋겠네요.

① 직원 A ② 직원 B ③ 직원 C
④ 직원 D ⑤ 직원 E

33. 다음 대화를 이해한 내용으로 적절하지 않은 것은?

사원 C

Q님께서 바쁘신 와중에도 제가 부탁드린 업무를 항상 기한 내에 책임지고 처리해주셔서 제가 맡은 신규 사업 프로젝트를 성공적으로 마칠 수 있었습니다. 항상 감사하게 생각하고 있습니다.

사원 Q

천만에요. 오히려 감사한 건 접니다. 평소에 저를 많이 도와주셨잖아요. 그리고 부탁하신 업무 외에도 눈코 뜰 사이 없이 바쁘셨다는 것 압니다. 주신 업무는 말씀하신 기간 내에 끝내겠다고 제가 말씀드렸고요. 제가 약속한 기간이니 당연히 지켜야지요.

① 사원 C는 사원 Q에게 감사하는 마음을 표현하였다.
② 사원 Q는 본인이 한 말에 책임을 지고 약속을 지켰다.
③ 사원 C는 평소 감정은행계좌를 통해 신뢰를 구축하였다.
④ 사원 C는 이번 사건에서 신용을 잃어 감정계좌에서 인출이 발생하였다.
⑤ 사원 Q는 사원 C에 대한 이해와 배려 차원에서 부탁받은 업무를 처리하였다.

34. 갈등 해결 방법에 대한 〈보기〉의 내용 중 옳은 것을 모두 고르면?

보기

㉠ 갈등 해결 방법을 조직원들과 모색할 때는 눈을 자주 마주쳐야 한다.
㉡ 조직원 중 한 명이 합의에 동의하지 않으면 리더는 자신이 결정한 문제 해결 방법을 무조건 따르라고 지시하는 것이 바람직하다.
㉢ 어떤 갈등 해결 모델을 쓸지 정해두고 사용하기보다 팀 내 갈등이 생길 때마다 적절한 모델을 사용하는 것이 좋다.

① ㉠ ② ㉠, ㉡ ③ ㉠, ㉢
④ ㉡, ㉢ ⑤ ㉠, ㉡, ㉢

35. 다음은 이 과장의 태스크포스팀에 대한 〈보고서〉의 일부이다. 이 과장의 팀이 효과적인 팀이 되기 위해 〈보고서〉에서 개선해야 할 점은?

보고서

- 각 팀원들은 기존에 서로 다른 팀에서 두각을 발휘하던 인재들로, 태스크 포스팀에서 개개인의 강점을 살려 작업한다.
- 팀원들은 팀의 목표를 분명히 알고, 역할이 잘 분담되어 있으며 이에 대한 책임감도 높다.
- 의사결정의 속도가 빠르다.
- 팀장과 팀원 간 의견의 불일치가 있을 시 팀장의 의견을 따른다.
- 결과 지향적이다.

(생략)

① 개인의 강점을 활용하기
② 결과에 초점을 맞추기
③ 역할과 책임을 명료히 하기
④ 팀의 사명과 목표를 명확하게 기술하기
⑤ 의견 불일치를 건설적으로 해결하기

36. 초청강연에 온 강사 E가 조직원들에게 내적 동기부여 방법을 설명 중이다. 다음 중 강사 E가 설명하고 있는 내적 동기부여 방법으로 적절한 것은?

조직원들이 일을 할 때 자신의 소신대로 업무를 진행하지 못하면 일을 하고자 하는 자발적인 동기가 저하될 수 있습니다. 이 방법을 활용한다면, 조직원들은 자신이 실수나 잘못을 한 것을 발견했을 경우 스스로 책임질 수 있게 될 것입니다. 리더가 개입하여 조직원에게 도움을 줄 수는 있지만, 조직원 스스로가 해결해내도록 하는 것이 가장 바람직하죠.

강사 E

① 교육의 기회를 지속적으로 제공한다.
② 따뜻한 말과 칭찬으로 보상한다.
③ 변화를 두려워하지 않도록 격려한다.
④ 창의적인 해결책을 찾도록 한다.
⑤ 새롭게 도전할 기회를 부여한다.

37. 다음 중 윤리에 대해 잘못 이해하고 있는 직원은?

①

윤리의 '윤(倫)'은 인간관계에 필요한 질서를 의미한다고 볼 수 있어.

②

윤리는 인간이 살아가면서 해야 할 것과 하지 말아야 할 것, 삶의 목적이나 방법 등에 관한 것이기도 해.

③

윤리규범이 형성되는 데에는 시간이 필요하고, 형성된 이후에도 변화할 수 있어.

④

윤리적으로 살다 보면 개인의 행복을 보장받지 못하는 경우가 많지만 윤리적 가치를 지키는 것이 더 중요해.

⑤

규범을 지켜야 하는 이유는 '어떻게 살 것인가' 하는 가치관의 문제와 관련이 있기 때문이야.

38. 다음 중 상호존중의 문화에 대한 설명으로 적절하지 않은 것은?

① 상대를 존중하는 마음은 예절의 핵심이다.
② 음주나 흡연 등에 대한 강요도 직장 내 괴롭힘의 사례에 해당한다.
③ 존중의 자세는 일상에서의 말과 행동 모두에 반영되어 있다.
④ 한국의 기업문화는 공동체의 단합이 필요하므로 개인의 다양성이 희생되는 것은 불가피하게 생각해야 한다.
⑤ 존중은 자기 자신뿐만 아니라 다른 사람도 소중히 여기고 그 권리를 배려해 주는 자세이다.

39. 다음은 어느 회사 취업규칙의 일부이다. 이와 관련된 공동체윤리에 대한 설명으로 적절한 것은?

> 제9장 직장 내 괴롭힘 예방 및 금지
>
> **제56조 (직장 내 괴롭힘 행위의 금지)** ① 직장 내 괴롭힘이란 임 · 직원이 직장에서의 직위 또는 관행 등의 우위를 이용하여 업무상 적정범위를 넘어 다른 직원에게 신체적 · 정신적 고통을 주거나 근무환경을 악화시키는 행위를 말한다.
>
> ② 직원은 다른 직원뿐 아니라 협력사 직원에 대하여도 직장 내 괴롭힘 행위를 하여서는 아니 된다.
>
> **제57조 (금지되는 직장 내 괴롭힘 행위)** 회사에서 금지되는 직장 내 괴롭힘 행위는 다음 각호와 같다.
>
> 1. 신체에 대하여 폭행하거나 협박하는 행위
> 2. 지속 · 반복적인 욕설이나 폭언
> 3. 다른 직원들 앞에서 또는 온라인상에서 모욕감을 주거나 개인사에 대한 소문을 퍼트리는 등 명예를 훼손하는 행위
> 4. 합리적 이유 없이 반복적으로 개인 심부름 등 사적인 용무를 지시하는 행위
> 5. 합리적 이유 없이 업무능력이나 성과를 인정하지 않거나 조롱하는 행위
> 6. 집단적으로 괴롭히거나, 정당한 이유 없이 업무와 관련된 중요한 정보제공 또는 의사결정 과정에서 방해하거나 배제하는 행위
> 7. 합당한 이유 없이 상당기간 동안 근로계약서 등에 명시되어 있는 업무와 무관한 일을 지시하거나 근로계약서 등에 명시되어 있는 업무와 무관한 허드렛일만 시키는 행위
> 8. 정당한 사유 없이 상당기간 동안 일을 거의 주지 않는 행위
> 9. 그 외에 업무의 적정범위를 넘어 직원에게 신체적 · 정신적 고통을 주거나 근무환경을 악화시키는 행위

① 예절의 핵심 정신이 결여된 현재 우리 사회의 현실을 반영하는 규정이다.

② 단합을 중시하는 기업에서 직장 내 괴롭힘이 발생할 수 있으나 업무 효율은 향상된다.

③ 해당 공동체 윤리는 문화권과 관계없이 보편적인 형식을 갖는다.

④ 상대를 존중하는 마음이 없어도 겉으로 드러나는 것만 신경쓰면 된다.

⑤ 사회적으로 비난받는 행위를 하더라도 동료, 상하, 거래처 간에 존중과 신뢰를 쌓도록 노력해야 한다.

40. 다음 글에서 등장하는 근로윤리 ㉠에 대한 설명으로 적절하지 않은 것은?

> K 레스토랑 체인의 이달의 직원상에는 한 달 동안 하루도 빠짐없이 출근한 직원 김 씨와 박 씨가 선정되었다. ㉠ 성실함을 보여 회사로부터 헌신을 인정받은 두 직원에게 솔직한 인터뷰를 요청해 보았다.
>
> "이런 얘기를 해도 될지 모르겠지만 사실 하루하루 출근하는 게 힘들긴 합니다." 직원 김 씨로부터 의외의 답변이 나왔다. "저는 요리를 잘하는 편도 아니고, 아시다시피 매일 화구 앞에서 하루 종일 서 있는다는 게 여간 어려운 일이 아니잖아요? 하지만 요리가 아니라고 해서 딱히 잘하는 일도 없을뿐더러, 따로 모아 놓은 돈도 없기 때문에 레스토랑 일을 쉽사리 그만둘 수 없어요. 어쩔 수 없이 출근하는 거죠. 하지만 일할 때에는 누구보다도 책임감을 가지고 열심히 합니다. 직원으로서 그래야 하는 게 당연하구요." 김 씨는 생활비를 충당하기 위해 오늘도 무거운 몸을 이끌고 식당에 출근한다. 하지만 주방에서의 그는 누구보다도 성실하고 전문적인 요리사이다.
>
> 다른 주방의 박 씨는 이른 새벽 레스토랑에서 인터뷰를 할 수 있었다. 업무 중에 따로 시간을 내기 어렵다는 이유에서였다. "개인적으로 개발 중인 메뉴가 있어서 요즘은 일찍 출근하고 있습니다." 지난달부터 박 씨는 새벽 4시에 출근해 요리 연습을 할 수 있도록 허락을 받았다고 한다. "힘들진 않아요. 제가 좋아서 하는 일이고, 제 실력을 키울 수 있는 기회가 생겼는데 피곤하다고 이를 놓칠 수는 없죠. 한 달 동안 쉬지 않고 일하면서 몸이 피곤했던 건 사실이지만 날로 성장하는 제 요리 실력을 보면 더욱 멈출 수 없다는 생각이 들어요. '나는 아직 배가 고프다'라는 말이 있잖아요? 지금 제 상황이 그렇습니다." 그의 눈에서 정상에 대한 욕구가 번뜩였다.

① 김 씨의 ㉠은 외부환경으로부터 영향을 받아 형성된 것이다.

② ㉠은 한국인들의 대표적인 이미지로 표현되며, 한국사회의 긍정적 부분을 강조한다.

③ ㉠은 과거의 어려움을 극복해 낸 경험을 통해 만들어지고, 지금의 문제를 해결할 수 있는 힘이 된다.

④ 박 씨는 ㉠을 통해 자신의 역량을 키워나가고, 명확한 자아를 찾아가는 과정을 진행 중이다.

⑤ ㉠은 목표한 바를 달성하는 것에 안주하지 않고, 늘 더 큰 목표를 수립하는 과정 속에서 만들어진다.

4회 기출예상문제

문항수 | 40문항

정답과 해설 25 쪽

[01 ~ 02] 다음의 제시상황과 글을 읽고 이어지는 질문에 답하시오.

○○기관에서 실행하는 인구주택총조사 방문조사원 Q 씨는 관련 공지사항을 작성하고 있다.

〈20X0 인구주택총조사 방문조사 실시〉

- 방문조사 안내 : 20X0 인구주택총조사
- 20X0 인구주택총조사 개요
  - 연혁 : 인구총조사는 1925년, 주택총조사는 1960년 이후 매 5년마다 정기실시
  - 법적 근거 : 통계법 제5조의3, 지정통계(동법 제17조 제1항)

    ※ 인구총조사 : 지정통계 제101001호, 주택총조사 : 지정통계 제101002호
  - 조사기준 시점 : 20X0년 11월 1일 0시 현재
  - 조사대상 : 대한민국 영토 내에 상주하는 모든 내 · 외국인과 이들이 살고 있는 거처
  - 조사기간 : 인터넷조사 20X0. 10. 15. ~ 10. 31. / 방문조사 11. 1. ~ 11. 18.
  - 조사방법 : 전수조사 등록센서스, 표본조사(국민 20%)는 인터넷조사와 방문조사를 통한 직접 조사 실시(방문조사 기간에도 선택 가능)
    - 등록센서스 : 전국의 모든 가구를 직접 조사하지 않고 주민등록부와 건축물대장 등 공공데이터를 이용해 인구, 가구, 주택에 대한 통계를 생산하는 조사 방법
  - 실시체계 : ○○기관(주관기관), 지방자치단체(실시기관)
  - 결과공표 : 전수(등록센서스) 20X1. 7. / 표본 20X1. 3. ~ 12.
- 조사내용
  - 인구이동 : 출생지, 1 ~ 5년 전 거주지, 통근 · 통학
  - 가족구조 변화 : 가구 구분, 1인 가구 사유, 혼자 산 기간, 반려동물
  - 안전한 사회 : 소방시설 보유 여부, 마시는 물 확보 여부
  - 외국인 : 국적, 입국연월

01. 다음 중 위 자료를 파악한 내용으로 적절하지 않은 것은?

① 인구주택총조사 시행의 법적 근거는 통계법으로 한다.

② 인구주택총조사의 방문조사는 총 18일간 진행된다.

③ 대한민국 영토 외에 상주하는 대한민국 국민은 조사 대상에 해당하지 않는다.

④ 지난 인구주택총조사의 방문조사 시에는 전자조사 방식을 사용하지 않았다.

⑤ 방문조사 대상은 방문조사 기간에도 비대면 조사를 선택할 수 있으며, 인터넷조사만 가능하다.

02. 다음은 조사원 Q 씨가 방문조사에서 회수한 인구주택총조사 조사표의 일부이다. ㉠ ~ ㉤ 중 그 내용이 적절하지 않은 것은?

> **20X0 인구주택총조사 조사표**
>
> 조사원 : ㉠ 지방자치단체 조사원 Q
>
> 조사일자 : 20X0년 11월 1일
>
> 1. 가구 구분 : 이 가구는 어떻게 구성되어 있습니까?
>
> ❶ 1인 가구
> ② 가족만으로 이루어진 가구
> ③ 가족과 남이 함께 사는 가구
> ④ 남남이 함께 사는 가구
>
> 2. ㉡ 1인 가구 사유 : 부모, 배우자, 자녀 등과 떨어져 혼자 살고 있는 주된 이유는 무엇입니까?
>
> ❶ 본인의 직장 때문에(구직 포함)
> ② 본인의 학업 때문에
> ③ 본인의 독립 생활을 위하여
> ④ 본인의 건강 때문에(요양 포함)
> ⑤ 가족이 학업, 취업, 혼인, 건강 등으로 타지에 거주하게 되어서
> ⑥ 가족과 사별
>
> 3. 혼자 산 기간 : 혼자 산 기간은 얼마나 되었습니까?
>
> [| 3]년 [| 2]개월
>
> 4. ㉢ 반려(애완)동물 : 이 가구에서 함께 반려(애완)동물을 키우고 있습니까?
>
> ① 있음 → ① 개 ② 고양이 ③ 기타
> ❷ 없음
>
> 5. 마시는 물 : 이 가구에서는 주로 어떤 물을 마십니까? (마시는 물의 종류가 두 가지 이상이거나 가구원별로 다른 경우에는 많이 마시는 한 가지에 표시합니다)
>
> ① 수돗물
> ❷ 생수
> ③ 기타
>
> 6. ㉣ 소방시설 보유 여부 : 이 가구 내에 소방시설이 있습니까?
>
> ▣ 소화기
> ❶ 있음 ② 없음
>
> ▣ 화재경보기
> ❶ 있음 ② 없음
>
> 조사결과 공표는 ㉤ 20X1년 7월 예정입니다. 협조에 감사드립니다.

① ㉠　　② ㉡　　③ ㉢
④ ㉣　　⑤ ㉤

1회 기출예상 2회 기출예상 3회 기출예상 4회 기출예상 5회 기출예상 6회 기출예상 7회 기출예상 8회 기출예상 인성검사 면접가이드

[03 ~ 04] 다음 글을 읽고 이어지는 질문에 답하시오.

〈20X2년도 지능형 뿌리공정 시스템 구축 사업 공고〉

ㅁ 지원대상

• 뿌리업종별 공정 문제해결을 목적으로, 공정 설비와 연계한 맞춤형 지능형 공정시스템의 기획 및 구축

– IoT, CPS 등 ICT기술이 적용된 설비를 기반으로 제어 및 모니터링 등이 적용된 솔루션 시스템 개발 · 실증, 공정설비 구입 및 개량, 솔루션 개발 및 구축, 인건비 등 지원

– 단, 지능형 뿌리공정 시스템에 반드시 필요한 핵심 설비가 아닌 양산 목적 설비 또는 단순 자동화 설비 구입은 지원 불가

㉠ PLC 교체, 센서 부착 등의 개선을 통한 기 보유 설비의 지능화

– 전사적 시스템 구축은 지원불가(MES, ERP, SCM 등)하나, 시스템 연계는 권장

ㅁ 지원조건

• 지원금액 : 총 사업비의 50% 이내, 사업 당 최대 2억 원 이내

– 단, 추가 도입기관(뿌리기업) 1개사당 1억 원 이내 증액 가능

– 총 사업비 중 상기 예산에 따른 지원금을 제외한 비용은 컨소시엄 내 자체 부담

ㅁ 선정방법

• 신청평가 : 업종별 전문가 평가위원회를 통한 서면평가 및 대면 · 현장평가

– 서면평가 및 대면평가를 통해 선정 후 현장평가를 통해 적합 여부 판단

ㅁ 신청방법

• 신청기간 : 1월 29일 ~ 2월 28일 18 : 00까지

ㅁ 지원 제외 사항

• 사업에 참여하는 자(주관/도입/공급기관, 기관별 각 대표자, 사업총괄책임자)가 다음 어느 하나에 해당하는 경우

– 접수마감일 현재 사업별 의무사항(각종 보고서 제출, 기술료 납부, 정산금 또는 환수금 납부 등)을 불이행하고 있는 경우

– 국가연구개발사업에 참여제한 중인 경우

• 사업에 참여하는 자(주관/도입/공급기관, 기관별 각 대표자, 사업총괄책임자)가 국세 · 지방세 체납자인 경우(과제 선정평가 개시 전까지 해소한 경우에는 예외)

– 다만, 중소기업지원기관 등으로부터 재창업 자금을 지원받은 기업 등 정부 · 공공기관으로부터 재기지원 필요성을 인정받은 기업, 중소기업 건강관리시스템 기업구조 개선진단을 통한 정상화 의결기업, 채권금융기관 협의회와 경영정상화계획 이행을 위한 약정을 체결한 기업은 예외

- 동일한 사업내용으로 국가연구개발사업 등 타 정부지원사업에 기지원 및 중복지원 받은 주관·공급기관
  ※ 지원 제외 사유에 해당하는지 여부는 접수마감일을 기준으로 판단하며, 선정된 이후라도 해당 사실이 발견되는 경우에는 선정 취소

ㅁ 기타
- 6대 뿌리기술 : 주조, 금형, 소성가공, 용접, 표면처리, 열처리
- 도입기관의 사업 참여가 필수는 아니나, 다수의 도입기관이 사업 참여 시 우대
- 설비 공급기업, 솔루션 공급기업 각 1개사 이상으로 구성

03. **다음 중 위 자료를 읽고 이해한 내용으로 적절한 것은?**

① 추가 도입기관 없이 총 사업비가 5억 원인 사업은 최대 2억 원을 지원받을 수 있다.
② 공급기관이 스마트 산단 소재 기업에 해당하는 경우 우대를 받을 수 있다.
③ 지원 제외 사항 해당 여부는 신청 서류 제출일 기준으로 판단한다.
④ 해당 사업의 선정 단위는 최소 4개 기업이다.
⑤ 지원기업의 공정 설비와 연계해 MES 등 맞춤형 지능형 공정 시스템 구축을 지원받을 수 있다.

04. **다음은 위 사업에 함께 지원할 컨소시엄 기업 선정을 위해 나눈 대화이다. 이 중 제시된 자료를 잘못 이해하고 있는 사원은?**

갑 사원 : 우리 기업은 열처리 기술이 주 사업영역이니 주관기관으로 참여할 수 있겠어요.
을 사원 : A 기업이 도입기관으로 참여할 의사를 밝혀왔는데, 도입기관이 사업에 많이 참여할수록 우대를 받을 수 있다고 하네요.
병 사원 : 표면처리 기술을 가진 B 기업에도 물어보는 게 어떨까요?
을 사원 : B 기업은 지금 금융 관련 채무불이행 상태라서 지원이 불가능하지 않아요?
정 사원 : B 기업이 최근 중소기업지원기관과 경영정상화 약정을 체결해서 괜찮을 것 같습니다.
무 사원 : 오늘이 2월 15일이니까 신청기간이 2주도 안 남았네요. 서둘러서 신청서류를 작성하도록 합시다.

① 갑 사원 ② 을 사원 ③ 병 사원
④ 정 사원 ⑤ 무 사원

[05 ~ 06] 다음 제시상황과 자료를 바탕으로 이어지는 질문에 답하시오.

○○회사 김 대리는 △△시 온라인쇼핑 음식서비스 이용인원에 대한 자료를 열람하고 있다.

〈2022년 1분기(1 ~ 3월) △△시 온라인쇼핑 음식서비스 이용인원〉

• 지역구별 이용인원

(단위 : 명)

구분		계	1월	2월	3월
지역구	합계(A ~ I 구)	484,541	294,455	94,566	95,520
	A 구	14,741	4,455	4,666	5,620
	B 구	148,700	92,000	28,200	28,500
	C 구	56,600	35,000	10,700	10,900
	D 구	53,200	33,000	10,100	10,100
	E 구	68,200	42,000	13,100	13,100
	F 구	㉠	22,000	6,800	6,800
	G 구	76,600	47,000	15,000	14,600
	H 구	21,100	13,000	4,100	4,000
	I 구	9,800	6,000	1,900	1,900

• A 구 주요 동별 이용인원

(단위 : 명)

지역구	동	계	1월	2월	3월
A구	가동	2,790	800	890	1,100
	나동	1,340	420	420	500
	다동	2,266	680	706	880
	라동	1,647	507	540	600
	마동	㉡	400	470	500
	바동	707	217	220	270

05. 다음 중 김 대리가 위 자료를 이해한 내용으로 적절하지 않은 것은?

① 2022년 1분기에 이용인원이 지속적으로 감소한 지역구는 2개이다.
② A 구의 가～바동 중 1월과 2월의 이용인원 상위 4개 동은 동일하다.
③ A 구의 가～바동 중 1분기에 이용인원이 지속적으로 증가한 동은 5개이다.
④ 1월에 이용인원이 가장 많은 지역구의 이용인원은 이용인원이 가장 적은 지역구 이용인원의 20배 이상이다.
⑤ 2022년 1분기 I 구 이용인원은 해당 기간 전체 이용인원의 2% 이상을 차지한다.

06. 다음 중 ㉠, ㉡에 들어갈 값으로 올바른 것은?

	㉠	㉡
①	35,600	1,370
②	35,600	1,470
③	35,600	1,570
④	36,600	1,370
⑤	36,600	1,570

[07 ~ 08] 다음 제시상황과 자료를 바탕으로 이어지는 질문에 답하시오.

○○공사 황 대리는 20X1년 회계결산표를 열람하고 있다.

〈20X1년 회계결산〉

(단위 : 억 원)

자산				부채 및 자본			
구분	20X1년 말 (A)	20X0년 말 (B)	증감 (A-B)	구분	20X1년 말 (C)	20X0년 말 (D)	증감 (C-D)
자산계	131,990	130,776	1,214	부채 · 자본계	131,990	132,424	-434
유동자산	2,397	1,198	1,199	부채	46,455	51,201	-4,746
당좌자산	1,813	584	㉠	유동부채	9,075	10,400	-1,325
재고자산	584	614	-30	비유동부채	37,380	40,801	㉡
비유동자산	129,593	129,578	15	자본	85,535	81,223	4,312
투자자산	757	807	-50	자본금	206,769	196,592	10,177
유형자산	127,622	127,560	㉢	기타포괄 손익누계액	28,313	㉣	0
무형자산	1,089	1,096	-7				
기타비유동자산	125	115	10	결손금	-149,547	-143,682	㉤

수익				비용			
구분	20X1년 말 (E)	20X0년 말 (F)	증감 (E-F)	구분	20X1년 말 (G)	20X0년 말 (H)	증감 (G-H)
수익계	20,550	21,549	-999	비용계	26,415	26,938	-523
영업수익	20,046	19,865	181	영업비용	25,370	25,187	183
영업외수익	504	1,684	-1,180	영업외비용	1,045	1,751	-706
이자수익	24	64	-40	이자비용	578	623	-45
자산수증이익	136	1,240	-1,104	잡손실 등	467	1,128	-661
당이익 등	344	380	-36	당기순이익(손실)	-5,865	-5,389	-476

07. 다음 중 위 자료의 ㉠～㉤에 들어갈 수치로 옳지 않은 것은?

① ㉠ : 1,229　② ㉡ : −3,421　③ ㉢ : 62
④ ㉣ : 28,313　⑤ ㉤ : −5,855

08. 위 자료를 보고 김 과장과 황 대리가 다음과 같은 대화를 나누었을 때, (가)～(다)에 들어갈 수치가 바르게 짝지어진 것은? (단, 소수점 아래 둘째 자리에서 반올림한다)

> 김 과장 : 황 대리, 20X1년 회계결산에서 인상적인 부분이 있었나요?
> 황 대리 : 네. 영업외수익 부분이 눈에 띄었습니다. 20X1년 말 기준으로 전체 영업외수익이 전년 대비 (가)% 감소했더라고요. 그중에서도 자산수증이익이 (나)% 감소한 것이 전체 영업외수익 감소에 큰 영향을 준 것 같습니다. 이 밖에도 전체 영업외비용이 전년 대비 (다)% 감소한 것 역시 주목해 볼 사항이라고 생각합니다.

	(가)	(나)	(다)
①	68.1	89.0	39.3
②	68.1	92.0	40.3
③	70.1	89.0	39.3
④	70.1	89.0	40.3
⑤	70.1	92.0	40.3

[09 ~ 10] 다음 글을 읽고 이어지는 질문에 답하시오.

〈방방곡곡 문화공감 사업〉

□ 사업목적

- 문예회관의 시설 특성 등을 활용, 전국 방방곡곡 지역 주민에게 다양한 문화예술프로그램을 제공함으로써 문화 향유권 신장 및 문화 양극화 해소에 기여
- 지역 특성에 맞는 자생적 공연 창작 · 유통 역량 강화를 통해 지역 문화 예술 수준 제고 및 지역 문예회관의 운영 활성화에 기여

□ 사업개요

- 사업기간 : 20X1년 1 ~ 12월
- 시행 및 주최 : 한국문화예술회관연합회
- 지원대상 : 전국 문예회관
- 사업내용

지원유형	주요내용
민간예술단체 우수공연프로그램	작품성 및 대중성 등에서 검증된 민간예술단체의 우수공연 프로그램을 선정 후, 문예회관에서 유치한 우수공연에 대해 초청경비 일부 지원
국공립예술단체 우수공연프로그램	국공립예술단체의 전막공연 등 우수공연 프로그램을 선정하여 지역문예회관에서 유치한 우수공연에 대해 초청경비 일부 지원
문예회관 기획 · 제작프로그램	문예회관을 중심축으로 지역 예술단체 및 주민 등이 참여하여 지역문화의 특성을 반영할 수 있는 프로그램을 기획 · 제작 운영할 수 있도록 경비 일부 지원
문예회관 · 예술단체 공연콘텐츠 공동제작 · 배급	신규 발굴 또는 예술단체가 보유하고 있는 공연콘텐츠를 다수의 문예회관이 참여하여 공동제작 · 배급될 수 있도록 개최경비 지원
문예회관 – 예술단체 교류협력 프로그램 (구. 지역아트페스티벌)	문예회관, 예술단체 간 소통 및 교류 기회 제공 등 공연예술 유통 활성화를 위해 아트마켓, 포럼, 공연 개최 등 네트워킹 지원 강화

- 지원비율

지원유형	지원대상		지원비율	기관부담률
민간예술단체 우수공연프로그램	운영주체	광역시 및 도립	50%	50%
	문예회관 소재지	시 · 군 · 구 재정자립도 20% 이상	60%	40%
		시 · 군 · 구 재정자립도 20% 미만	70%	30%

<table>
<tr><td rowspan="3">국공립예술단체
우수공연프로그램</td><td>운영주체</td><td>광역시 및 도립</td><td>40%</td><td>60%</td></tr>
<tr><td rowspan="2">문예회관
소재지</td><td>시 · 군 · 구 재정자립도 20% 이상</td><td>50%</td><td>50%</td></tr>
<tr><td>시 · 군 · 구 재정자립도 20% 미만</td><td>60%</td><td>40%</td></tr>
<tr><td>문예회관
기획 · 제작프로그램</td><td colspan="4">프로그램 특성에 따라 선정심사 시 지원 금액 결정
※ 단, 한국문화예술회관연합회의 부담금 비율은 최대 30%로 책정</td></tr>
<tr><td rowspan="2">문예회관 · 예술단체
공연콘텐츠
공동제작 · 배급</td><td colspan="2">신규 발굴</td><td>40%</td><td>60%</td></tr>
<tr><td colspan="2">보유 콘텐츠</td><td>20%</td><td>80%</td></tr>
<tr><td>문예회관－예술단체
교류협력프로그램
(구. 지역아트페스티벌)</td><td colspan="2">아트마켓, 포럼, 공연 개최 등</td><td>30%</td><td>70%</td></tr>
</table>

09. 다음 중 위 자료를 이해한 내용으로 적절하지 않은 것은?

① 문예회관－예술단체 교류협력프로그램은 지원유형의 이름이 변경되었다.

② 해당 사업의 지원비용에는 기관부담률이 존재한다.

③ 해당 사업은 전국 문예회관을 대상으로 한국문화예술회관연합회가 주최 및 시행한다.

④ 우수공연에 대해 초청경비를 지원해 주는 것은 민간예술단체, 국공립예술단체 우수공연프로그램이다.

⑤ 공연콘텐츠 공동제작 · 배급 관련 개최경비 지원을 받기 위해서는 새로운 공연콘텐츠를 만들어야 한다.

10. 다음 중 〈보기〉의 기관에 대한 지원비율이 가장 높은 사업은?

보기

A 구 문예회관
- A 구의 재정자립도 : 25%
- 공연콘텐츠 공동제작 · 배급 사업에 참여할 경우 신규 콘텐츠 발굴 예정

① 민간예술단체 우수공연프로그램

② 문예회관 기획 · 제작프로그램

③ 문예회관－예술단체 교류협력프로그램

④ 국공립예술단체 우수공연프로그램

⑤ 문예회관 · 예술단체 공연콘텐츠 공동제작 · 배급

[11 ~ 12] 다음 글을 읽고 이어지는 질문에 답하시오.

〈영업비밀 유출 디지털포렌식 사업 공고문〉

1. 사업개요

영업비밀 유출로 피해를 입은 중소기업이 법적 · 경제적으로 재기할 수 있도록 디지털 증거 수집 · 분석에 필요한 디지털포렌식 기술을 지원

2. 지원대상

영업비밀 유출 피해가 의심되어 증거 확보가 필요한 중소기업(상시 직원 수 300명 이하)

3. 신청기간

20X1. 01. 19. ~ 20X1. 04. 30.

※ 단, 90개 기업이 신청한 경우 조기 마감될 수 있음.

4. 지원내용

구분	주요내용
디지털 증거 수집	적법한 심사에 따라 ○○청이 영업비밀 유출과 관련된 디지털 증거 수집
디지털 증거 분석	영업비밀 유출 피해 입증과 관련된 디지털 증거자료 분석 후 분석 결과를 민간기관에 교차 검증 실시
영업비밀 유출 피해 상담	○○청-기업 간 영업비밀 유출피해에 대한 법적 수사 가능성을 논의하고, 디지털 포렌식 지원 가능 범위를 협의

5. 지원절차

신청 접수		사전 준비		증거 수집		증거 분석		결과 제공
신청서 접수 후 영업비밀 유출피해 상담 실시	▶	법률 검토, 조사대상 확인, 지원계획 수립	▶	증거 수집 후 기업에 증거물 수집 확인서 교부	▶	영업비밀 유출행위 분석	▶	기업에 분석 보고서 전달

6. 신청 방법

① 홈페이지 신청(https://www.xxx.or.kr) 혹은 대표메일 접수(abc_help@xxx.or.kr)

② 서면을 통한 직접 제출

11. 다음 중 위 자료를 이해한 내용으로 적절하지 않은 것은?

① ○○청은 증거를 수집한 후 이와 관련된 확인서를 기업에 교부한다.
② 유출피해 기업에 대한 지원은 크게 5단계에 걸쳐 진행된다.
③ 디지털포렌식 사업은 홈페이지 외에도 다양한 방법을 통해 신청 가능하다.
④ ○○청은 사업에 참여한 기업과 영업비밀 유출피해 상담을 실시한다.
⑤ 디지털 증거 분석 중에는 공공기관과 협력하여 해당 분석 결과에 대한 교차 검증을 실시한다.

12. 다음의 사업 참가 신청서가 반려된 이유를 적절하게 추론한 것은?

(서면 제출용) 영업비밀 유출 디지털포렌식 사업 참가 신청서			
신청기업명	Y 기업	기업분류	중소기업(상시 직원 13명)
신청서 작성일자 (Y 기업)	20X1. 03. 20.	신청서 수정일자 (○○청)	20X1. 03. 25.
신청사유	협력사측에서 디스플레이 제조 관련 영업비밀을 유출한 것으로 의심되나, 이를 입증하지 못해 디지털포렌식 역량을 갖춘 ○○청의 도움이 필요한 상황		

① ○○청이 사업 신청기간 내에 신청서를 수령하지 못하였다.
② Y 기업의 기업분류가 본 사업의 지원대상 요건을 충족하지 않는다.
③ 사업을 신청한 기업들의 수가 많아 신청 기업 모집이 조기 마감되었다.
④ Y 기업은 영업비밀 유출이 의심되지 않는 상황이므로 사업 신청이 불가하다.
⑤ 신청서 제출 시 본 사업에서 요구하는 신청 방법을 따르지 않았다.

[13 ~ 15] 다음 자료를 바탕으로 이어지는 질문에 답하시오.

부서	전산 ▼	이름	K ▼

근무일자	근무시간(출근 - 퇴근)	외출(외출 - 복귀)	비고
20X9. 02. 02.	12 : 00 ~ 22 : 00	-	
20X9. 02. 03.	08 : 00 ~ 20 : 00	-	
20X9. 02. 04.	09 : 00 ~ 23 : 00	20 : 00 ~ 22 : 00	
20X9. 02. 05.	09 : 00 ~ 18 : 00	13 : 00 ~ 18 : 00	교육(외출)
20X9. 02. 06.	09 : 00 ~ ㉠	-	
20X9. 02. 07.	-	-	일요일
20X9. 02. 08.	10 : 00 ~ 17 : 00	-	
20X9. 02. 09.	11 : 00 ~ 21 : 00	-	
20X9. 02. 10.	09 : 00 ~ 19 : 30	-	
20X9. 02. 11.	11 : 30 ~ 21 : 00	-	당직
20X9. 02. 12.	10 : 00 ~ 20 : 00	-	
20X9. 02. 13.	15 : 00 ~ 17 : 00	-	
20X9. 02. 14.	-	-	일요일
20X9. 02. 15.	09 : 00 ~ 21 : 00	-	

〈비고 유형〉

일요일	휴일
훈련	기본 근무 인정
교육	기본 근무 인정
출장	기본 근무 인정
당직	추가수당 지급

〈벌점 제도〉

3점 이상	추가수당 10% 감봉
5점 이상	추가수당 20% 감봉
10점 이상	추가수당 30% 감봉

◆ **근태 규정**

1. 법정근로시간은 하루에 최대 8시간으로 정한다.
2. 12시 ~ 13시는 중식, 18시 ~ 18시 30분은 석식시간으로 근무시간에서 제외한다.
3. 출퇴근 시각 및 일일 근무시간은 개인 재량에 맡기되, 한 주당(월 ~ 일) 법정근로시간 40시간과 연장근로시간 12시간을 합친 52시간을 초과하지 않도록 한다.

4. 연장근로 30분당 10,000원, 1시간당 20,000원을 추가수당으로 지급한다.
5. 본 근무시간 내 13시 ~ 17시를 코어타임(필수근무시간)으로 지정한다.
6. 한 사유 없이 코어타임에 자리를 비울 경우 시간당 벌점 1점을 부과한다.
7. 수당과 벌점은 1주일 단위로 계산한다.
8. 당직의 경우 연장근로에 포함되지 않으며 추가수당 80,000원이 지급된다.

13. 다음 중 위 자료를 이해한 내용으로 적절하지 않은 것은?

① 출퇴근 시각은 자율이며 주간 법정근로시간과 연장근로시간 제한만 지키면 된다.
② 일요일은 기본적으로 근로하지 않는다.
③ 특별한 사유가 없다면 일일 근무시간에서 제외 가능한 시간은 최대 1시간 30분이다.
④ 벌점에 의한 감봉은 기본급에는 영향을 주지 않는다.
⑤ 외출하더라도 사유에 따라서 근무한 것으로 인정될 수 있다.

14. 20X9년 2월 1일의 일일 근태 기록이 다음 〈보기〉와 같을 때, 위 자료의 ㉠에 들어갈 시각으로 옳은 것은?

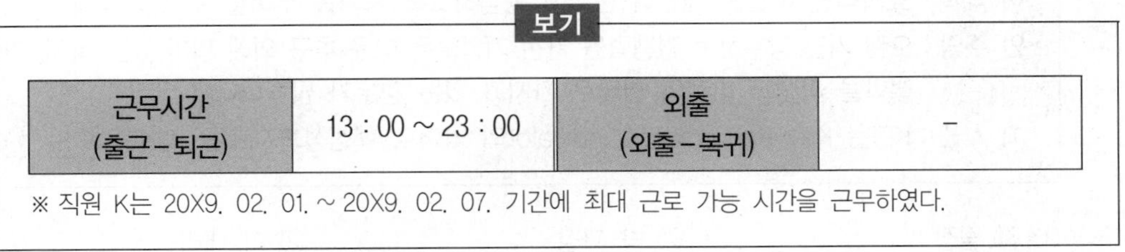

보기

근무시간 (출근-퇴근)	13 : 00 ~ 23 : 00	외출 (외출-복귀)	-

※ 직원 K는 20X9. 02. 01. ~ 20X9. 02. 07. 기간에 최대 근로 가능 시간을 근무하였다.

① 12 : 00　② 15 : 00　③ 18 : 00
④ 21 : 00　⑤ 23 : 00

15. 20X9년 2월 8일부터 14일까지의 근로에 대하여 지급받는 추가수당의 금액은?

① 84,000원　② 96,000원　③ 108,000원
④ 120,000원　⑤ 216,000원

16. 다음은 서울교통공사의 미션, 비전, 경영목표, KPI에 대한 경영기획팀 직원들의 대화 내용이다. 가장 적절하지 못한 발언을 한 직원은?

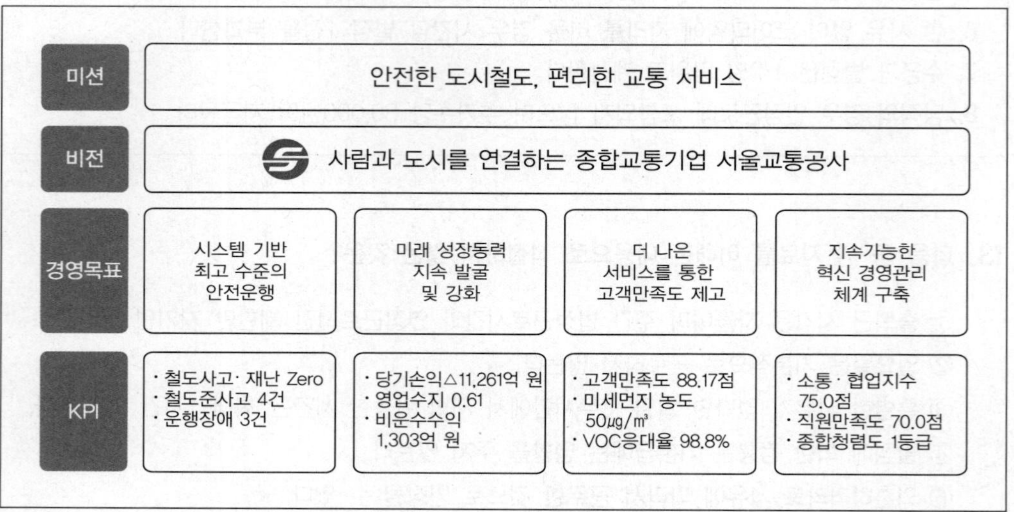

미션
안전한 도시철도, 편리한 교통 서비스
비전
사람과 도시를 연결하는 종합교통기업 서울교통공사
경영목표
시스템 기반 최고 수준의 안전운행
미래 성장동력 지속 발굴 및 강화
더 나은 서비스를 통한 고객만족도 제고
지속가능한 혁신 경영관리 체계 구축
KPI
· 철도사고·재난 Zero
· 철도준사고 4건
· 운행장애 3건
· 당기손익△11,261억 원
· 영업수지 0.61
· 비운수수익 1,303억 원
· 고객만족도 88.17점
· 미세먼지 농도 50μg/㎥
· VOC응대율 98.8%
· 소통·협업지수 75.0점
· 직원만족도 70.0점
· 종합청렴도 1등급

김 팀장 : 미션은 '언제까지 어떠한 회사가 된다'라는 것으로 기업의 궁극적인 도달목표, 미래 모습 등을 나타내는 것이며, 비전은 기업의 존재 이유로 기업이 생존하여 어떠한 사업을 영위하는 한 변하지 않는 최고의 목적 내지 가치를 의미합니다.

박 과장 : 미션과 비전을 기반으로 경영목표가 도출될 수 있습니다.

이 대리 : 효과적인 비전은 개인이 변화에 동참하도록 동기를 부여할 수 있습니다.

안 주임 : 오랜 기간 장수하는 경쟁력을 가진 기업들은 이윤 추구 외에 의미 있는 목적, 가치, 철학을 미션과 비전의 형태로 가지고 있는 경우가 많습니다.

최 사원 : KPI는 Key Performance Indicator의 약어로 핵심성과지표를 의미합니다.

① 김 팀장 ② 박 과장 ③ 이 대리

④ 안 주임 ⑤ 최 사원

[17 ~ 20] 다음 글을 읽고 이어지는 질문에 답하시오.

관리부 직원 박상철 씨는 다음 전산 시스템의 모니터링 및 관리 업무를 하고 있다.

〈시스템 오류 모니터링 화면 항목 및 세부사항〉

항목	세부사항		
ErrorAlert #○ □	Code, Hazard, Weight를 알려줌.	- # : Code(산출 코드) - ○ : Hazard(위험도) - □ : Weight(가중치)	
Error Value	Hazard와 Weight를 이용하여 산출	Code가 대문자	Hazard×Weight×2
		Code가 소문자	Hazard×Weight
Result Value	산출된 Error Value의 총합		

〈시스템 판단 기준 및 입력 코드〉

시스템 상태*	판단 기준	입력 코드
안전	Result Value가 0 이하	Whit3
주의	Result Value가 0 초과 20 이하	0reen
경고	Result Value가 20 초과 40 이하	7ello
위험	Result Value가 40 초과 50 이하	M8nta
정지	Result Value가 50 초과	8lack

* 시스템 상태는 '안전'이 제일 낮은 등급이고, '주의, 경고, 위험, 정지' 순으로 높아진다.

시스템 모니터링 및 관리 업무 예시

Checking error on system.
✓ ErrorAlert E10 0 … ㉠
✓ ErrorAlert a20 2 … ㉡
✓ ErrorAlert T30 −1 … ㉢
Input code? _______

[절차 1] 시스템 항목의 해석

㉠ Code가 대문자(E) : Hazard(10)×Weight(0)×2 =0

㉡ Code가 소문자(a) : Hazard(20)×Weight(2)=40

㉢ Code가 대문자(T) : Hazard(30)×Weight(−1)×2=−60

Result Value : 0+40+(−60)=−20

[절차 2] 시스템 상태 판정 및 코드 산출 후 입력

Result Value(−20)가 0 이하이므로 시스템 상태는 '안전', 입력 코드는 'Whit3'

17. 다음 중 위 자료에 대한 설명으로 적절하지 않은 것은?

① Weight는 숫자로 이루어져 있다.

② 입력 코드는 영문과 숫자로 이루어져 있다.

③ 산출 코드에 따라 Error Value의 산출식이 달라진다.

④ 시스템 상태에서 '정지'가 가장 낮은 등급이다.

⑤ 산출된 Error Value의 총합이 음수일 경우 시스템 상태는 '안전'이다.

18. 다음 화면에서 박상철 씨가 입력할 코드는?

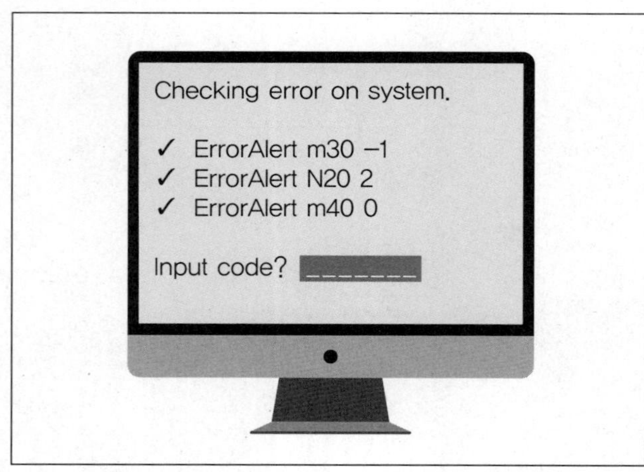

Checking error on system.
✓ ErrorAlert m30 −1
✓ ErrorAlert N20 2
✓ ErrorAlert m40 0
Input code? _______

① Whit3

② 0reen

③ 7ello

④ M8nta

⑤ 8lack

19. 다음 화면에서 박상철 씨가 입력할 코드는?

Checking error on system.
✓ ErrorAlert t80 0
✓ ErrorAlert A10 1
✓ ErrorAlert b35 1
Input code?

① Whit3
② 0reen
③ 7ello
④ M8nta
⑤ 8lack

20. 다음 화면에서 박상철 씨가 입력할 코드는?

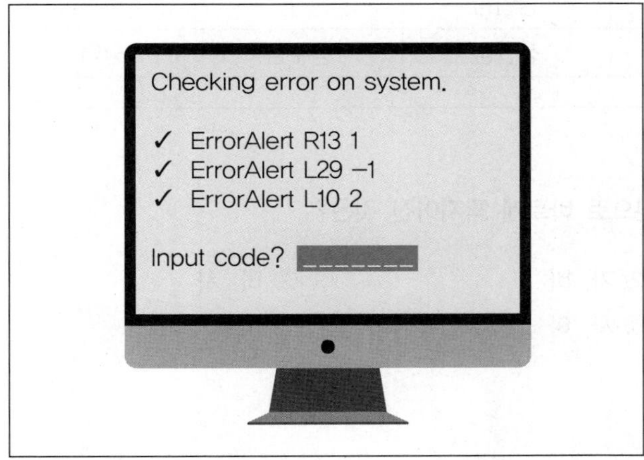

① Whit3
② 0reen
③ 7ello
④ M8nta
⑤ 8lack

[21 ~ 23] 다음의 제시상황과 글을 읽고 이어지는 질문에 답하시오.

인사팀 대리 K는 신입사원들을 두 명씩 생산팀, 홍보팀, 영업팀, 인사팀에 배치하려고 한다.

신입사원을 배치할 때 순서는 아래와 같습니다.
1. 연수 부서와 희망 부서가 일치하면 우선 배치합니다. 이때, 희망 부서의 지망 순서는 무관하게 연수 부서와 일치하는 부서로 배치합니다.
2. 직원 평가 점수가 높은 순서대로 1지망 부서에 배치하되, 각 부서에 2명이 초과되는 경우에는 2지망 부서, 남는 부서 순서대로 배치합니다.

기준 / 신입사원	직원 평가 점수	연수 부서	희망 부서 (1지망)	희망 부서 (2지망)
가	4점	총무팀	영업팀	총무팀
나	3점	영업팀	총무팀	영업팀
다	1점	총무팀	영업팀	홍보팀
라	4점	홍보팀	총무팀	생산팀
마	5점	생산팀	영업팀	홍보팀
바	3점	홍보팀	생산팀	총무팀
사	3점	영업팀	생산팀	총무팀
아	2점	생산팀	총무팀	영업팀

21. 다음 중 생산팀에 배치되는 사원으로 바르게 짝지어진 것은?

① 가, 나
② 가, 바
③ 바, 사
④ 바, 아
⑤ 사, 아

22. 다음 중 1지망과 2지망을 통틀어 희망 부서에 배치되지 못하는 사원은?

① 다
② 라
③ 마
④ 사
⑤ 아

23. 기존의 신입사원 배치 기준에서 연수 부서 기준이 삭제되고 직원 평가 점수로만 부서를 배치하게 되었다. 다음 중 영업팀에 배치되는 사원으로 바르게 짝지어진 것은?

① 가, 마　　② 가, 아　　③ 나, 마
④ 다, 아　　⑤ 사, 마

24. 다음은 자원의 특징과 낭비요인에 대한 글이다. 빈칸 ㉠, ㉡에 들어갈 가장 알맞은 용어는?

> 직장 생활에서 시간, 예산, 물적자원, 인적자원 등의 자원 가운데 무엇이 얼마나 필요한지를 확인하고, 이용 가능한 자원을 최대한 수집하여 실제 업무에 어떻게 활용할 것인가를 계획하며, 계획대로 업무수행에 이를 할당할 수 있어야 한다.
>
> 자원은 (㉠)을/를 지니고 있기 때문에 자원을 적정히 분배하여 관리하고 최대한 활용해야 한다. 자원의 낭비요인은 비계획적인 행동, (㉡) 추구, 자원에 대한 인식 부재, 노하우 부족 등을 들 수 있다.

	㉠	㉡
①	무한성	차별성
②	내구성	편리성
③	보존성	가용성
④	대중성	타당성
⑤	유한성	편리성

[25 ~ 26] 다음의 제시상황과 글을 읽고 이어지는 질문에 답하시오.

사원 J는 선로점검내규 중 일부를 숙지하고 있다.

〈선로의 주기별 점검표〉

구분	추진항목	세부내용	점검주기	점검가능일정(월)												비고
				1	2	3	4	5	6	7	8	9	10	11	12	
승차점검	열차순회		주간	○	○	○	○	○	○	○	○	○	○	○	○	1주에 1회 시행
정기점검	선로순회		분기	○			○			○			○			
	궤도틀림	본선*	분기	○			○			○			○			
		분기기**	분기			○			○			○			○	
재료점검	침목 점검		연간							○						
	도상		반기		○								○			
	레일 초음파 탐상	본선	반기		○								○			
		분기기	반기			○								○		
	레일마모	곡선 반경이 600m 이하인 본선	반기				○				○					
		분기기 및 기타 구간	연간										○			
	이음매부 점검		연간									○				
	도유기		분기			○			○			○			○	

✓ 추진항목과 세부내용이 구분되지 않은 점검 항목은 본선 및 분기기에 동시 적용되는 것으로 간주한다.

✓ 각 점검 항목은 점검가능일정에 해당하는 월에만 실시할 수 있다.

✓ 각 점검 항목의 점검가능일정에 해당되는 월이 겹칠 경우 동시에 실시할 수 있다.

✓ 주간점검을 제외한 모든 점검들은 해당 시행 월을 같은 일자에 일제히 실시하며, 점검 간격과 관계없이 점검시행 월의 다음 달 1일이 도래하면 1개월이 지난 것으로 본다.

* 열차운행에 사용할 목적으로 설치한 선로

** 열차를 한 궤도에서 다른 궤도로 이동시키기 위하여 궤도상에 설치한 설비

〈선로 점검 규정〉

제31조(유지 · 보수한 선로의 검사 및 시운전)

기술책임자는 선로 점검을 다음 사항에 대하여 시행한 뒤 선로 사용이 가능하다.

1. 임시 사용중지 중인 시설의 유지보수를 행한 경우
   - 대상 : 레일 초음파 탐상, 침목 점검, 도상, 이음매부 점검
2. 철도사고 등으로 인한 특수한 유지보수를 시행한 경우
   - 대상 : 궤도틀림, 선로순회, 레일 초음파 탐상, 침목 점검, 도상, 이음매부 점검
3. 그밖에 철도시설의 안전성능과 관련된 유지보수 등 시험운전을 필요로 하는 유지보수를 시행한 경우
   - 대상 : 궤도틀림, 열차순회, 선로순회, 레일 초음파 탐상, 레일마모, 도상, 이음매부 점검

25. 다음 중 사원 J가 팀장 U의 질문에 대하여 대답할 내용으로 적절한 것은?

팀장 U

지난 5월 말에 발생한 철도사고 이후에 특수 유지보수를 시행한 분기기의 사용 재개를 위한 점검이 필요해 보입니다. 규정상 해당 본선에 요구되는 점검 항목이 있을 텐데, 6월부터 점검을 시작한다면 모든 항목에 대하여 최소 1회 점검이 완료되는 월은 언제일까요?

① 8월　　② 9월　　③ 10월
④ 11월　　⑤ 12월

26. 사원 J는 1년 중 본선에 대한 정기점검 및 재료점검의 모든 항목을 점검하려 한다. 다음 중 관련된 모든 항목이 적어도 한 번씩 점검되는 데 소요되는 최소 기간의 시작 월은?

① 7월　　② 8월　　③ 9월
④ 10월　　⑤ 12월

27. 다음 중 기술 또는 기술능력에 대한 설명으로 적절하지 않은 것은?

① 기술은 물리적인 것뿐만 아니라 사회적인 것으로서 지적인 도구를 특정한 목적에 사용하는 것이다.
② 기술은 인간이 주위환경에 대한 통제를 확대시키는 데 필요한 지식의 적용이다.
③ 기술은 제품이나 용역을 생산하는 원료, 생상공정, 생산방법, 자본재 등에 관한 지식의 집합체이다.
④ 기술능력은 직장에 근무하기 위해 일부 소수의 사람들이 필요로 하는 능력으로, 인문교양이라고도 한다.
⑤ 기술능력은 크게 기술이해능력과 기술선택능력 및 기술적응능력으로 구성된다.

28. 다음 중 산업재해에 대한 설명으로 적절하지 않은 것은?

① 산업재해는 근로자가 업무에 관계되는 설비, 가스, 증기, 분진 등에 의하거나 작업 또는 그 밖의 업무로 인하여 사망 또는 부상을 입거나 질병에 걸리는 경우를 말한다.
② 산업재해는 건설현장에서 오래 근무하면서 생긴 허리디스크나 기타 질병 같은 경우는 포함하지 않는다.
③ 산업재해는 업무 중에 발생한 재해뿐만 아니라 통근 중 발생한 재해도 포함한다.
④ 업무상 재해가 발생하면 해당 사업주는 근로자에게 요양비용 및 휴업 중의 임금 등에 관한 보상 책임을 지게 된다.
⑤ 사업주뿐만 아니라 산업재해를 발생시킨 것으로 간주되는 자는 경찰에 의한 수사를 거쳐 산업안전보건법에 따라 처벌받을 수 있다.

29. 다음 글을 참고할 때, 올바른 거절 방법으로 적절하지 않은 것은?

> 전국 직장인 2천 명을 대상으로 착한 아이 콤플렉스에 대한 설문조사를 실시한 결과 응답자의 약 83.9%가 착한 아이 콤플렉스로 인해 거절이 어렵다고 밝혔다. 이들 중 약 84.2%는 직장에서 착한 아이 콤플렉스를 경험했다고 답했는데, 그 상황으로는 '동료의 부탁을 거절하지 못할 때', '상사의 무리한 주문에 싫은 티를 내지 못할 때' 등이 언급되었다. 직장인들은 착한 아이 콤플렉스에 대해 사회생활에서 피할 수 없다는 태도를 보였으며 착한 아이 콤플렉스를 갖는 이유로는 '누구에게나 좋은 사람으로 기억되고 싶어서', '작은 것 하나로 평가되는 사회 분위기 때문', '소심한 성격 때문에 거절을 못해서', '나에 대한 사람들의 뒷담화가 두려워서'라고 응답하였다.

① 거절함으로써 발생될 문제들과 자신이 그 일을 수락했을 때의 기회비용을 따져본다.
② 거절을 할 때에는 분명한 이유가 있어야 한다.
③ 상대방이 부탁할 때에는 주의를 기울여 문제의 본질을 파악한다.
④ 무작정 거절 의사만 밝히기보다는 대안을 함께 제시한다.
⑤ 거절의 의사결정 전에 신중하게 고민하는 시간을 충분히 가진다.

30. 〈보기〉는 자기관리 모범사례의 발표 내용이다. ㉠ ~ ㉤ 중 적절하지 않은 것은?

보기

> 제가 자기관리의 모범사례로 뽑힌 이유는 자기관리의 과정과 그 법칙을 잘 지켜 수행해왔기 때문이라고 생각합니다. 우선 ㉠ <u>저는 자기관리에 대해 저에게 가장 중요한 것이 무엇인지 파악하여 삶의 목적을 정립하는 시간을 항상 가집니다.</u> 그리고 ㉡ <u>제가 맡고 있는 역할에 따라 실행 가능한 목표를 세우고 여러 가지 일에 대하여 우선순위를 설정합니다.</u> ㉢ <u>이에 따라 월간 · 주간 · 하루 계획을 작성하는데, 이때는 한정된 시간 안에 해결할 수 있도록 긴급하고 중요한 문제의 우선순위를 높이 둡니다.</u> 또한 ㉣ <u>일을 수행할 때에는 시간, 돈과 같이 수행에 영향을 주는 요소를 파악하고 있어야 합니다.</u> 마지막으로 ㉤ <u>일이 끝난 후에 그 결과에 대해 분석하여 피드백을 한 후 수행에 반영하는 것까지 해야 한다는 것을 잊지 마세요.</u>

① ㉠　　② ㉡　　③ ㉢　　④ ㉣　　⑤ ㉤

31. 다음 중 업무수행 성과 향상을 위한 행동 전략으로 적절하지 않은 것을 모두 고르면?

> ㉠ 비슷한 업무라도 한꺼번에 처리하지 않기
> – 비슷한 업무를 한꺼번에 처리하면 과부하로 인해 업무 효율성이 떨어진다.
>
> ㉡ 일을 미루지 않기
> – 해야 할 일을 미루면 다른 일도 지속적으로 밀리게 된다.
>
> ㉢ 익숙한 방식으로 일하지 않기
> – 타인과 다른 방식으로 일하면 효율적인 업무수행 방법을 발견할 수 있다.
>
> ㉣ 회사와 팀의 업무 지침에서 벗어나 창의적으로 일하기
> – 회사의 업무 지침은 임의적으로 획일된 경우가 있고 창의성을 억압하므로 업무 수행 시 업무 지침을 따를 필요는 없다.
>
> ㉤ 역할 모델을 설정하기
> – 직장에서 직무 역량으로 인정받는 사람의 업무 방식과 행동을 벤치마킹해 본다.

① ㉠, ㉡　② ㉠, ㉢　③ ㉠, ㉣
④ ㉡, ㉣　⑤ ㉣, ㉤

32. 다음은 A(익명) 직원이 사내 상담사에게 상담한 내용이다. 빈칸에 들어갈 말로 적절한 것은?

> A(익명) : 안녕하세요. 저는 입사 1년차 신입사원입니다. 이제 어느 정도 일을 수월하게 처리할 수 있고 회사의 전체적인 업무 흐름도 파악하였는데, 매일 반복되는 업무에 집중력이 떨어지거나 남들보다 뒤처진다는 생각이 들기도 합니다. 제가 특별히 잘 해낼 수 있는 업무를 찾고 싶은데 어떤 일을 제가 잘할 수 있는지에 대한 파악이 되지 않아서 잘 모르겠어요. 동기들은 회사 세미나 진행 등의 색다른 업무를 잘 맡던데 저는 색다른 직무를 수행해볼 수 있는 방법이 무엇인지에 대해서도 잘 모르고 있는 것 같아요.
>
> 사내 상담사 : 안녕하세요. 상담하신 내용을 보니 (　　　?　　　)과 같은 장애요인을 마주하신 것 같군요. 이러한 요인들을 원만하게 해결하기 위한 방법에는… (하략)

① 자기정보 부족, 내부 작업정보 부족　② 자기정보 부족, 외부 작업정보 부족
③ 자기정보 부족, 의사결정 시 자신감 부족　④ 내부 작업정보 부족, 외부 작업정보 부족
⑤ 내부 작업정보 부족, 의사결정 시 자신감 부족

33. 식당의 주방 직원인 K와 서빙 직원인 S 간에 언쟁이 발생했다. 매니저 L이 이를 중재하기 위해 윈－윈 전략을 활용할 때, 해당 전략의 실행 단계와 그 내용이 적절하게 이어지지 않은 것은?

주방 직원 K

아니, 저녁 시간대에는 왜 이렇게 주문을 한꺼번에 많이 받아요. 이러면 마지막에 주문하신 손님은 얼마나 많은 시간을 기다려야 하는지 알면서도 그러세요? 옆에 앉은 사람이랑 동시에 주문했는데, 내 음식만 늦게 나오면 기분이 좋을 수가 있겠어요?

저희 입장도 생각해 주세요. 아시다시피 우리 서빙 팀 인원수가 레스토랑 크기에 비해 부족하잖아요. 그리고 테이블 치우고 있는 중에도 호출벨을 누르는 분이 얼마나 많은데요. 테이블이 다 정리되고 상황이 어느 정도 진정된 후에 손님을 받을 때 한꺼번에 주문이 들어갈 수도 있는 거죠. 저희는 직접 손님을 대면하는 사람들인 만큼 서비스도 최고 수준으로 제공하기 위해 열심히 노력하는데, 회전율에만 집중한다면 뭐라고들 생각하시겠어요.

서빙 직원 S

① 1단계(충실한 사전준비) : 우선 K 씨와 S 씨가 대화하시기 전에 우리 레스토랑에 오시는 손님들의 의견도 취합해보는 것이 좋겠습니다.

② 2단계(긍정적인 방식으로 접근하기) : 제 생각에는 우리 레스토랑에 오시는 손님들이 만족하기를 바라는 점에 있어서는 K 씨도 S 씨도 모두 같은 마음인 것 같습니다.

③ 3단계(두 사람의 입장을 명확히 하기) : K 씨는 주문들이 간격을 두고 들어오기를 바라고, S 씨는 인력 여건상 간격을 고려하면서 주문을 받기는 힘들다는 거군요.

④ 4단계(윈－윈에 기초한 기준에 동의하기) : 그렇다면 K 씨의 걱정은 시간에 쫓겨 서둘러 조리하다가 요리의 질이 낮아지는 것이고, S 씨는 들어오는 고객들을 응대하는 업무만으로도 벅차다는 말이군요.

⑤ 5단계(몇 가지 해결책을 생각해 내기) : 그렇다면 테이블마다 주문용 태블릿PC를 비치하여 서빙 팀의 인력을 효율적으로 활용해보는 것은 어떨까요?

34. 다음 직원 A를 평가한 동료들의 말을 통해 알 수 있는 직원 A의 팔로워십 유형은?

> 팀장 B : 직원 A는 저의 의견에 언제나 잘 따라주는 팀원입니다. 단 한 번도 제가 제시한 의견에 반박해 본 적이 없습니다.
>
> 직원 C : 직원 A의 성격과는 별개로, 회의 시에 참신한 아이디어를 제시하는 모습은 딱히 본 적이 없는 것 같아요.
>
> 직원 D : 직원 A가 팀을 위해 헌신하는 모습은 자주 볼 수 있었어요. 보통 업무가 끝나면 다들 자기 시간을 가지고 싶어 하는데, A는 야근이나 회식이 갑자기 잡혀도 묵묵히 따르더라고요.
>
> 직원 E : 원래 직장에서 자신이 하고 싶은 일만 할 수는 없는 법인데, 직원 A는 유독 힘든 일을 기피하는 것 같아요.

① 주도형 ② 수동형 ③ 실무형
④ 순응형 ⑤ 소외형

35. 다음 (A) ~ (C)의 세 가지 협상 상황에 사용된 협상전략을 바르게 연결한 것은?

(A)	집주인 갑은 새로 전세계약을 맺은 세입자 을로부터 싱크대가 오래되었으니 교체를 해달라는 요청을 받았다. 계약상으로 싱크대를 바꿔줘야 하는 의무는 존재하지 않지만, 앞으로 2년간 자신의 집에 거주할 세입자 을과의 관계를 생각해 사비를 들여 싱크대를 교체해 줬다.
(B)	가게 주인 병은 자신의 가게에서 후식 서비스를 새롭게 시작하려고 했다. 그 과정에서 식품공급업체와 단가를 두고 협상을 계속 해봤지만 좀처럼 의견 차이를 좁힐 수 없었다. 고민 끝에 병은 후식 서비스가 이득이 없다고 판단해 계획을 접었다.
(C)	사장 정은 옆에 있는 경쟁 가게 때문에 요즘 골치가 아프다. 계속된 가격경쟁 탓에 두 가게 모두 이윤이 별로 나지 않기 때문이다. 사장 정과 옆 가게 주인 무는 이에 관해 논의를 하다가 무의 가게를 자신이 인수하는 것이 더 이득이라고 판단하였다. 무 역시 오랜 장사를 그만두고 쉬는 것을 희망했기 때문에 두 사람은 합의점에 도달할 수 있었다.

	(A)	(B)	(C)
①	협력전략	회피전략	강압전략
②	협력전략	유화전략	회피전략
③	유화전략	회피전략	협력전략
④	유화전략	회피전략	강압전략
⑤	유화전략	강압전략	협력전략

36. **다음 사례 속 불만 고객에 대한 대처 방법으로 적절한 것은?**

상담원 : 감사합니다. 고객님께 행복을 전해드리는 K 전자 상담원 김○○입니다. 무엇을 도와 드릴까요?
A 고객 : 네, 제가 며칠 전 매장에서 산 카메라가 불량품이 아닌지 의심되네요.
상담원 : 네, 고객님. 어떤 문제가 있는지 알 수 있을까요?
A 고객 : 아니 문제가 생긴 건 아니고. 글쎄 당신들 설명을 듣고 사긴 했는데 어째 장사하는 사람들이 자기들 물건 괜찮다고 하는 말을 믿을 수 있어야지…. 사진도 뭔가 흐릿하니 내가 원하는 대로 잘 안 나온다 싶고. 하여튼 무상 A/S 기간 6개월이래서 사긴 했는데 불량품인가 의심도 되고 내가 제대로 샀나 의심도 되네요.
상담원 : …….

① 이야기를 무시하고 마무리한다.
② 불만 사항을 경청하고, 맞장구치고, 사과하고 설득한다.
③ 정중하게 대하고, 고객의 과시욕이 채워지도록 내버려 둔다.
④ 분명한 증거, 근거를 제시하여 고객 스스로 확신을 갖게 한다.
⑤ 애매한 화법을 피하고 해당 사안을 시원스럽게 처리하는 모습을 보인다.

37. **다음은 예절과 관련된 기사를 읽고 직원들이 나눈 대화이다. 일터에서의 예절에 대해 잘못 이해하고 있는 직원은?**

신입사원이 갖춰야 할 역량 1위는 '예절과 매너'

회사에 다니고 있는 직장인 700명을 대상으로 직장생활에 대한 설문조사를 한 결과, 응답자의 62.5%(437명)는 신입사원에게 가장 필요한 역량을 '직장생활의 예절과 매너'라고 답했다. 다음으로는 '업무에 대한 열정과 적극성' 27.4%(192명), '업무에 대한 전문적인 지식' 6.7%(47명), '기본 업무 능력' 3.4%(24명) 순이다.

① 김 대리 : 예절과 매너를 비즈니스 업무에 활용할 경우 관련 에티켓이 필요해.
② 박 대리 : 이메일에는 사람의 표정이나 음성이 빠져 있으니 오해가 생기지 않도록 조심해야 해.
③ 임 대리 : 매너는 형식적인 측면이 강하고 에티켓은 그 형식을 나타내는 방식이라고 할 수 있지.
④ 안 대리 : 직장예절은 단순히 인사할 때뿐만 아니라 일터에서의 모든 상황에 적용된다고 할 수 있어.
⑤ 허 대리 : 직장예절이 잘 지켜질수록 직장 동료들과 원만한 관계를 수립하여 업무 능률과 생산성이 향상될 수 있어.

38. 직원 정△△ 씨는 고객 서비스에 대한 주제로 사내 교육을 수강하고 있다. 이와 관련된 공동체 윤리에 대해 직원 정△△ 씨가 떠올릴 생각으로 적절하지 않은 것은?

〈서비스(SERVICE)의 7가지 의미〉

S(Smile & Speed) : 서비스는 미소와 함께 신속하게 하는 것
E(Emotion) : 서비스는 감동을 주는 것
R(Respect) : 서비스는 고객을 존중하는 것
V(Value) : 서비스는 고객에게 가치를 제공하는 것
I(Image) : 서비스는 고객에게 좋은 이미지를 심어 주는 것
C(Courtesy) : 서비스는 예의를 갖추고 정중하게 하는 것
E(Excellence) : 서비스는 고객에게 탁월하게 제공되어야 하는 것

① 자신에게 명시적으로 주어진 역할을 충실히 해내는 것만으로도 조직과 사회 발전에 있어 충분히 기여할 수 있어.

② 기본적으로 타인을 배려하고, 자신을 희생하여 조직과 사회에 기여하는 태도를 지녀야 해.

③ 서비스는 고객과 공동체를 위하는 마음을 지니고, 그 마음을 행동으로 보여 주는 봉사와 같은 개념이구나.

④ 봉사정신뿐 아니라 자신의 직업에 대한 사회적 역할에 충실히 임하고 책임을 지는 태도를 가져야 해.

⑤ CSR 중심의 경영활동을 통해 단순한 이윤 추구를 넘어 지역사회에 가치를 환원하는 것도 공동체윤리에 해당한다고 볼 수 있어.

39. 다음 사례에서 지켜지지 않은 직업윤리의 기본원칙은?

> 기업 대표인 김○○ 씨는 자신의 직원들에게 직업윤리의 덕목 중 전문가 의식을 강조한다. 모든 직원은 자신의 분야의 전문가이며, 자신의 직업을 수행하는 순간만큼은 누구보다 존경받아야 하고, 자신의 직업은 아무나 할 수 있는 업무가 아니라는 자부심을 가져야 한다고 말한다. 그러나 종종 김○○ 씨의 이야기가 가진 뜻을 오해하여 정당한 불만을 제기하는 고객에게 강압적인 태도로 대하는 직원이 있다.

① 전문성의 원칙
② 고객중심의 원칙
③ 객관성의 원칙
④ 공정경쟁의 원칙
⑤ 정직과 신용의 원칙

40. 다음 설문조사 결과를 통해 파악할 수 있는 공동체윤리에 대한 내용으로 적절하지 않은 것은?

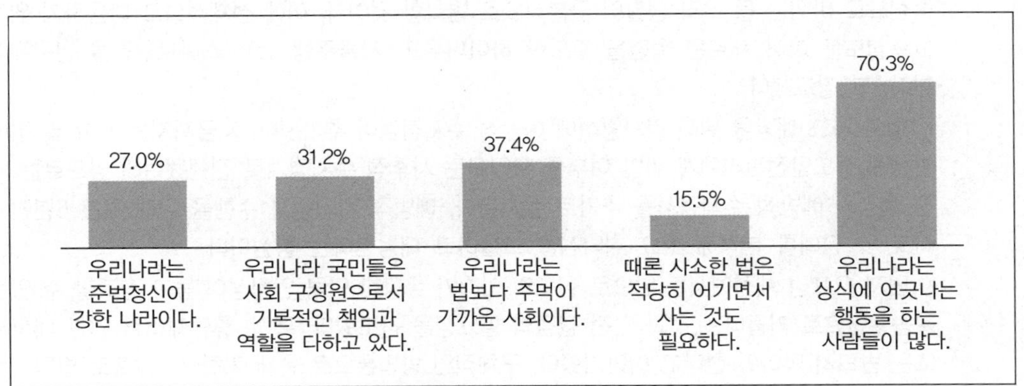

① 시민으로서의 권리를 보장 및 보호하고, 사회 질서를 유지하는 역할을 한다.
② 원만한 직업생활을 위한 직업인 간의 도리보다는 강제적 성격이 강하다.
③ 대한민국은 해당 공동체윤리가 의무적인 사회를 지향하며, 이를 위한 사회적 · 정신적 인프라를 제대로 구축했다고 평가받는다.
④ 한 정치학자에 따르면 해당 공동체윤리는 민주 시민에게 가장 중요하게 요구되는 자세이다.
⑤ 대한민국이 해당 공동체윤리를 통해 글로벌 경쟁력을 키우기 위해서는 국민의 의식 변화와 함께 체계적인 접근과 설정을 통한 제도 및 시스템 확립이 필요하다.

5회 기출예상문제

문항수 | 40문항

정답과 해설 32 쪽

[01 ~ 03] 다음의 제시상황과 글을 읽고 이어지는 질문에 답하시오.

□□공단 직원 P는 4차 산업혁명과 관련된 보도자료를 살펴보고 있다.

☆☆철도기술연구원과 □□공단이 공동 주최한 '4차 산업혁명의 철도기술혁신 국제세미나'가 20일 오전 A 호텔에서 열렸다.

㉠ 이번 국제세미나는 4차 산업혁명 시대를 맞이해 철도 분야의 미래신기술 개발과 기존 철도 기술의 혁신을 통해 혁신성장동력을 창출하고자 마련됐다. 이번 행사에는 하이퍼루프* 프로젝트를 포함해 자율주행, 최첨단 IoT(사물인터넷) 기술을 이용한 스마트 철도기술들이 소개됐다.

㉡ 이날 ☆☆철도기술연구원은 "4차 산업혁명은 최근에 중요한 아젠다"라면서 "우리 철도분야에서도 IoT(사물인터넷), 인공지능, 빅데이터 첨단기술을 연구 개발해 적용하고 있다. 초연결, 자율주행, 무인 운송 수단 등 4차 산업혁명의 스마트 혁신을 준비하고자 한다."고 말했다. 또한 "미래에는 대중교통과 대인교통의 경계를 허물고 교통수단이 수요자 중심의 공유체제 중심으로 바뀌는 등 우리 생활이 근본적으로 변화할 것이다. 이에 선제적으로 대응하기 위해 고속철도를 이어 새로운 혁명을 주도한 하이퍼루프, 자율주행, IoT, 스마트환경을 연구해야 한다."고 강조했다.

㉢ 철도 사고 예방을 위해 검사방식에 예방적 수시점검이 추가된다. 지금까지는 사고 및 장애 발생에 철도안전관리체계 위반 여부를 확인하는 사후적 수시경계로 진행됐는데 앞으로는 사전 점검인 예방적 수시검사를 추가로 실시한다. 예방적 수시검사 수행을 위해 최근 5년간의 사고 및 장애를 분석해 주요 취약점을 도출하고 대응한다는 방침이다.

㉣ 먼저 오프닝 세션에서는 앞으로 철도의 미래가 유망한 만큼 안정성이 높고 신뢰할 수 있는 운송수단으로 거듭나는 것과 안전 점검의 필요성을 강조했다. 특히, 휴먼에러로 인한 대형사고는 반드시 막아야 한다고 이야기했다. 구체적인 방법론으로 현재 기하급수적으로 발달하는 과학기술을 활용한 철도의 사고 사전방지 등에 대한 다양한 이야기를 진행할 예정이라고 밝혔다. 다양한 기술 중 하이퍼루프의 중요성에 대해 강조했다.

㉤ 하이퍼루프 프로젝트는 ☆☆철도기술연구원이 하이퍼루프 개발을 위해 연구원뿐 아니라 사내의 각종 유관기관과 협업하는 대형 프로젝트이다. 해당 내용 발표를 담당한 이○○ 단장은 한국형 하이퍼루프인 하이퍼튜브에 대해 설명했다. 하이퍼튜브는 저가형 항공기 속도의 절반 정도를 내는 것을 목표로 하며 이것을 구현하기 위하여 초저기압, 아(芽)진공 상태를 유지하며 운행하도록 설정했다. 진공 튜브 내 기압은 0.2기압 수준으로 차량의 단면적과 튜브의 단면적비를 구성할 수 있었다. 결국 저가형 항공기 속도와 비슷하게 운행하도록 만들기 위해 항공기 기술을 많이 차용했다.

* 하이퍼루프 : 초고속 진공튜브 캡슐열차

01. 다음 중 윗글의 제목으로 적절한 것은?

① 철도에서 4차 산업혁명의 중요성
② 스마트 연구－4차 산업혁명에서 가장 중요
③ 4차 산업혁명을 대비하기 위한 철도기술혁신 세미나 개최
④ 철도 사고 예방을 위한 대비책 마련
⑤ ☆☆철도기술연구원 하이퍼루프 프로젝트 변경사항

02. 다음 중 직원 P가 윗글을 이해한 내용으로 적절하지 않은 것은?

① ☆☆철도기술연구원은 사물인터넷, 인공지능을 이미 개발해 적용하고 있다.
② 한국형 하이퍼루프는 고가형 항공기 속도의 절반 정도를 내는 것을 목표로 한다.
③ 철도기술혁신 국제세미나에서는 휴먼에러로 인한 대형사고 방지를 강조하였다.
④ 철도기술혁신 국제세미나는 혁신성장동력을 창출하려는 목적으로 개최되었다.
⑤ 하이퍼루프는 오프닝 세션에서 강조된 주제 중 하나로 초고속 진공튜브 캡슐열차를 의미한다.

03. 윗글의 ㉠ ~ ㉤ 중 글의 통일성을 해치는 문단은?

① ㉠　　② ㉡　　③ ㉢
④ ㉣　　⑤ ㉤

1회 기출예상
2회 기출예상
3회 기출예상
4회 기출예상
5회 기출예상
6회 기출예상
7회 기출예상
8회 기출예상
인성검사
면접가이드

04. 다음 기사를 읽은 A 씨는 자신도 아이들과 가족을 위해 매주 금요일 밤을 '가족의 밤'으로 정해 TV를 함께 보며 의견을 나누고, 토요일 아침 식사 후에는 반드시 가족회의를 열어야겠다고 결심하였다. A 씨의 결심은 〈보기〉 중 어느 단계에 해당하는가?

> **6남매 美 최고 엘리트로 키운 전○○ 여사**
>
> "저는 '행동이 말보다 낫다'라는 표현을 참 좋아합니다. 잔소리할 시간에 사소한 실천 하나라도 먼저 행하는 것이지요."
>
> 전 여사 부부는 처음부터 집안에 책상 18개를 구해 놓고 애들이 보든 말든 거기서 책을 읽었다. 전 여사는 '공부 습관을 들이는 데는 규칙적인 학습이 열쇠'라는, 평범한 경험담을 강조했다. 엄마는 아이들의 나이와 성향에 맞춰 공부시간과 양을 함께 정했다. 계획에 무리가 없도록 했고, 아이들은 자신이 정한 양을 해낼 수 있었다.
>
> 또 하나, 가족은 무슨 일이 있어도 같이 아침 식사를 했다. 매주 금요일 밤은 '가족의 밤'으로 TV를 함께 보며 의견을 나누었고, 토요일 아침 식사 후에는 반드시 가족회의를 열었다.

보기

①	문서의 목적 이해하기
②	이러한 문서가 작성되게 된 배경과 주제 이해하기
③	문서에 쓰인 정보를 밝혀내고, 문서가 제시하고 있는 현안 문제 파악하기
④	문서를 통해 상대방의 욕구와 의도 및 내게 요구된 행동에 관한 내용 분석하기
⑤	문서에서 이해한 목적 달성을 위해 취해야 할 행동을 생각하고 결정하기
	상대방의 의도를 도표나 그림 등으로 메모하여 요약, 정리해 보기

[05 ~ 07] 다음 자료를 바탕으로 이어지는 질문에 답하시오.

○○공사 직원인 정아윤 씨는 국가철도 개량투자계획을 살펴보고 있다.

〈국가철도 개량투자계획〉

IoT(사물인터넷), 빅데이터 등 4차 산업혁명 핵심기술의 발전에 따라 철도분야에도 신기술을 접목하여 미래에 대비할 필요가 있다. 또한 철도시설의 개량을 통해 열차운행 안전을 확보하고 편의성을 향상시키기 위하여 개량투자계획을 수립한다.

(단위 : 억 원)

구분		20X6년	20X7년	20X8년	20X9년	계
철도역사 이용편의 향상	이동편의시설 개량	400	350	370	380	1,500
	승강장조명설비 LED 개량	100	120	–	–	220
시설관리 과학화	구조물원격관리시스템 구축	130	140	160	170	600
	전기설비원격진단시스템 구축	20	50	150	200	420
	스마트전철급전제어장치 구축	5	15	70	100	190
철도교통관제시스템 고도화		10	5	150	120	285
기반시설 성능개선	LTE 기반 철도 무선망 구축	120	1,300	900	1,000	3,320
	양방향 신호시스템 구축	15	30	30	40	115
	철도통신망 이중화	30	60	80	100	270
노후기반 시설 개량	노후신호설비 개량	370	420	500	550	1,840
	노후통신설비 개량	150	155	160	165	630
재해예방 시설 확충	내진성능보강	500	100	150	125	875
	재난방송수신설비(FM/DMB)	25	40	50	50	165
계		1,875	2,785	2,770	3,000	

05. 다음 중 위 자료에 대한 설명으로 적절하지 않은 것은?

① 노후기반시설 개량에 투자하는 금액은 매년 증가한다.
② 이동편의시설 개량에 투자하는 금액은 매년 감소한다.
③ LTE 기반 철도 무선망 구축에 대한 총 투자금이 가장 많다.
④ 승강장조명설비 LED 개량에는 2년 동안만 투자가 이루어진다.
⑤ 구조물원격관리시스템 구축에 투자하는 금액은 20X9년에 가장 많다.

06. 다음은 철도통신망 이중화와 노후신호설비 개량에 투자하는 금액의 전년 대비 증감률을 나타낸 그래프이다. ㉠, ㉡에 해당하는 값이 바르게 짝지어진 것은? (단, 소수점 아래 첫째 자리에서 반올림한다)

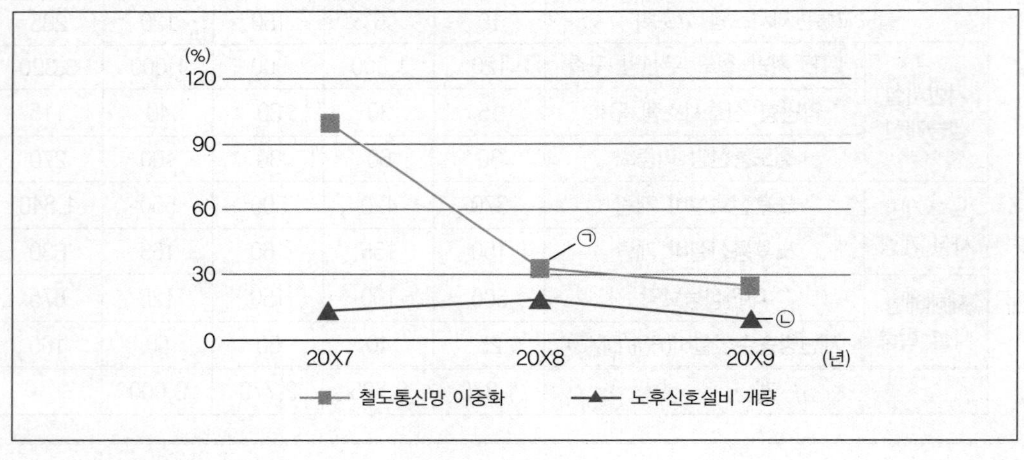

	㉠	㉡		㉠	㉡		㉠	㉡
①	31	10	②	31	12	③	33	10
④	33	12	⑤	35	10			

07. 다음은 20X9년 개량투자계획 총 투자금에서 각 부문이 차지하는 비중을 나타낸 그래프이다. (가)에 해당하는 값은?

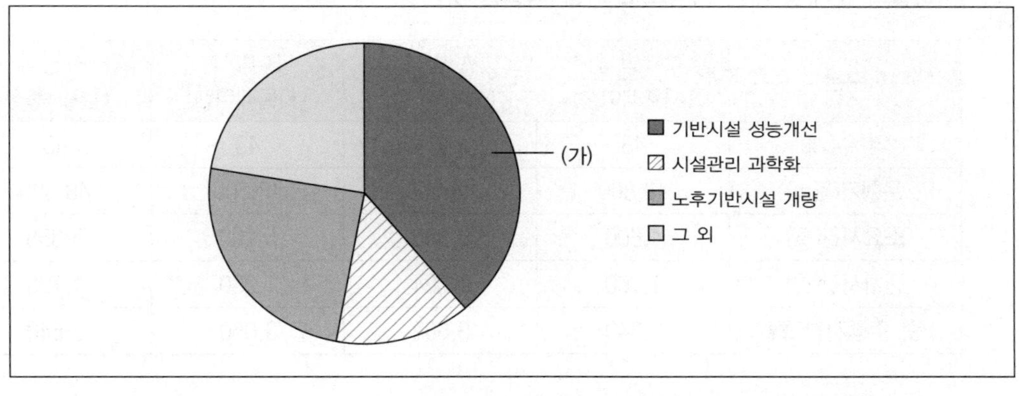

① 36% ② 37% ③ 38%
④ 39% ⑤ 40%

08. $f(x)=\dfrac{1}{x+1}$이라 할 때, 다음 식을 계산한 값은?

$$f\left(\frac{1}{10}\right)+f\left(\frac{1}{9}\right)+\cdots+f\left(\frac{1}{1}\right)+f(0)+f(1)+\cdots+f(9)+f(10)$$

① 21 ② 20 ③ 15
④ 11 ⑤ 10

09. 다음은 ○○시 지하철의 어느 한 노선을 운행 방법에 따라 A 방식과 B 방식으로 시뮬레이션 운행한 결과와 실제로 운행하여 측정한 결과를 정리한 것이다. 이 자료를 바탕으로 했을 때, 지하철의 문제점 개선 방향으로 가장 적절한 것은?

구분	A 방식 (시뮬레이션)	A 방식 (실제 측정)	B 방식 (시뮬레이션)	B 방식 (실제 측정)
역 수(개)	43	43	43	43
운행거리(m)	48,800	48,800	48,800	48,800
소요시간(초)	4,600	5,386	5,220	5,355
정차시간(초)	1,260	1,784	1,260	1,795
순 주행시간(초)	3,340	3,602	3,060	3,540

① 지하철을 A 방식으로 변경하여 운행한다.
② 지하철을 B 방식으로 변경하여 운행한다.
③ 순 주행시간을 엄격히 준수하여 운행한다.
④ 열차와 역사 내의 혼잡도를 개선한다.
⑤ 지하철을 연장하여 운행 역의 개수를 줄인다.

[10 ~ 12] 다음 스마트 스테이션에 관한 자료를 읽고 이어지는 질문에 답하시오.

〈스마트 스테이션〉

□ 스마트 스테이션의 특징

– 스마트 스테이션은 기존 도시철도 역사(驛舍)와 달리 정보통신기술(ICT)을 접목한 미래형 도시철도 정거장이다.

– 현재 분산되어 있는 역사 관리 정보를 ICT 기술을 통해 통합플랫폼으로 구축하는 것으로, 하나의 시스템을 통해 통합관리가 가능하다.

– 수집된 도시철도 역사 평가 DB를 통해 역사의 구조, 이용객의 동선, 수요 등으로 사전에 분석하고 이를 효과적으로 예측 및 설계한다.

– 역무원이 IoT 허브를 통해 역내에 모든 시설물을 관리하기 때문에 보다 빠르게 대응한다.

– ICT 기술을 통해 분석된 이용객 개개인의 상황별 정보로 각자에게 맞춤형 정보를 제공한다.

기대효과	1. 통합적인 관리 : 3D 지도, IoT 센서, 지능형 CCTV 등이 유기적으로 기능하여 보안 · 재난 · 시설물 · 고객서비스 등 다양한 분야에서 통합적인 관리 가능 2. 위험 감시 및 추적 : 역사 내 지능형 CCTV, 열화상 카메라 등을 활용한 스마트 센서와 상황인식 기반 기술로, 역무원이 자리를 비워도 범죄 및 테러 위험 방지 가능 3. 혼잡도 관리 : IoT · ICT 기술을 이용하여 혼잡도를 실시간으로 수집 및 분석한 정보 제공 4. 에너지 비용 절감 : 빅데이터 기반 저비용 모니터링 기술을 통해 에너지 통합관리 시스템을 운영하여 일반 역사보다 비용 절감 가능 5. 쾌적한 실내 환경 유지 : 인공지능으로 실내 공기 오염도를 분석하여 쾌적한 실내를 유지하며 다양한 기술 활용에 따른 운영비용 최소화
시범 구축 결과 (일반 역사와 비교)	1. 역사 평균 순회시간 : 28분 → 10분 (단축) 2. 긴급상황 발생 시 평균 대응 시간 : 11분 → 3분 (단축) 3. 보안 관련 운영 효율 상승
개선사항	1. 교통약자 서비스 강화 : 휠체어 자동감지 기능 추가로 역무원에게 실시간으로 전달하기 2. 모바일 버전 구축 : 자리와 시간에 제한 없이 모니터링하기 3. 수집 정보 표준화 : 각 부서별 IoT 단말 수집 정보 표준화로 돌발 상황에 신속하게 대응하도록 IoT 플랫폼 구축하기

ㅁ 스마트 스테이션 적용 기술

기술	3D 지도	지능형 CCTV
특징	- 3D로 한눈에 파악하는 역사 내부 - 화재 등 긴급 상황 발생 시 위치와 상황을 입체적으로 파악하여 신속하게 대응 가능	- 200만 화소 이상의 영상 화질 - 객체인식 기능으로 역사 내 화재나 제한 구역에 발생한 무단침입 실시간 확인 가능 - 3차원으로 표현한 위치별 폐쇄회로 화면을 통한 가상순찰 가능

10. 위 자료를 읽고 스마트 스테이션에 대해 언급한 내용으로 옳지 않은 것은?

① 이용객에게 맞춤형 정보를 제공할 수 있어.
② 스마트 스테이션의 다양한 기술은 운영비용을 최대화되게 해.
③ 시범 구축 후 개선사항에 따라 교통약자를 위한 서비스가 강화될 거야.
④ 스마트 스테이션의 통합플랫폼은 ICT 기술을 기반으로 하고 있어.
⑤ 혼잡한 정도를 수집 및 분석하기 때문에 실시간으로 관련 정보를 제공받을 수 있어.

11. 다음 중 위 자료에 따라 일반 역사와 스마트 스테이션의 특징을 비교한 내용으로 적절한 것은?

	구분	일반 역사	스마트 스테이션
①	가상순찰	가능	불가능
②	긴급상황 시 대응 시간	빠름	느림
③	역무원 부재 시 테러 방지	가능	불가능
④	통합 관리	가능	불가능
⑤	역사 순회시간	길	짧음

12. 다음의 스마트 스테이션을 나타낸 그림을 보고 내릴 수 있는 판단으로 적절하지 않은 것은?

보기

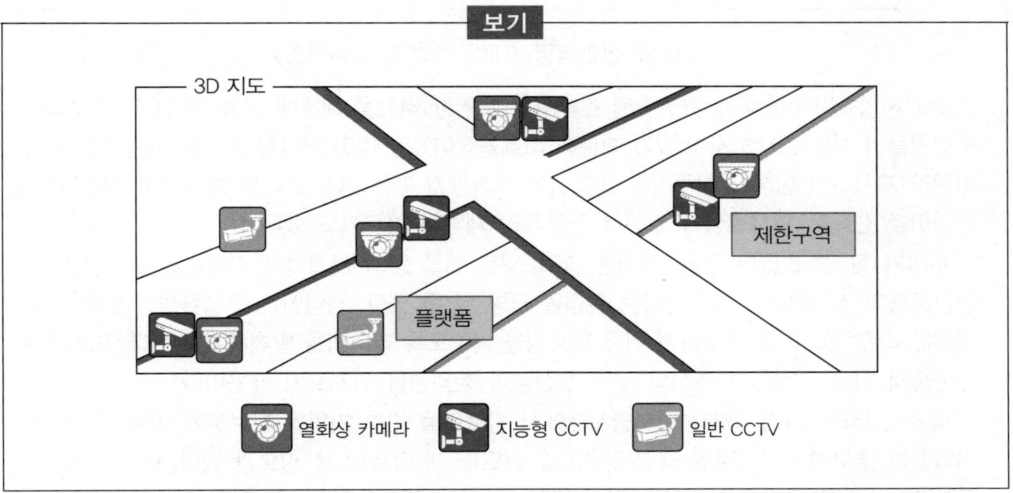

① 일반 CCTV로만 범죄자를 뚜렷하게 식별 가능하다.

② 3D 지도로 역사 내부를 한 눈에 파악할 수 있다.

③ 긴급상황 시 평면형 지도보다 3D 지도로 위치를 더 정확하게 파악할 수 있다.

④ 역사 내 지능형 CCTV와 열화상 카메라를 같이 설치하여 근무자 부재 시에도 위험상황 방지가 가능하다.

⑤ 제한구역 바로 앞에 지능형 CCTV를 설치함으로써 무단침입이 발생했다는 정보를 실시간으로 제공받을 수 있다.

[13 ~ 14] 다음은 4차 산업혁명시대의 조직구조에 대한 내용이다. 이어지는 질문에 답하시오.

〈4차 산업혁명시대에 적합한 조직구조〉

4차 산업혁명 이전에는 관료화된 조직구조로 인한 비효율 때문에 여러 어려움을 겪었다. 이는 구성원들이 서로 경쟁하지 않았기 때문에 비효율적이었던 것이 아니라 뜨거운 가슴으로 매력적인 비전을 제시하여 함께 성취하려는 리더십이 부족했기 때문이다. 조직의 효율성과 직결되는 문제 해결이나 신속한 의사결정에 있어서 구조적인 제약이 따르기도 했다.

우리가 잘 알고 있는 구글, 아마존, 페이스북, 애플 등의 세계적인 기업들을 살펴보면 이들은 인간존중의 조직문화를 추구한다는 특징을 금방 알 수 있다. 경영진과 구성원들이 함께 매력적인 비전을 마련하고 이를 추구하기 위해 협동심을 가지도록 리더십을 발휘하기도 한다. 이와 같은 인간존중의 사상과 결합이 조직의 높은 생산성과 창의성을 가져오기 때문이다.

따라서 우리나라가 4차 산업혁명시대에서 경쟁력을 갖춘 기업을 확보하기 위해서는 세계적인 기업들이 추구하는 인간존중의 조직구조를 심도 있게 검토해 볼 필요가 있다. 미국 서부의 신생 IT업체들과 유럽 기업들이 인사조치 실무를 관찰해 보면 상명하복의 엄격한 위계질서를 포기한 지 오래되었음을 알 수 있다. 제4차 산업혁명을 주도하고 있는 기업들은 한결같이 (㉠)된 자율적인 네트워크 조직, 즉 DANO(Decentralized Autonomous Networked Organization)의 경영철학을 실천하고 있다.

이제는 우리나라의 국가운영방식도 바뀌어야 하며, 모든 공공기관들이 이런 (㉠)된 자율적인 네트워크 조직으로 전환되어야 한다. 게르만 모델 또는 스칸디나비아 모델을 추구하는 세계적인 기업들은 이미 1970년대 이전부터 DANO의 경영방식으로 전환하여 높은 생산성과 창의성을 구현하고 있다. 독일, 스위스 등의 국가가 지금 제조업 차원에서 혁명적인 변화인 인더스트리 4.0을 이끌 수 있는 원동력도 바로 여기서 비롯된 것이다.

제4차 산업혁명은 단순한 구호에 의해 만들어지는 것이 아니다. 우리나라의 조직운영방식을 (㉠)된 자율적인 네트워크 조직으로 전환해야 높은 생산성과 창의성을 확보할 수 있을 것이다.

13. 다음 내용에 따라 윗글의 빈칸 ㉠에 들어갈 내용으로 적절한 것은?

〈구조적 차원에서 조직설계 시 고려 사항〉

조직설계(Organizational Design)란 조직의 목표를 성취하기 위해서 필요한 조직구조와 의사소통, 분업, 조정, 통제, 권한, 책임 등의 공식적인 시스템을 평가하고 선택하는 과정을 의미한다. 경영자는 조직전략이 잘 수행되고 실행될 수 있도록 적절한 조직구조를 설계해야 한다. 특히 조직 내부의 구조적 차원에서는 공식화, 부서화, 집권화, 분권화, 분업화, 명령체계, 통제범위 등의 요소들을 고려해야 한다.

① 공식화 ② 부서화 ③ 분권화
④ 집권화 ⑤ 분업화

14. 다음 중 윗글에서 언급한 네트워크 조직의 특성으로 적절한 것은?

① 상호관련성 있는 업무를 동일 부서에 배치하는 조직구조이다. 비슷한 기능끼리 묶어서 하나의 부서로 만들기 때문에, 부서 간의 조정과 연결이 필요하다.

② 부서나 개인이 서로 독립성을 유지한 채 다른 사람과 강하게 연결된 조직구조이다. 업무적으로는 상호 의존성이 크지만, 권한이나 책임에 대해서는 독립적이고 계약을 바탕으로 업무 신뢰관계가 형성된다.

③ 부서와 기능 간의 수평적인 연결이 매우 높은 조직구조로, 한 사람이 두 명의 상급자에게 지시를 받고 보고하게 된다. 불안정한 환경에서 복잡한 의사결정이 가능하고 여러 분야에서 인적자원을 공유할 수 있다.

④ 엄격한 관리체계하에 전문화된 직무를 계층적으로 나누고 공식적인 규정과 규칙에 따라 운영하는 조직구조이다. 업무가 표준화된 규칙과 절차에 따라 수행되며, 권한과 책임이 위계에 따라 명확하게 규정되어 있다.

⑤ 고객의 기대치를 반영할 수 있도록 업무 프로세스를 중심으로 설계한 조직구조이다. 산출물의 생산 공정 과정에 따라 조직구조가 설계되고 팀 단위로 업무를 수행하기 때문에, 팀워크의 협력이 절대적으로 필요하다.

[15 ~ 16] 다음 자료를 보고 이어지는 질문에 답하시오.

자원개발팀 김서울 대리는 새로운 사업을 평가하는 업무를 하고 있다.

〈사업별 수익체계〉

구분	초기 투자금	예상 월수익	예상 월지출	특이사항
A 사업	3,000만 원	월 300만 원	월 100만 원	초기 1년간은 예상 월수익의 50%만 얻으며, 이후엔 예상 월수익의 100%를 얻는다.
B 사업	2,000만 원	월 120만 원	월 20만 원	- 초기 1년간은 예상 월수익의 200%를 얻으며, 이후에는 예상 월수익의 100%를 얻는다. - 초기 1년간은 예상 월지출의 100%를 부담하며, 이후에는 예상 월지출의 200%를 부담한다.
C 사업	4,000만 원	월 300만 원	월 50만 원	-
D 사업	3,000만 원	월 200만 원	월 10만 원	초기 1년간은 예상 월지출의 200%를 부담하며, 이후에는 예상 월지출의 100%를 부담한다.

- 표에 나타난 수익과 비용 이외의 수익과 비용은 고려하지 않는다.
- 첫 달에는 초기 투자금만 부담하며, 이후에는 예상 월지출만 부담한다.
- 예상 월수익은 첫 달부터 매달 발생한다.
- 순수익=수익−비용=예상 월수익의 합계−(초기 투자금+예상 월지출의 합계)

15. 다음 중 A 사업이 흑자로 전환되는 시기는 몇 개월 차인가? (단, 특이사항은 고려하지 않는다)

① 11개월 차 ② 12개월 차 ③ 13개월 차 ④ 14개월 차 ⑤ 15개월 차

15. 특이사항을 고려하여 3년간 사업을 진행할 때 A ~ D 사업을 순수익이 큰 순서대로 나열한 것은?

① B, A, C, D ② B, C, D, A ③ C, D, B, A ④ C, A, D, B ⑤ D, B, C, A

[17 ~ 20] 다음의 제시상황과 글을 읽고 이어지는 질문에 답하시오.

○○회사 직원 G는 사내 모니터링 시스템을 관리하고 있다.

◆ 모니터링 시스템 안내

<table>
<tr><th>제시값</th><th colspan="2">종류 및 예시</th></tr>
<tr><td>System Code</td><td colspan="2">• C# : 모든 Error Code를 선정
• D# : 먼저 발견된 Error Code 3개를 선정
• E# : SV값이 큰 순으로 Error Code 3개를 선정
• F# : DV값이 큰 순으로 Error Code 3개를 선정</td></tr>
<tr><td>System Type</td><td colspan="2">• 16# : DV를 제외한 EV 중 가장 작은 두 값의 평균을 FEV로 지정
• 32# : DV를 제외한 EV 중 최대, 최솟값의 평균을 FEV로 지정
• 64# : DV를 제외한 모든 EV들의 평균을 FEV로 지정
• 128# : DV를 제외한 EV 중 가장 큰 두 값의 평균을 FEV로 지정</td></tr>
<tr><td>Standard Code</td><td colspan="2" rowspan="3">예 Error Code of A : HV13_CV81_IV29_DV20
장치 A의 HV 항목 위험값(EV) 13,
CV 항목 위험값(EV) 81,
IV 항목 위험값(EV) 29,
DV 항목 진단값(DV) 20</td></tr>
<tr><td>Error Value</td></tr>
<tr><td>Error Code</td></tr>
<tr><td rowspan="4">Error Division</td><td>HV(Hazard Value)</td><td>에러의 위험도</td></tr>
<tr><td>CV(Complexity Value)</td><td>에러의 복잡도</td></tr>
<tr><td>IV(Influence Value)</td><td>에러의 확산성</td></tr>
<tr><td>DV(Diagnosis Value)</td><td>에러의 진단값</td></tr>
</table>

진단 기준	진단 결과	Inpur Code(입력 코드)
FV<−1	정상	Green
FV=−1	주의	Yellow
FV=0	재진단 필요	Orange
FV=1	위험	Red
FV>1	경고	Black

구분	종류 및 예시	
FEV (Final Error Value)	각 Error Code의 위험값으로 산출되는 최종 에러값	
SV (Standard Value)	• 각 장치에 대응하는 위험 항목에 대한 기준값 • 해당 위험 항목과 비교하여 에러값을 추정	• SV>FEV : FV값 -1 • SV=FEV : FV값 변동 없음 • SV<FEV : FV값 +1
FV (Final Value)	• 최종 산출된 FEV값에 따른 전체 시스템의 최종 평가값 • FV의 기본값은 0이며, 기본값에 장치별로 SV와 FEV를 비교한 값을 합산하여 산출	

◆ 재진단

구분	설명	
설명	• 시스템 상태가 재진단 필요(입력 코드 : Orange)일 때 시행 • 재진단 방식은 System Code에 따라 결정되며, 위험 항목 중 진단값(DV) 사용 • 재진단은 1회만 시행	
System Code별 재진단 방법	C#	• 재진단을 시행하지 않음. • 입력 코드는 Orange
	D#	• 네 번째로 발견된 Error Code의 DV와 SV를 비교 • DV>SV일 경우 FV +1 • DV=SV일 경우 FV +0 • DV<SV일 경우 FV -1
	E#	• SV값이 네 번째로 큰 Error Code의 DV와 SV를 비교 • DV>SV일 경우 FV +1 • DV=SV일 경우 FV +0 • DV<SV일 경우 FV -1
	F#	• DV값이 네 번째로 큰 Error Code의 DV와 SV를 비교 • DV>SV일 경우 FV +2 • DV=SV일 경우 FV +0 • DV<SV일 경우 FV -2

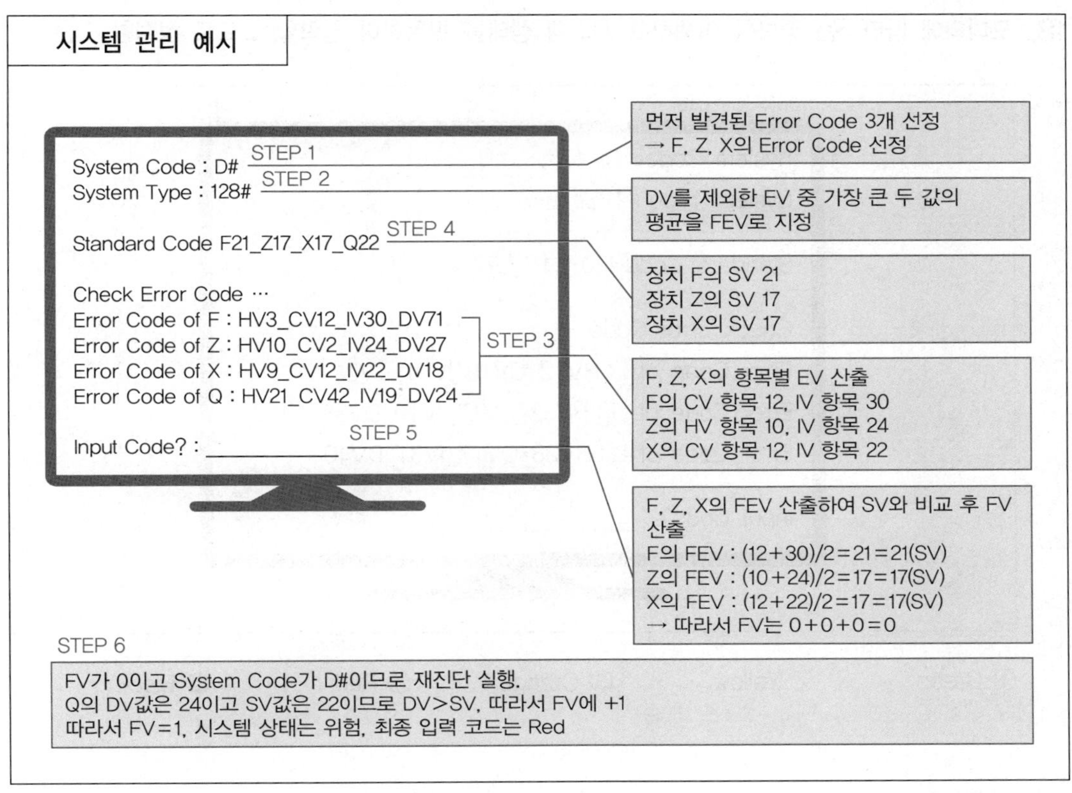

17. 다음 중 위 프로그램에 대한 설명으로 적절한 것은?

① System Code가 F#인 경우 Error Code의 선정은 CV의 크기로 결정된다.

② 장치별 조정값을 합산한 FV가 0이라면 항상 재진단을 실행한다.

③ 재진단 프로세스는 System Type의 영향을 받는다.

④ 재진단 수행 후 도출되는 FV는 3 이상의 값을 가질 수 있다.

⑤ 재진단은 FEV 산출에 사용되지 않는 Error Code의 DV를 사용한다.

18. 모니터에 나타나는 정보를 이해하고 시스템 상태를 판독하여 입력할 코드로 적절한 것은?

System Code : C#
System Type : 128#

Standard Code I20_U16_L27

Check Error Code …
Error Code of I : HV12_CV19_IV11_DV21
Error Code of U : HV32_CV17_IV10_DV35
Error Code of L : HV23_CV17_IV31_DV40

Input Code? : ______________

① Green ② Yellow ③ Orange ④ Red ⑤ Black

19. 모니터에 나타나는 정보를 이해하고 시스템 상태를 판독하여 입력할 코드로 적절한 것은?

System Code : D#
System Type : 32#

Standard Code Z41_X43_C71_V52

Check Error Code …
Error Code of Z : HV44_CV60_IV7_DV31
Error Code of X : HV78_CV50_IV12_DV22
Error Code of C : HV121_CV79_IV21_DV70
Error Code of V : HV111_CV218_IV32_DV50

Input Code? : ______________

① Green ② Yellow ③ Orange ④ Red ⑤ Black

20. 모니터에 나타나는 정보를 이해하고 시스템 상태를 판독하여 입력할 코드로 적절한 것은?

System Code : F#
System Type : 128#

Standard Code A47_S34_D25_F3_G21

Check Error Code …
Error Code of A : HV11_CV60_IV34_DV15
Error Code of S : HV22_CV11_IV43_DV100
Error Code of D : HV72_CV83_IV90_DV2
Error Code of F : HV12_CV90_IV10_DV33
Error Code of G : HV21_CV39_IV18_DV11

Input Code? : ______________

① Green ② Yellow ③ Orange
④ Red ⑤ Black

[21 ~ 24] 다음은 매장별 물건 운송에 대한 자료이다. 이어지는 질문에 답하시오.

- 매장 A, B, C, D, E의 부설창고는 각각 a, b, c, d, e이다.
- 매장에 운송할 물건들은 각 부설창고에서 상차한 후에 해당 매장으로 운송한다. 예를 들어, A 매장의 물건은 a 창고에서 상차하여 A 매장에서 하차한다.
- 물건을 상차하는 데 30분, 하차하는 데 20분이 걸린다.
- 모든 사원은 최단 시간이 걸리는 경로로 이동하며, 도로별 이동 시간은 일정하다고 가정한다.
- 운송 차량의 적재량과 연료는 고려하지 않는다.
- 매장에서 하차가 끝나면 납품을 완료한 것으로 간주한다.

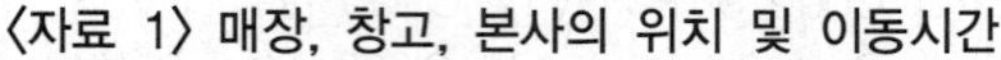
〈자료 1〉 매장, 창고, 본사의 위치 및 이동시간

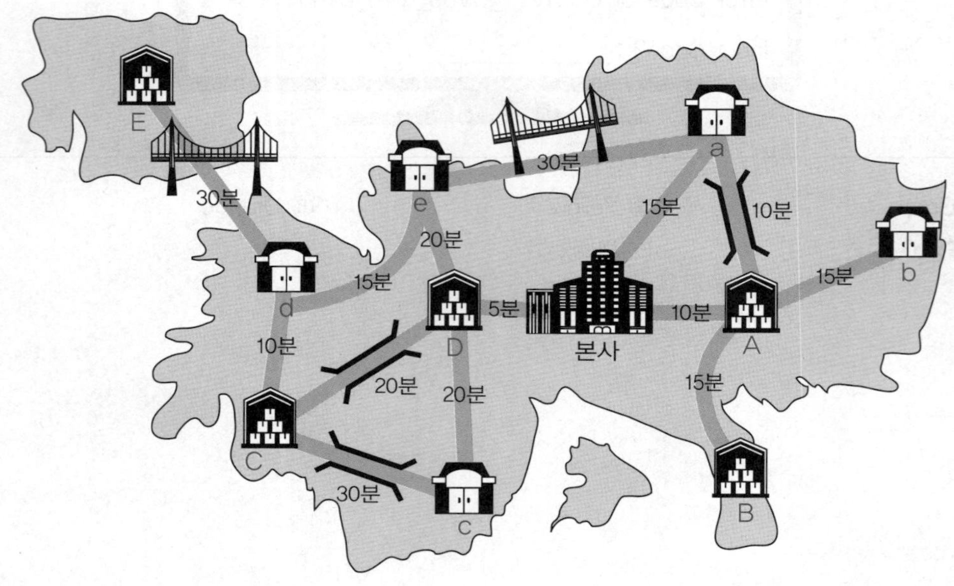

〈자료 2〉 민자도로 구조물의 종류별 이용 도로요금

표기	구조물	도로요금
	교량	1,000원
	고가도로	1,500원

21. 위 자료를 이해한 내용으로 옳은 것은?

① 본사에서 출발해 B 매장에 물건을 납품하기 위해서는 도로요금을 지불해야 한다.
② 매장에서 각 부설창고로 이동하는 시간이 가장 짧은 곳은 10분, 가장 긴 곳은 50분이 걸린다.
③ 본사에서 매장까지 이동시간이 65분 이상인 곳은 없다.
④ 본사와 부설창고를 왕복하는 시간이 가장 긴 곳은 70분 이상이 걸린다.
⑤ 본사에서 출발해 가장 빠르게 납품을 완료할 수 있는 매장은 A로, 1시간 45분이 소요된다.

22. 정 사원은 C, D 매장의 납품을 새로 담당하게 되어 이동 계획을 세우고 있다. 본사에서 출발하여 C, D 매장에 물건을 납품한 후 본사로 돌아올 때의 소요 시간과 비용을 바르게 짝지은 것은?

	소요 시간	비용
①	3시간	1,500원
②	2시간 50분	1,500원
③	3시간 20분	3,000원
④	2시간 50분	3,000원
⑤	3시간 20분	1,500원

23. 최 사원은 A, B 매장을, 민 사원은 D, E 매장을 담당하고 있다. 두 사원은 본사에서 오전 8시에 출발하여 담당 매장에 물건을 납품해야 한다. 다음 중 납품을 완료하고 본사에 더 늦게 돌아오는 직원과 그 시각을 바르게 짝지은 것은? (단, 고가도로는 지나지 않는다)

① 최 사원, 11시 30분
② 최 사원, 11시 40분
③ 민 사원, 11시 5분
④ 민 사원, 11시 40분
⑤ 민 사원, 12시

24. 다음 지도와 같이 매장과 창고가 일부 변경되었다. 박 사원은 F 통합매장을 담당하게 되어 담당 매장에 물건을 납품해야 한다. 박 사원이 본사에서 출발하여 납품을 완료하는 데 걸리는 시간은?

- 매출이 낮은 E 매장이 폐업함에 따라 e 창고는 폐쇄되었다(단, 해당 지역을 지나는 것은 가능하다).
- 본사와 가까운 지역에 F 통합매장이 개업하였다. F 통합매장에는 창고 a, b, c, d의 물건을 모두 납품해야 한다.
- 물건 상차 시 소요시간은 동일하며, F 통합매장에 물건을 하차하는 데는 70분이 걸린다.

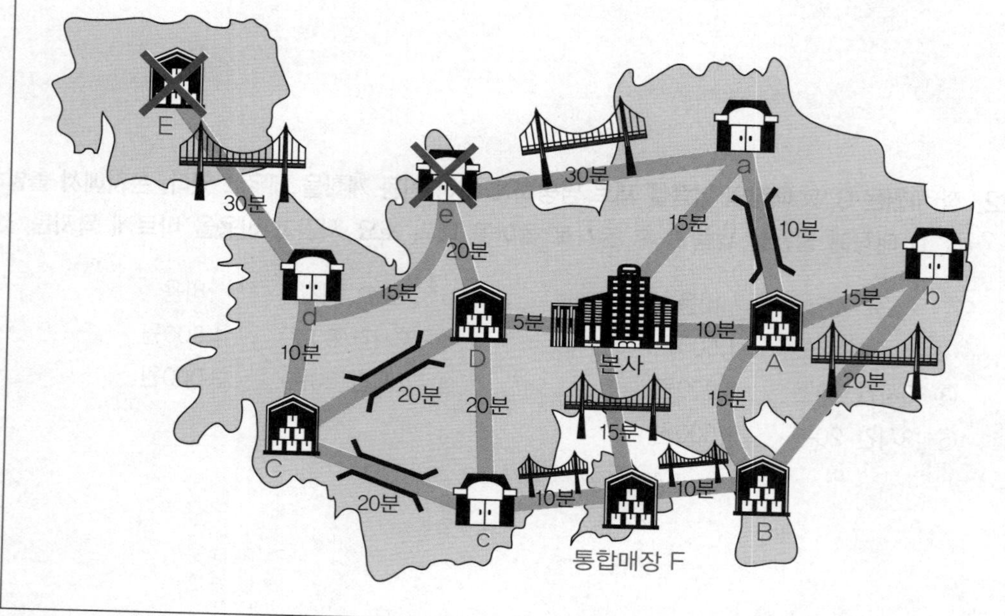

① 5시간 25분　② 5시간 55분　③ 6시간
④ 6시간 5분　⑤ 6시간 10분

[25 ~ 28] 다음은 A 전자제품 회사의 신제품 사용설명서이다. 이어지는 질문에 답하시오.

제품 사양 및 조작창

제품명 : K 세탁기

모델명	K20-6221
출시연도	20X0년
제품규격	55×100×62cm
제품중량	38kg
세탁용량	15kg
소비전력	300W(에너지효율 2등급)
디스플레이	LED 디스플레이

〈제품 조작창〉

① 수평확인 ② 온냉수 물살 물높이 ③ 예약 ④ 세탁 헹굼 탈수 ⑤ 코스 ⑥ 동작/정지 ⑦ 표준 통세척 불림 이불 급속 조용조용 ⑧ 예약 남은시간 88:88 전원

온수 냉수 / 강 중 약 / 고 고중 중 중저 저 저소 소 / 급수 세척 헹굼 탈수

① 수평확인

제품 수평이 맞지 않을 때 LED 라이트 ON

② 세탁옵션

설정에 따라 LED 라이트가 이동

- 온냉수 : 온수/냉수 물온도 설정
  (기본설정-냉)
- 물살 : 강/중/약 물살의 세기 설정
  (기본설정-중)
  (중 → 강 → 약 순으로 변경됨)
- 물높이 : 세탁물 중량 따라 설정
  (기본설정-소)
  (소 → 저소 → 저 → 중저 → 중 → 고중 → 고 순으로 변경됨)

※ 기본설정은 버튼을 따로 누르지 않아도 지정되어 있는 옵션이다.

③ 예약

설정한 시간이 지나면 세탁 모드 실행

④ 세탁 / 헹굼 / 탈수(수동세탁)

버튼을 누르는 만큼 횟수 추가
(⑧ 상단 LED 타이머 창에서 확인)

⑤ 코스(자동세탁)

각 코스에 의해 지정된 옵션 실행
(버튼 누를 때마다 ⑦ 상단 코스창 LED 라이트 이동)

⑥ 동작/정지

- 자동/수동 설정 후, 버튼을 누르면 동작 실행
- 세탁 중 버튼을 누르면 일시정지

제품 사용설명서

1. 기본 조작법

1. [전원] 버튼을 눌러 전원을 켠다.
2. 자동 또는 수동세탁을 설정한다.
   - 자동세탁 : [코스] 버튼을 눌러 미리 설정된 시간 및 횟수, 옵션대로 세탁
   - 수동세탁 : 원하는 만큼 [세탁]/[헹굼]/[탈수] 옵션 버튼을 눌러 세탁
3. 설정을 마치면 [동작] 버튼을 눌러 실행한다(급수 → 세탁 → 헹굼 → 탈수 순서로 진행).
   ※ 1회당 세탁 15분, 헹굼 15분, 탈수 10분씩 진행된다.
4. 설정된 세탁이 모두 끝나면 자동으로 전원이 꺼진다.

2. 자동세탁

1. [코스] 버튼으로 미리 설정된 세탁/헹굼/탈수 옵션을 선택한다.
2. 전원을 켠 후 바로 [동작] 버튼을 누르면 '표준' 모드로 자동 실행된다.
3. 자동세탁 코스 설정 후 사용자 편의에 따라 [세탁]/[헹굼]/[탈수] 옵션 버튼을 눌러 추가 설정이 가능하다.

구분	세탁	헹굼	탈수	옵션 (온냉수/물살/물높이)	비고
표준	1회	2회	1회	냉수/중/자동설정	전원을 켜면 기본으로 설정됨.
불림	2회	2회	1회	온수/중/자동설정	불림 1회당 10분
급속	1회	1회	1회	냉수/강/자동설정	
통세척	1회	1회	1회	온수/강/고	- 불림 1회당 50분 - 세탁조 세척에 추천
이불	1회	2회	2회	온수/중/고	
조용조용	1회	1회	1회	냉수/약/자동설정	속옷 등 비교적 세심한 의료 세탁 시

※ 물높이는 세탁물의 중량에 따라 자동으로 설정된다. 2kg당 1단계씩 높이가 상승한다(2kg : 소)(통세척, 이불은 제외).

※ 불림은 특별한 세탁 동작 없이 세탁물을 담가 두는 기능이다.

3. 수동세탁
1. 사용자 편의에 따라 모든 동작을 설정하는 기능이다. 2. [세탁]-[헹굼]-[탈수] 버튼 순으로 눌러야 하며, 이후 기타 옵션을 상관없이 설정한다. 3. [세탁]/[헹굼]/[탈수] : 버튼을 누를 때마다 횟수가 추가되며(최소 1회 ~ 최대 5회) 전원을 껐다 켜면 설정이 초기화된다. 4. [온냉수]/[물살]/[물높이] : 미설정 시 '냉수/중/소'로 기본 설정된다.

4. 예약세탁
1. 지정된 시간이 지나면 세탁이 실행되도록 예약하는 기능이다. 2. [예약] 버튼을 눌러 1시간 단위로 예약 설정이 가능하다(최소 2시간 ~ 최대 12시간). (단, 처음 버튼을 누를 때에는 3시간부터 시작한다) 3. 전원을 켜고 자동/수동세탁 설정 후, [예약] 버튼으로 예약 시간을 설정하고 [동작] 버튼을 누르면 남은 시간이 표시되고 설정한 시간에 세탁이 실행된다.

5. LED 타이머	
상황에 따라 '시 : 분' 혹은 '회 : 분'으로 표시된다.	
자동세탁 시	- 각 코스별로 설정된 총 세탁시간(시 : 분)이 표시된다. - 추가로 [세탁]/[헹굼]/[탈수] 버튼을 조작하면 각 단계의 횟수 및 시간(회 : 분)이 번갈아 표시된다.
수동세탁 시	[세탁]/[헹굼]/[탈수] 버튼을 누를 때마다 각 단계의 횟수 및 시간(회 : 분)이 번갈아 표시된다.
동작 실행 시	남은 세탁 시간(시 : 분)이 표시된다.

6. 주의사항
1. 표시 용량보다 많은 양의 세탁물을 넣고 세탁하면 제품 또는 세탁물 손상의 원인이 될 수 있습니다. 2. 세탁기 문과 제품 사이에 손이 끼이면 상해를 입을 수 있으므로 주의하십시오. 3. 세탁기 문의 유리가 파손되었을 경우에는 상해의 우려가 있으므로 제품을 작동시키지 말고 즉시 서비스 센터로 연락하십시오. 4. 제품을 평평한 곳에 위치해 두어야 합니다. 5. 급수를 제외한 나머지 세탁-헹굼-탈수 시에는 세탁기의 문 중앙 부분을 끝까지 밀어 닫아야 합니다.

25. 다음 중 제품 사용설명서를 바르게 이해한 것은?

① 본 제품에는 총 6개의 버튼이 있다.
② 자동세탁 시 물높이는 세탁물의 중량에 따라 자동으로 결정된다.
③ 세탁물 약 10kg을 급속 코스로 실행하면 물높이의 '중'에 LED 라이트가 켜진다.
④ 자동세탁 설정 시 미리 설정된 세탁, 헹굼 등을 따로 변경할 수 없다.
⑤ 전원을 켠 후 바로 [동작] 버튼을 누르면 세탁 1회, 헹굼 1회, 탈수 1회가 진행된다.

26. 다음과 같이 세탁하기 위해 눌러야 하는 버튼의 횟수와 순서로 적절한 것은?

- 수동세탁으로 설정
- 세탁물 중량은 10kg이며, 물살 약하게 조절 필요
- 세탁 1회, 헹굼 3회, 탈수 1회
- 4시간 후 예약 세탁 설정

① 전원 1회 → 세탁 1회 → 헹굼 3회 → 탈수 1회 → 물높이 4회 → 물살 2회 → 예약 2회 → 동작 1회
② 전원 1회 → 세탁 1회 → 헹굼 3회 → 탈수 1회 → 물높이 3회 → 물살 1회 → 예약 2회 → 동작 1회
③ 전원 1회 → 세탁 1회 → 헹굼 3회 → 탈수 1회 → 물높이 5회 → 물살 2회 → 동작 1회 → 예약 2회
④ 전원 1회 → 세탁 1회 → 헹굼 3회 → 탈수 1회 → 물높이 5회 → 물살 1회 → 예약 2회 → 동작 1회
⑤ 전원 1회 → 세탁 1회 → 헹굼 3회 → 탈수 1회 → 물높이 4회 → 물살 1회 → 동작 1회 → 예약 2회

27. A 전자제품 회사의 김 사원은 고객의 문의사항에 대해 다음과 같이 답했다. 빈칸에 들어갈 내용으로 적절한 것은?

> 고객 : 양말만 모아서 빨래를 하려고 합니다. 찌든 때가 많은 세탁물이라 물에 오랫동안 담가두어 불려가며 세탁을 하고 싶은데, 자동세탁 중 어떤 코스를 사용하는 것이 좋은가요? 조금 찜찜한 부분이 있어 헹굼도 1회 더 추가하고 싶어요. 조작 방법을 자세히 알려주세요.
>
> 답변 : 네, 고객님. 문의하신 사항에 답변 드립니다. 말씀하신 조건으로 세탁을 하실 때에는 전원을 켠 후 ( ) 누른 뒤 [동작] 버튼을 누르시면 됩니다. 감사합니다.

① [코스] 버튼을 눌러 통세척을 선택하고 [헹굼] 버튼을 1회
② [코스] 버튼을 눌러 불림을 선택하고 [헹굼] 버튼을 1회
③ [세탁]과 [헹굼] 버튼을 각 1회 누르고 [탈수] 버튼을 1회
④ [코스] 버튼을 눌러 표준을 선택하고 [불림] 버튼을 1회
⑤ [코스] 버튼을 눌러 표준을 선택하고 [헹굼] 버튼을 1회

28. A 전자제품 회사 김 사원은 제품 사용설명서를 검토하던 중 코스별 LED창 예시 이미지를 삽입하기로 하였다. 다음 중 예시 이미지로 옳지 않은 것은? (단, 해당 이미지는 코스 설정 후 [동작] 버튼을 눌렀을 때의 LED 타이머이며, 세탁물의 중량은 8kg으로 가정한다)

① 급속

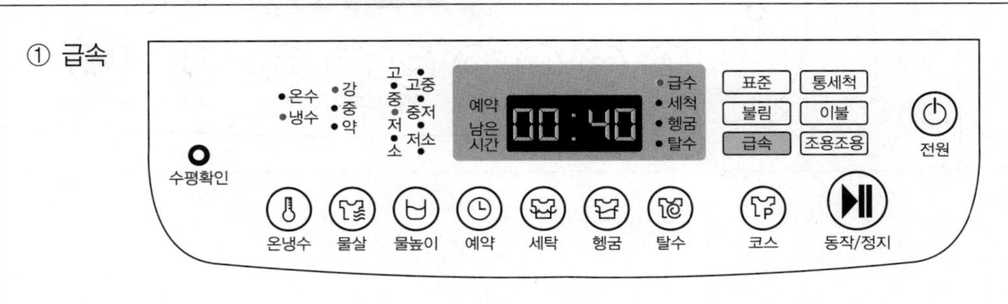

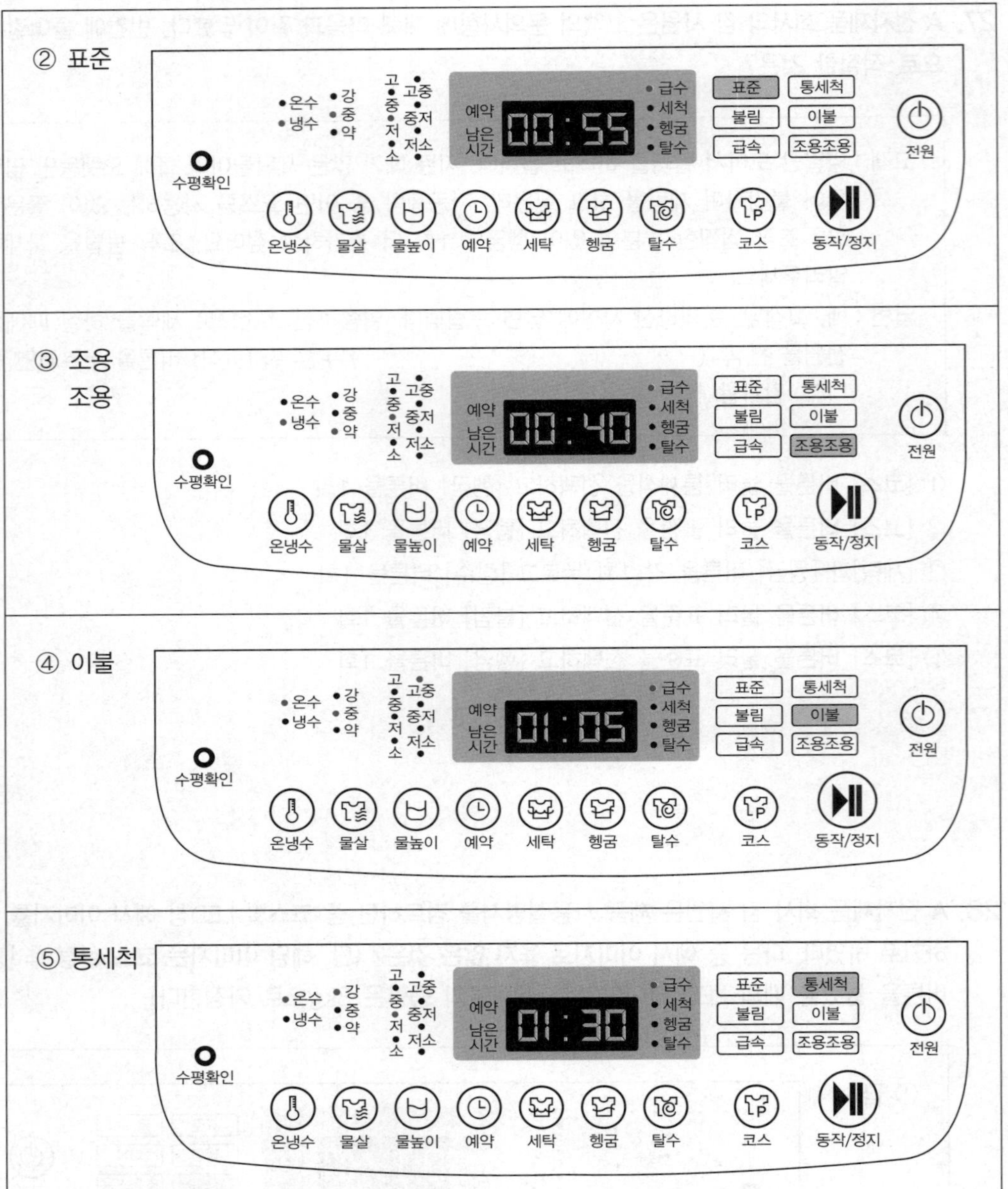

② 표준
온수 냉수 강 중 약 고 고중 중 중저 저 저소 소
예약 남은 시간 00:55 급수 세척 헹굼 탈수
표준 통세척 불림 이불 급속 조용조용 전원
수평확인
온냉수 물살 물높이 예약 세탁 헹굼 탈수 코스 동작/정지
③ 조용조용
00:40
④ 이불
01:05
⑤ 통세척
01:30

29. 다음 중 〈자아를 인식하는 방법〉과 그 〈예시〉가 올바르게 짝지어지지 않은 것은?

〈자아를 인식하는 방법〉

ㄱ. 내가 아는 나 확인하기
ㄴ. 다른 사람과의 커뮤니케이션
ㄷ. 표준화된 검사 도구

〈예시〉

(가) 타인에게 자신을 처음 보고 어떤 느낌이 들었는지 물어본다.
(나) 생애진로검사, 인적성검사, 직업가치관검사를 한다.
(다) 상사에게 자신의 업무수행에 있어 장 · 단점은 무엇이라고 생각하는지 물어본다.
(라) 자신이 타인에게 바라는 바람직한 상사, 동료 및 부하직원의 행동은 어떤 것인지 생각해 본다.
(마) 타인이 생각하는 나를 이해하기 위해 자신이 평소 관심을 가지고 열정적으로 하는 일은 무엇인지 적는다.

① ㄱ－(라) ② ㄴ－(가) ③ ㄴ－(다)
④ ㄴ－(마) ⑤ ㄷ－(나)

30. 다음은 자기관리의 과정을 나타낸 것이다. 각 단계마다 해야 할 일로 적절하지 않은 것은?

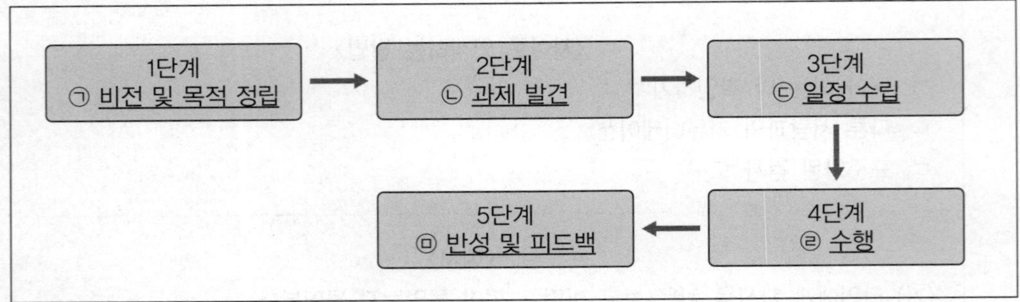

① ㉠－자신에게 가장 중요한 것을 파악한다.
② ㉡－현재 주어진 역할 및 능력을 파악한다.
③ ㉢－우선순위를 설정한다.
④ ㉣－수행과 관련된 요소를 분석한다.
⑤ ㉤－수행결과를 분석한다.

31. 다음 중 경력개발 단계에 대한 설명으로 적절하지 않은 것은?

① 직무정보를 탐색할 때는 관심 직무에 필요한 자질, 고용이나 승진 전망, 직무만족도 등을 알아내야 한다.
② 일기 등을 통한 성찰이나 주변 지인과의 대화를 통해 자신과 환경을 이해할 수 있다.
③ 직무와 자신, 환경에 대한 이해를 바탕으로 장기목표는 향후 5 ~ 7년, 단기목표는 향후 2 ~ 3년 사이의 목표를 수립한다.
④ 업무시간에 하는 경력개발보다 업무 외 시간에 하는 경력개발을 통해 더 많은 자원을 얻을 수 있다.
⑤ 실행 시에는 자신이 수립한 전략이 경력목표를 달성하기에 충분한지 검토한다.

32. 신입사원 오나라 씨는 오전 업무 시간에 사내에서 실시하는 경력개발과 관련된 최근 이슈에 대한 강의를 수강했다. 그 내용을 다음과 같이 정리하였을 때, 적절하지 않은 것은?

〈경력개발 관련 최신 이슈 강의 요약〉

[평생학습사회]
지식과 정보의 폭발적 증가로 개인이 현재 가지고 있는 능력보다 지속적인 자기능력개발 노력이 더욱 중요시되는 시대가 되었다.

[투잡스(Two-jobs)]
경기불황이 지속되면서 2개 이상의 직업을 가지는 사람들이 늘고 있다. 특히 주 5일제가 시행되면서 이러한 현상은 더욱 확대되고 있다.

[창업 감소]
최근 청년 실업 등의 불안한 상황이 지속됨에 따라 창업보다는 안정적인 직장을 선호하는 사람들이 늘고 있다.

[소셜 네트워크 구인 · 구직]
기업 인사담당자들은 앞으로 취업시장의 핵심 키워드로 'SNS를 통한 구인 · 구직'을 꼽았다. 실제로 최근 많은 기업들이 채용 SNS를 운영하고 있다.

[일과 삶의 균형(WLB)]
전 세계적으로 취업준비생들이 복리후생제도와 일과 삶의 균형을 고려하여 직업을 선택하는 현상이 커지고 있다.

① 평생학습사회
② 투잡스
③ 창업 감소
④ 소셜 네트워크 구인 · 구직
⑤ 일과 삶의 균형(WLB)

33. □□공사는 신입사원을 대상으로 감정은행계좌 적립 게임을 진행했다. 〈보기〉는 □□공사 감정은행계좌 적립 게임에 대한 사회자의 설명이다. 다음 중 감정은행계좌에 금액을 저축할 수 있는 방법으로 적절하지 않은 것은?

보기

감정은행계좌는 인간관계에서 구축하는 신뢰의 정도를 의미합니다. 즉 감정은행계좌의 잔고가 많으면 타인과의 관계에서 형성된 신뢰의 정도가 높고, 감정은행계좌의 잔고가 적으면 신뢰의 정도가 낮은 것이지요. 만약 여러분이 다른 사람의 입장을 먼저 배려하고 공감하며, 친절하고 약속을 잘 지킨다면 감정은행계좌에 저축을 하고 있는 것입니다.

잔고를 축적할 수 있는 수단은 타인과의 신뢰와 대인관계에 긍정적인 영향을 줄 수 있는 경험이나 성격입니다. 자, 그렇다면 이제 여러분은 그동안의 자신의 경험이나 성격을 말씀해 주세요. 말씀해 주신 것을 기준으로 감정은행계좌의 잔고를 평가할 예정입니다!

감정은행계좌 적립 게임 평가표	
금액을 저축할 수 있는 방법	금액(원)
㉠ 약속의 이행	500
㉡ 사소한 일에 대한 무관심	700
㉢ 상대방에 대한 이해와 정보	700
㉣ 진지한 사과	800
㉤ 언행일치	1,000

금액 축적 예시

직원 갑은 동료직원에게 "고맙다.", "덕분에 도움이 되었다." 등의 말을 잘한다. 또한 후배나 선배, 동기의 장점을 보고 이를 칭찬하는 말을 일주일에 1번 이상 한다. 이러한 행동으로 직원 갑은 회사 내에서 동료직원과의 사이가 매우 좋으며, 주변의 신뢰도 많이 받는 편이다. 왜냐하면 좋은 대인관계가 주변의 신뢰에 영향을 주기 때문이다.

칭찬과 감사하는 마음은 감정은행계좌에 금액을 예입하는 대표적인 방법이다.

① ㉠　　② ㉡　　③ ㉢
④ ㉣　　⑤ ㉤

34. 다음 〈보기〉에서 팀워크를 저해하는 요소를 모두 고르면?

보기

ㄱ. 자기중심적인 이기주의
ㄴ. 무뚝뚝한 성격
ㄷ. 사고방식 차이에 대한 무시
ㄹ. 자의식 과잉
ㅁ. 질투로 인한 파벌주의

① ㄱ, ㄴ, ㄷ
② ㄷ, ㄹ, ㅁ
③ ㄱ, ㄷ, ㄹ, ㅁ
④ ㄴ, ㄷ, ㄹ, ㅁ
⑤ ㄱ, ㄴ, ㄷ, ㄹ, ㅁ

35. 다음 〈협상에서 자주 하는 실수〉와 이에 대한 〈대처방안〉을 잘못 짝지은 것은?

〈협상에서 자주 하는 실수〉

㉮ 잘못된 대상과 협상을 한다.
㉯ 설정한 목표와 한계를 벗어난다.
㉰ 협상할 준비가 되지 않은 상태에서 협상을 시작한다.

〈대처방안〉

㉠ 협상을 하고 있는 상대가 협상의 결과를 책임질 수 있고 타결권한을 가지고 있는 사람인지 확인한다.
㉡ 더 많은 것을 얻기 위해 한계와 목표를 바꾸기도 한다.
㉢ 협상에 있어 상대방의 입장에 대해 질문하는 기회로 삼고, 듣기만 한다.
㉣ 한계와 목표를 잊지 않도록 노트에 기록한다.
㉤ 협상 상대가 충분히 상급자일 경우에만 협상을 시작한다.

	협상에서 자주 하는 실수	대처방안
①	㉮	㉠
②	㉮	㉤
③	㉯	㉡
④	㉯	㉣
⑤	㉰	㉢

36. 다음 중 고객 만족을 측정할 때 많이 범하는 오류로 적절하지 않은 것은?

① 포괄적인 가치에 대해서만 질문하며 중요도 척도를 오용한다.
② 고객이 원하는 것에 대해 알지 못한다고 생각한다.
③ 모든 고객이 동일한 수준의 서비스를 필요로 한다고 생각한다.
④ 비전문가로부터 도움을 얻는다.
⑤ 적절한 측정 프로세스가 없는 상태에서 고객 만족을 조사한다.

37. 다음 중 한국인들이 일반적으로 직장에서 갖추어야 한다고 강조되는 중요한 직업윤리 덕목으로 적절하지 않은 것은?

① 창의성　② 협조성　③ 책임감
④ 성실성　⑤ 전문성

38. 다음 중 정직과 신용을 구축하기 위한 지침으로 적절하지 않은 것은?

① 잘못된 행동을 했을 때도 숨기지 않고 정직하게 말한다.
② 부정직한 관행에 대해서는 인정하지 않는다.
③ 타인이 정직하지 못한 행동을 했을 때 눈감아 주지 않는다.
④ 자신이 하루 동안 한 정직한 행동에 대해서 모두 기록하고, 매일 평가한다.
⑤ 매일 조금씩 정직과 신뢰를 쌓을 수 있는 행동을 한다.

39. S 백화점 사장의 경영방침 중 하나는 고객이 건물에 들어서는 순간부터 나가는 순간까지 전 과정에 있어서의 모든 행동에 회사의 서비스가 깃들어 있어야 한다는 것이다. 이러한 경영방침의 토대가 되는 공동체윤리를 가장 적절하게 설명한 것은?

① 백화점 직원은 무엇보다 희생정신이 강조되어야 한다는 생각

② 경쟁 백화점과의 차별화 전략이 관건이라는 생각

③ 백화점은 불특정 다수가 생활하는 공간이므로 보안유지가 가장 절실하다는 생각

④ 다 잘해도 한 군데에서 엉망이라는 이미지를 심어 주면 모든 이미지를 망칠 수 있다는 생각

⑤ 직원이 근면하고 성실해야 고객의 반복유치가 가능하다는 생각

40. 다음 직장에서의 인사예절 중 소개에 대한 설명으로 적절하지 않은 것은?

① 소개를 할 때에는, 성과 이름을 함께 말해야 하고 정부 고관의 직급명은 퇴직한 경우에도 사용해.

② 고객과 동료임원이 있으면 고객을 동료임원에게 소개해야 해.

③ 연장자에게 나이 어린 사람을 먼저 소개해야 해.

④ 소개하는 사람의 별칭이 비즈니스에서 사용하는 것이 아니라면 사용하지 않아야 해.

⑤ 소개를 할 때에는 관심사와 성과도 함께 이야기하는 것이 좋아.

6회 기출예상문제

정답과 해설 40 쪽

[01 ~ 02] 다음은 「철도안전법 시행규칙」 일부개정안에 대한 내용이다. 이어지는 질문에 답하시오.

Ⅰ. 개요

철도종사자에 대한 안전교육을 의무화하고 차량을 개조할 경우 승인을 받도록 「철도안전법」이 개정됨에 따라, 개정된 법에서 위임한 사항을 정하기 위해 시행령 · 시행규칙을 개정한다.

Ⅱ. 주요 내용

1. 철도종사자 안전교육 의무화

가. 법률 개정 주요내용

인적오류로 인한 사고가 지속적으로 발생하여 철도운영자와 시설관리자에게 자신이 고용하고 있는 철도종사자에 대한 교육을 의무화하고 교육에 필요한 사항을 국토부령으로 정하도록 위임한다.

나. 철도종사자 안전교육 의무화 세부기준 마련(시행규칙안 제41조의2)

인적오류로 인한 안전사고 예방을 위해 철도운영자와 시설관리자가 고용한 모든 철도종사자들을 그 교육대상으로 한다. 다만, 「민법」상 도급관계 직원은 「파견근로자 보호 등에 관한 법률」에 따라 불법파견 우려가 있기 때문에 간접고용근로자는 제외한다.

다. 안전관리체계(SMS), 위기대응 매뉴얼 등 철도종사자가 갖추어야 할 직무관련 내용과 근로자의 보건에 관한 사항을 교육한다. 교육시간은 산업안전보건교육과 동일하게 분기 6시간 이상으로 하고, 교육의 실효성을 높이기 위해 이론 · 실습을 병행하도록 한다. 그러나 철도안전교육을 받은 경우에는 산업안전보건교육을 받은 것으로 갈음하도록 고용부와 협의하여 추진한다. 그 밖에 철도운영자와 시설관리자가 안전교육을 위탁할 수 있도록 안전전문기관(「철도안전법」 제69조)을 지정한다.

2. 철도차량 개조 승인 제도 도입

가. 법률 개정 주요내용

철도의 운행 안전을 위해 철도차량을 개조한 경우 국토부장관의 승인(경미한 사항 신고)을 받도록 하고, 임의 개조 시에는 과징금 또는 과태료를 부과한다. 철도차량 개조 절차 · 방법 및 법령 위반 시 필요한 행정처분 기준 등 세부사항은 시행령 · 시행규칙으로 위임한다.

나. 철도차량 개조 절차 · 방법 및 법령 위반 시 필요한 행정처분 기준을 정함.

철도차량을 소유하거나 운영하는 자는 개조 착수 20일 전까지 개조 범위, 사유 등을 첨부하여 국토부장관에게 신청한 후, 개조 작업 기술력에 대한 검토를 받아야 한다. 국토부장관은 개조 작업을 실시한 철도차량에 대하여 '철도차량기술기준(고시)'의 적합성 여부를 검사한 다음, 적합한 경우에 승인하도록 한다(제75조의3, 제75조의5). 또한 철도차량 개조의 신뢰성 · 안전성 확보를 위해 개조 작업을 수행할 수 있는 자의 요건을 정한다(제75조의7). 여기에는 철도차량 또는 개조대상 부품의 제작경험이 있는 자, 해당 부품을 1년 이상 정비한 실적이 있는 자, 국토부장관으로부터 정비조직 인증을 받은 자 등이 해당된다. 만일 국토장관의 승인 없이 임의로 차량을 개조한 경우에는 철도차량 운행제한 처분에 갈음하여 5천만 원 이하의 과징금을 부과하고, 경미한 사항의 개조에 대한 신고의무를 위반한 경우에는 250만 원 이하의 과태료를 부과하도록 한다(시행령 29조의2). 과징금 · 과태료 금액은 현행 시행령의 "철도안전관리체계" 변경 승인 · 신고 위반에 따른 과징금 · 과태료 금액을 준용한다.

01. 제시된 「철도안전법 시행규칙」 일부개정안을 통해 구체적으로 얻을 수 있는 정보가 아닌 것은?

① 철도종사자 안전교육의 내용 및 이수시간
② 철도종사자 안전교육을 받아야 하는 대상자
③ 철도종사자 안전교육을 위탁받은 지정 기관명
④ 철도차량의 불법 개조 작업에 대한 행정처분 내용
⑤ 철도차량에 대한 개조 작업을 수행할 수 있는 자격요건

02. 제시된 「철도안전법 시행규칙」 일부개정안을 바탕으로 철도차량 개조 절차를 바르게 도식화한 것은?

① 개조 신청 → 개조 작업 → 사전기술검토 → 개조승인검사 → 승인 운행
② 개조 신청 → 사전기술검토 → 개조 작업 → 개조승인검사 → 승인 운행
③ 개조 작업 → 사전기술검토 → 개조 신청 → 개조승인검사 → 승인 운행
④ 사전기술검토 → 개조 신청 → 개조승인검사 → 개조 작업 → 승인 운행
⑤ 사전기술검토 → 개조승인검사 → 개조 신청 → 개조 작업 → 승인 운행

[03 ~ 04] 다음 글을 읽고 이어지는 질문에 답하시오.

○○기관 이기쁨 사원은 철도국 202X년 예산안과 관련된 보도자료를 살펴보고 있다.

○○부는 철도망 확충을 통한 촘촘한 철도안전 기반 조성을 위해 20X2년 도국 예산 정부안을 전년년(5.5조 원) 대비 19.3% 증가한 6.3조 원으로 편성하였다고 밝혔다. 20X2년 예산안은 고속 · 일반 등 6개 분야(프로그램), 총 68개 세부사업으로 구성하였으며, 이 중 철도부분 6개 분야 예산은 건설공사 설계, 착수 및 본격 추진, 안전 강화 등을 위한 필수 소요를 반영하여 증액 편성* 하였다. 특히, 노후화된 철도시설 개량, 부족한 안전 · 편의시설에 대한 수요 증가 등으로 철도안전 분야 예산을 큰 폭으로 증액(10,360 → 15,501억 원)하였다. 한편 예비타당성 조사 연계사업의 조속한 추진 등을 위해 9개 사업을 신규로 선정하여 775억 원을 편성하였으며, 2020년에는 익산 ~ 대야 복선전철 등 5개 노선을 개통할 계획이다.

* 고속(400 → 596억 원), 일반(26,212 → 28,319억 원), 광역(3,650 → 4,405억 원), 도시(414 → 566억 원), 철도안전 및 운영(21,539 → 28,161억 원)

철도국 20X2년 예산안 주요 특징은 다음과 같다.

1. 수도권 교통 혼잡 해소를 위한 GTX－A · B · C 등 본격 추진

수도권의 만성적인 교통난으로 인한 시민 불편을 획기적으로 개선하기 위해 수도권광역급행철도*(GTX) 및 신안산선 등 광역철도 건설 사업이 진행된다. 사업의 차질 없는 추진을 위해 20X1년 3,650억 원에서 20X2년 4,405억 원으로 편성되었다.

우선 GTX－A 노선은 20X0년 12월 착공 후 현장공사 추진 중으로, 20X2년 본격공사 추진을 위한 보상비, 건설보조금 등 총 1,350억 원을 편성했고, GTX－C 노선은 20X1년 12월 예비타당성 조사 통과 후 기본계획 수립 중으로, 20X2년 민간투자시설사업기본계획(RFP) 수립 등을 위해 10억 원을 신규 반영하였다.

민간투자시설사업 절차는 1년의 기본계획 수립 후 시설사업기본계획(RFP) 수립, 우선협상대상자 선정 및 협상, 실시협약체결, 실시설계(RFP ~ 실시설계까지 2년), 착공 순으로 진행된다.

신안산선은 경기 서남부 주민들의 교통 여건을 개선시키는 사업으로 20X1년 8월 실시계획 승인 및 착공하였고, 20X2년 공사 본격 추진을 위해 보상비 908억 원을 편성하였다.

아울러, 지난 8월 서부수도권과 동부수도권을 횡으로 연결하는 GTX－B 노선에 대한 예비타당성 조사 통과(연내 기본계획 수립 발주 예정)로 GTX 3개 노선의 사업 추진이 확정됨에 따라 신 · 구 도심 간 균형발전 촉진뿐 아니라 수도권 교통지도 개편 및 노선 간 네트워크 효과 발생이 기대된다.

* 지하 40m 이하 대심도로 건설하여 평균 약 100km/h로 운행하는 신개념 고속전철 서비스로, 수도권 외곽지역에서 서울 도심까지 30분 내로 이동 가능

2. 노후시설 개량, 안전시설 확충 등을 위한 철도안전 투자 강화

노후 철도시설 개량을 확대하고 시설 안전관리 및 생활안전 지원을 강화하기 위해 20X1년 10,360억 원에서 20X2년 15,501억 원으로 안전 투자 예산을 확장 편성하였다. 시설 노후화로 각종 안전사고가 빈발하는 도시철도(서울 · 부산) 노후 시설물 개량 지원을 566억 원으로 확대하고, 이용객 편의를 도모하기 위해 노후 철도역사 개량도 282억 원 신규 지원한다. 시설물을 안전하게 관리하고 장애 발생 시 보다 신속히 대처할 수 있도록 IoT(사물인터넷) 기반 원격제어, 센서 등을 활용한 스마트 기술을 도입할 예정이다. 스마트 기술에는 철도 원격감시 · 자동 검측 시스템, 철도 통합무선망(LTE-R) 구축, 고속철도 역사 디지털트윈이 포함된다. 철도이용객 안전을 위한 스크린도어 등 승강장 안전시설(924억 원), 건널목 안전설비(75억 원), 선로 무단횡단 사고 예방을 위한 방호울타리(360억 원) 설치 등 생활안전시설도 확충 지원할 계획이다.

철도차량 및 철도시설 이력관리 정보시스템 구축을 확대 지원하고 철도차량 고장으로 인한 운행 장애 건수 감소를 위해 차량의 '제작 및 등록-운영(점검 · 정비)-폐차 및 말소'를 관리하는 철도차량 전 생애주기 관리 정보망 구축도 새로 지원한다. 철도시설물의 이력, 상태, 속성 정보 등을 통합 관리함으로써 적정 유지보수 및 교체주기 등을 산출하여 시설물 안전 및 유지관리 최적화 구현이 기대된다.

○○부 철도국장은 "철도국 20X2년 예산은 우선 국민의 생활과 직결되는 철도안전을 선제적 예방하기 위해 노후시설 개량, 생활사회간접자본 확충 등 철도안전에 집중 · 확대 투자했으며, GTX 등 철도네트워크 확충을 위한 예산도 적정 소요를 반영했다."라고 밝혔다.

03. 다음 중 이기쁨 사원이 자료를 이해한 내용으로 적절하지 않은 것은?

① 수도권 교통 혼잡 완화 및 철도안전을 위한 투자가 이번 예산안의 주요 내용이다.

② GTX를 통해 수도권 외곽에서 서울 중심부까지 30분 내로 이동이 가능하다.

③ 20X2년의 철도부 예산 중 특히 철도안전 분야의 예산이 큰 폭으로 증가하였다.

④ 수도권 내 교통불편으로 인해 광역철도 건설 사업과 GTX 사업 추진이 확정되었다.

⑤ 노후 철도역사 개량 및 도시철도 노후 시설물 개량 지원은 이번 예산안을 통해 새로 지원되는 사업이다.

04. 제시된 글을 읽고 나눈 다음 대화의 흐름상 ㉠에 들어갈 말로 적절한 것은?

김새롬 대리 : 광역철도 건설 사업이 진행되는군요. 사업의 추진을 위해 예산도 증액되었고요.
이기쁨 사원 : 네. 특히 GTX-B 노선의 경우 예비타당성 조사를 통과해서 20X2년 내에 기본 계획을 수립할 예정이라고 합니다. 해당 사업을 통해 노선 간 네트워크 효과 발생도 기대할 수 있습니다.
김새롬 대리 : 또한 철도안전을 위해서 투자를 강화하네요. IoT 기반 스마트 기술을 도입하는 이유는 무엇인가요?
이기쁨 사원 : (㉠)

① 스마트 기술을 통해 신·구 도심 간의 균형발전을 촉진하기 위해서입니다.
② 안전한 시설물 관리와 장애 발생 시 신속한 대처가 가능하기 때문입니다.
③ 철도 통합무선망을 구축하고 고속철도 역사 디지털트윈을 도입하기 위해서입니다.
④ 철도차량의 전 생애주기 관리 정보망 구축을 통해 시설물 안전·유지관리가 더 쉬워지기 때문입니다.
⑤ 사고 예방을 위한 생활안전시설 확충을 지원함으로써 사고를 예방할 수 있기 때문입니다.

05. 김 대리는 A4 크기로 작성된 문서를 A5 크기로 축소 복사하려고 한다. 국제표준 용지 규격 중 A시리즈에 대한 〈정보〉가 다음과 같을 때, 복사기 제어판에 표시되는 축소 비율은 대략 얼마인가? (단, 복사기 제어판에 표시되는 비율은 길이 비율을 의미하고, $\sqrt{2}=1.4$, $\sqrt{3}=1.7$, $\sqrt{5}=2.2$, $\sqrt{7}=2.6$이다)

정보

- A시리즈 용지들의 면적은 한 등급 올라갈 때마다 두 배로 커진다. 예를 들어, A1의 면적은 A2의 면적의 2배이다.
- 한 등급의 가로 길이는 그 위 등급 세로 길이의 절반이고, 세로 길이는 그 위 등급 가로 길이와 같다. 예를 들어, A2 가로 길이는 A1 세로 길이의 절반이고, A2 세로 길이는 A1 가로 길이와 같다.
- 모든 등급들의 가로 길이와 세로 길이 비율은 동일하다.

① 40%　② 50%　③ 60%
④ 70%　⑤ 80%

1회 기출예상 2회 기출예상 3회 기출예상 4회 기출예상 5회 기출예상 6회 기출예상 7회 기출예상 8회 기출예상 인성검사 면접가이드

[06 ~ 08] 다음 자료를 바탕으로 이어지는 질문에 답하시오.

〈최근 5년간 열차 운행장애 현황〉

□ 위험사건 발생 현황

(단위 : 건)

구분	20X5년	20X6년	20X7년	20X8년	20X9년
무허가 구간 열차운행	1	0	0	0	1
진행신호 잘못 현시	0	0	0	0	0
정지신호 위반운전	1	1	2	1	5
정거장 밖으로 차량구름	0	0	0	0	0
작업/공사 구간 열차운행	0	0	0	0	0
본선지장 차량탈선	0	0	0	0	0
안전을 지장하는 시설고장	0	0	2	0	2
안전을 지장하는 차량고장	0	0	0	0	0
위험물 누출사건	0	0	0	1	1
기타 사고위험이 있는 사건	0	0	0	0	1

□ 지연운행 발생 현황

(단위 : 건)

구분	20X5년	20X6년	20X7년	20X8년	20X9년
차량탈선	0	0	0	0	0
차량파손	1	0	0	0	0
차량화재	0	0	0	0	0
열차분리	3	3	1	1	0
차량구름	0	0	0	1	0
규정위반	6	14	4	4	15
선로장애/급전장애/신호장애	28	㉠	55	49	61
차량고장	116	119	㉡	109	184
열차방해	1	0	1	0	0
기타	98	67	51	67	87
합계	253	245	259	231	347

06. 제시된 자료의 ㉠, ㉡에 들어갈 값의 합은 얼마인가?

① 185　② 187　③ 189
④ 191　⑤ 193

07. 다음 중 자료에 대한 설명으로 적절한 것은?

① 자료의 기간 동안 정지신호 위반운전으로 인한 운행장애는 10건 넘게 발생하였다.
② 자료의 기간 동안 무허가 구간 열차운행으로 인한 운행장애는 위험물 누출사건으로 인한 운행장애보다 많이 발생하였다.
③ 자료의 기간 동안 차량탈선, 차량파손, 차량화재로 인한 운행장애는 발생하지 않았다.
④ 규정위반으로 인한 운행장애는 20X6년에서 20X8년 사이 매년 꾸준히 감소하였다.
⑤ 자료의 기간 동안의 지연운행 발생 현황을 보면 선로장애/급전장애/신호장애로 인한 발생건수가 세 번째로 많다.

08. 제시된 자료를 바탕으로 그래프를 작성하였을 때, 다음 중 자료와 일치하지 않는 그래프는? (단, 운행장애는 위험사건과 지연운행만 일어나며, 계산은 소수점 아래 첫째 자리에서 반올림한다)

① 〈20X5 ~ 20X9년 위험사건 발생건수〉

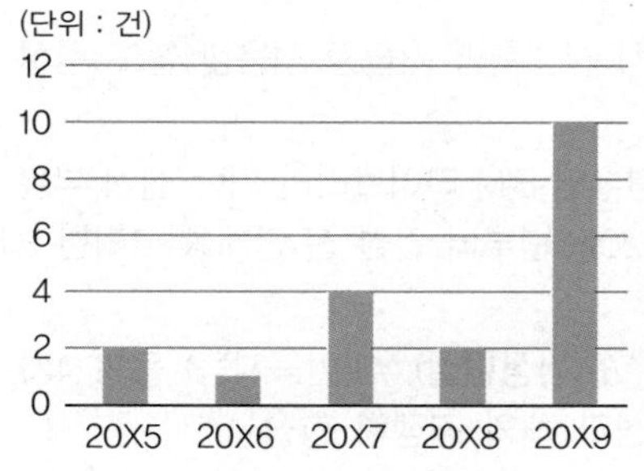

② 〈20X5 ~ 20X9년 운행장애 발생건수〉

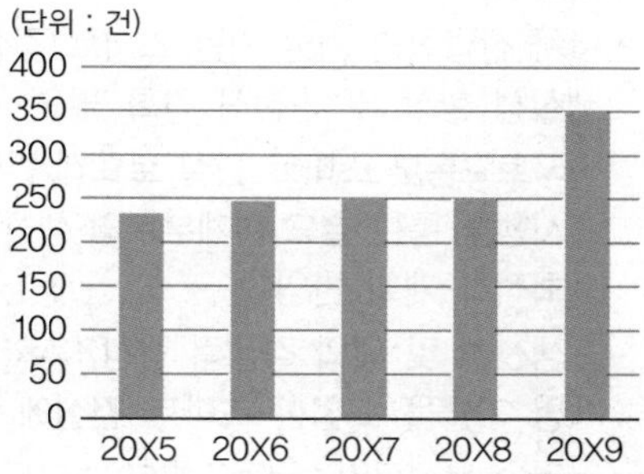

③ 〈20X9년 원인별 위험사건 발생건수〉

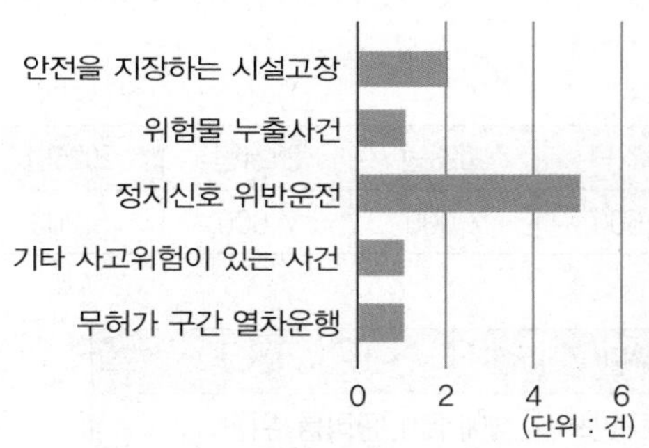

④ 〈20X7 ~ 20X9년 지연운행 중 선로장애/급전장애/신호장애로 인한 지연운행 비중〉

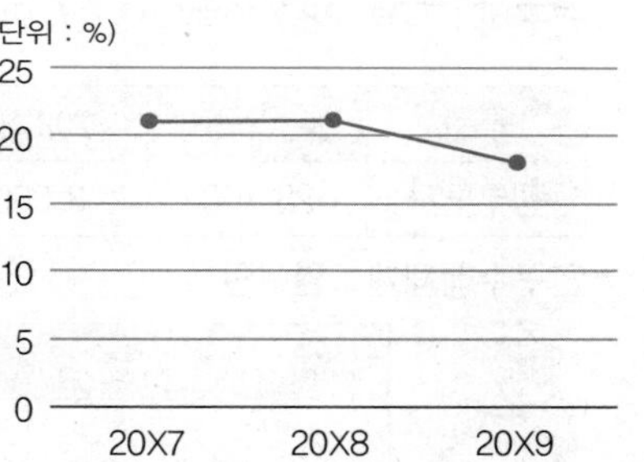

⑤ 〈20X5 ~ 20X9년 지연운행 중 기타로 인한 지연운행 비중〉

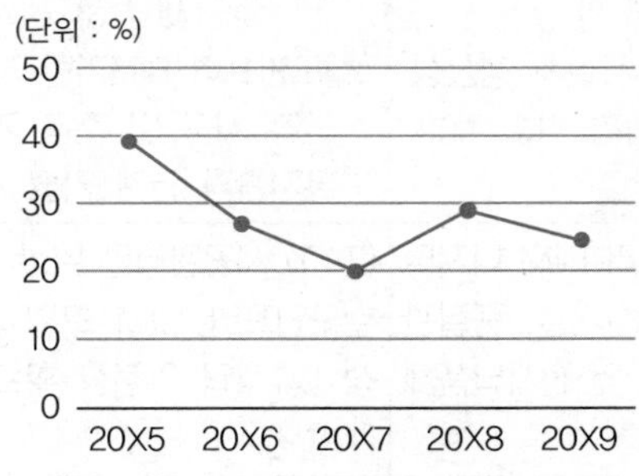

[09 ~ 11] ○○기업 신입사원 독고 씨는 BIM기반 통합운영시스템 관련 자료를 살펴보고 있다. 이어지는 질문에 답하시오.

1. 추진 배경
   - (4차 산업혁명 기술 기반 스마트 건설 도입) 4차 산업혁명 기술을 적용한 철도 건설 산업의 생산성 향상 및 안전성 강화 필요
     - 국토교통부 스마트 건설 로드맵 반영 : 2021년부터 BIM 라이브러리 기반 설계 부분 자동화 시행을 통한 철도 설계부분의 생산성 향상과 2026년부터 건설 전 단계를 고려한 BIM 설계 최적화 계획 반영
     - 생산성 및 해외 경쟁력 향상 : AR(증강현실), VR(가상현실), AI(인공지능) 등의 4차 산업혁명 기술을 도입한 스마트 건설에 따라 생산성과 해외 경쟁력 향상
     - 기술 우선도입 : 국토교통부 스마트 건설 시행계획에서 철도인프라 부문 우선도입기술 필요
2. 과제 개요
   - 연구기간 : 2021. 04. ~ 2025. 12.
   - 연구비 : 정부 28,700백만 원 / 민간 미정

(단위 : 백만 원)

구분	총 연구비	2021년	2022년	2023년	2024년	2025년
정부투자	28,700	3,000	6,500	7,000	7,000	5,200

   - 연구수행체계 : 연구단

연구단(총괄)	
과제	철도인프라 생애주기 관리를 위한 BIM기반 통합운영시스템 개발 및 구축

(세부 1) 철도인프라 BIM기반 생애주기 통합관리시스템 구축 및 운영기술 개발	(세부 2) 철도인프라 BIM 설계 생산성 향상 및 품질관리 기술 개발	(세부 3) 철도인프라 BIM기반 지능형 안전 시공 및 준공 기술, 유지관리 연계 기술 개발
(1-1) 철도인프라 BIM 발주관리체계 구축 및 실증	(2-1) 철도인프라 BIM 디지털 모델 생성 자동화기술, 품질관리 자동화 기술 및 전자납품체계 기술 개발	(3-1) 시공관리를 위한 지능형 철도인프라 BIM 모델 자동생성 및 작업 안전성 확보 기술 개발
(1-2) 철도인프라 생애주기 통합운영시스템 개발	(2-2) 철도인프라 BIM 설계 정보관리시스템 개발	(3-2) 철도인프라 BIM 시공/준공 성과품의 검측 기술
(1-3) 철도인프라 BIM 적용 현장 구축 및 운영	(2-3) 개방형 철도인프라 BIM 데이터센터시스템 구축 및 시범운영	(3-3) 기존 유지관리 시스템과 연계를 위한 철도인프라 BIM 기술 개발 및 현장 적용

09. 다음 중 위 자료에 대한 내용으로 적절하지 않은 것은?

① 연구비의 경우 정부투자금액은 확정되었지만 민간 투자금액은 알 수 없다.

② 국토교통부 스마트 건설을 위해서는 철도인프라 부문에서 우선도입기술이 필요하다.

③ 본 연구사업은 4차 산업혁명 기술을 반영한 스마트 건설 도입에 따른 해외 경쟁력 향상을 위해 필요하다.

④ 본 연구사업은 4차 산업혁명 기술을 적용해 철도 건설 산업의 안전성을 강화할 필요성이 있기 때문에 진행하는 것이다.

⑤ 철도인프라 생애주기 관리를 위한 BIM기반 통합운영시스템 개발 및 구축에 관한 연구를 기반으로 스마트 건설 로드맵이 작성되었다.

10. 다음 자료를 통해 독고 씨가 추론한 내용으로 적절한 것은?

① 기술 향상 등 기술적인 기대효과는 없으며 경제적인 기대효과만 존재한다.

② 정부투자금액은 연구가 시작하는 때부터 매년 지속적으로 증가한다.

③ 철도인프라 생애주기 관리를 위한 BIM기반 통합운영시스템 개발 및 구축에 관한 연구는 약 3년 동안 진행된다.

④ 철도인프라 생애주기 관리를 위한 BIM기반 통합운영시스템 개발 및 구축 연구를 총괄하는 세부 연구단을 알 수 있다.

⑤ 철도인프라 생애주기 관리를 위한 BIM기반 통합운영시스템 개발 및 구축의 세부 연구 과제는 3개로, 각각 3단계에 걸쳐 진행된다.

11. 독고 씨는 제시된 자료를 바탕으로 과제를 도식화하였다. ㉠ ~ ㉤ 중 적절하지 않은 것은?

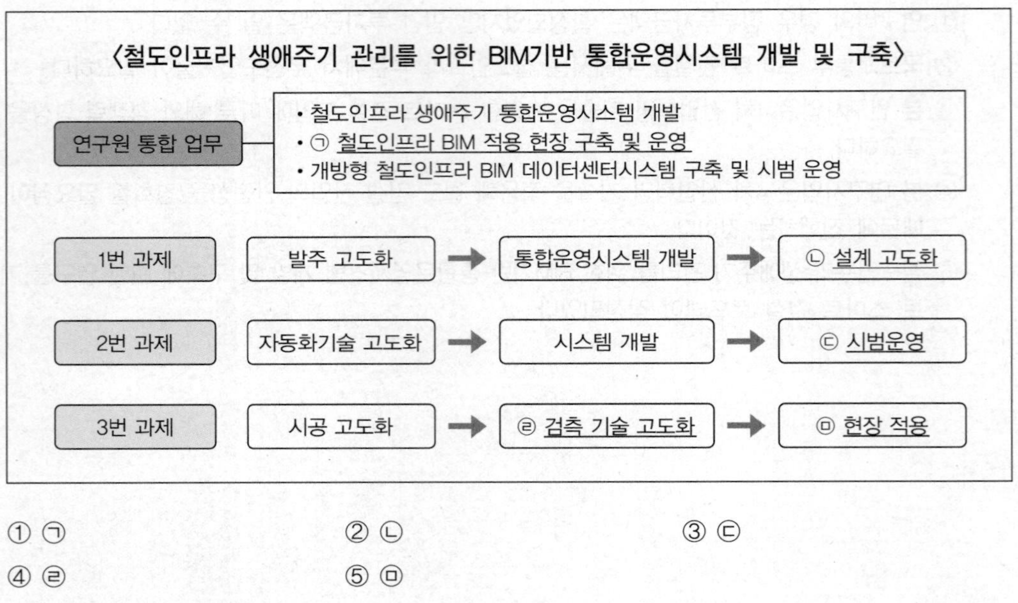

① ㉠　　② ㉡　　③ ㉢
④ ㉣　　⑤ ㉤

12. A ~ E사의 5개 회사 직원이 모여서 자기 회사의 영업이익에 대해 다음과 같이 말하였다. 이 중에서 1명만 거짓말을 하고 있다고 할 때, 진실을 말했다고 확신할 수 있는 사람은?

A사 직원 : A사는 E사보다 영업이익이 작습니다.
B사 직원 : B사는 D사보다 영업이익이 큽니다.
C사 직원 : C사는 E사보다 영업이익이 큽니다.
D사 직원 : D사는 A사보다 영업이익이 작습니다.
E사 직원 : E사는 B사보다 영업이익이 작습니다.

① A사 직원　　② B사 직원　　③ C사 직원
④ D사 직원　　⑤ E사 직원

13. **다음은 기업조직의 지배구조에 대한 ○○기업 사원들 간의 대화 내용이다. 적절하지 않은 내용을 말하는 사원은?**

> 김 팀장 : 기업조직에 대한 지배구조는 기업을 실질적으로 지배하고 통제하는 부분에 대한 것으로 우리나라 기업들은 소유경영체제를 유지하고 있으나, 미국기업들은 상대적으로 전문경영체제의 비율이 높습니다.
>
> 박 과장 : 소유경영체제의 장점은 신속한 의사결정, 과감한 투자, 장기적인 전략수립이 전문경영체제보다 유리하다는 것이지만, 독단적인 의사결정, 가족경영 및 경영권 승계의 비합리성과 같은 문제가 있을 수 있습니다.
>
> 이 대리 : 전문경영체제는 경영성과가 좋지 않을 경우 최고경영자 교체가 소유경영체제보다 용이하지만, 대리인 문제라는 커다란 약점이 있을 수 있습니다.
>
> 안 주임 : 대리인 문제는 전문경영자가 기업조직의 주주보다는 자신의 이익을 위해 일하는 경향인데, 예를 들어 단기적인 실적에 집착하여 기업조직의 장기적인 발전을 위한 연구개발이나 신규 투자를 소홀히 할 수 있다는 점입니다.
>
> 최 사원 : 대리인 문제를 극복하기 위한 내부적 수단과 외부적 수단이 존재하는데, 대표적인 내부적 수단으로는 주식매수 선택권 부여가 있고 외부적 수단으로는 사외이사제도가 있습니다.

① 김 팀장　　② 박 과장　　③ 이 대리

④ 안 주임　　⑤ 최 사원

[14 ~ 16] 다음 글을 읽고 이어지는 질문에 답하시오.

다음은 A 제약회사 영업 1 ~ 5팀의 영업 매출 보고서와 성과 기준표이다.

〈팀별 영업 매출 보고서〉

(단위 : 만 원)

구분	전년 매출액	금년 매출액
영업 1팀	5,500	6,000
영업 2팀	4,000	4,500
영업 3팀	6,500	8,000
영업 4팀	4,500	6,000
영업 5팀	5,000	6,000

〈본부 제시 목표 실적〉

(단위 : 만 원)

구분	목표 실적
영업 1팀	6,500
영업 2팀	5,300
영업 3팀	7,500
영업 4팀	6,000
영업 5팀	6,000

〈팀 제시 목표 실적〉

(단위 : %)

구분	목표 실적(전년 대비 증가율)
영업 1팀	10
영업 2팀	15
영업 3팀	20
영업 4팀	30
영업 5팀	20

〈성과 기준표〉

평가 기준	평가 등급	평가 기준	평가 등급
목표 매출 110% 이상 달성	A	목표 매출 90% 이상 달성	C
목표 매출 100% 이상 달성	B	목표 매출 90% 미만 달성	D

14. 본부에서 제시한 목표 실적을 참고하여 금년 팀별 성과를 평가하였을 때, 다음 중 가장 낮은 등급을 받은 팀은?

① 영업 1팀 ② 영업 2팀 ③ 영업 3팀
④ 영업 4팀 ⑤ 영업 5팀

15. 팀에서 제시한 목표 실적을 참고하였을 때, 다음 중 목표를 달성한 팀을 모두 고르면?

① 1팀, 3팀 ② 2팀, 4팀 ③ 3팀, 5팀
④ 2팀, 4팀, 5팀 ⑤ 3팀, 4팀, 5팀

16. 목표 실적 달성 여부에 따라 점수를 부여한 후 가장 높은 점수를 받은 팀에게 성과급을 부여하려 한다. 〈보기〉의 점수 부여 방식을 참고하였을 때, 다음 중 성과급을 받는 팀은?

보기

- 본부 제시 목표를 달성하였을 경우 3점을 부여한다.
- 팀 제시 목표를 달성하였을 경우 1점을 부여한다.
- 금년 매출액이 전년 대비 1,000만 원 이상 향상되었을 경우 4점, 1,500만 원 이상 향상되었을 경우 5점을 부여한다.
- 점수가 같은 경우 전년 대비 금년 매출액의 증가율이 더욱 큰 팀이 성과급을 받는다.

① 영업 1팀 ② 영업 2팀 ③ 영업 3팀
④ 영업 4팀 ⑤ 영업 5팀

[17 ~ 20] 다음 글을 읽고 이어지는 질문에 답하시오.

관리부 직원 한구름 씨는 다음 전산 시스템의 모니터링 및 관리 업무를 하고 있다.

〈시스템 오류 모니터링 화면 항목 및 세부사항〉

<table>
<tr><th>항목</th><th colspan="4">세부사항</th></tr>
<tr><td>ErrorAlert #_@○ □</td><td colspan="2">Error Type, Code, Hazard, Weight를 알려줌.</td><td colspan="2">- # : Error Type(에러의 종류)
• C : 클라이언트
• S : 서버
- @ : Code(산출 코드)
- ○ : Hazard(위험도)
- □ : Weight(가중치)</td></tr>
<tr><td rowspan="3">Error Value</td><td rowspan="3">Error Type에 따라 Hazard와 Weight를 이용하여 산출</td><td rowspan="2">Error Type이 클라이언트</td><td>Code가 대문자</td><td>Hazard×Weight×2</td></tr>
<tr><td>Code가 소문자</td><td>Hazard×Weight×0</td></tr>
<tr><td>Error Type이 서버</td><td colspan="2">Hazard×Weight×1</td></tr>
<tr><td>Result Value</td><td colspan="4">산출된 Error Value의 종합</td></tr>
</table>

〈시스템 판단 기준 및 입력 코드〉

시스템 상태*	판단 기준	입력 코드
안전	Result Value 0 이하	Whit3
주의	Result Value 0 초과 20 이하	0reen
경고	Result Value 20 초과 40 이하	7ello
위험	Result Value 40 초과 50 이하	M8nta
정지	Result Value 50 초과	8lack

* 시스템 상태는 안전이 제일 낮은 등급이고, 주의, 경고, 위험, 정지 순으로 높아진다.

시스템 모니터링 및 관리 업무 예시

Checking error on system.
✓ ErrorAlert C_b10 0 … ㉠
✓ ErrorAlert S_e30 –1 … ㉡
✓ ErrorAlert S_N50 1 … ㉢
Input code? _______

[절차 1] 시스템 항목의 해석

㉠ Error Type이 클라이언트, Code가 소문자(b) :
Hazard(10)×Weight(0)×0=0

㉡ Error Type이 서버 :
Hazard(30)×Weight(−1)×1=−30

㉢ Error Type이 서버 :
Hazard(50)×Weight(1)×1=50

Result Value : 0+(−30)+50=20

[절차 2] 시스템 상태 판정 및 코드 산출 후 입력

Result Value(20)가 0 초과 20 이하, 시스템 상태는 '주의', 입력 코드는 '0reen'

17. 다음 화면에서 한구름 씨가 입력할 코드는?

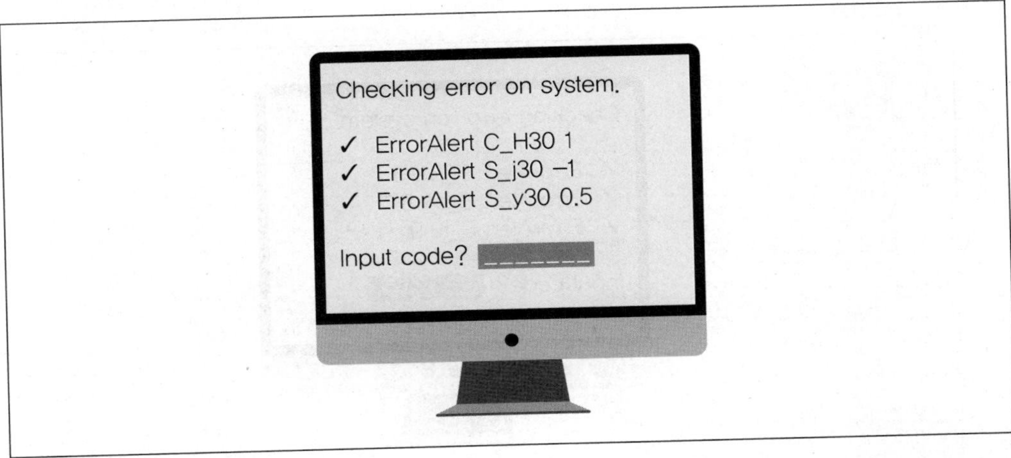

Checking error on system.
✓ ErrorAlert C_H30 1
✓ ErrorAlert S_j30 –1
✓ ErrorAlert S_y30 0.5
Input code? _______

① Whit3 ② 0reen ③ 7ello
④ M8nta ⑤ 8lack

18. 다음 화면에서 한구름 씨가 입력할 코드는?

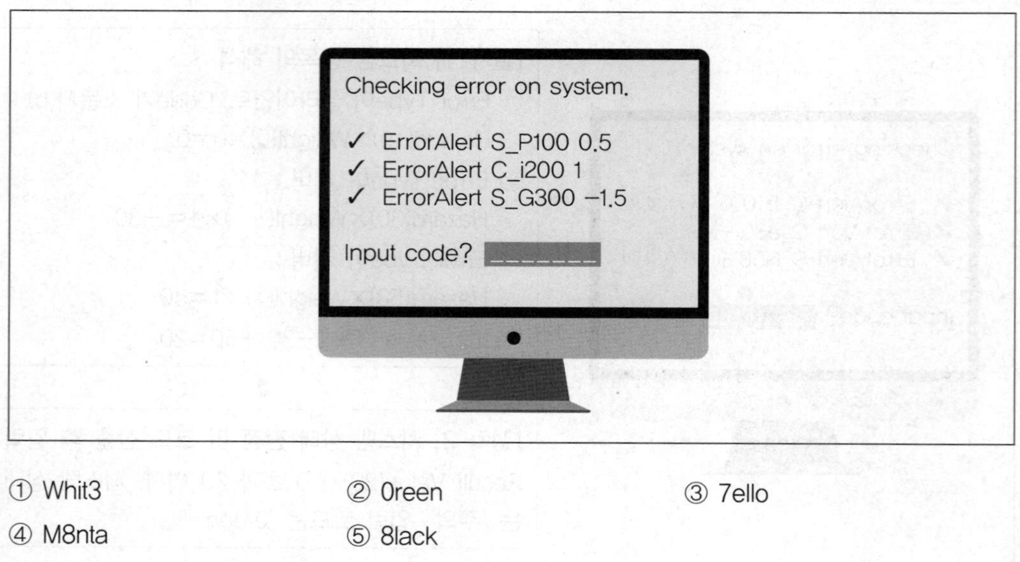

① Whit3　　② 0reen　　③ 7ello
④ M8nta　　⑤ 8lack

19. 다음 화면에서 한구름 씨가 입력할 코드는?

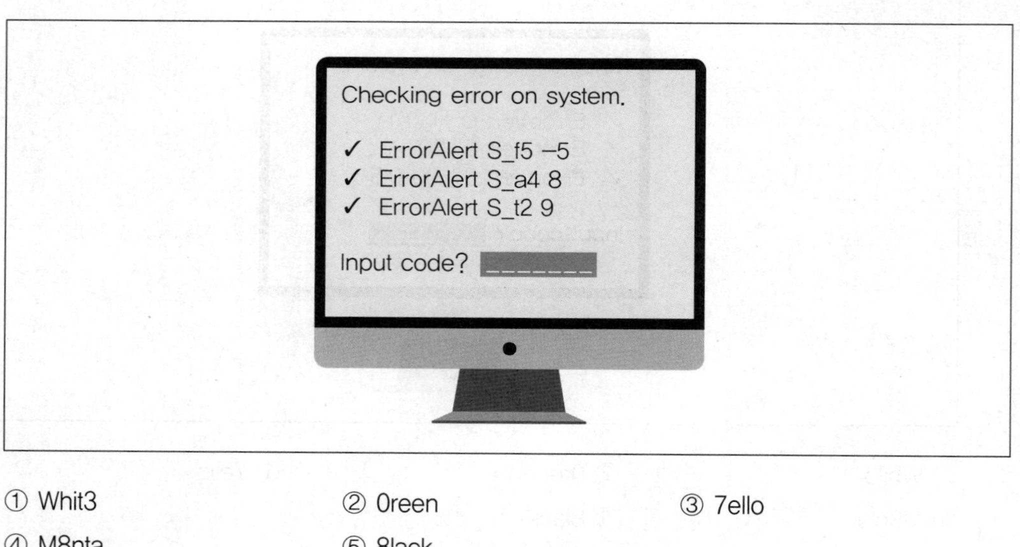

Checking error on system.
✓ ErrorAlert S_f5 −5
✓ ErrorAlert S_a4 8
✓ ErrorAlert S_t2 9
Input code? ________

① Whit3　　② 0reen　　③ 7ello
④ M8nta　　⑤ 8lack

20. 다음 화면에서 한구름 씨가 입력할 코드는?

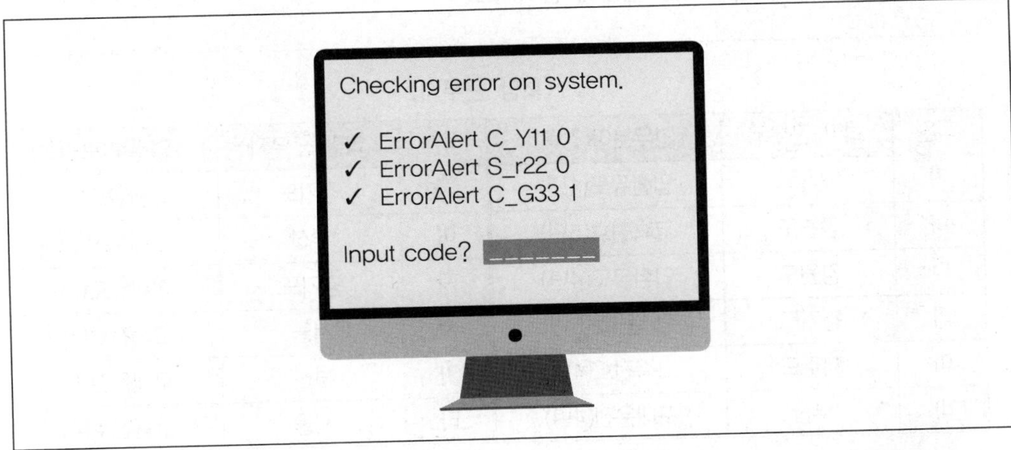
Checking error on system.
✓ ErrorAlert C_Y11 0
✓ ErrorAlert S_r22 0
✓ ErrorAlert C_G33 1
Input code?

① Whit3
② 0reen
③ 7ello
④ M8nta
⑤ 8lack

[21 ~ 23] △△공사는 근무지를 재배치하기 위해 각 직원들의 희망 근무지를 확인하고 있다. 〈근무지 배치 규칙〉을 참고하여 이어지는 질문에 답하시오.

〈희망 근무지〉

직원	희망 근무지	업무분야(경력)	직원	희망 근무지	업무분야(경력)
가	서울	입환유도(1년)	사	경기도	입환유도(6년)
나	강원도	고속전호(5년)	아	부산	구내운전(2년)
다	강원도	입환유도(4년)	자	경기도	입환유도(2년)
라	경기도	고속전호(3년)	차	서울	고속전호(1년)
마	제주도	고속전호(4년)	카	부산	구내운전(5년)
바	부산	구내운전(4년)	타	서울	고속전호(4년)

〈근무지 평점〉

근무지	평점	근무지	평점
강원도	2	부산	7
서울	6	광주	9
경기도	8	제주도	3

〈근무지 배치 규칙〉

- 한 근무지당 2명의 직원이 배치되며, 배치된 직원들은 업무 분야가 달라야 한다.
- 희망 근무지를 우선하여 배치하되 희망인원을 초과할 경우 고속전호, 입환유도, 구내운전 순으로 우선 배치한다(단, 동일한 업무분야의 직원 2명 이상이 동일한 희망 근무지를 작성한 경우에는 경력이 많은 순으로 우선 배치한다).
- 희망 근무지에 배치되지 못한 경우 희망자는 미달인 근무지에 배치하며 입환유도, 구내운전, 고속전호 순으로 근무지 평점이 좋은 근무지부터 순서대로 배치한다(단, 동일한 업무분야의 직원이 2명 이상 있을 경우에는 경력이 적은 순으로 우선 배치한다).

21. 다음 중 경기도와 서울에 배치될 직원끼리 알맞게 짝지은 것은?

	경기도	서울
①	라, 사	가, 차
②	라, 사	가, 타
③	라, 자	가, 타
④	라, 자	가, 차
⑤	사, 자	가, 타

22. 다음 중 희망 근무지에 배치되는 직원은?

① 바 직원 ② 아 직원 ③ 자 직원
④ 차 직원 ⑤ 카 직원

23. 다음과 같이 근무지 배치 규칙이 달라졌을 때, 마 직원과 같은 근무지에 배치되는 직원은?

- 한 근무지당 2명의 직원이 배치되며, 배치된 직원들은 업무 분야가 달라야 한다.
- 한 근무지당 최소 1명은 경력이 4년 이상인 직원이 배치되어야 한다.
- 1차 배치 시 희망 근무지를 우선하여 배치하되, 해당 근무지의 희망 직원이 2명을 초과하는 경우 고속전호, 입환유도, 구내운전 순으로 우선 배치한다(단, 동일한 업무분야의 직원 2명 이상이 동일한 희망 근무지를 작성한 경우에는 경력이 많은 순으로 우선 배치한다).
- 희망 근무지에 배치되지 못한 경우 2차 배치를 실시한다. 이때 희망자가 미달인 근무지에 배치하되, 다음과 같은 규칙을 적용한다.
  - 업무분야가 입환유도, 구내운전, 고속전호인 순으로, 같은 업무분야에서 경력이 적은 순으로 평점이 높은 근무지에 배치한다.
  - 단, 평점이 높은 근무지에 이미 같은 업무분야 직원이 배치되어 있거나, 최소 1명의 경력이 4년 이상인 직원이 배치되어 있지 않은 경우, 그 다음으로 평점이 높은 근무지에 배치한다.

① 가 직원 ② 바 직원 ③ 아 직원
④ 차 직원 ⑤ 카 직원

24. 총무부 K 사원은 워크숍에 필요한 직원 50명의 단체복을 주문하기 위하여 제품별 가격표를 검토하고 있다. 품목 및 업체선정 우선순위와 직원선호도, 그리고 제품 가격을 고려하여 최종 선정할 때, K 사원이 선정한 업체와 품목은?

〈제품별 가격표〉

품목	직원 선호도 순위	A 업체	B 업체
라운드넥 티셔츠	3	12,000원	13,000원
칼라넥 티셔츠	2	14,000원	17,500원
집업 점퍼	1	22,000원	20,000원
플리스 점퍼	4	25,000원	22,000원

※ B 업체의 경우 상품과 관계없이 30개 이상 구매 시 전체 지급금액의 10%가 할인된다.

〈품목 및 업체선정 우선순위〉

- 직원 선호도를 최우선으로 선정하나, 다음 순위 선호도 품목의 총 금액이 우선 품목 대비 20% 이상 저렴한 경우 다음 순위 품목을 선정한다.
- 동일한 품목에서 총 구매금액이 더 저렴한 업체를 선정한다.

① B 업체 – 집업 점퍼
② A 업체 – 칼라넥 티셔츠
③ A 업체 – 라운드넥 티셔츠
④ B 업체 – 플리스 점퍼
⑤ B 업체 – 라운드넥 티셔츠

[25 ~ 27] 다음 자료를 읽고 이어지는 질문에 답하시오.

20X0년 3월 설비관리 점검일지

1. 담당자 : 설비팀 최○○ 대리
2. 최종 점검 일자 : 20X0. 03. 31.
3. 설비 점검 내용

구분			일지						
설비		점검 항목	3/4	3/8	3/12	3/16	3/20	3/24	3/28
세척기	모터부	모터 작동 여부	✓		✓		✓		✓
		체인의 마모 상태	✓				✓		
		구리스 주입 상태	✓			✓			✓
	세척부	설비 청소 상태			✓			✓	
포장기	운전부	베어링	✓			✓			✓
		온도 센서	✓						✓
	컨베이어 벨트	설비 청소 상태		✓			✓		
열처리기	살균·냉각조	냉·난방온도 센서	✓	✓	✓	✓	✓	✓	✓
		수위 조절 레벨		✓		✓		✓	
		설비 청소 상태	✓			✓			✓
검출기	금속 검출기	모터 작동 상태	✓		✓		✓		✓
		컨베이어 벨트		✓				✓	
		검출센서			✓				✓
		설비 청소 상태		✓				✓	
용수탱크	용수탱크	주위 청소 상태	✓			✓			✓
		본체 균열·누수 여부	✓						✓
		배관 오염 여부		✓					✓
		녹 등 침식물 여부	✓			✓			✓
		월류관 파손 여부	✓			✓			✓
		램프 작동 여부		✓		✓		✓	
		수질 상태 체크		✓			✓		

※ 설비관리 주기는 매달 동일함.

25. 다음 중 최 대리가 설비관리 점검일지를 통하여 파악한 업무 내용으로 옳은 것은?

① 포장기의 베어링, 검출기의 컨베이어 벨트, 용수탱크의 침식물 여부는 같은 날 점검했다.
② 열처리기의 냉 · 난방온도 센서는 매일 점검해야 한다.
③ 모든 설비는 매월 2회 이상 설비 청소 상태를 점검해야 한다.
④ 용수탱크의 본체 균열 · 누수 여부 점검은 점검 주기가 가장 긴 항목 중 하나이다.
⑤ 3월 16일에는 모든 설비에 대해 1개 이상의 항목을 점검했다.

26. 제시된 설비관리 점검일지의 점검 주기와 동일하게 설비 관리를 할 때, 4월 1일에 점검해야 할 항목을 모두 바르게 나열한 것은?

① 세척부의 설비 청소 상태, 살균 · 냉각조의 냉 · 난방온도 센서, 컨베이어 벨트의 설비 청소 상태
② 컨베이어 벨트의 설비 청소 상태, 살균 · 냉각조의 냉 · 난방온도 센서, 살균 · 냉각조의 수위 조절 레벨, 용수탱크의 램프 작동 여부, 용수탱크의 수질 상태 체크
③ 살균 · 냉각조의 냉 · 난방온도 센서, 살균 · 냉각조의 수위 조절 레벨, 용수탱크의 램프 작동 여부
④ 살균 · 냉각조의 냉 · 난방온도 센서, 금속검출기의 모터 작동 상태, 금속검출기의 컨베이어 벨트, 용수탱크의 램프 작동 여부
⑤ 세척부의 설비 청소 상태, 살균 · 냉각조의 냉 · 난방온도 센서, 금속검출기의 컨베이어 벨트, 용수탱크의 월류관 파손 여부, 용수탱크의 수질 상태 체크

27. 최 대리가 박 과장의 조언에 따라 4월 점검 계획을 수립 중일 때, 다음 중 옳은 내용은?

> 최 대리 : 부장님께 관리 점검에 비용이 많이 든다는 지적을 받았는데 해결 방법이 있을까요?
> 박 과장 : 냉 · 난방온도 센서 점검과 점검 주기가 8일인 경우에는 점검 주기를 16일로 늘리는 것이 좋겠습니다. 또 점검 주기가 동일한 항목들은 모두 같은 날 점검하도록 하면 비용을 줄일 수 있습니다. 4월 첫 점검은 4월 4일로 시행해 보면 어떨까요?

① 4월 8일과 24일은 모든 설비에서 점검할 항목이 존재하지 않는다.
② 용수탱크 수질 상태 체크와 배관 오염 여부는 항상 같은 날에 점검을 진행한다.
③ 4월 동안 열처리기의 점검 항목을 모두 점검하는 날은 2일이다.
④ 살균 · 냉각조의 설비 청소 상태와 금속검출기의 설비 청소 상태는 동일한 주기로 점검을 하게 된다.
⑤ 살균 · 냉각조의 냉 · 난방온도 센서와 용수탱크의 램프 작동 여부는 동일한 주기로 점검할 것이다.

28. 다음 중 〈보기〉에서 제시하고 있는 기술 사례에 해당하지 않는 것은?

> 보기
>
> 지속가능한 기술 발전은 지구촌의 현재와 미래를 포괄하는 개념으로 지금 우리의 현재를 충족시키면서도, 동시에 후속 세대의 충족을 침해하지 않는 발전을 의미합니다. 또한 경제적 활력, 사회적 평등, 환경의 보존을 동시에 충족시키는 발전을 의미하기도 합니다. 따라서 기술 발전은 현재와 미래 세대의 발전과 환경의 요구를 충족하는 방향으로 이루어져야 하며, 그렇기 때문에 환경보호가 발전의 중심적인 요소가 되어야 합니다.

① 철도노선 저탄소 제품 인증 확대
② 환경오염물질 배출 최소화 전략 수립 및 이행
③ ICT 및 데이터분석을 통한 기계설비의 과학적 유지
④ 환경오염 방지시설의 설치 및 개량 사업 투자
⑤ 배출허용량보다 높은 수준의 자체 온실가스 에너지 감축 목표 수립

29. 다음 〈보기〉는 '조하리의 창(Johari's Window)'과 관련된 사례이다. 이에 대한 설명으로 적절하지 않은 것은?

보기

ㄱ. 이 대리는 본인이 밝고 긍정적이라고 여기며, 직장 동료 역시 이 대리를 동일하게 평가한다.

ㄴ. 오 과장의 부하직원들은 그가 깐깐한 편이라고 생각하지만 오 과장은 그러한 자기의 모습을 알지 못한다.

ㄷ. 김 사원은 자신에 대해 종종 감성에 빠지는 편이라고 하지만 주변에서는 그러한 김 사원의 모습을 상상하지 못한다.

ㄹ. 최 사원은 흥이 많은 사람이지만 본인도, 주변에서도 그러한 성격을 모르고 있다.

① ㄱ은 공개된 자아의 사례이다.
② ㄴ은 숨겨진 자아의 사례이다.
③ ㄱ과 ㄷ을 구분하는 기준은 타인이 파악한 자신의 모습이다.
④ ㄷ에 해당하는 사람의 경우 상대방의 말을 잘 경청하고 신중함을 보이나 정작 자신의 속마음은 잘 드러내지 않는다.
⑤ ㄹ에 해당하는 사람의 경우 자신에 대한 지속적인 관심과 피드백을 통해 공개된 자아 영역으로 넓힐 필요가 있다.

30. 다음 중 업무수행 성과를 높이기 위한 행동전략으로 적절하지 않은 것은?

① 해야 될 일은 바로바로 처리한다.
② 직장 내 역할 모델을 설정하고 모델링한다.
③ 비슷한 업무는 묶어서 처리한다.
④ 회사와 팀의 업무 지침에 따라 일한다.
⑤ 다른 사람과 최대한 같은 방식으로 일한다.

31. 다음은 S사가 신입사원을 대상으로 한 교육의 내용이다. 강사의 물음에 대한 대답으로 적절한 것은?

여러분은 거절을 잘하는 편인가요? 혹여 능력이 없다고 보거나 예의 없다고 보지는 않을까 하는 등의 고민으로 주저하는 경우가 많을 겁니다. 그러나 자기개발을 위해서는 적절한 거절이 필요할 때가 있습니다.

여러분이 거절의 의사결정을 보다 잘할 수 있도록 퀴즈를 내보겠습니다. 설명이 틀린 카드는 무엇일까요?

㉠ 거절했을 때 발생될 문제와 수락했을 때 발생될 문제의 기회비용을 따져본다.

㉡ 상대방의 말을 들을 때는 귀를 기울여서 문제의 본질을 파악한다.

㉢ 거절의 의사결정은 느릴수록 좋다. 빠른 의사결정은 고민의 흔적이 없어 보이므로 상대방에 대한 예의가 아니다.

㉣ 거절을 할 때는 분명한 이유를 밝혀야 한다.

㉤ 거절을 할 때는 거절에 대한 대안을 함께 제시하는 것이 좋다.

① ㉠ ② ㉡ ③ ㉢
④ ㉣ ⑤ ㉤

32. 경력개발이 필요한 이유는 환경 변화, 조직 요구, 개인 요구의 차원으로 나누어 살펴볼 수 있다. 다음 〈보기〉의 요소들을 각 차원에 맞게 분류한 것은?

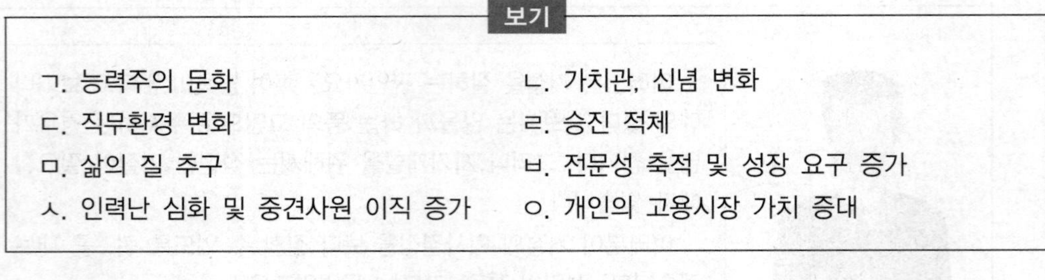
보기

ㄱ. 능력주의 문화　　ㄴ. 가치관, 신념 변화
ㄷ. 직무환경 변화　　ㄹ. 승진 적체
ㅁ. 삶의 질 추구　　ㅂ. 전문성 축적 및 성장 요구 증가
ㅅ. 인력난 심화 및 중견사원 이직 증가　　ㅇ. 개인의 고용시장 가치 증대

	환경 변화	조직 요구	개인 요구
①	ㅁ, ㅅ	ㄱ, ㄷ, ㄹ	ㄴ, ㅂ, ㅇ
②	ㄱ, ㄷ, ㅅ	ㄹ, ㅂ	ㄴ, ㅁ, ㅇ
③	ㄷ, ㅁ, ㅅ	ㄱ, ㄴ, ㄹ	ㅂ, ㅇ
④	ㅁ, ㅅ	ㄱ, ㄷ, ㅂ	ㄴ, ㄹ, ㅇ
⑤	ㄷ, ㅅ	ㄱ, ㄹ, ㅇ	ㄴ, ㅁ, ㅂ

33. 〈보기〉는 코칭의 진행과정을 도식화한 것이다. 다음 중 ㉠ ~ ㉤ 단계와 내용이 잘못 연결된 것은?

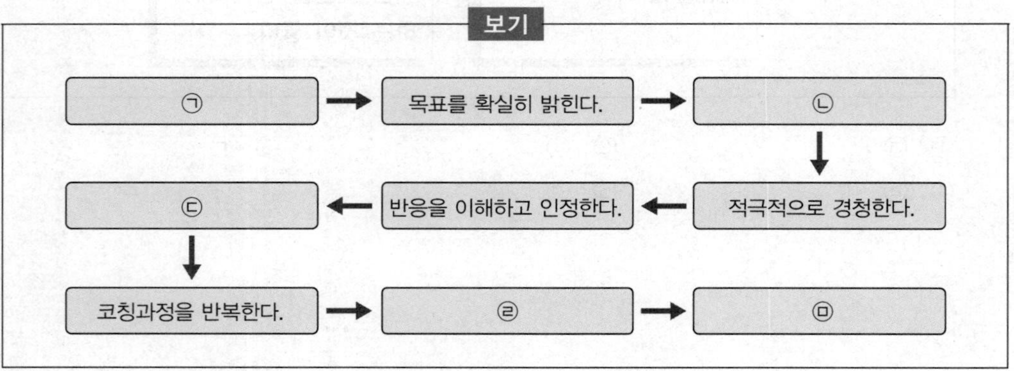

① ㉠ : 시간을 명확히 알린다.
② ㉡ : 코칭의 기대효과에 대해 설명한다.
③ ㉢ : 직원 스스로가 해결책을 찾도록 유도한다.
④ ㉣ : 인정할 만한 일에 대해서는 확실히 인정한다.
⑤ ㉤ : 결과에 따른 후속 작업에 집중한다.

34. 다음 〈보기〉에서 갈등을 파악하는 데 도움이 되는 단서로 적절한 것을 모두 고르면?

보기

ㄱ. 타인의 말이 채 끝나기도 전에 타인의 의견에 대해 비난부터 한다.
ㄴ. 자기 입장의 핵심을 이해하지 못한 것에 대해 서로를 공격한다.
ㄷ. 지나치게 감정적으로 토론을 하고 제안을 한다.
ㄹ. 집단적인 수준에서 통계적인 방식으로 서로를 공격한다.
ㅁ. 편을 나눠 다른 편과의 협력을 거부한다.

① ㄱ, ㄴ, ㄷ ② ㄱ, ㄹ, ㅁ ③ ㄴ, ㄷ, ㄹ
④ ㄱ, ㄴ, ㄷ, ㅁ ⑤ ㄱ, ㄴ, ㄷ, ㄹ, ㅁ

35. 〈보기〉의 페인트 가격 협상에 대한 구매자들의 반응을 참고하여 의사결정 차원에서 협상을 바라보고 있는 구매자를 고르면?

보기

갑 : 나는 페인트 가격을 인하해야 하는 이유를 들어서 판매자를 설득할 거야. 협상이란 내가 원하는 것을 쟁취하기 위해서 이루어지니까.
을 : 지금 판매자와 나는 갈등 상황에 놓여 있어. 그리고 공통의 이익을 증진하기 위해 협상을 진행하는 거지.
병 : 나는 페인트 가격을 인하하고 싶은데, 어떻게 하면 판매자보다 우월한 지위를 점유하면서 가격 인하를 얻어낼 수 있을까?
정 : 가격에 대한 여러 가지 대안이 있는데 이중에서 판매자와 나 모두가 수용 가능한 대안을 찾아야 해.
무 : 협상이란 판매자와 내가 페인트 가격에 대해 합의하기 위해 공동의 의사결정을 내리는 과정이야.

① 갑 ② 을 ③ 병
④ 정 ⑤ 무

36. 고객 만족을 조사하는 방법에는 설문조사와 심층면접법이 있다. 다음 중 조사방법의 유형과 그에 대한 〈보기〉의 설명을 적절하게 짝지은 것은?

보기

ㄱ. 조사결과를 통계적으로 의뢰할 수 있다.
ㄴ. 독특한 정보를 얻을 수 있다.
ㄷ. 비교적 빠른 시간 내에 고객 만족을 조사할 수 있다.
ㄹ. 응답자들이 쉽게 알아들을 수 있도록 질문을 구성해야 한다.
ㅁ. 응답자의 잠재된 동기를 파악할 수 있다.
ㅂ. 수집한 자료를 사실과 다르게 해석할 위험이 있다.

	설문조사	심층면접법
①	ㄱ, ㄴ	ㄷ, ㄹ, ㅁ, ㅂ
②	ㄱ, ㄷ	ㄴ, ㄹ, ㅁ, ㅂ
③	ㄱ, ㄷ, ㄹ	ㄴ, ㅁ, ㅂ
④	ㄱ, ㄷ, ㅂ	ㄴ, ㄹ, ㅁ
⑤	ㄱ, ㄴ, ㄹ, ㅂ	ㄷ, ㅁ

37. 다음 〈보기〉에서 정직에 대한 설명으로 옳은 것을 모두 고르면?

보기

ㄱ. 아직 우리 사회에서 정직성이 완벽하지 못한 이유 중 하나는 원칙보다 집단 내의 의리를 중요시하는 문화의 영향이다.
ㄴ. 정직한 사람은 자신의 삶을 옳은 방향으로 이끌어갈 수 있는 사고를 한다.
ㄷ. 정직한 사람은 조급한 모습을 보이지 않으며, 가식적이지 않다.
ㄹ. 정직은 개인과 개인이 협력하는 데 필요한 가장 기본적인 규범이다.
ㅁ. 정직은 정보화 사회에서 더욱 필요한 덕목이다.

① ㄷ, ㄹ ② ㄱ, ㄷ, ㅁ ③ ㄴ, ㄷ, ㄹ
④ ㄱ, ㄷ, ㄹ, ㅁ ⑤ ㄱ, ㄴ, ㄷ, ㄹ, ㅁ

38. ○○기업은 신입사원 교육에서 퀴즈 시간을 가지려고 한다. 개인윤리와 직업윤리, 그리고 그 두 윤리의 조화에 대한 다음의 설명카드 중 적절하지 않은 것은?

안녕하세요? ○○기업 신입사원 여러분, 지금부터 개인윤리와 직업윤리에 관련된 퀴즈 게임을 진행하고자 합니다. 지금 제가 들고 있는 5장의 카드에는 개인윤리와 직업윤리의 조화에 대한 내용이 적혀 있습니다. 제가 지금부터 카드 한 장을 읽어 드릴 것입니다. 그러면 여러분은 틀린 내용이 적힌 카드를 골라 주시면 됩니다.

[카드 1]
직업윤리는 개인윤리에 비해서 자주성을 가지고 있다. 개인윤리에서는 폭력이 절대 금기되지만 군인의 직업윤리에서는 필요에 따라 허용될 수 있다는 것이 그 예이다.

[카드 2]
수많은 사람이 관련되어 고도화된 공동의 협력을 요구하므로 맡은 역할에 대해 주도적으로 책임을 완수하는 것보다는 팀원들과 업무를 공유하는 것이 합당하다.

[카드 3]
규모가 큰 공동의 재산, 정보 등을 개인의 권한하에 위임, 관리하므로 높은 윤리의식이 요구된다.

[카드 4]
기업은 경쟁을 통하여 달성한 것에 대해 책임을 다하고, 보다 강한 경쟁력을 위하여 직원 개인의 역할과 능력이 경쟁상황을 통해 꾸준히 향상되어야 한다.

[카드 5]
업무상 개인의 판단과 행동이 사회적으로 영향력이 큰 기업시스템을 통하여 다수의 이해관계자에게 영향을 준다.

① 카드 1　② 카드 2　③ 카드 3
④ 카드 4　⑤ 카드 5

39. 다음은 근면에 필요한 자세에 대한 대화이다. 다음 중 가장 적절한 설명을 하고 있는 사람은?

시간관리능력을 갖춰야 근면한 자세를 얻을 수 있습니다. 회사에서 캘린더와 다이어리를 나누어 주는 것도 이러한 이유 때문입니다.

근면하기 위해서는 일하는 분야에서의 전문성이 필요합니다. 따라서 해당 직무와 관련된 업무역량을 쌓는 것이 중요하죠.

근면에서 가장 중요한 것은 적극적이고 능동적인 자세입니다. 능동적인 자세로 일한다면 근무시간이 보다 줄어들 거예요.

직원들의 근면을 위해서는 회사 복지를 개선해야 합니다. 회사가 직원을 진심으로 생각하고 있다는 마음이 전해져야 직원들이 더 열심히 일하고 싶은 마음이 생길 수 있습니다.

회사가 직원들의 근면을 위해 꼭 약속해 주어야 하는 것은 연봉 인상입니다. 왜냐하면 월급은 회사를 다니는 이유 중 하나이기 때문입니다.

① A ② B ③ C
④ D ⑤ E

40. 다음 〈보기〉의 사례에 나타난 명함 교환 예절로 적절하지 않은 것은?

> **보기**
>
> S 공사에 다니는 김 사원은 협력 업체의 직원을 처음 만나 명함을 받았다. 김 사원은 ㉠ 미리 새 명함을 준비해 가서 ㉡ 명함을 명함 지갑에서 꺼내 협력 업체의 직원에게 건네었다. ㉢ 김 사원과 협력 업체 직원이 동시에 명함을 꺼내어 왼손으로 서로 교환하고 오른손으로 옮겼다. 김 사원은 받은 명함을 잃어버리지 않기 위해 ㉣ 명함을 받은 후 바로 호주머니에 넣었다. 또한 협력 업체 직원에 대해 적고 싶은 것이 있어, ㉤ 직원과의 만남이 끝난 후 명함에 부가 정보를 적었다.

① ㉠　② ㉡　③ ㉢
④ ㉣　⑤ ㉤

7회 기출예상문제

문항수 | 40문항

정답과 해설 49 쪽

[01 ~ 02] 다음은 ○○연구원의 '열차 출발 · 도착 데이터와 교통카드 데이터를 활용한 도시철도 역사 시설물 서비스 수준 추정 방안 연구'의 제1장 서론 부분이다. 이어지는 질문에 답하시오.

4차 산업혁명 시대에 교통은 모빌리티 4.0이라고 일컬으며, 대중교통 중심의 지속가능한 교통체계를 중심으로 이용자 맞춤형, 수요 대응형 서비스를 지향하고 있다. 이로 인해 교통시장의 기능이 강조되고 있으며 사람 중심의 교통체계 구축, 국민의 삶의 질 향상 등의 정부 정책에 따라 국민체감형 편의서비스 제공이 요구되고 있다. 특히 대중교통 중심의 교통체계는 터미널을 거점으로 발생한다. 따라서 터미널에 대한 계획, 설계 및 활용 기술에 대한 과학적이고 객관적인 정량화 기법을 기반으로 이용자 중심의 편의성에 대한 정교한 분석 및 평가의 필요성이 대두되고 있다.

철도 및 도시철도 역사는 단지 이동의 공간뿐만이 아니라 이동, 상업, 여가 등의 다양한 공간으로 변화하고 있다. 이러한 역사를 이용하는 이용자들에게 편의성을 제공하기 위해 다양한 연구 및 기술개발이 수행되고 있으며, 이를 위해서는 대중교통 이용자들에 대한 현상 파악, 서비스 분석, 이동 행태 분석이 선행되어야 한다. 그러나 이러한 요구와 기대를 담아내기에는 다양한 이용자 특성에 대한 대중교통 이동 패턴 조사 및 데이터 기반의 문제점 파악이 미비한 실정이다. 우리나라는 2004년 대중교통체계개편사업을 통해 전국 호환 스마트카드 기반의 대중교통 통합 이용이 가능해졌으며, 이로 인해 서울 98%, 대도시 90% 이상의 전수에 가까운 대중교통 통행데이터 획득이 용이해졌다. 이를 통해 열차 승 · 하차 정보를 이용하여 역사 서비스 수준, 혼잡도 등을 예측하고 있으나, 도시철도 역사 내의 이동패턴, 이동시간 등은 교통카드 데이터만으로 분석하기에는 한계가 존재한다. 현장조사, 설문조사 및 시뮬레이션 등을 통해 도시철도 역사 내 이용자들의 이동 패턴, 이동성 등에 대한 연구는 다수 수행되었으나 데이터 기반의 이동시간, 서비스 분석 등에 대한 연구는 미비한 실정이다.

이에 본 연구에서는 도시 – 광역철도 간 노선별 개별 열차의 실시간 위치 정보를 기반으로 한 열차 출발 · 도착 데이터와 교통카드 데이터를 연계하여 실적기반의 도시철도와 관련된 두 데이터에 대한 연계성을 검토하였다. 역사 내 하차 이용객의 이동시간을 분석하여 이용객 수와 이동속도 기반의 도시철도 역사별 보행 서비스 수준 추정을 위한 방안을 제시하고자 한다.

본 연구에서는 2017년 10월 31일의 교통카드 데이터와 열차 출발 · 도착 데이터를 활용하여 각기 다른 두 데이터의 연계 분석 가능성을 검토하고, 연계된 데이터셋 기반으로 이용객 특성에 따른 도시철도 역사 내 이동성을 분석하였다. 데이터에 대한 누락데이터 검토 및 보정과정을 통해 데이터와 교통카드 하차 정보를 이용하여 자료의 연관성을 분석하였으며, 시간 기준으로 열차 도착 데이터와 교통카드 하차 정보를 연계하였다. 분석시간대에 따른 누적 하차량과 열차 도착정보를 이용하여 자료의 연관성을 분석하였으며, 열차 도착시간과 하차태그 시간을 이용하여 역사 내 하차 이동시간을 분석하여 도시철도 역사 내 서비스 수준을 추정하기 위한 데이터 기반의 분석 및 활용 가능성을 제시하였다.

본 논문의 구성은 다음과 같다.

제2장에서는 철도 및 도시 철도 역사 관련 서비스 평가 관련 기존 연구를 고찰하였고, 제3장에서는 연구방법론 및 분석자료에 대한 내용을 제시하였다. 제4장에서는 열차 출발 · 도착 데이터와 교통카드 데이터 연계 및 이동성 분석 결과를 제시하였으며, 제5장에서는 연구 결과에 대한 논의와 결론을 제시하였다.

01. 다음 중 윗글의 내용을 통해 유추할 수 있는 사실로 적절하지 않은 것은?

① 정부는 사람 중심의 교통체계 구축과 국민의 삶의 질 향상 등에 대한 정책을 수립하고 있다.
② 교통카드 데이터만으로는 도시철도 역사 내의 이용패턴, 이용시간 등을 분석하는 데 한계가 있다.
③ 4차 산업혁명 시대의 교통은 지속가능한 대중교통체계를 중심으로 이용자 맞춤형 서비스를 지향한다.
④ 철도 및 도시철도 역사를 이용하는 사람들을 위한 편의성 제공에 대한 연구가 거의 이루어지지 않고 있다.
⑤ 대중교통 이용자 특성을 파악하기 위한 대중교통 이용패턴 조사 및 데이터 기반의 문제점 파악에 대한 연구가 제대로 이루어지지 않고 있다.

02. 다음의 (가)와 (나)는 윗글에서 언급한 논문 목차 중 각각 어느 항목과 관련된 내용인가?

(가) 본 연구에서는 교통카드 데이터와 열차 출발 · 도착 데이터를 활용한 도시철도 역사 서비스 수준 추정을 위해 3단계로 연구 체계를 구성하였다. 1단계에서는 분석 자료를 구축하기 위해 분석대상 역사를 설정하고 열차 출발 · 도착 데이터에 대한 누락데이터 검토 및 보정 과정을 수행하였다. 2단계에서는 열차 도착시간과 교통카드 데이터의 하차 태그 데이터를 기준으로 분석 데이터를 연계하였다. 3단계에서는 열차 도착 시간과 하차 태그 시간차이를 분석하여 역사별로 이동시간을 분석하였다.

(나) 본 연구에서 제안한 방법론의 신뢰성 및 활용가능성을 증가시키기 위해서는 다음과 같은 추가 연구가 필요하다. 첫째, 본 연구에서는 2017년 10월 31일 하루 자료를 이용하여 3개 역사만을 대상으로 분석을 수행하였으나 다양한 요일별 특성, 역사별 특성 및 이용객 수요를 반영하기 위해 분석 범위를 확대할 필요가 있다. 둘째, 결과에서 도출한 이동속도 비수와 열차 하차 이용객 간의 관계에 대하여 보다 세부적인 분석이 필요하며 이를 통해 개찰구, 보행통로 등의 시설물별 서비스 수준 평가 방안을 제시할 필요가 있다. 셋째, 최근 도시철도 역사가 복합 환승역사의 기능으로 확대되고 있음에 따라 승강장에서 개찰구까지의 서비스 수준 분석 외에 승차 이용객에 대한 영향 분석, 환승 이용객을 위한 환승 통로에 대한 서비스 수준 분석이 가능하도록 추가 분석을 수행해야 할 것이다.

	(가)	(나)
①	제3장 연구방법론 및 분석자료	제4장 분석 및 결과
②	제5장 논의 및 결론	제3장 연구방법론 및 분석자료
③	제4장 분석 및 결과	제3장 연구방법론 및 분석자료
④	제4장 분석 및 결과	제5장 논의 및 결론
⑤	제3장 연구방법론 및 분석자료	제5장 논의 및 결론

[03 ~ 04] 다음은 '국토부의 스마트 철도안전관리체계 기본계획수립'에 대한 보도 내용이다. 이어지는 질문에 답하시오.

국토교통부(장관 김○○)는 17일 4차 산업혁명 기술을 철도안전 분야에 선제적으로 도입하여 철도안전 수준을 향상하기 위한 '스마트(SMART) 철도안전관리체계 구축 기본계획'을 수립하였다. 지금까지는 철도안전 분야의 사고 · 사망자 수는 감소하여 왔으나, 감소율이 한계에 도달하여 기존의 안전관리 방식만으로는 안전개선이 쉽지 않았다. 이에 따라 첨단기술을 활용하여 안전관리 방법을 향상시킬 수 있는 미래 철도안전 관리의 청사진을 제시하기 위해 차량 · 시설 · 운행 · 위험 · 보안 · 인적 관리 등 6대 분야 24개 과제를 담은 중장기 계획을 수립한 것이다. 이번 계획은 대국민 공모전, 4차 산업혁명 전문가 · 철도 운영기관 · 연구기관 등의 지속적인 토론과 연구를 거쳐 마련되었다. 스마트 철도안전관리체계 구축 기본계획의 주요 내용은 다음과 같다.

(가) ______________________________

사물인터넷(IoT) · 센서를 활용, 차량부품 상태를 실시간으로 감시하여 이상 발생 시 실시간으로 경고하고, 3D 프린팅 · 로봇 제어설비 등 스마트 팩토리를 통해 자동 정비를 시행하게 된다. 올해 철도차량 주요 부품과 선로에 센서를 설치하여 차량 부품의 균열 · 마모 · 발열 등 이상 상태에 대한 실시간 모니터링 시범 사업을 시행하고, 주요 부품별 센서 장착을 통해 단계적으로 관리 대상을 확대해 나간다.

(나) ______________________________

사물인터넷 · 드론 등을 활용하여 시설물 상태를 실시간으로 파악하여 첨단 장비들을 통해 유지보수를 시행하고, 각종 센서로부터 수집된 빅데이터를 분석하여 예방적인 시설관리를 구현한다. 현재 시범 운영 중인 드론을 활용한 시설물 점검 활동을 지속 확대하고, 사물인터넷을 활용한 시설물 상태 점검도 올해 연구개발 추진을 검토하여 향후 시범사업을 통해 이상 상태를 사전에 발견하는 예방적 유지 · 보수를 시행할 수 있도록 개선할 예정이다.

(다) ______________________________

인공지능 센서를 통해 운전자의 졸음 · 피로 등을 인지하여 위험을 실시간으로 확인 · 경고하여 주고, 가상현실(VR)과 증강현실(AR)을 활용한 비상대응 훈련을 통해 철도종사자들의 재난대응 역량을 강화한다. 철도의 구간별 제한속도와 기관사의 열차의 실제 운행속도 관련 빅데이터를 비교 · 분석하여 위험구간, 기관사 위험습관 등을 찾아내어 사전에 개선하는 사업을 올해부터 시범실시하고, 운전자의 생체 신호를 인지하여 졸음 · 피로 등에 따른 위험을 실시간으로 확인 · 경고하는 기술도 단계적으로 개발해 나갈 계획이다.

(라) ______________________________

사고 사례, 유지관리 정보 등에 대한 빅데이터 분석을 통해 사고위험을 예측하고, 사고예방을 위한 최적의 솔루션을 제공하는 등 안전을 위해 가장 효과적인 의사결정을 할 수 있도록 지원한다. 사고 · 장애 통계와 차량 · 부품 · 시설물 등의 유지관리 이력정보 등을 수집하여 분석함으로써 사고가 발생할 수 있는 위험요인을 예측하는 시스템을 올해 시범적용하고, 빅데이터 분석을 통해 효과적인 예방대책을 제안해 줄 수 있는 시스템을 단계적으로 개발해 나간다.

(마) ______________________

지능형 CCTV, 인공지능 등을 활용한 스마트 철도보안체계를 구축하여 테러 등의 위험을 사전에 감지하고 대응하게 된다. 360° 회전하면서 인물 추적이 가능한 CCTV와 지능형 소프트웨어를 결합한 지능형 CCTV를 통해 위험인물, 이상행동 등을 파악하여 선제적으로 대응하는 체계를 구축하고, 위험물을 자동으로 검색하는 인공지능(AI) 기반 자동판독시스템 도입도 추진한다.

국토부는 스마트 철도안전관리 체계 구축 기본계획의 내실 있는 추진을 위하여 국토부 철도안전정책관을 단장으로 철도운영기관, 철도관련 학계 및 연구기관, 4차 산업혁명 전문가 그룹 등이 참여하는 T/F 팀을 구성하고 주기적인 회의를 통해 이행실적을 관리할 계획이다. 이를 통해 국토부는 철도사고 · 장애를 현재의 절반 수준으로 감축해 나가는 것을 목표로 삼고 기술개발과 제도 개선 등을 속도감 있게 추진하기로 했다. 국토부 관계자는 "4차 산업혁명의 기술을 선도적으로 철도 분야에 적용해 모두가 더욱 안전하고 편리하게 철도를 이용할 수 있도록 지속적으로 지원하고 관리할 계획"이라고 밝혔다.

03. 윗글의 (가) ~ (마)는 각 하단부의 내용을 대표하는 소제목에 해당하는 부분이다. 다음 중 (가) ~ (마)에 들어갈 소제목을 순서대로 적절하게 나열한 것은?

	(가)	(나)	(다)	(라)	(마)
①	차량관리 분야	시설관리 분야	인적관리 분야	위험관리 분야	보안관리 분야
②	운행관리 분야	보안관리 분야	차량관리 분야	위험관리 분야	인적관리 분야
③	위험관리 분야	시설관리 분야	차량관리 분야	운행관리 분야	보안관리 분야
④	차량관리 분야	위험관리 분야	운행관리 분야	보안관리 분야	시설관리 분야
⑤	운행관리 분야	보안관리 분야	시설관리 분야	위험관리 분야	인적관리 분야

04. 윗글의 내용을 대표할 수 있는 헤드라인으로 가장 적절한 것은?

① 스마트 철도안전관리 기본계획 수립을 위한 토론회
② 철도운영기관의 미래 철도안전 관리를 위한 청사진 제시
③ IoT, 빅데이터, 드론 등 스마트 기술로 철도 안전 관리를 위한 청사진 제시
④ 철도안전 · 보안 강화를 위한 4차 산업혁명 전문가 T/F팀 구성
⑤ 철도안전 분야의 4차 산업혁명 기술 도입을 위한 대국민 공모전

05. 다음은 철도사고에 관한 자료이다. 이에 대한 설명으로 적절한 것은?

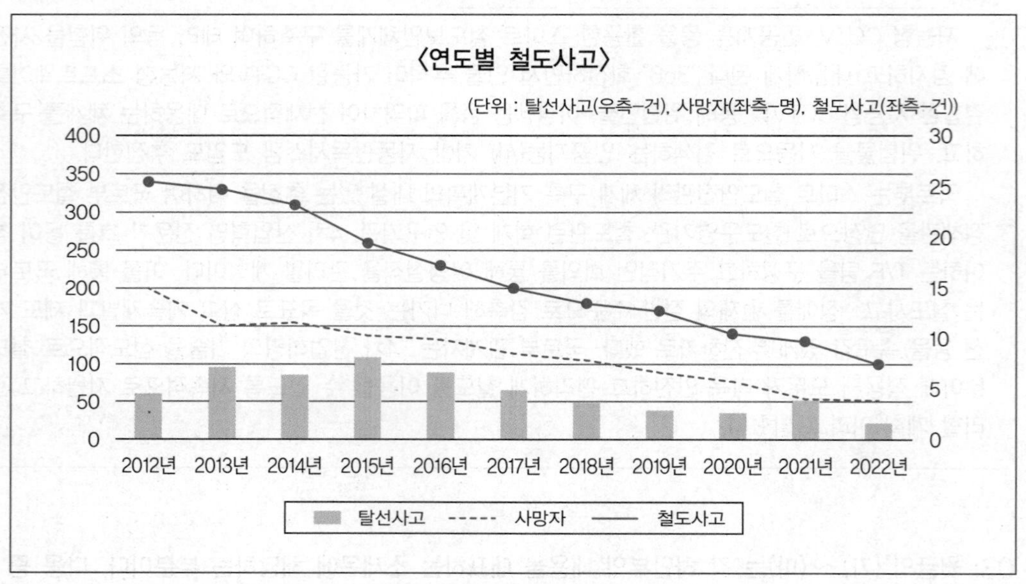

① 탈선사고의 규모가 감소하고 있다.

② 열차를 이용하는 승객 수가 감소하고 있다.

③ 전년 대비 철도사고의 감소율이 가장 큰 해는 2022년이다.

④ 열차이용에 대한 시민들의 의식 수준이 점차 높아지고 있다.

⑤ 안전사고에 대한 현장에 종사하는 철도종사자들의 의식이 강화되고 있을 것이다.

06. 다음은 자동차 냉매제의 저감량 평가 방법에 관한 자료이다. 이에 대한 설명으로 옳지 않은 것은?

구분	A 차	B 차	C 차	D 차
차량 구분	5인승	11인승	10인승	8인승
냉매의 종류	HFO-134a	저온난화지수냉매	저온난화지수냉매	HFO-134a
냉매 용량	600g	750g	650g	800g
전기 압축기	있음	없음	있음	없음
Max Credit(M · C)				
Leak Score(L · S)				
GWP			166	715
Leak Threshold(L · T)				
Hileak Dis(H · L · D)				

〈저감량 평가 방법〉

• 10인승 이하의 승용 및 승합자동차

(1) Leakage Credit의 계산

$$M \cdot C \times \left\{1-\left(\frac{L \cdot S}{16.6}\right) \times \left(\frac{GWP}{1,430}\right)\right\} - H \cdot L \cdot D$$

(2) 참고

1) M · C : HFO−134a의 경우 7.0, 저온난화지수냉매의 경우 7.9

2) L · S : M · C가 8.3 미만인 경우 8.3(단, 전기 압축기 방식은 4.1로 한다)

3) GWP : 냉매의 지구온난화지수

4) L · T : 냉매 용량이 733g 이하인 경우 11.0으로 하고, 냉매 용량이 733g 초과인 경우 냉매 용량의 2%로 한다.

5) H · L · D : $1.1 \times \left(\frac{L \cdot S - L \cdot T}{3.3}\right)$

(단, 냉매의 지구온난화지수가 150보다 크거나 계산값이 0보다 작은 경우 0으로 한다)

• 11인승 이상의 승합 및 화물자동차

(1) Leakage Credit의 계산

$$M \cdot C \times \left\{1-\left(\frac{L \cdot S}{20.7}\right) \times \left(\frac{GWP}{1,430}\right)\right\} - H \cdot L \cdot D$$

(2) 참고

1) M · C : HFO−134a의 경우 8.6, 저온난화지수냉매의 경우 9.9

2) L · S : M · C가 10.4 미만인 경우 10.4(단, 전기 압축기 방식은 5.2로 한다)

3) GWP : 냉매의 지구온난화지수

4) L · T : 냉매 용량이 733g 이하인 경우 11.0으로 하고, 냉매 용량이 733g 초과인 경우 냉매 용량의 2%로 한다.

5) H · L · D : $1.3 \times \left(\frac{L \cdot S - L \cdot T}{3.3}\right)$

(단, 냉매의 지구온난화지수가 150보다 크거나 계산값이 0보다 작은 경우 0으로 한다)

① B 차와 C 차의 M · C와 L · S는 다르다.

② A 차와 C 차의 H · L · D는 같다.

③ L · T가 가장 큰 것은 D 차이다.

④ D 차의 Leakage Credit은 5보다 크다.

⑤ A 차의 GWP는 150보다 크다.

07. 다음은 음료류 섭취량에 관한 자료이다. 이에 대한 설명으로 적절한 것은?

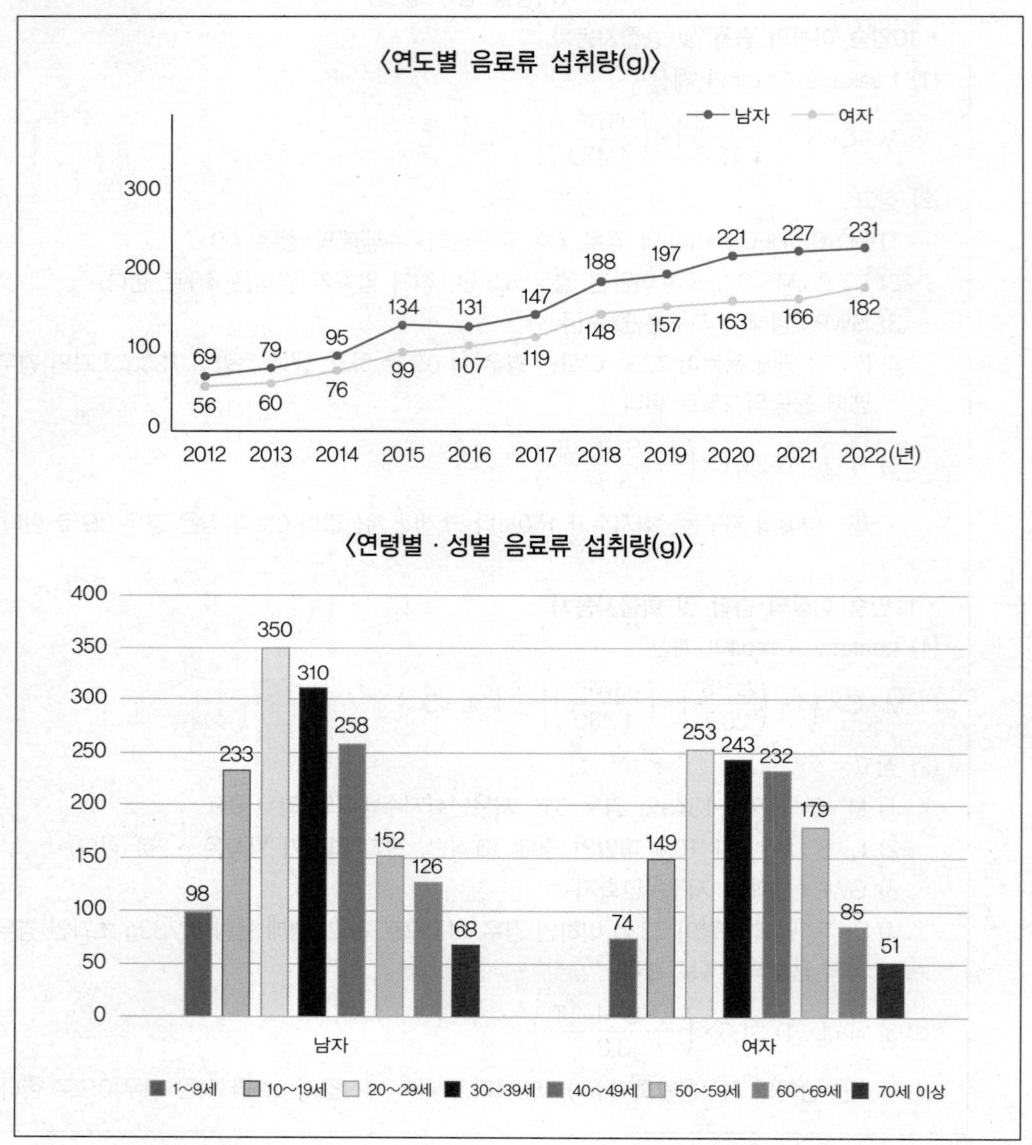

① 음료류에 대한 소비자 선택의 폭이 넓어졌다.

② 모든 음료에서 남자가 여자보다 구매력이 높다.

③ 음료류 섭취량은 연평균 약 12.7%씩 성장하였다(단, $1.127^{10}=3.3$으로 계산한다).

④ 스포츠 활동은 음료류의 섭취량을 늘린다.

⑤ 음료수 시장에서 가장 높은 성장률을 기대할 수 있는 연령대는 10 ~ 19세이다.

08. 다음은 우리나라 A도 전체의 남자, 여자의 인구수와 A도 내에 있는 2개의 도심지와 2개의 농가 지역의 인구수에 관한 관측 및 예측 자료이다. 이에 대한 설명으로 가장 적절한 것은?

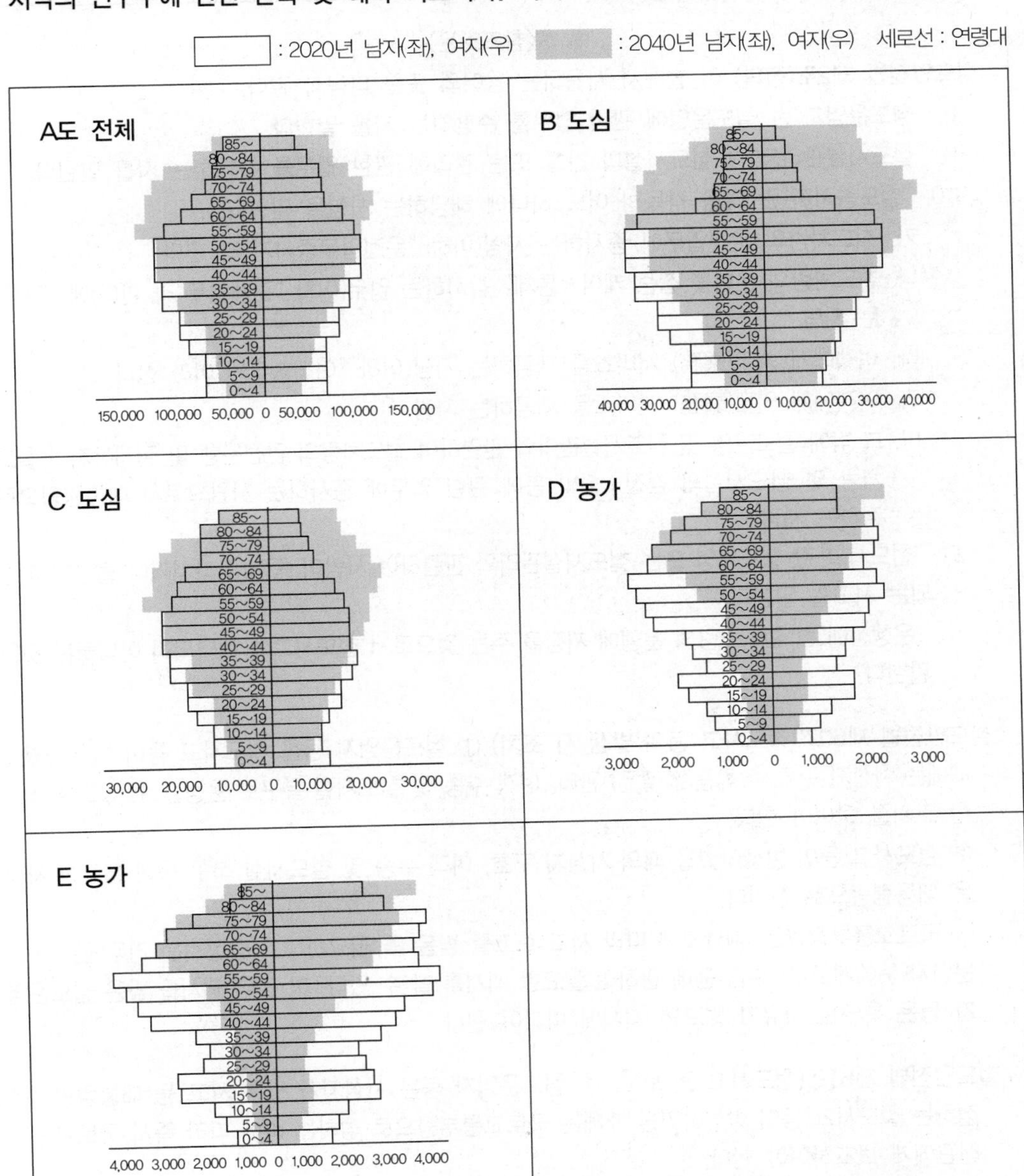

① 도심지로의 인구 유입은 대부분은 농가로부터 발생한 것이다.

② 농가 지역의 가구당 수입은 지속적으로 감소하고 있다.

③ A도의 전체 인구는 감소할 것이다.

④ 인구 이동의 주요 원인은 자녀의 교육이다.

⑤ A도 내의 평균 연령은 점차 높아질 것이다.

[09 ~ 10] 다음 철도안전법령 규정을 참고하여 이어지는 질문에 답하시오.

〈참조조문〉

철도안전법 제2조(정의) 이 법에서 사용하는 용어의 뜻은 다음과 같다.

8. "철도운영자"란 철도운영에 관한 업무를 수행하는 자를 말한다.
9. "철도시설관리자"란 철도시설의 건설 또는 관리에 관한 업무를 수행하는 자를 말한다.
10. "철도종사자"란 다음 각목의 어느 하나에 해당하는 사항을 말한다.
    가. 철도차량의 운전업무에 종사하는 사람(이하 "운전업무종사자"라 한다)
    나. 철도차량의 운행을 집중 케어 · 통제 · 감시하는 업무(이하 "관제업무"라 한다)에 종사하는 사람
    다. 여객에게 승무(乘務) 서비스를 제공하는 사람(이하 "여객승무원"이라 한다)
    라. 여객에게 역무(驛務) 서비스를 제공하는 사람
    마. 그 밖에 철도운영 및 철도시설관리와 관련하여 철도차량의 안전운행 및 질서유지와 철도차량 및 철도시설의 검진 · 정비 등에 관한 업무에 종사하는 사람으로서 대통령령으로 정하는 사람
11. "철도사고"란 철도운영 또는 철도시설관리와 관련하여 사람이 죽거나 다치거나 물건이 파손되는 사고를 말한다.
12. "운행장애"란 철도차량의 운행에 지장을 주는 것으로서 철도사고에 해당되지 아니하는 것을 말한다.

철도안전법 제60조(철도사고 등의 발생 시 조치) ① 철도운영자 등은 철도사고 등이 발생하였을 때에는 사상자 구호, 유류품(遺留品) 관리, 여객 수송 및 철도시설 복구로 운행할 수 있도록 필요한 조치를 하여야 한다.

② 철도사고 등이 발생하였을 때의 사상자 구호, 여객 수송 및 철도시설 복구 등에 필요한 사항은 대통령령으로 정한다.

③ 국토교통부장관은 제61조에 따라 사고 보고를 받은 후 필요하다고 인정하는 경우에는 철도운영자 등에게 사고 수습 등에 관하여 필요한 지시를 할 수 있다. 이 경우 지시를 받은 철도운영자 등은 특별한 사유가 없으면 지시에 따라야 한다.

철도안전법 제61조(철도사고 등 보고) ① 철도운영자 등은 사상자가 많은 사고 등 대통령령으로 정하는 철도사고 등이 발생하였을 때에는 국토교통부령으로 정하는 바에 따라 즉시 국토교통부장관에게 보고하여야 한다.

② 철도운영자 등은 제1항에 따른 철도사고 등을 제외한 철도사고 등이 발생하였을 때에는 국토교통부령으로 정하는 바에 따라 사고 내용을 조사하여 그 결과를 국토교통부장관에게 보고하여야 한다.

철도안전법 시행령 제56조(철도사고 등의 발생 시 조치사항) 법 제60조 제2항에 따라 철도사고 등이 발생한 경우 철도운영자 등이 준수하여야 하는 사항은 다음 각호와 같다.

1. 사고수습이나 복구 작업을 하는 경우에는 인명의 구조와 보호에 가장 우선순위를 둘 것
2. 사상자가 발생한 경우에는 법 제7조 제1항에 따른 안전관리체계에 포함된 비상대응계획에서 정한 절차(이하 "비상대응절차"라 한다)에 따라 응급처치, 의료기관으로 긴급이송, 유관기관과의 협조 등 필요한 조치를 신속히 할 것
3. 철도차량 운행이 곤란한 경우에는 비상대응절차에 따라 대체교통수단을 마련하는 등 필요한 조치를 할 것

철도안전법 시행령 제57조(국토교통부장관에게 즉시 보고하여야 하는 철도사고 등) 법 제61조 제1항에서 "사상자가 많은 사고 등 대통령령으로 정하는 철도사고 등"이란 다음 각호의 어느 하나에 해당하는 사고를 말한다.

1. 열차의 충돌이나 탈선사고
2. 철도차량이나 열차에서 화재가 발생하여 운행을 중지시킨 사고
3. 철도차량이나 열차의 운영과 관련하여 3명 이상 사상자가 발생한 사고
4. 철도차량이나 열차의 운영과 관련하여 5천만 원 이상의 재산피해가 발생한 사고

철도안전법 시행규칙 제56조(철도사고 등의 보고) ① 철도운영자 등은 법 제61조 제1항에 따른 철도사고 등이 발생한 때에는 다음 각호의 사항을 국토교통부장관에게 즉시 보고하여야 한다.

1. 사고 발생 일시 및 장소
2. 사상자 등 피해사항
3. 사고 발생 경위
4. 사고 수습 및 복구 계획 등

② 철도운영자 등은 법 제61조 제2항에 따른 철도사고 등이 발생한 때에는 다음 각호의 구분에 따라 국토교통부장관에게 이를 보고하여야 한다.

1. 초기보고 : 사고발생현황 등
2. 중간보고 : 사고수습 · 복구상황 등
3. 종결보고 : 사고수습 · 복구결과 등

③ 제1항 및 제2항에 따른 보고의 절차 및 방법 등에 관한 세부적인 사항은 국토교통부장관이 정하여 고시한다.

09. 철도운영자 A는 어느 날 사상자가 5명 이상 발생한 열차충돌사고가 일어났다는 보고를 받았다. 이에 관한 설명으로 잘못된 것은?

① A는 사상자 구호, 유류품(遺留品) 관리, 여객 수송 및 철도시설 복구 등 인명피해 및 재산피해를 최소화하고 열차를 정상적으로 운행할 수 있도록 필요한 조치를 할 의무가 있다.

② A는 사고의 원인을 철저히 조사하여 서면으로 정리한 후 해당 철도사고가 발생하였음을 국토교통부장관에게 보고하여야 한다.

③ 국토교통부장관은 규정에 따라 사고 보고를 받은 후 필요하다고 인정하는 경우 A에게 사고 수습 등에 관하여 필요한 지시를 할 수 있다.

④ A가 ③의 지시를 받은 경우 특별한 사유가 없다면 이에 따라야 한다.

⑤ 철도사고에 관련한 보고 절차 및 방법 등에 관한 세부사항은 국토교통부장관이 정하여 고시한다.

10. 철도운영자 P는 어느 날 집중호우로 인해 열차 운행과 관련하여 1천만 원의 재산피해를 야기한 철도사고가 발생하였다는 보고를 받았다. 이에 관한 설명으로 잘못된 것은?

① 철도사고 등이 발생하였을 때의 사상자 구호, 여객 수송 및 철도시설 복구 등에 필요한 사항은 대통령령으로 정한다.

② P는 해당 철도사고에 대하여 적어도 3회에 걸쳐 국토교통부장관에게 보고하여야 한다.

③ P가 사고수습이나 복구 작업을 하는 경우 인명의 구조와 보호에 최우선순위를 두어야 한다.

④ 만일 해당 철도사고로 사상자가 발생한 경우라면 비상대응절차에 따라 응급처치, 의료기관으로 긴급이송, 유관기관과의 협조 등 필요한 조치를 신속히 하여야 한다.

⑤ 해당 집중호우에 의해 철도차량 운행이 곤란하더라도 이는 자연재해이므로 대체교통수단을 마련할 필요는 없다.

[11 ~ 12] 다음 〈자료〉를 읽고 이어지는 질문에 답하시오.

자료

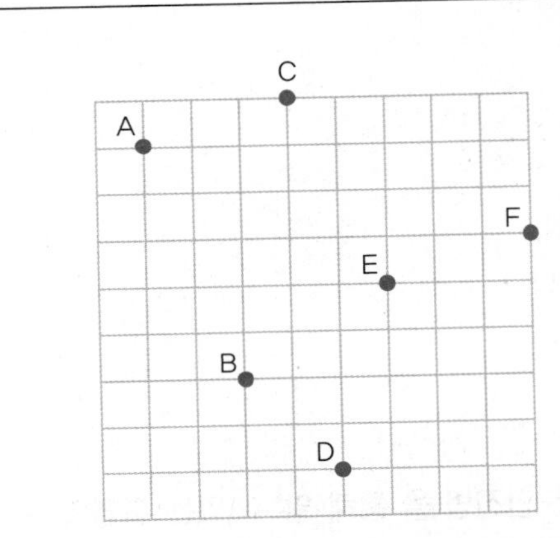

그림과 같이 가로, 세로로 연결돼 있으면서 간격이 일정한 도로망이 있다. 이 도로망 위 점(●)에 위치해 있는 A ~ F 6개의 소매점에 물건을 공급하는 물류센터를 건설하려고 한다(단, 가장 작은 정사각형의 한 변의 길이는 1km이다).

11. **다음 〈조건 1〉에 맞추어 물류센터를 건설했을 때, 물류센터로부터 A ~ F 6개 소매점에 물류를 운송하는 데 필요한 비용은?**

조건 1

(가) 물류센터는 도로와 도로의 교차점에 건설하며, 도로망 위로만 이동한다.
(나) 물류센터는 각 소매점까지의 거리의 합이 최소가 되는 지점에 건설한다.
(다) 비용은 거리 1km당 10,000원이다.

① 220,000원 ② 230,000원 ③ 240,000원 ④ 250,000원 ⑤ 260,000원

12. **다음 〈조건 2〉에 맞추어 물류센터를 건설했을 때, 물류센터로부터 A ~ F 6개 소매점에 물류를 운송하는 데 필요한 비용은?**

조건 2

(가) 물류센터는 도로와 도로의 교차점에 건설하여, 도로망 위로만 이동한다.
(나) 물류센터는 각 소매점까지의 물류를 운송하는 데 필요한 비용이 최소가 되는 지점에 건설한다.
(다) 물류센터로부터 A, B, C 소매점으로 물류를 운송하는 비용은 거리 1km당 10,000원이고, D, E, F 소매점으로 운송하는 비용은 거리 1km당 20,000원이다.

① 360,000원 ② 370,000원 ③ 380,000원 ④ 390,000원 ⑤ 400,000원

13. 조직문화는 조직 전체와 구성원들의 행동에 영향을 미치는 것으로, 기능적인 측면에서 순기능과 역기능을 지니고 있다. 다음 중 조직문화의 순기능에 해당하지 않는 것은?

① 조직문화는 조직의 환경 적응력을 높인다.
② 조직문화는 구성원들의 조직몰입을 강화한다.
③ 조직문화는 구성원들에게 행동지침을 제공한다.
④ 조직문화는 구성원들 간의 단합과 조화를 촉진한다.
⑤ 조직문화는 구성원들의 창의성과 다양성을 촉진한다.

14. 철도 관련 공사의 경영활동에 있어서 다음 글의 「철도안전법」을 통해 알 수 있는 경영의 구성요소는?

'경영'이란 조직의 목적을 달성하기 위한 전략, 관리, 운영 활동을 의미한다. 조직의 성공적인 경영을 위해서는 경영의 필수요소가 무엇인지 파악하여 각 요소에 적합한 계획을 수립하고 관리해야 한다. 특히, 국민의 생명과 안전을 책임지고 있는 철도 관련 공사는 「철도안전법」을 숙지하고 변경사항 여부를 파악할 수 있도록 법 개정에 대한 정보를 즉각적으로 입수하고 적용해야 한다. 국가법령정보센터에서 명시하고 있는 「철도안전법」의 목적과 구성은 다음과 같다.

"이 법은 철도안전을 확보하기 위하여 필요한 사항을 규정하고 철도안전 관리체계를 확립함으로써 공공복리의 증진에 이바지함을 목적으로 한다(「철도안전법」 제1조)."

「철도안전법」은 제9장 81개 조항과 부칙으로 구성되어 있다.

제1장 총칙
제2장 철도안전 관리체계
제3장 철도종사자의 안전관리
제4장 철도시설 및 철도차량의 안전관리
제5장 철도차량 운행안전 및 철도 보호
제6장 철도사고조사 · 처리
제7장 철도안전기반 구축
제8장 보칙
제9장 벌칙
부 칙

① 전략　② 자금　③ 경영목적
④ 인적자원　⑤ 조직구조

[15 ~ 16] ○○공사에서는 조직의 중장기 발전전략을 수립하는 프로젝트팀을 구성하였다. 이어지는 질문에 답하시오.

15. 다음 조직의 중장기 발전전략 수립에 대한 프로젝트팀 직원들 간의 대화 중 잘못된 내용을 말하고 있는 직원은?

> 김 팀장 : 전략은 계층별로 사업전략, 기업전략, 기능전략으로 구분할 수 있는데, 사업전략은 전사적 전략으로 어디서 경쟁을 하여야 하는지를 결정합니다.
> 박 과장 : 조직 중장기 발전전략 수립을 위하여 환경 분석을 할 수 있는데, 외부환경 분석과 내부환경 분석으로 구분됩니다.
> 이 대리 : 대표적인 외부환경 분석 도구로 마이클 포터의 산업분석 모형이 있습니다.
> 안 주임 : 대표적인 내부환경 분석 도구로 마이클 포터의 가치사슬 분석이 있습니다.
> 최 사원 : 환경 분석 후, 전략을 수립하고 실행하고 평가와 통제를 수행할 수 있습니다.

① 김 팀장　② 박 과장　③ 이 대리
④ 안 주임　⑤ 최 사원

16. 프로젝트팀에서 환경분석을 수행하여 ○○공사에 대한 산업분석 모형을 도출한 결과, 잠재적 진입자가 존재함을 발견하였다. 이에 대한 프로젝트팀 직원들의 대화 중 잘못된 대처방안을 말하고 있는 직원은?

> 김 팀장 : 잠재적 진입자가 시장에 들어오지 못하도록 진입장벽을 구축하여야 합니다.
> 박 과장 : 정부의 진입규제를 활용하여 진입장벽을 구축할 수 있습니다.
> 이 대리 : 투자비용을 낮게 만들어 진입장벽도 높아지도록 하여야 합니다.
> 안 주임 : 우리 공사의 브랜드가 강력할수록 진입장벽도 높아질 수 있습니다.
> 최 사원 : 규모의 경제로 인한 원가차이가 나타나면 진입장벽이 높아질 수 있습니다.

① 김 팀장　② 박 과장　③ 이 대리
④ 안 주임　⑤ 최 사원

17. IT 시스템을 관리하는 정보화기획부의 K 부장이 담당하는 IT 예산의 편성 및 변경 수행 업무의 내용으로 가장 적절하지 않은 것은?

① 예산 편성 절차 및 일정
② 정부의 내년도 국정 목표
③ 예산 편성 제출자료 양식 및 작성 요령
④ 사업계획 수립 지침 및 예산 편성 기준
⑤ 기타 예산 편성 참고 자료

18. AA 공단 홍보팀 이몽룡 대리는 직원을 대상으로 하는 교육용 자료를 만들기 위해 홍길동 대리와 서로 대화를 나누고 있다. 대화 내용과 가장 관련 있는 것은?

> 이몽룡 : 요즘 악성코드에 감염된 사용자 PC를 조작하여 금융정보를 빼내는 신종사기가 극성을 부린다고 하네요.
> 홍길동 : 그렇다죠. 저도 엊그제 그것에 대해 우연히 알게 되었어요.
> 이몽룡 : 그 내용을 교육용 자료로 만들려고 하는데, 자세하게 설명을 좀 해 주시겠어요?
> 홍길동 : 네, 만약 사용자 PC가 악성코드에 감염되면 우리가 정상 홈페이지에 접속을 해도 가짜 사이트로 유도하여 금융정보를 탈취당하게 되어 있어요. 정상 홈페이지로 가장하여 보안카드번호 등 금융정보를 입력하도록 요구하는 신종금융 사기의 주요 범행 수단이지요. 조심해야 돼요.

① 파밍(Pharming)　② 피싱(Phishing)　③ 차단
④ 스누핑(Snooping)　⑤ 스푸핑(Spoofing)

19. 다음 기사를 읽고 나눈 대화의 내용으로 적절하지 않은 것은?

> (㉠)은/는 정식 제품 구매 전에 먼저 체험해 볼 수 있도록 사용 기간이나 특정 기능에 제한을 둔 소프트웨어를 말한다. 체험판 또는 평가판이라고도 하며 대부분 무료로 배포된다. 또한 (㉡)은/는 소프트웨어 내 광고 삽입을 대가로 해당 소프트웨어의 기능을 금전적 대가 없이 사용할 수 있는 것을 말한다.
>
> 또 중요성이 강조되는 것은 자신의 창작물에 대하여 일정한 조건하에 다른 사람의 자유로운 이용을 허락한다는 의미의 자유 이용 라이선스인 (㉢)이다.
>
> 예컨대 아래의 표시를 보자.
>
> 
>
> 이 표시는 (㉣)라는 의미를 가진다.
>
> 또한 (㉤)은 Share Alike, 즉 동일 조건 변경 허락이라는 의미를 가진다.

① ㉠에 들어갈 말로는 '셰어웨어'가 적절하겠어.

② ㉡에 들어갈 말로는 '프리웨어'가 적절해.

③ ㉢에는 'CCL'이 들어가는 것이 적절해.

④ ㉣ 표시가 되어 있다면 어떠한 경우에도 영리 목적으로 사용할 수 없다는 뜻이야.

⑤ ㉤에는 ⊜ 표시가 들어가면 적절할 것 같은데.

20. ○○공사 K 부장은 연수에 필요한 4차 산업혁명 관련 강의 자료를 만들고 있다. 다음 기사의 밑줄 친 '유튜버'에 해당하는 설명으로 적절한 것은?

> **〈직원들이 유튜버로! 직원 참여 유튜브 영상이 뜬다〉**
>
> 유튜브 주도의 모바일 동영상 콘텐츠가 대세다. 디지털 미디어랩 ○○조사에 따르면 국내 인터넷 이용자의 60%가 정보를 유튜브에서 검색하는 것으로 조사됐다. 또한 인터넷 이용자의 온라인 동영상 이용률 역시 95.3%를 기록했으며, 모바일 동영상 시청 시간 역시 전체 모바일 인터넷 이용 시간의 절반에 달하는 75분을 기록했다고 밝혔다.
>
> 유튜브 콘텐츠 경쟁에서 최근 눈에 띄는 현상은 사내 직원들이 유튜브 영상 속 주인공으로 등장하고 있는 점이다. 이들은 프로 방송인은 아니기에 다소 어색할 수 있지만 기업 소식에 밝고 진정성을 가졌다는 측면에서 좋은 반응을 얻고 있다. 이에 퇴근한 직원들이 '유튜버'로 참여한 영상을 제작하는 사례가 많아지고 있다.

> ㉠ 기계를 다루는 기술에 관련한 전문가
> ㉡ 일정한 소속이 없는 자유계약으로 일하는 전문가
> ㉢ 예술적 감각이 있는 일정한 양식과 스타일의 복식을 디자인하는 전문가
> ㉣ 인터넷 무료 동영상 공유 사이트 유튜브에서 활동하는 개인 업로더들
> ㉤ 행사나 모임에 적극적으로 참여하여 사람들과 잘 어울려 지내는 사람

① ㉠ ② ㉡ ③ ㉢
④ ㉣ ⑤ ㉤

1회 기출예상
2회 기출예상
3회 기출예상
4회 기출예상
5회 기출예상
6회 기출예상
7회 기출예상
8회 기출예상
인성검사
면접가이드

21. 다음은 □□기업 생산부 홍길동 씨가 진행할 작업에 사용될 〈부품 리스트〉이다. 주어진 〈부품 선정 우선순위〉에 따라 세 종류의 부품을 선택하여 작업을 시행할 때, 선정된 부품으로 알맞은 것은? (단, 작업에 필요한 시간은 사용 품목 및 수량에 따라 더하여 계산하며, 40분을 넘기면 안 된다)

〈부품 리스트〉

부품	금액(개당)	작업 시 필요한 수량(개)	작업에 필요한 시간(개당)
A	200,000원	3	5분
B	180,000원	4	4분
C	250,000원	2	3분 30초
D	300,000원	3	3분
E	300,000원	2	2분
F	100,000원	4	4분

〈부품 선정 우선순위〉

1) 총 금액이 저렴하여야 한다.
2) 작업에 필요한 시간의 합이 짧아야 한다.
3) 사용되는 부품의 수량의 합이 적어야 한다.

① A, B, C　② A, B, D　③ A, C, E
④ A, C, F　⑤ C, D, E

[22 ~ 23] 다음의 제시상황과 글을 읽고 이어지는 질문에 답하시오.

○○기업에서는 이번 신입사원 집체교육에서 진행할 소양 교육 프로그램을 새로 선정하려고 한다.

기준 / 프로그램	가격	난이도	수업 만족도	교육 효과	소요시간
요가	100만 원	보통	보통	높음	2시간
댄스 스포츠	90만 원	낮음	보통	낮음	2시간
요리	150만 원	보통	매우 높음	보통	2시간 30분
캘리그래피	150만 원	높음	보통	낮음	2시간
코딩	120만 원	매우 높음	높음	높음	3시간

〈순위－점수 환산표〉

순위	1	2	3	4	5
점수	5	4	3	2	1

- 5개의 기준에 따라 5개의 프로그램 간 순위를 매기고 순위－점수 환산표에 의한 점수를 부여함.
- 가격은 저렴할수록, 난이도는 낮을수록, 수업 만족도와 교육 효과는 높을수록, 소요시간은 짧을수록 높은 순위를 부여함.
- 2개 이상의 프로그램의 순위가 동일할 경우, 그 다음 순위의 프로그램은 순위가 동일한 프로그램 수만큼 순위가 밀려남(예 A, B, C가 모두 1위일 경우 그 다음 순위 D는 4위).
- 각 기준에 따른 점수의 합이 가장 높은 프로그램을 선택함.
- 점수의 합이 가장 높은 프로그램이 2개 이상일 경우, 교육 효과가 더 높은 프로그램을 선택함.

22. 위 자료에 따라 점수를 환산할 때, 다음 중 ○○기업이 선택할 프로그램은?

① 요가 ② 댄스 스포츠 ③ 요리
④ 캘리그래피 ⑤ 코딩

23. ○○기업은 일부 프로그램의 가격 및 소요시간이 변동되었다는 사실을 알게 되어 새로이 점수를 환산하려고 한다. 변동된 가격 및 소요시간이 〈보기〉와 같을 때, 다음 중 ○○기업이 선택할 프로그램은?

보기

프로그램	요가	댄스 스포츠	요리	캘리그래피	코딩
가격	120만 원	100만 원	150만 원	150만 원	120만 원
소요시간	3시간	2시간 30분	2시간	2시간 30분	3시간

① 요가 ② 댄스 스포츠 ③ 요리
④ 캘리그래피 ⑤ 코딩

24. 다음은 어느 식당에서 5명의 친구들이 회식을 한 내역이다. 내역기준의 방법으로 회식비용을 분담했을 때 전통적인 방법에 비해 회식비용을 덜 부담하는 사람은?

구분	요리	후식	음료
명수	12,000원	–	5,000원
인석	13,000원	5,000원	10,000원
화영	20,000원	5,000원	–
미정	16,000원	6,000원	7,000원
은희	18,000원	3,000원	5,000원

전통적인 방법은 회식비용 총액을 인원 수로 나누어 균등하게 배분하는 것이고, 내역기준의 방법은 각 개인의 회식비용을 개별로 합산하여 배분하는 방법이다.

① 명수 ② 인석 ③ 화영
④ 미정 ⑤ 은희

[25 ~ 26] ○○공사는 다음의 법률 조항을 근거로 매뉴얼을 작성하려고 한다. 이어지는 질문에 답하시오.

제6조 부정청탁을 받은 공직자들은 그에 따라 직무를 수행해서는 아니 된다.

제7조 ① 공직자 등은 부정청탁을 받았을 때에는 부정청탁을 한 자에게 부정청탁임을 알리고 이를 거절하는 의사를 명확히 표시하여야 한다.

② 공직자 등은 제1항에 따른 조치를 하였음에도 불구하고 동일한 부정청탁을 다시 받은 경우에는 이를 소속기관장에게 서면으로 신고하여야 한다.

③ 제2항에 따른 신고를 받은 소속기관장은 신고의 경위 · 취지 · 내용 · 증거자료 등을 조사하여 신고 내용이 부정청탁에 해당하는지를 신속하게 확인하여야 한다.

④ 소속기관장은 부정청탁이 있었던 사실을 알게 된 경우 또는 제2항 및 제3항의 부정청탁에 관한 신고 · 확인 과정에서 해당 직무의 수행에 지장이 있다고 인정하는 경우에는 부정청탁을 받은 공직자 등에 대하여 다음 각호의 조치를 할 수 있다.

1. 직무 참여 일시중지　　2. 직무 대리자의 지정　　3. 전보

⑤ 공직자 등은 제2항에 따른 신고를 감독기관 · 감사원 · 수사기관 또는 국민권익위원회에도 할 수 있다.

⑥ 소속기관장은 다른 법령에 위반되지 아니하는 범위에서 부정청탁의 내용 및 조치사항을 해당 공공기관의 인터넷 홈페이지 등에 공개할 수 있다.

제8조 ① 공직자 등은 직무 관련 여부 및 기부 · 후원 · 증여 등 그 명목에 관계없이 동일인으로부터 1회에 100만 원 또는 매 회계연도에 300만 원을 초과하는 금품 등을 받거나 요구 또는 약속해서는 아니 된다.

② 공직자 등은 직무와 관련하여 대가성 여부를 불문하고 100만 원 이하의 금품 등을 받거나 요구 또는 약속해서는 아니 된다.

③ 외부강의 등에 관한 사례금 또는 다음 각호의 어느 하나에 해당하는 금품 등의 경우에는 제1항 또는 제2항에서 수수를 금지하는 금품 등에 해당하지 아니한다.

1. 공공기관이 소속 공직자 등이나 파견 공직자 등에게 지급하거나 상급 공직자 등이 위로 · 격려 · 포상 등의 목적으로 하급 공직자 등에게 제공하는 금품 등
2. 원활한 직무수행 또는 사교 · 의례 또는 부조의 목적으로 제공되는 음식물 · 경조사비 · 선물 등으로서 대통령령으로 정하는 가액 범위 안의 금품 등
3. 사적 거래(증여는 제외한다)로 인한 채무의 이행 등 정당한 권원(權原)에 의하여 제공되는 금품 등
4. 공직자 등의 친족(「민법」 제777조에 따른 친족을 말한다)이 제공하는 금품 등
5. 공직자 등과 관련된 직원상조회 · 동호인회 · 동창회 · 향우회 · 친목회 · 종교단체 · 사회단체 등이 정하는 기준에 따라 구성원에게 제공하는 금품 등 및 그 소속 구성원 등 공직자 등과 특별히 장기적 · 지속적인 친분관계를 맺고 있는 자가 질병 · 재난 등으로 어려운 처지에 있는 공직자 등에게 제공하는 금품 등

6. 공직자 등의 직무와 관련된 공직적인 행사에서 주최자가 참석자에게 통상적인 범위에서 일률적으로 제공하는 교통, 숙박, 음식물 등의 금품 등
7. 불특정 다수인에게 배포하기 위한 기념품 또는 홍보용품 등이나 경연 · 추첨을 통하여 받는 보상 또는 상품 등
8. 그 밖에 다른 법령 · 기준 또는 사회상규에 따라 허용되는 금품 등

④ 공직자 등의 배우자는 공직자 등의 직무와 관련하여 제1항 또는 제2항에 따라 공직자 등이 받는 것이 금지되는 금품 등을 받거나 요구하거나 제공받기로 약속해서는 아니 된다.

⑤ 누구든지 공직자 등에게 또는 공직자 등의 배우자에게 수수 금지 금품 등을 제공하거나 그 제공의 약속 또는 의사표시를 해서는 아니 된다.

제9조 ① 공직자 등은 다음 각호의 어느 하나에 해당하는 경우에는 소속기관장에게 지체 없이 서면으로 신고하여야 한다.

1. 공직자들 자신이 수수 금지 금품 등을 받거나 그 제공의 약속 또는 의사표시를 받은 경우
2. 공직자 등이 자신의 배우자가 수수 금지 금품 등을 받거나 그 제공의 약속 또는 의사표시를 받은 사실을 안 경우

② 공직자 등은 자신이 수수 금지 금품 등을 받거나 그 제공의 약속이나 의사표시를 받은 경우 또는 자신의 배우자가 수수 금지 금품 등을 받거나 그 제공의 약속이나 의사표시를 받은 사실을 알게 된 경우에는 이를 제공자에게 지체 없이 반환하거나 반환하도록 하거나 그 거부의 의사를 밝히거나 밝히도록 하여야 한다. 다만, 받은 금품 등이 다음 각호의 어느 하나에 해당하는 경우에는 소속 기관장에게 인도하거나 인도하도록 하여야 한다.

1. 멸실 · 부패 · 변질 등의 우려가 있는 경우
2. 해당 금품 등의 제공자를 알 수 없는 경우
3. 그 밖에 제공자에게 반환하기 어려운 사정이 있는 경우

③ 소속기관장은 제1항에 따라 신고를 받거나 제2항 단서에 따라 금품 등을 인도받은 경우 수수 금지 금품 등에 해당한다고 인정하는 때에는 반환 또는 인도하게 하거나 거부의 의사를 표시하도록 하여야 하며, 수사의 필요성이 있다고 인정하는 때에는 그 내용을 지체 없이 수사기관에 통보하여야 한다.

④ 소속기관장은 공직자 등 또는 그 배우자가 수수 금지 금품 등을 받거나 그 제공의 약속 또는 의사표시를 받은 사실을 알게 된 경우 수사의 필요성이 있다고 인정하는 때에는 그 내용을 지체 없이 수사기관에 통보하여야 한다.

⑤ 소속기관장은 소속 공직자 등 또는 그 배우자가 수수 금지 금품 등을 받거나 그 제공의 약속 또는 의사표시를 받은 사실을 알게 된 경우 또는 제1항부터 제4항까지의 규정에 따른 금품 등의 신고, 금품 등의 반환 · 인도 또는 수사기관에 대한 통보의 과정에서 직무의 수행에 지장이 있다고 인정하는 경우에는 해당 공직자 등에게 제7조 제4항 각호 및 같은 조 제5항의 조치를 할 수 있다.

⑥ 공직자 등은 제1항 또는 같은 조 제2항 단서에 따른 신고나 인도를 감독기관 · 감사원 · 수사기관 또는 국민권익위원회에도 할 수 있다.

⑦ 소속기관장은 공직자 등으로부터 제1항 제2호에 따른 신고를 받은 경우 그 공직자 등의 배우자가 반환을 거부하는 금품 등이 수수 금지 금품 등에 해당한다고 인정하는 때에는 그 공직자 등의 배우자로 하여금 그 금품 등을 제공자에게 반환하도록 요구하여야 한다.

제22조 ① 다음 각호의 어느 하나에 해당하는 자는 3년 이하의 징역 또는 3천만 원 이하의 벌금에 처한다.

1. 제8조 제1항을 위반한 공직자 등. 다만, 제9조 제1항 · 제2항 또는 제6항에 따라 신고하거나 그 수수 금지 금품 등을 반환 또는 인도하거나 거부의 의사를 표시한 공직자 등은 제외한다.
2. 자신의 배우자가 제8조 제4항을 위반하여 같은 조 제1항에 따른 수수 금지 금품 등을 받거나 요구하거나 제공받기로 약속한 사실을 알고도 제9조 제1항 제2호 또는 같은 조 제6항에 따라 신고하지 아니한 공직자 등(제11조에 따라 준용되는 공무수행사인을 포함한다). 다만, 공직자 등 또는 배우자가 제9조 제2항에 따라 수수 금지 금품 등을 반환 또는 인도하거나 거부의 의사를 표시한 경우는 제외한다.
3. 제8조 제5항을 위반하여 같은 조 제1항에 따른 수수 금지 금품 등을 공직자 등 또는 그 배우자에게 제공하거나 그 제공의 약속 또는 의사표시를 한 자

② 다음 각호의 어느 하나에 해당하는 자는 2년 이하의 징역 또는 2천만 원 이하의 벌금에 처한다.

1. 제6조를 위반하여 부정청탁을 받고 그에 따라 직무를 수행한 공직자 등

(중략)

④ 제1항 제1호부터 제3호까지의 규정에 따른 금품 등은 몰수한다. 다만, 그 금품 등의 전부 또는 일부를 몰수하는 것이 불가능한 경우에는 그 가액을 추징한다.

제23조 ⑤ 다음 각호의 어느 하나에 해당하는 자에게는 그 위반행위와 관련된 금품 등 가액의 2배 이상 5배 이하에 상당하는 금액의 과태료를 부과한다. 다만, 「형법」 등 다른 법률에 따라 형사처벌을 받은 경우에는 과태료를 부과하지 아니하며, 과태료를 부과한 후 형사처벌을 받은 경우에는 그 과태료 부과를 취소한다.

1. 제8조 제2항을 위반한 공직자 등. 다만, 제9조 제1항 · 제2항 또는 제6항에 따라 신고하거나 그 수수 금지 금품 등을 반환 또는 인도하거나 거부의 의사를 표시한 공직자 등은 제외한다.
2. 자신의 배우자가 제8조 제4항을 위반하여 같은 조 제2항에 따른 수수 금지 금품 등을 받거나 요구하거나 제공받기로 약속한 사실을 알고도 제9조 제1항 제2호 또는 같은 조 제6항에 따라 신고하지 아니한 공직자 등(제11조에 따라 준용되는 공무수행사인을 포함한다). 다만, 공직자 등 또는 배우자가 제9조 제2항에 따라 수수 금지 금품 등을 반환 또는 인도하거나 거부의 의사를 표시한 경우는 제외한다.
3. 제8조 제5항을 위반하여 같은 조 제2항에 따른 수수 금지 금품 등을 공직자 등(제11조에 따라 준용되는 공무수행사인을 포함한다) 또는 그 배우자에게 제공하거나 그 제공의 약속 또는 의사표시를 한 자

⑦ 소속기관장은 제1항부터 제5항까지의 과태료 부과 대상자에 대해서는 그 위반 사실을 「비송사건절차법」에 따른 과태료 제한 관할법원에 통보하여야 한다.

25. ○○공사가 매뉴얼 작성과 관련하여 회의를 진행하였다. 적절하지 않은 답을 한 사람을 모두 고르면?

> 차장 : 공공기관의 청렴성이 어느 때보다 강조되는 시점입니다. 이에 따라 ○○공사 직원들이 지켜야 할 청렴의무와 관련해 매뉴얼을 만들려고 하니 의견들을 제시해 주시기 바랍니다.
>
> 갑 : 이번 매뉴얼은 ○○공사 직원이 지켜야 할 규칙에 관한 것으로 업무 매뉴얼에 해당하므로 가능한 한 단순하고 간결하게 작성하여야 합니다.
>
> 을 : 무엇보다 법률의 취지를 살리기 위해 법률용어는 가능한 한 바꾸지 않는 것이 좋을 것 같습니다.
>
> 병 : 짧고 의미 있는 제목을 사용한다면 ○○공사 직원들이 해당 사건이 발생할 경우 해당 정보를 쉽게 찾을 수 있지 않을까요? 또한 ○○공사 직원들이 한번 본 후 더 이상 매뉴얼이 필요하지 않도록 빨리 외울 수 있게끔 배려하는 것도 필요합니다.
>
> 정 : 추측성 설명을 추가하는 것은 어떨까요? ○○공사 직원들의 호기심을 자극하여 정보를 더욱 손쉽게 습득할 수 있게 할 것 같습니다.
>
> 무 : 한 문장에 하나의 명령 또는 밀접하게 관련된 몇 가지 명령만을 포함하는 것이 좋을 것 같습니다.

① 갑, 을　② 을, 정　③ 병, 정
④ 정, 무　⑤ 무

26. 위 법률을 바탕으로 매뉴얼을 만들기 위해 ○○공사는 직원회의를 개최하였다. 다음 중 법률을 잘못 이해하고 있는 직원은? (단, 1회의 금품 등의 수수를 전제로 만든 것이다)

〈부정청탁이란?〉

1	2	3	4	5
인가 · 허가 등 직무 처리	행정처분 · 형벌 부과 감경 · 면제	채용 · 승진 등 인사 개입	공공기관 의사결정 관여 직위 선정 · 탈락에 개입	공공기관 주관 수상 · 포상 등 선정 · 탈락에 개입

6	7	법령 위반 + 지위 · 권한 남용	8	9
입찰 · 경매 등에 관한 직무상 비밀 누설	특정인 계약 당사자 선정 · 탈락에 개입		보조금 등의 배정 · 지원, 투자 등에 개입	공공기관이 생산 · 공급하는 재화 및 용역의 비정상적 거래

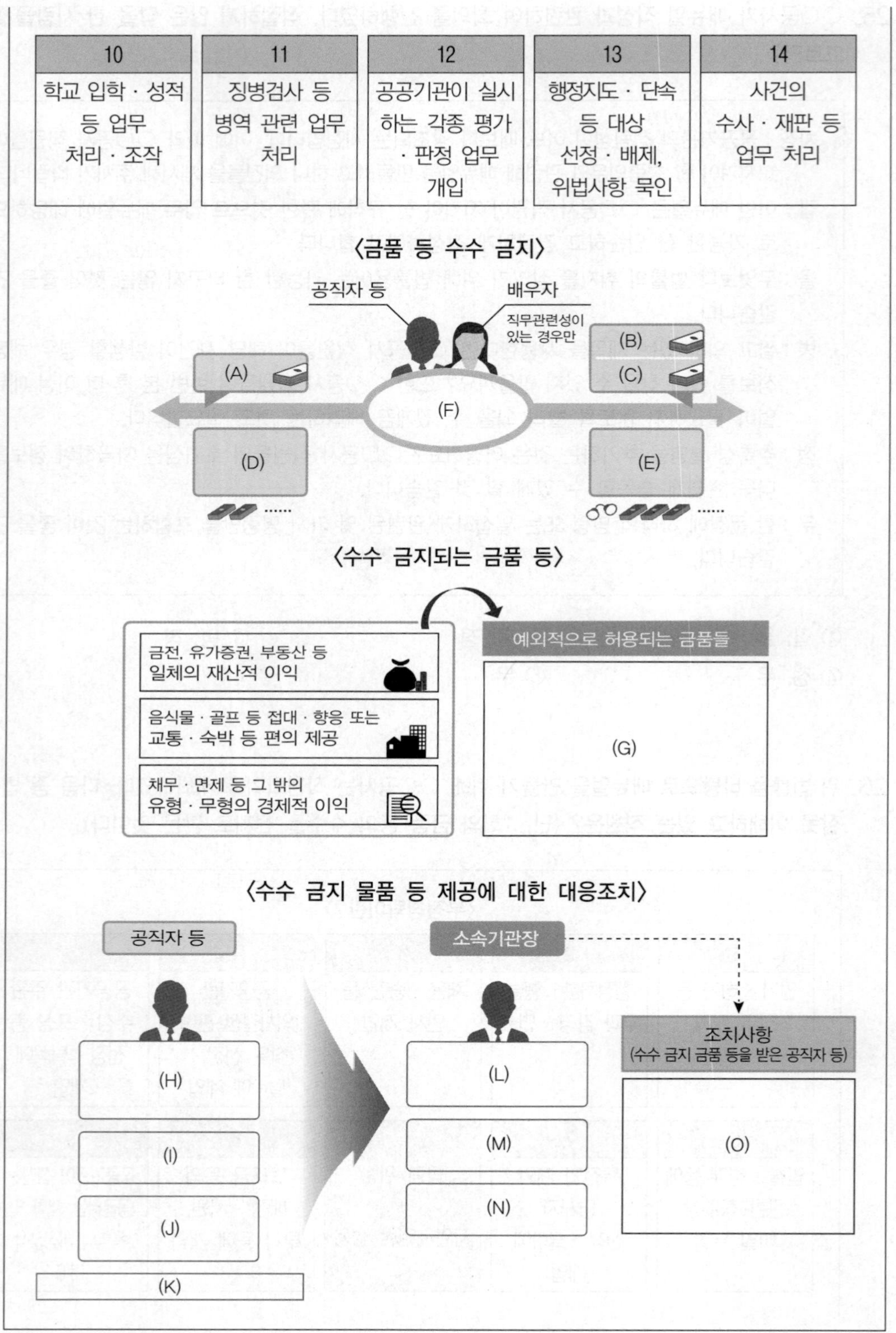
10
학교 입학 · 성적 등 업무 처리 · 조작
11
징병검사 등 병역 관련 업무 처리
12
공공기관이 실시하는 각종 평가 · 판정 업무 개입
13
행정지도 · 단속 등 대상 선정 · 배제, 위법사항 묵인
14
사건의 수사 · 재판 등 업무 처리
〈금품 등 수수 금지〉
공직자 등
배우자
직무관련성이 있는 경우만
(A)
(B)
(C)
(D)
(E)
(F)
〈수수 금지되는 금품 등〉
금전, 유가증권, 부동산 등 일체의 재산적 이익
음식물 · 골프 등 접대 · 향응 또는 교통 · 숙박 등 편의 제공
채무 · 면제 등 그 밖의 유형 · 무형의 경제적 이익
예외적으로 허용되는 금품들
(G)
〈수수 금지 물품 등 제공에 대한 대응조치〉
공직자 등
소속기관장
(H)
(I)
(J)
(K)
(L)
(M)
(N)
조치사항
(수수 금지 금품 등을 받은 공직자 등)
(O)

갑 : F에 들어갈 말로 '100만 원(대가성 여부 불문)'은 어떨까?
을 : G에는 '1. 위로 · 격려 · 포상 등의 목적으로 상급 공직자가 하급 공직자 등에게 제공하는 금품 등, 2. 원활한 직무수행 · 사교 · 의례 · 부조의 목적으로 제공되는 음식물 · 경조사비 · 선물 등으로서 대통령령으로 정하는 가액 범위 안의 금품 등, 3. 정당한 권원(權原)에 의하여 제공되는 금품 등'을 적으면 될 것 같아.
병 : H에는 공직 등이 행할 대응 조치이니 '수수 금지 금품 등을 받거나 제공의 약속 · 의사표시를 받는 경우 소속기관장에게 지체 없이 신고', I에는 '수수 금지 금품 등을 제공자에게 반환 또는 거부 의사표시', J에는 '받은 물품 등이 멸실 · 부패 · 변질 우려 등이 있는 경우 소속기관장에게 인도'가 좋을 듯해.
정 : K 부분에 '신고 · 인도는 감독기관 · 감사원 · 수사기관 또는 국민권익위원회에도 가능' 정도로 보충해 주는 것이 좋겠어.
무 : 소속기관장이 행하여야 하는 조치이니 L에는 '수수 금지 금품 등에 대해 반환 · 인도 또는 거부 의사표시 요구'를, M에는 '수사 필요성 있을 경우 수사기관에 통보'를, N에는 '과태료 부과대상인 경우 관할 지방경찰청장에게 위반사실 통보'를 넣는 것이 좋을 것 같아.

① 갑 ② 을 ③ 병
④ 정 ⑤ 무

27. 다음 중 4차 산업혁명의 주요 분야 및 기술에 대한 설명으로 적절하지 않은 것은?

① 농업 분야의 생산성 및 효율성을 높이고 작물의 품질 향상을 통해 농업을 고부가가치 산업으로 발전시키기 위한 시스템으로, 기후 변화와 농촌 인구 감소, 농가 소득 정체 등의 문제를 개선하고 농업의 경쟁력을 제고하는 것을 목적으로 한다.

② 2D 프린터는 디지털화된 파일이 전송되면 잉크를 종이 표면에 분사하여 앞뒤(x축)와 좌우(y축)로만 운동하지만, 이 기술은 상하(z축) 운동을 더하여 입력한 도면을 바탕으로 입체 물품을 만들어 낸다.

③ 분산 데이터 저장 기술의 한 형태로, 지속적으로 변경되는 데이터를 모든 참여 노드에 기록한 변경 리스트로서 분산 노드의 운영자에 의한 임의 조작이 불가능하도록 고안되었다.

④ 표준인터넷 프로토콜 집합(TCP/IP)을 사용해 개인, 학교, 기업, 정부 네트워크 등을 한정적 지역에서 전체 영역으로 유선, 무선, 광케이블 기술 등을 통해 연결하고 마크업 언어(HTML)나 전자우편을 지원하는 기반 기술 등을 통해 광대한 범위의 정보 자원과 서비스를 운반한다.

⑤ 유선통신을 기반으로 한 인터넷이나 모바일 인터넷보다 진화된 단계로, 인터넷에 연결된 기기나 사람의 개입 없이 상호 간에 알아서 정보를 주고받아 처리한다. 통신장비와 사람 간의 통신을 주목적으로 하는 M2M의 개념을 인터넷으로 확장하여 사물은 물론이고 현실과 가상세계의 모든 정보와 상호작용하는 개념으로 진화한 단계이다.

28. 다음은 ○○공사가 확보하고 있는 20XX년 산업재산권 현황을 그래프로 나타낸 것이다. 이를 바탕으로 ○○공사의 산업재산권에 대해 안내 자료를 작성할 때, 적절한 내용을 〈보기〉에서 모두 고른 것은?

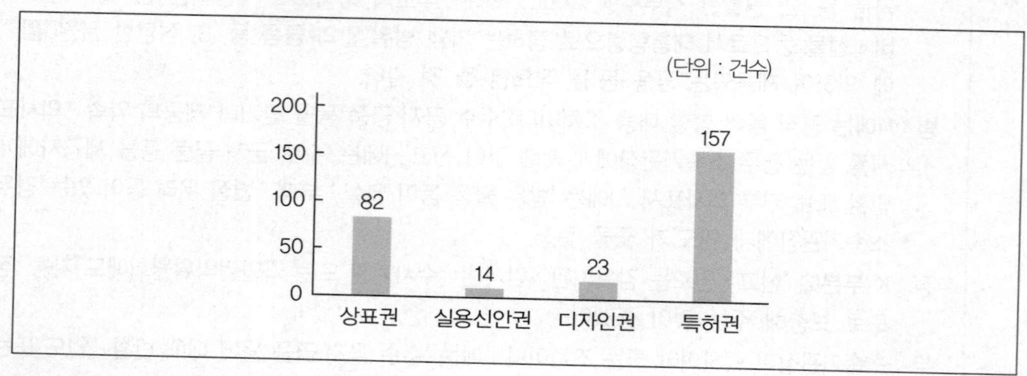

보기

㉠ 물품의 외관에 미적 감각을 느낄 수 있게 하여 등록한 산업재산권은 157건이다.

㉡ 자연법칙을 이용한 기술적 아이디어의 창작으로서 기술 수준이 높은 산업재산권 등록이 50%를 넘는다.

㉢ 발명처럼 수준이 높지는 않으나 물품의 형상, 구조 및 조합을 통해 산업재산권을 등록한 건수의 비율이 가장 낮다.

㉣ 제품의 신용을 유지하기 위해 제품이나 포장 등에 표시하는 상호나 마크에 해당하는 산업재산권의 등록 비율이 가장 높다.

① ㉠, ㉡ ② ㉠, ㉢ ③ ㉡, ㉢
④ ㉡, ㉣ ⑤ ㉢, ㉣

29. '안드라고지(Andragogy)'에 대한 설명으로 옳지 않은 것은?

① 성인들의 학습을 돕기 위해 성인교육의 이론, 과정, 기법을 연구하는 학문을 말한다.
② '성인'을 뜻하는 그리스어 안드로스(Andros)와 '이끌다', '지도하다'를 뜻하는 아고기스(Agogus)의 합성어로서 교육학에서뿐만 아니라 일반적인 사회 용어로도 정착되었다.
③ 성인교육학의 필요성과 아동교육과의 차별성을 강조한다.
④ 교사의 역할은 교육을 계획하고 학습자들의 학습욕구를 설정하며 그에 따라 교육목표를 설정하고 평가하는 것이다.
⑤ 학습자의 경험이 학습자원으로서의 가치가 있다.

30. 경력개발의 가장 일반적인 모형으로 수퍼(Super)의 경력개발 5단계가 있다. 다음 중 25 ~ 44세에 해당하는 '확립기'에 관한 설명은?

단계	성장기	탐색기	확립기	유지기	쇠퇴기
연령	출생 ~ 14세	15 ~ 24세	25 ~ 44세	45 ~ 64세	65세 이후

① 흥미, 능력, 가치 등 자아를 검증하고 직업을 탐색한다.
② 정해진 직업에서 자신의 위치를 확고히 하고 안정된 삶을 유지한다.
③ 자신에게 적합한 직업을 발견하고 이를 토대로 생활 터전을 마련한다.
④ 욕구나 환상이 지배적이지만 점차 현실을 검증하고, 흥미와 능력을 중시하여 진로를 선택한다.
⑤ 은퇴 후 새로운 역할과 활동을 찾는다.

31. 진로정체성(Career Identity), 직업적응(Work Adjustment)에 대한 설명으로 옳지 않은 것은?

① 진로정체성은 내가 누구인지, 무엇이 되고 싶은지에 대한 자아관을 형성해 가도록 동기를 부여하는 인지적 나침반이다.
② 진로정체성은 진로를 형성하는 데 있어서 어떤 진로를 구성할 것인지를 강조한다.
③ 진로정체성은 개인의 동기, 관심, 진로 역할수행 역량과 관련된 의미구조이며, 환경과의 지속적인 상호작용을 통해 형성해 나가는 인지적 개념이다.
④ 직업적응은 개인과 직업 환경 간의 조화를 성취하고 유지하는 과정이다.
⑤ 직업적응의 개념에서 개인과 환경의 불일치가 발생하게 될 경우 개인이 환경을 거부할 수는 없다.

32. 철도종사자의 스트레스 관리를 위한 예방대책 중 '개인 차원에서 실천할 수 있는 자기관리 방법'으로 적합하지 않은 것은?

① 직장에서 함께 근무하는 동료들과 유대관계를 강화하고 여가 시간을 활용하여 취미생활을 한다.
② 균형 있는 식사와 규칙적인 운동을 하고, 긴장을 풀고 스트레스를 해소하기 위한 이완요법을 생활화한다.
③ 소음이 많이 발생하는 공간에서는 청력보호구를 착용하고, 주기적으로 청력검사를 받는다.
④ 직원들의 직무스트레스 평가 결과와 직무스트레스의 원인이 되는 여건에 대한 내부 의견을 분석하여 대책을 마련한다.
⑤ 직무스트레스가 심하거나 정신건강문제로 인한 증상이 지속될 경우에는 정신건강의학과나 임상심리의학과 의사의 상담을 받는다.

33. 멤버십이란 조직의 구성원으로서 그 구성원 각자가 갖는 자격과 지위를 의미한다. 다음 중 멤버십의 유형을 5가지로 분류할 때 바르게 연결된 것은?

① 소외형 – 순응형 – 적당형 – 수동형 – 유화형
② 소수형 – 순응형 – 적당형 – 능동형 – 혼합형
③ 소외형 – 방임형 – 실무형 – 능동형 – 주도형(모범형)
④ 소수형 – 방임형 – 실무형 – 능동형 – 주도형(모범형)
⑤ 실무형 – 소외형 – 순응형 – 수동형 – 주도형(모범형)

34. 다음 글에서 파악할 수 있는 리더십 유형은?

> 유비가 다스렸던 촉나라의 국력은 위나라의 10% 정도에 불과했다. 물자, 사람, 군대 등 모든 불리함을 극복하기 위해 유비가 선택한 방법은 바로 인재 등용과 그들의 자발적인 충성심 유도였다. 그것은 국가와 자신의 생존과도 직결되는 일이었다. 유비는 겸손과 신의, 상황에 따라 지혜롭게 머리를 굽히는 처세학을 바탕으로 리더십을 펼쳤다. 유비야말로 '실리 추구 리더십'의 대표 인물이다.
>
> 그의 겸손과 굽힘 리더십의 결정체는 제갈량을 얻을 때 나타났다. 당시 유비는 제갈량보다 스무 살 연상이었다. 그럼에도 유비는 제갈량을 세 번 찾아가 머리를 숙였다. 세 번째는 낮잠을 자는 제갈량을 몇 시간 동안 서서 기다리며 제갈량의 마음을 얻었다. 또한 유비는 나이, 신분, 부, 출신 지역 등을 가리지 않고 인재를 등용했다. 그리고 인재를 얻기 위해 자신을 낮추는 데 있어 주저함이 없었다.

① 셀프 리더십　② 독재적 리더십　③ 민주적 리더십
④ 서번트 리더십　⑤ 카리스마 리더십

1회 기출예상
2회 기출예상
3회 기출예상
4회 기출예상
5회 기출예상
6회 기출예상
7회 기출예상
8회 기출예상
인성검사
면접가이드

35. Y사는 신입사원들을 대상으로 협상과정에 대한 교육을 실시하기로 하였다. 인사팀 최 사원은 아래 교육 자료파일을 급히 가져가다가 실수로 바닥에 떨어뜨려 순서가 모두 섞이고 말았다. 다음 중 자료파일을 순서에 따라 바르게 나열된 것은?

㉠
- 겉으로 주장하는 것과 실제로 원하는 것을 구분하여 실제로 원하는 것을 찾아냄.
- 분할과 통합기법을 활용하여 이해관계를 분석함.

㉡
- 협의문을 작성함.
- 협의문상의 합의 내용, 용어 등을 재점검함.
- 협의문에 서명함.

㉢
- 협상당사자들 사이에 상호 친근감 발동
- 간접적인 방법으로 협의 의사를 전달함.
- 상대방의 협상 의지를 확인함.
- 협상진행을 위한 대화를 함.

㉣
- 갈등문제의 진행상황과 현재의 상황을 점검함.
- 적극적으로 경청하고 자기주장을 제시함.
- 협상을 위한 협상대상 안건을 결정함.

㉤
- 협상 안건마다 대안들을 평가함.
- 개발한 대안들을 평가함.
- 최선의 대안에 대해서 협의하고 선택함.
- 대안 이행을 위한 실행계획을 수립함.

	협상시작	상호이해	실질이해	해결대안	합의문서
①	㉠	㉡	㉢	㉣	㉤
②	㉡	㉣	㉤	㉠	㉢
③	㉢	㉣	㉠	㉤	㉡
④	㉣	㉠	㉢	㉤	㉡
⑤	㉤	㉣	㉡	㉢	㉠

36. 다음 고객만족관리의 개념, 방법 및 필요성에 대한 설명 중 옳지 않은 것은?

① 고객만족관리란 고객중심의 사고를 바탕으로 모든 조직관리 활동을 전개하는 것으로 과거의 시장 점유율 확대나 원가 절감이라는 경영목표 추구에서 벗어나 고객만족을 목표로 하는 것을 말한다.

② 최근에는 국민경제의 성장, 생활수준 및 소득수준 향상 등으로 고객의 욕구와 요구 수준은 매년 더욱더 낮아져 가고 있는 추세이다.

③ 고객에 대한 기업의 서비스 불만족은 장기적으로는 고객이탈로 이어질 수 있으며, 또한 기업의 이미지에도 큰 영향을 미칠 수 있다.

④ 주기적인 고객만족도 조사를 통한 조사결과를 바탕으로 지금까지의 고객 응대 내용에 대한 장 · 단점을 분석하여 이를 잘 활용할 수 있어야 한다.

⑤ 고객만족도 증대는 기업의 고정(단골)고객 확보에 기여할 수 있으며, 기업과 고객과의 상호 공생 관계 유지에도 도움을 준다.

37. 다음은 '기업의 사회적 책임'에 관한 자료이다. 그림에 제시된 기업의 사회적 책임 4가지와 그에 대한 설명을 〈보기〉에서 찾아 바르게 연결한 것은?

기업의 사회적 책임(CSR ; Corporate Social Responsibility)은 '기업이 생산 및 영업활동을 하면서 환경경영, 윤리경영, 사회공헌을 통해 기업의 이해관계자를 비롯한 사회 전체의 이익을 동시에 추구하며, 그에 따라 의사결정 및 활동을 하는 것'이다. 미국 조지아대 아치 캐롤 교수는 기업은 다음 그림과 같이 4가지의 사회적 책임을 지닌다고 말한다.

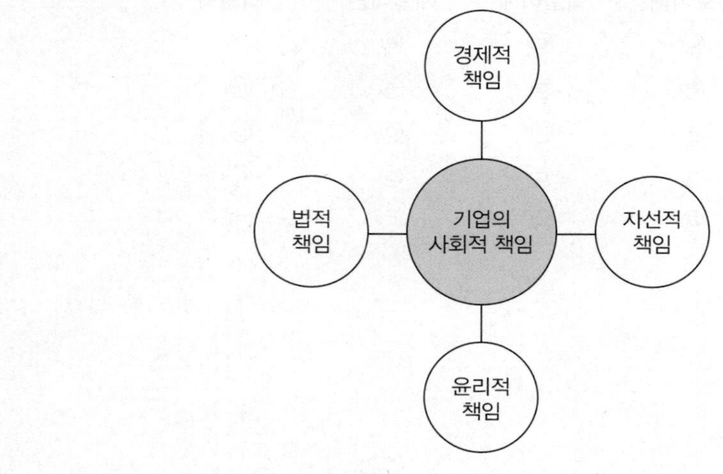

보기

(가) 기업이 경영활동과는 직접 관련이 없는 문화활동, 기부, 자원봉사 등을 자발적으로 실천할 책임을 의미한다.

(나) 기업의 경영이 공정한 규칙 속에서 이루어져야 한다는 의미로, 기업이 속한 사회가 제정해 놓은 법을 준수할 책임을 의미한다.

(다) 기업이 제품과 서비스를 생산하여 적절한 가격에 판매하고 이윤을 창출함으로써 투자자들에게 그 수익의 일부를 배분할 책임을 의미한다.

(라) 기업이 영향력이 커짐에 따라 사회가 기대하고 요구하는 바를 충족시킬 수 있도록 모든 이해관계자의 기준 및 가치에 부합하는 행동을 할 책임을 의미한다.

	(가)	(나)	(다)	(라)
①	자선적 책임	법적 책임	경제적 책임	윤리적 책임
②	자선적 책임	경제적 책임	법적 책임	윤리적 책임
③	윤리적 책임	법적 책임	경제적 책임	자선적 책임
④	윤리적 책임	경제적 책임	법적 책임	자선적 책임
⑤	경제적 책임	법적 책임	윤리적 책임	자선적 책임

38. 다음 중 직장에서의 바람직한 전화예절로 적절하지 않은 것은?

① 긍정적인 말로 전화통화를 마치고, 전화를 받은 경우에는 전화를 건 상대방에게 감사표시를 한다.

② 정보를 얻기 위해 전화를 하는 경우라면 얻고자 하는 내용을 미리 메모하여 모든 정보를 빠뜨리지 않도록 한다.

③ 높은 직급에 있는 상급자가 고객에게 전화를 걸 경우에는 먼저 비서를 통해 고객에게 전화를 걸어서 통화 약속을 잡는다.

④ 하루 이상 자리를 비우고 다른 사람이 전화를 받아줄 수 없는 경우에는 자리를 비우게 되었다는 메시지를 남긴다.

⑤ 정상적인 업무가 이루어지고 있는 근무 시간에 걸도록 하되, 가급적이면 출근 직후나 퇴근 직전에 전화를 거는 것은 지양한다.

39. '제조물 책임'이란 '제조물의 결함(제조상의 결함, 설계상의 결함, 표시상의 결함)으로 발생한 인적, 물적 손해에 대한 제조업자 등의 손해배상 책임'을 의미한다. 다음 글을 바탕으로 할 때, 제조물 책임법의 주요 내용에 대한 설명으로 옳지 않은 것은?

> '제조물 책임법(製造物責任法, Product Liability, PL법)'은 제조되어 시장에 유통된 상품(제조물)의 결함으로 인하여 그 상품의 이용자 또는 제3자(=소비자)의 생명, 신체나 재산에 손해가 발생한 경우에 제조자 등 제조물의 생산, 판매과정에 관여한 자의 과실 유무에 관계없이 제조자 등이 그러한 손해에 대하여 책임을 지도록 하는 법리를 말한다.

① 제조업자는 제조물의 결함으로 생명 · 신체 또는 재산에 손해를 입은 자에게 그 손해를 배상하여야 한다.

② '제조물'이란 제조되거나 가공된 동산을 뜻하는 것으로 다른 동산이나 부동산의 일부를 구성하는 경우는 제외된다.

③ '제조상의 결함'이란 제조업자가 제조물에 대하여 제조 · 가공상의 주의의무를 이행하였는지에 관계없이 제조물이 원래 의도한 설계와 다르게 제조 · 가공됨으로써 안전하지 못하게 된 경우를 말한다.

④ '설계상의 결함'이란 제조업자가 합리적인 대체설계(代替設計)를 채용하였더라면 피해나 위험을 줄이거나 피할 수 있었음에도 대체설계를 채용하지 아니하여 해당 제조물이 안전하지 못하게 된 경우를 말한다.

⑤ '표시상의 결함'이란 제조업자가 합리적인 설명 · 지시 · 경고 또는 그 밖의 표시를 하였더라면 해당 제조물에 의하여 발생할 수 있는 피해나 위험을 줄이거나 피할 수 있었음에도 이를 하지 아니한 경우를 말한다.

40. 다음 글에서 시사하고 있는 기업이 추구해야 할 윤리 덕목과 가장 관련이 깊은 것은?

MOT(Moment Of Truth)란 스페인의 투우용어인 'Moment De La Verdad'를 영어로 옮긴 말인데, 투우사가 소의 급소를 찌르는 순간을 뜻한다. 즉 '피하려고 해도 피해지지 않는 순간', '실패가 허용되지 않는 중요한 순간'이라는 맥락과 비슷하다.

스웨덴의 마케팅 학자 리차드 노만(R. Norman)은 이 MOT라는 것을 서비스 품질관리에 처음으로 사용하였다고 한다. 서비스에서 MOT라는 것은 고객이 직접적이든 간접적이든 기업의 어떤 일면과 접촉을 하게 되는 그 순간을 일컫는다. 일반적으로 종업원이 주는 서비스를 받는 그 순간, 광고를 보는 그 순간, 청구서를 받는 그 순간 등 서비스를 제공하는 그 조직이나 품질에 대해 어떠한 인상을 받거나 사상을 지니게 되는 그 순간을 뜻한다.

이 MOT라는 말은 스칸디나비아 항공에 3,000만 달러의 적자가 생기고 당시 39세로 적은 나이였던 얀 칼슨이 취임하게 되면서 처음으로 생겨났다. 이후 그 내용을 「Moments of Truth」라는 책에 집필함으로써 MOT라는 말이 보급되기 시작하였다. 승객들이 비행기를 탔을 때 접시 등이 지저분하다는 느낌을 받게 되면 그 순간 자신이 탄 비행기에 대해 불결한 이미지를 느낀다고 설명한다. 이처럼 MOT는 서비스 제공자가 고객에게 이미지를 제공할 수 있는 시간은 매우 순간적이고 짧으며, 이 순간은 자사에 대한 인식을 결정짓고, 더 나아가 회사의 성공을 좌우한다는 주장에 근거한다.

이 결정적인 순간들이 하나하나 쌓이면서 서비스 전체의 품질이 되므로, 고객을 상대하는 종업원들은 고객이 서비스를 받는 그 순간에 최선의 서비스를 받고 있다는 느낌이 들도록 해야 한다.

MOT가 중요한 가장 결정적인 이유 중에 하나는 고객이 경험하는 서비스의 품질이나 만족도에 곱셈의 법칙이 적용되기 때문이다. 1×2=2, 3×4=12이지만, 9×0=0이 될 수밖에 없는 형태이다. 즉 MOT 중 단 한 순간에 한 부분만 나쁜 인상을 주었더라도 고객을 잃기는 쉽다. 흔히 서비스 형태로 잘 알려져 있는 주차관리요원, 상담접수원 등이 그러하다. 이런 서비스요원들의 태도에 따라 그 회사의 이미지가 순식간에 하락이 되기도, 더욱 더 상승하게 되는 요인이 되기도 한다. 즉 MOT 그 자체가 상품성을 띠게 되는 것이다.

이 MOT의 경험으로 칼슨 사장은 1년 만에 적자에서 흑자로 돌리는 것에 성공을 했다. 뿐만 아니라 스칸디나비아 항공사는 1983년도에 최우수 항공사로, 1986년에는 고객서비스 최우수 항공사로 선정되기도 했다.

① 성실한 자세　② 근면한 자세　③ 정직한 자세
④ 책임감 있는 자세　⑤ 봉사하는 자세

8회 기출예상문제

문항수 | 40문항

정답과 해설 57 쪽

01. 다음 중 철도안전법 규정을 잘못 해석한 것은? (단, 주어진 법조문만을 근거로 판단한다)

> **제2조(정의)** 이 법에서 사용하는 용어의 뜻은 다음과 같다.
>
> (중략)
>
> 6. "열차"란 선로를 운행할 목적으로 철도운영자가 편성하여 열차번호를 부여한 철도차량을 말한다.
> 7. "선로"란 철도차량을 운행하기 위한 궤도와 이를 받치는 노반(路盤) 또는 인공구조물로 구성된 시설을 말한다.
> 8. "철도운영자"란 철도운영에 관한 업무를 수행하는 자를 말한다.
> 9. "철도시설관리자"란 철도시설의 건설 또는 관리에 관한 업무를 수행하는 자를 말한다.
> 10. "철도종사자"란 다음 각 목의 어느 하나에 해당하는 사람을 말한다.
>   가. 철도차량의 운전업무에 종사하는 사람(이하 "운전업무종사자"라 한다)
>   나. 철도차량의 운행을 집중 제어 · 통제 · 감시하는 업무(이하 "관제업무"라 한다)에 종사하는 사람
>   다. 여객에게 승무(乘務) 서비스를 제공하는 사람(이하 "여객승무원"이라 한다)
>   라. 여객에게 역무(驛務) 서비스를 제공하는 사람(이하 "여객역무원"이라 한다)
>   마. 그 밖에 철도운영 및 철도시설관리와 관련하여 철도차량의 안전운행 및 질서유지와 철도차량 및 철도시설의 점검 · 정비 등에 관한 업무에 종사하는 사람으로서 대통령령으로 정하는 사람
> 11. "철도사고"란 철도운영 또는 철도시설관리와 관련하여 사람이 죽거나 다치거나 물건이 파손되는 사고를 말한다.
> 12. "운행장애"란 철도차량의 운행에 지장을 주는 것으로서 철도사고에 해당되지 아니하는 것을 말한다.

① 열차번호를 부여받지 않은 철도차량은 철도안전법에서 말하는 열차가 아니겠군.

② 선로에는 궤도, 노반 등이 포함된다고 봐.

③ 철도차량의 운행을 집중 제어 · 통제 · 감시하는 업무를 관제업무라고 해.

④ 철도사고에는 철도운영 또는 철도시설관리와 관련하여 사람이 죽거나 다치거나 물건이 파손되는 사고가 포함되지.

⑤ 여객에게 역무 서비스를 제공하는 사람을 여객승무원이라고 해.

02. 다음 글의 ㉠에 들어갈 내용으로 가장 적절한 것은?

> 토크쇼의 여왕으로 불리는 오프라 윈프리는 풍부한 감정을 장점으로 활용해 토크쇼를 진행했다. 오프라는 출연자의 마음을 이해하는 데 뛰어났고, 시카고의 30분짜리 아침 프로그램을 미국 대표 토크쇼로 만들었다. 이것이 바로 '오프라 윈프리 쇼'다.
>
> 그녀는 상대방을 설득하기 위한 방법으로 다섯 가지를 들었다. 첫째, 언제나 진솔한 자세로 말하여 상대방의 마음을 열어야 한다. 둘째, 아픔을 함께 하는 자세로 말하여 상대방의 공감을 얻어야 한다. 셋째, 항상 긍정적으로 말한다. 넷째, 사랑스럽고 따뜻한 표정으로 대화한다. 다섯째, 말할 때는 상대방을 위한다는 생각으로 정성을 들여 말한다. 그녀는 (㉠)을 가장 잘 알고 있었던 것이다.

① 인종차별을 이겨내기 위한 노력의 힘

② 자신의 의도를 정확하게 전달하는 비결

③ 상대방을 설득하여 협상에서 이기는 비법

④ 공감을 통한 화법이 가지는 힘

⑤ '듣기'보다 '말하기'의 힘이 크다는 것

[03 ~ 04] 다음 자료를 읽고 이어지는 질문에 답하시오(단, 제시된 문서와 법령에만 근거하여 판단한다).

철도차량 운전면허 취소 · 효력정지 처분 통지서

성명	㉠ 남궁 현		생년월일	㉡ 1982년 4월 13일
주소	서울특별시 ○○구 ××로 9길 32			
행정처분	처분면허	△△△△	면허번호	123-4567
	처분내용	6월의 운전면허 정지		
	처분일	2020. ○○. ○○.		
	처분사유	운전면허의 효력정지기간 중 철도차량운전		

「철도안전법」 제20호 제2항에 따라 위와 같이 철도차량 운전면허 행정처분이 ㉢ 決定되어 같은 법 시행규칙 제34조 제1항에 따라 통지하오니 같은 법 제20조 제3항에 따라 운전면허의 취소나 효력정지 처분통지를 받은 날부터 ㉣ 십오일 이내에 교통안전공단에 면허증을 반납하시기 바랍니다.

㉤ 단기 4351년 09월 17일

국토교통부장관 [직인]

유의사항

1. 운전면허가 취소 또는 정지된 사람이 취소 또는 정지처분 통지를 받은 날부터 15일 이내에 면허증을 반납하지 않은 경우에는 「철도안전법」 제81조에 따라 1천만 원 이하의 과태료 처분을 받게 됩니다.
2. 운전면허증을 반납하지 않더라도 위 행정처분란의 결정내용에 따라 취소 또는 정지처분이 집행됩니다.
3. 운전면허 취소 또는 효력정지 처분에 대하여 이의가 있는 사람은 「행정심판법」 또는 「행정소송법」에 따라 기한 내에 행정심판 또는 경쟁소송을 제기할 수 있습니다.

〈참조조문〉

철도안전법 제20조(운전면허의 취소 · 정지 등) ① 국토교통부장관은 운전면허 취득자가 다음 각 호의 어느 하나에 해당할 때에는 운전면허를 취소하거나 1년 이내의 기간을 정하여 운전면허의 효력을 정지시킬 수 있다. 다만, 제1호부터 제4호까지의 규정에 해당할 때에는 운전면허를 취소하여야 한다.

1. 거짓이나 그 밖의 부정한 방법으로 운전면허를 받았을 때
2. 제11조 제2호부터 제4호까지의 규정에 해당하게 되었을 때
3. 운전면허의 효력정지기간 중 철도차량을 운전하였을 때
4. 제19조의2를 위반하여 운전면허증을 다른 사람에게 대여하였을 때
5. 철도차량을 운전 중 고의 또는 중과실로 철도사고를 일으켰을 때
   5의2. 제40조의2 제1항 또는 제3항을 위반하였을 때
6. 제41조 제1항을 위반하여 술을 마시거나 약물을 사용한 상태에서 철도차량을 운전하였을 때
7. 제41조 제2항을 위반하여 술을 마시거나 약물을 사용한 상태에서 업무를 하였다고 인정할 만한 상당한 이유가 있음에도 불구하고 국토교통부장관 또는 시 · 도지사의 확인 또는 검사를 거부하였을 때
8. 이 법 또는 이 법에 따라 철도의 안전 및 보호와 질서유지를 위하여 한 명령 · 처분을 위반하였을 때

② 국토교통부장관이 제1항에 따라 운전면허의 취소 및 효력정지 처분을 하였을 때에는 국토교통부령으로 정하는 바에 따라 그 내용을 해당 운전면허 취득자와 운전면허 취득자를 고용하고 있는 철도운영자 등에게 통지하여야 한다.

③ 제2항에 따른 운전면허의 취소 또는 효력정지 통지를 받은 운전면허 취득자는 그 통지를 받은 날부터 15일 이내에 운전면허증을 국토교통부장관에게 반납하여야 한다.

철도안전법 시행규칙 제34조(운전면허의 취소 및 효력정지 처분의 통지 등) ① 국토교통부장관은 법 제20조 제1항에 따라 운전면허의 취소나 효력정지 처분을 한 때에는 별지 제22호서식의 철도차량 운전면허 취소 · 효력정지 처분 통지서를 해당 처분대상자에게 발송하여야 한다.

(중략)

④ 제1항에 따라 운전면허의 취고 또는 효력정지 처분의 통지를 받은 사람은 통지를 받은 날부터 15일 이내에 운전면허증을 한국교통안전공단에 반납하여야 한다.

03. 공문서 작성요령에 따를 때 ㉠～㉤ 중 바르게 표기된 것은?

① ㉠ ② ㉡ ③ ㉢
④ ㉣ ⑤ ㉤

04. 다음 중 위 문서와 철도안전법령을 가장 잘 이해한 것은?

① 위 문서는 민원문서에 해당해.
② 법에는 운전면허증을 국토교통부장관에게 반납하도록 되어 있는데 통지서에는 교통안전공단에 반납하도록 기재되어 있으므로 위 통지서는 효력이 없어.
③ 위 운전면허 정지처분은 철도안전법에 따라 적절하게 이루어진 것이라 할 수 있지.
④ 남궁 현 씨가 해당처분에 이의가 있는 경우 행정심판법에 의해 행정심판을 제기할 수 있어.
⑤ 남궁 현 씨가 운전면허를 반납하지 않는다면 과태료 부과의 대상이기는 하지만 운전면허정지의 효과는 발생하지 않을 거야.

05. A 용기에는 농도 12% 설탕물이 200g, B 용기에는 농도 15% 설탕물이 300g, C 용기에는 농도 17% 설탕물이 100g 들어 있다. A 용기와 B 용기의 설탕물을 혼합 후 300g만 남기고 나머지는 버렸다. 그 다음 남은 설탕물에 C 용기의 설탕물을 혼합하고 다시 300g만 남기고 나머지는 버렸을 때, 남은 설탕물 중 설탕의 질량은?

① 44.2g ② 43.8g ③ 43.4g
④ 43.0g ⑤ 42.6g

06. 다음은 G사 직원들의 구내식당 메뉴 선호도를 조사한 것이다. 각 음식을 선택한 직원의 수를 살펴보니 모든 음식의 선호도에서 인사팀이 2배가 많거나 총무팀이 2배가 많다면, 치킨을 선호하는 직원의 수는?

(단위 : 명)

구분	자장면	김치볶음밥	돈가스	육개장	치킨	합계
인사팀	12			6		41
총무팀	6			12		40

※ 인사팀은 김치볶음밥을 가장 선호하고, 총무팀은 돈가스를 가장 선호한다.
※ 모든 직원들은 한 개의 메뉴만 선택 가능하고, 선택 수가 0인 메뉴는 없다.

① 3명 ② 6명 ③ 9명
④ 12명 ⑤ 15명

07. 다음 의료폐기물의 배출량과 유역별 발생 현황에 관한 자료를 이해한 내용으로 가장 적절한 것은?

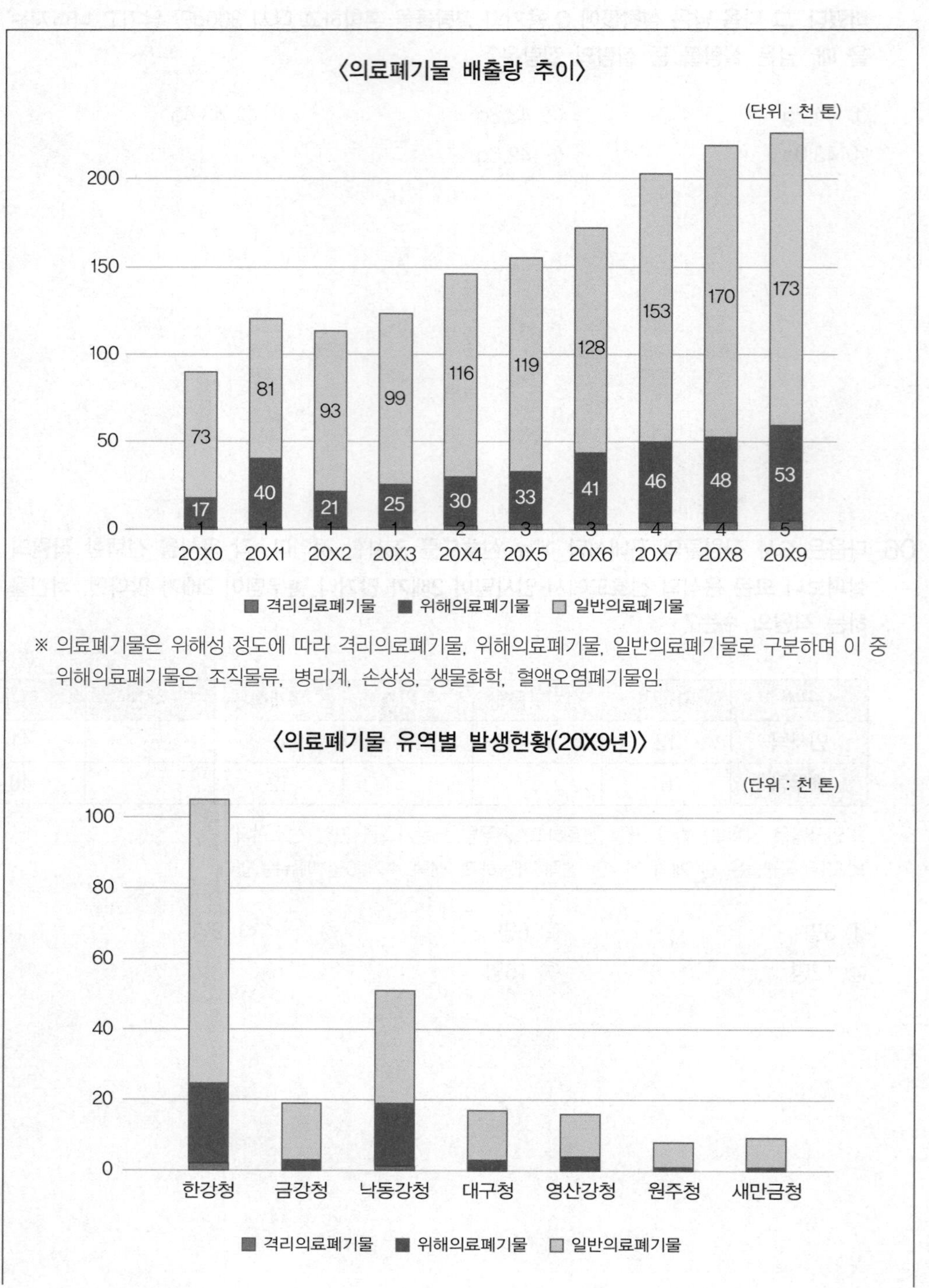

※ 의료폐기물은 위해성 정도에 따라 격리의료폐기물, 위해의료폐기물, 일반의료폐기물로 구분하며 이 중 위해의료폐기물은 조직물류, 병리계, 손상성, 생물화학, 혈액오염폐기물임.

※ 한강청(서울특별시, 인천광역시, 경기도), 금강청(대전광역시, 세종특별자치시, 충청북도, 충청남도), 낙동강청(부산광역시, 울산광역시, 경상남도), 영산강청(광주광역시, 전라남도, 경상남도 중 하동군 · 남해군, 제주특별자치도), 대구청(대구광역시와 경상북도 31개 시군), 원주청(강원도, 충청북도 중 충주 · 제천 · 괴산 · 음산 · 단양), 새만금청(전라북도 중 군산시, 익산시, 남원시, 전주시, 김제시, 정읍시, 완주군, 진안군, 무주군, 장수군, 순창군, 익산군, 고창군, 부안군)

① 의료폐기물 소각장은 한강 주변에 가장 많이 밀집되어 있다.

② 인구 고령화로 인한 요양시설의 증가 및 새로운 전염병 발생 등으로 의료 폐기물이 증가하고 있다.

③ 1인당 의료폐기물의 발생량이 가장 적은 지역은 원주청이다.

④ 20X9년 일반의료폐기물의 양은 20X0년 대비 약 2.54배 증가하였다.

⑤ 주어진 자료에서 일반의료폐기물 배출량의 전년 대비 상승률이 가장 큰 해는 20X7년이다.

08. 다음은 ○○공사 직원인 갑, 을, 병에 대한 고객들의 평가 내용이다. (가) ~ (라)에 들어갈 점수의 합은?

구분	친절	희생	신속	전문	신뢰	합계
갑	(가)		(다)		Ⓐ	10점
을		(나)			Ⓒ	9점
병				(라)	Ⓑ	26점

※ 1등은 Ⓐ, 2등은 Ⓑ, 3등은 Ⓒ점을 주며, Ⓐ, Ⓑ, Ⓒ는 각각 다른 자연수이다.

① 4점
② 6점
③ 7점
④ 10점
⑤ 11점

[09 ~ 10] 다음은 ○○부에서 각 기관에 송부한 반부패 관련 협조사항이다. 이어지는 질문에 답하시오.

〈반부패 행동지침 기관별 협조사항〉

협조사항	일정	대상기관
공공기관 채용 공정성 강화		
정기 전수조사 후속조치(비리 연루 시 배제, 피해자 구제 등) 및 제도 개선 적극적 이행 및 점검 협조	상 · 하반기	전 공공기관
관련 민간분야의 공정채용협약 등 공정채용대책 민간 혁신 적극 이행	상 · 하반기	전 공공기관
행동강령 내재화 및 이행점검 강화		
기관별 소속 공직자 대상 행동강령 교육 실시	상반기	전 공공기관
부패취약시기 등 행동강령 이행상태 자체 결정 강화	하반기	전 공공기관
행동강령 위반 신고사건 조사 또는 이행실태 점검 시 자료제출 등 협조	상 · 하반기	전 공공기관
기관별 자체 행동강령 제 · 개정 사항 제출	12월 내	공직자 단체
		전 공공기관
신규 공사공단 반부패 행동강령 제정 회의 참석	4월 / 10월	해당기관
평가 환류를 통한 자율적 개선 노력 지원 확대		
청렴도 측정 및 부패예방 시책평가 지원 계획 통보에 따른 자료 · 의견 제출	9월	측정 · 평가 대상 공공기관
국가청렴포털(청렴e시스템)에 부패예방 우수 사례 등록	3월 내	20X9년 자체평가 우수기관
20X9년 청렴도 측정 및 부패예방 시책평가 결과 공개 실적 제출	3월 내	측정 · 평가 대상 공공기관
청렴도 측정 및 부패예방 시책평가 담당자 워크숍 참석	2/4분기 중	측정 · 평가 대상 공공기관
청렴도 측정 및 통보에 따른 자료 제출	7 ~ 8월	청렴도 측정 대상기관
선정된 대상기관 통보에 따른 점검 및 협조사항 제출 (청렴도 측정 상 · 하반기, 부패방지 시책평가 하반기)	상 · 하반기	측정 · 평가 대상 공공기관

09. 다음 중 위 협조사항을 이해한 내용으로 적절하지 않은 것은?

① 공공기관 채용 공정성 강화 관련 사항은 모든 공공기관을 대상으로 한다.

② 부패예방을 위한 온라인 시스템이 운영되고 있다.

③ 청렴도 측정과 부패예방 시책평가 관련 사항들은 모두 같은 기간에 시행한다.

④ ○○부는 채용의 공정성을 위해 민간분야와 협약하는 등 혁신에 적극적으로 임할 것을 요청하였다.

⑤ 반부패 관련 행동강령과 관련한 지침은 강령의 개정에서부터 이행실태를 점검하는 것까지 포함된다.

10. 위 협조사항들 중 상반기에 요청한 협조사항은 몇 개인가?

① 9개 ② 10개 ③ 11개

④ 12개 ⑤ 13개

11. **甲은 술에 취한 상태에서 다음과 같은 행위를 하여 형사 재판 중이다. 다음 조문을 참고할 때 甲에게 재판장이 선고할 수 있는 최대 형량은? (단, 甲에게는 철도안전법령 및 형법이 적용되며 벌금은 논외로 한다)**

〈소송 계속 중 밝혀진 사실〉

- 甲과 乙은 심신장애를 앓고 있던 상태에서 운행장애로 열차가 지연되자 화를 참지 못하고 운행장애가 발생한 현장에서 복구 업무를 수행하던 丙을 폭행하였다.
- 甲은 수사기관의 직무상 질문 또는 조사에 응하여 丙을 폭행한 사실을 솔직히 말하였다.
- 甲은 2년 전 업무상 과실 치상의 죄로 6월의 금고형을 받고 지금은 그 집행이 종료되었다.
- 甲에게는 작량감경사유가 존재하지 않는다.

〈참조조문〉

철도안전법 제2조(정의) 이 법에서 사용하는 용어의 뜻은 다음과 같다.

10. "철도종사자"란 다음 각목의 어느 하나에 해당하는 사람을 말한다.
    가. 철도차량의 운전업무에 종사하는 사람(이하 "운전업무종사자"라 한다)
    나. 철도차량의 운행을 집중 제어 · 통제 · 감시하는 업무(이하 "관제업무"라 한다)에 종사하는 사람
    다. 여객에게 승무(乘務) 서비스를 제공하는 사람(이하 "여객승무원"이라 한다)
    라. 여객에게 역무(驛務) 서비스를 제공하는 사람(이하 "여객역무원"이라 한다)
    마. 그 밖에 철도운영 및 철도시설관리와 관련하여 철도차량의 안전운행 및 질서유지와 철도차량 및 철도시설의 점검 · 정비 등에 관한 업무에 종사하는 사람으로서 대통령령으로 정하는 사람
11. "철도사고"란 철도운영 또는 철도시설관리와 관련하여 사람이 죽거나 다치거나 물건이 파손되는 사고를 말한다.
12. "운행장애"란 철도차량의 운행에 지장을 주는 것으로서 철도사고에 해당되지 아니하는 것을 말한다.

철도안전법 제78조(벌칙) ① 제49조 제2항을 위반하여 폭행 · 협박으로 철도종사자의 직무집행을 방해한 자는 5년 이하의 징역 또는 5천만 원 이하의 벌금에 처한다.

철도안전법 시행령 제3조(안전운행 또는 질서유지 철도 종사자) 「철도안전법」 제2조 제10호 마목에서 "대통령령으로 정하는 사람"이란 다음 각호의 어느 하나에 해당하는 사람을 말한다.

1. 철도사고 또는 운행장애(이하 "철도사고 등"이라 한다)가 발생한 현장에서 조사 · 수습 · 복구 등의 업무를 수행하는 사람
2. 철도차량의 운행선로 또는 그 인근에서 철도시설의 건설 또는 관리와 관련된 작업의 현장감독업무를 수행하는 사람

형법 제10조(심신장애인) ① 심신장애로 인하여 사물을 변별할 능력이 없거나 의사를 결정할 능력이 없는 자의 행위는 벌하지 아니한다.

② 심신장애로 인하여 전항의 능력이 미약한 자의 행위는 형을 감경한다.

> ③ 위험의 발생을 예견하고 자의로 심신장애를 야기한 자의 행위에는 전2항의 규정을 적용하지 아니한다.
>
> **형법 제30조(공동정범)** 2인 이상이 공동하여 죄를 범한 때에는 각자를 그 죄의 정범으로 처벌한다.
>
> **형법 제34조(간접정범, 특수한 교사, 방조에 대한 형의 가중)** ① 어느 행위로 인하여 처벌되지 아니하는 자 또는 과실범으로 처벌되는 자를 교사 또는 방조하여 범죄행위의 결과를 발생하게 한 자는 교사 또는 방조의 예에 의하여 처벌한다.
>
> ② 자기의 지휘, 감독을 받는 자를 교사 또는 방조하여 전항의 결과를 발생하게 한 자는 교사인 때에는 정범에 정한 형의 장기 또는 다액에 그 2분의 1까지 가중하고 방조인 때에는 정범의 형으로 처벌한다.
>
> **형법 제35조(누범)** ① 금고 이상의 형을 받아 그 집행을 종료하거나 면제를 받은 후 3년 내에 금고 이상에 해당하는 죄를 범한 자는 누범으로 처벌한다.
>
> ② 누범의 형은 그 죄에 정한 형의 장기의 2배까지 가중한다.
>
> **형법 제52조(자수, 자복)** ① 죄를 범한 후 수사책임이 있는 관서에 자수한 때에는 그 형을 감경 또는 면제할 수 있다.
>
> ② 피해자의 의사에 반하여 처벌할 수 없는 죄에 있어서 피해자에게 자복한 때에도 전항과 같다.
>
> **형법 제53조(작량감경)** 범죄의 정상에 참작할 만한 사유가 있는 때에는 작량하여 그 형을 감경할 수 있다.
>
> **형법 제55조(법률상의 감경)** ① 법률상의 감경은 다음과 같다.
>
> 1. 사형을 감경할 때에는 무기 또는 20년 이상 50년 이하의 징역 또는 금고로 한다.
> 2. 무기징역 또는 무기금고를 감경할 때에는 10년 이상 50년 이하의 징역 또는 금고로 한다.
> 3. 유기징역 또는 유기금고를 감경할 때에는 그 형기의 2분의 1로 한다.
> 4. 자격상실을 감경할 때에는 7년 이상의 자격정지로 한다.
> 5. 자격정지를 감경할 때에는 그 형기의 2분의 1로 한다.
> 6. 벌금을 감경할 때에는 그 다액의 2분의 1로 한다.
> 7. 구류를 감경할 때에는 그 장기의 2분의 1로 한다.
> 8. 과료를 감경할 때에는 그 다액의 2분의 1로 한다.
>
> ② 법률상 감경할 사유가 수개 있는 때에는 거듭 감경할 수 있다.
>
> **형법 제56조(가중감경의 순서)** 형을 가중감경할 사유가 경합된 때에는 다음 순서에 의한다.
>
> 1. 각칙 본조에 의한 가중　　2. 제34조 제2항의 가중　　3. 누범가중
> 4. 법률상감경　　5. 경합범가중　　6. 작량감경

① 징역 2년 6월　　② 징역 3년　　③ 징역 5년
④ 징역 7년 6월　　⑤ 징역 10년

12. 다음은 '가' 지역에서 '나' 지역으로 이동할 수 있는 도로를 도식화한 것이다. 갑작스런 폭우에 따른 침수로 인해 A ~ J 10개의 교차로가 통제되고 있다. 긴급복구를 진행하여 통제가 해제되어야 '가' 지역에서 '나' 지역으로 이동할 수 있다. 이에 대한 〈보기〉의 설명 중 옳은 것을 모두 고르면?

〈'가', '나' 지역 간 도로 현황〉

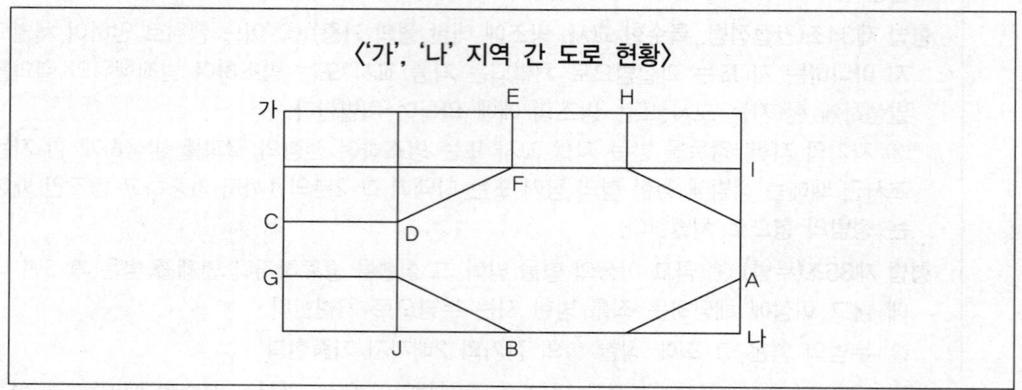

보기

㉠ '가'와 '나' 지역 간에 이동이 가능하기 위해서는 최소 2개의 교차로에 대해 통제가 해제되어야 한다.
㉡ 3개 교차로에 대한 통제 해제만으로는 '가'와 '나' 지역 간에 이동이 불가능할 수 있다.
㉢ 4개 교차로에 대한 통제가 해제된다면 '가'와 '나' 지역 간에 이동이 항상 가능해진다.

① ㉠　　② ㉢　　③ ㉠, ㉡
④ ㉡, ㉢　　⑤ ㉠, ㉡, ㉢

13. 다음 글이 포함하고 있는 주제는?

A 회사 김 대리는 출장을 갔다가 돌아오는 길에 황당한 광경을 목격했다. 길가에서 한 사람은 열심히 구덩이를 파고, 뒤쫓아 오는 사람은 계속해서 파낸 구덩이를 흙으로 메우는 것이다. 그들의 행동을 도저히 이해할 수 없어서 두 사람에게 묻자 그 대답은 다음과 같았다.

"원래는 오늘 세 명이 나무 심는 일을 맡았는데 나무를 세우고 잡아주는 사람이 몸이 아파 안 나왔기 때문에 우리 두 사람은 각자가 맡은 땅 파는 일과 메우는 일만 하고 있는 것입니다."

① 계획의 부재
② 과도한 분업화의 병폐
③ 개인과 조직의 책임할당
④ 구성원 간의 조정과 통합
⑤ 조직의 시스템 구축

14. 다음 중 조직화의 기본 원칙에 대하여 잘못 말하고 있는 사람은?

김 팀장 : 감독 한계의 원칙은 한 사람의 상사가 직접 지휘 · 감독할 수 있는 부하의 수에는 한계가 있다는 원칙입니다.
박 과장 : 권한 위양의 원칙은 조직의 계층은 가능한 단축시켜야 한다는 원칙입니다.
이 대리 : 전문화의 원칙은 관련된 업무끼리 묶어서 분업화하여 전문적으로 수행함으로써 업무의 효율을 향상시키려는 원칙입니다.
안 주임 : 권한과 책임의 원칙은 조직의 구성원은 분담하고 있는 직무와 똑같은 범위의 책임과 권한을 가져야 한다는 원칙입니다.
최 사원 : 조정의 원칙은 조직이 추구하는 전문화와 부문화로 인한 마찰을 최소화함으로써 조직의 효율성을 높여야 한다는 원칙입니다.

① 김 팀장
② 박 과장
③ 이 대리
④ 안 주임
⑤ 최 사원

15. 다음은 조직목표에 관한 글이다. 조직목표의 하위목표에 대한 설명으로 옳지 않은 것은?

조직은 조직의 목표를 달성하기 위해서 여러 부서를 신설하고 전체 목표를 달성하기 위한 하위목표(세분목표)를 분할해 준다. 그러므로 한 개의 조직 안에는 많은 종류의 목표가 존재한다. 조직설계 학자인 리처드(Richard L. Daft)는 조직이 일차적으로 수행해야 할 과업인 운영목표에는 조직전체의 성과, 자원, 시장, 인력개발, 혁신과 변화, 생산성에 관한 목표가 포함된다고 하였다. 즉, 조직목표에는 아래의 그림과 같이 조직의 존재 목적인 공식목표가 있으며, 그러한 사명을 달성하기 위해 조직이 실행해야 하는 운영목표가 있다.

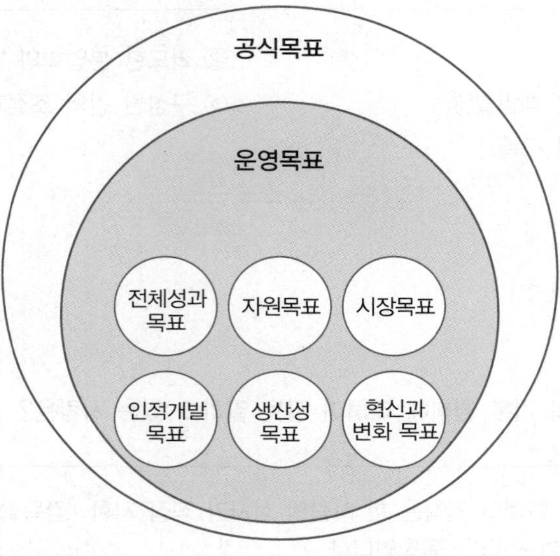

① 공식목표는 조직의 목적(사명)을 하나로 대표하는 것으로 공식목표에 따라 조직의 활동 범위가 정해진다.

② 운영목표는 조직이 공식목표를 완수하기 위해 분야별로 달성하려는 것으로 조직에는 다수 운영목표가 존재한다.

③ 운영목표는 조직이 구체적으로 달성하기 위한 업무와 이를 달성해 가는 프로세스의 순서와 방법이 명확하게 명시된다.

④ 공식목표는 조직의 목적과 가치를 전달하고 조직에 정당성과 합법성을 부여하기 때문에 구성원에게 구체적인 행동지침을 제시한다.

⑤ 공식목표와 운영목표는 조화를 이루어야 하지만 조직의 존재 목적에 충실하기 위해 과도한 운영목표를 세우게 되면 조직의 존립을 위협하게 된다.

16. 다음은 기업환경에 관한 내용이다. 이 글에서 '기술분야'와 '경제상황'에 해당하는 설명을 바르게 나열한 것은?

조직은 목표를 달성하기 위해서는 환경으로부터 자원의 공급이 원활해야 하며, 환경이 바라는 산출물을 배출해야 하는데 이를 '환경 적합성'이라 한다.

조직의 환경 적응 문제가 경영의 핵심이 되는 이유는 환경의 불확실성에 있다. 환경은 매우 가변적이어서 예측하기 어렵기 때문이다. 따라서 조직이 지속경영을 위해서는 환경의 불확실성을 이해하고 대응 전략을 수립하는 것이 매우 중요하다.

한 조직이 처한 환경은 외부에 존재하는 모든 것을 포함하기 때문에 그 분야나 범위가 매우 광범위하다. 모든 환경을 고려할 수는 없지만, 조직 경계선의 근처에 있으면서 조직에 영향을 미칠 가능성이 있는 환경 요소들은 반드시 고려하고 대응해야 한다. 아래 그림은 기업조직의 활동영역에 해당하는 조직 환경이다.

※ 조직 환경 : 조직 경계선 근처에 있으면서 조직에 영향을 미칠 가능성이 있는 요소들

	기술분야	경제상황
①	생산기술, 과학, 컴퓨터, 정보기술, 전자상거래	불황, 실업률, 인플레이션, 투자율, 경제지표
②	공급업체, 제조업체, 부동산업체, 서비스업체	제품 및 서비스의 고객, 소비자, 잠재적 사용자
③	노동 시장, 고용대행기관, 대학 및 훈련 기관, 노동조합	외국 기업과의 경쟁 및 합병, 해외시장 진출, 환율
④	경쟁업체, 산업의 규모와 경쟁 강도, 관련 산업	주식시장, 은행, 예금 및 대출 환경, 개인 투자자
⑤	연령, 가치관, 근로윤리, 소비자 운동, 종교, 환경운동	세금, 정치제도, 중앙정부 및 지방정부의 법령과 규제

17. ○○공사 전산팀이 공사 업무자료의 유출을 방지하기 위해 직원들의 개인용 PC 보안을 강화하고자 할 때 적절한 방법이 아닌 것은?

(ㄱ) CMOS 비밀번호 설정
(ㄴ) 백신 프로그램의 주기적인 업데이트
(ㄷ) 화면 보호기 설정 및 공유 폴더 사용
(ㄹ) 윈도우 로그인 비밀번호 설정
(ㅁ) 문서 암호화를 위한 비밀번호 설정

① (ㄱ) ② (ㄴ) ③ (ㄷ)
④ (ㄹ) ⑤ (ㅁ)

18. ○○공사 사내 골든벨 대회에 해킹 유형에 대한 OX 퀴즈 문제가 출제되었는데, 문제를 맞히면 각 문제에 해당하는 점수를 받는다. 아래 자료를 바탕으로 A 사원이 받은 점수의 합계를 구하면?

OX 퀴즈 문제		A 사원의 답안	점수
Q1	스미싱은 문자메시지(SMS)와 피싱(Phishing)의 합성어로, 문자메시지를 이용한 새로운 휴대폰 해킹 기법이다.	○	20점
Q2	파밍은 사용자가 자신의 웹 브라우저에서 정확한 웹페이지 주소를 입력해도 가짜 웹페이지에 접속하게 하여 개인정보를 훔치는 것을 말한다.	○	30점
Q3	랜섬웨어는 고성능 컴퓨터를 이용해 초당 엄청난 양의 접속신호를 한 사이트에 집중적으로 보냄으로써 상대 컴퓨터의 서버를 접속 불능 상태로 만들어 버리는 해킹 수법이다.	X	40점

① 30점 ② 50점 ③ 60점
④ 70점 ⑤ 90점

19. ○○기업 교육부서에서 정보보안의 중요성과 관련된 자료를 만들어 연수를 실시하려고 한다. 다음 〈자료〉의 빈칸 ㉠에 들어갈 용어는?

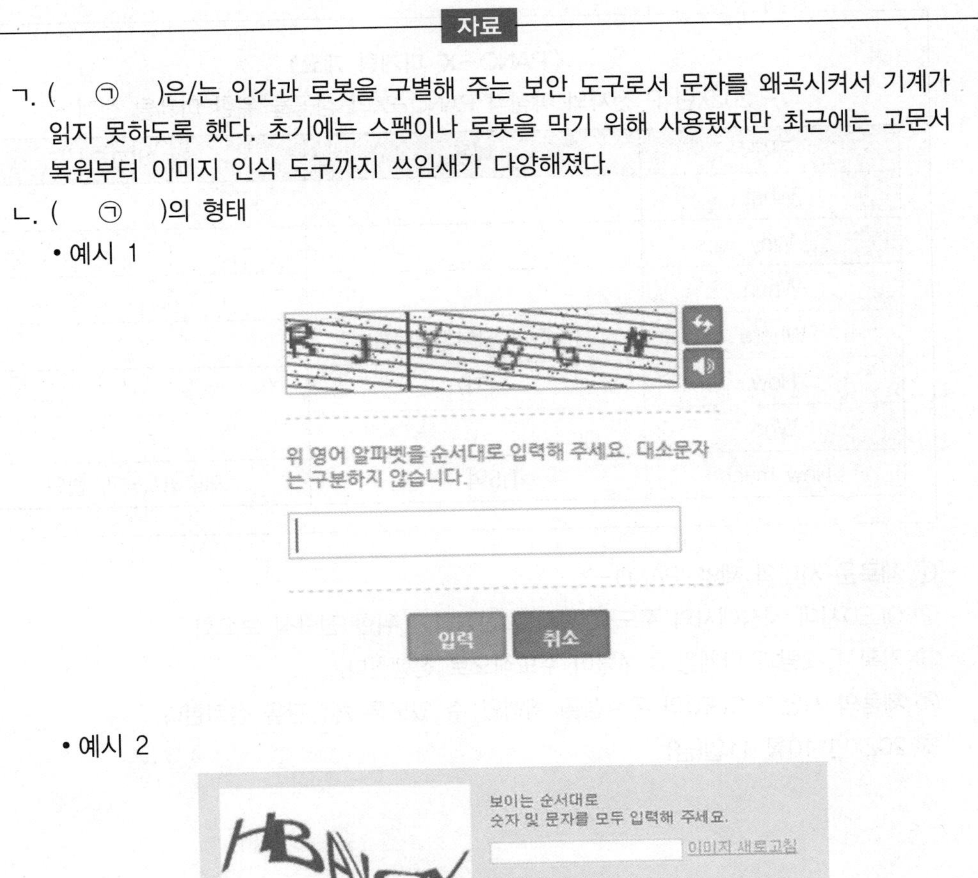

자료

ㄱ. (㉠)은/는 인간과 로봇을 구별해 주는 보안 도구로서 문자를 왜곡시켜서 기계가 읽지 못하도록 했다. 초기에는 스팸이나 로봇을 막기 위해 사용됐지만 최근에는 고문서 복원부터 이미지 인식 도구까지 쓰임새가 다양해졌다.

ㄴ. (㉠)의 형태

• 예시 1

• 예시 2

① 스팸(SPAM)　② 코드(CODE)　③ 캡차(CAPTCHA)
④ 스캔(SCAN)　⑤ 튜터(TUTOR)

20. 다음은 P 전자에서 새로 개발한 TV 'PANO－X' 런칭을 위해 작성 중인 마케팅 기획서 초안이다. 5W2H에 맞추어 작성하려고 할 때, (가)에 들어갈 문장은?

〈'PANO－X' 마케팅 개요〉

－ 202X년 P 전자의 야심작 PANO－X의 성공을 위한 마케팅 전개 －

구분	내용	비고
What		
Why		
When		
Where	P 전자 남한강기념홀	
How	(가)	
Who		
How much	1.5억 원	재무이사님과 협의

① 새로운 시대의 제안, PANO－X

② QLED시대 시장에서의 주도적 위치를 선점하기 위한 전략적 보고회

③ 기획 1, 2팀과 마케팅 3, 4팀이 주도적으로 진행한다.

④ 제품의 시연과 QLED의 우수성을 체험할 수 있도록 체험관을 설치한다.

⑤ 202X년 10월 11일(금)

21. 다음 중 4차 산업혁명시대의 인적자원관리의 변화에 대한 설명으로 옳지 않은 것은?

① 인간을 모방한 감각기능과 재능을 탑재하여 진보된 로봇이 다양한 수작업을 수행하고, 이는 산업에 영향을 주어 결국 근로의 유형을 변경시킨다.

② 신기술의 등장과 기존 산업 간의 융합은 새로운 산업 생태계를 만들고 직업에도 많은 변화를 일으킨다.

③ 일자리의 양극화는 더욱 심화되며, 대기업을 중심으로 우수인재 영입 및 유지를 위한 데이터 기반 인적 자원관리가 강화된다.

④ 공유 플랫폼은 노동자의 고용안정성을 더욱 향상시킨다.

⑤ 기술진보에 따른 새로운 직무에 적응할 수 있도록 지속적인 능력개발이 뒷받침되어야 한다.

22. 다음은 최적 원가회계 시스템을 설계할 때 나타나는 정보시스템의 정확성과 원가와의 관계를 나타내는 그래프이다. 각각의 곡선 A, B, C가 의미하는 지표는?

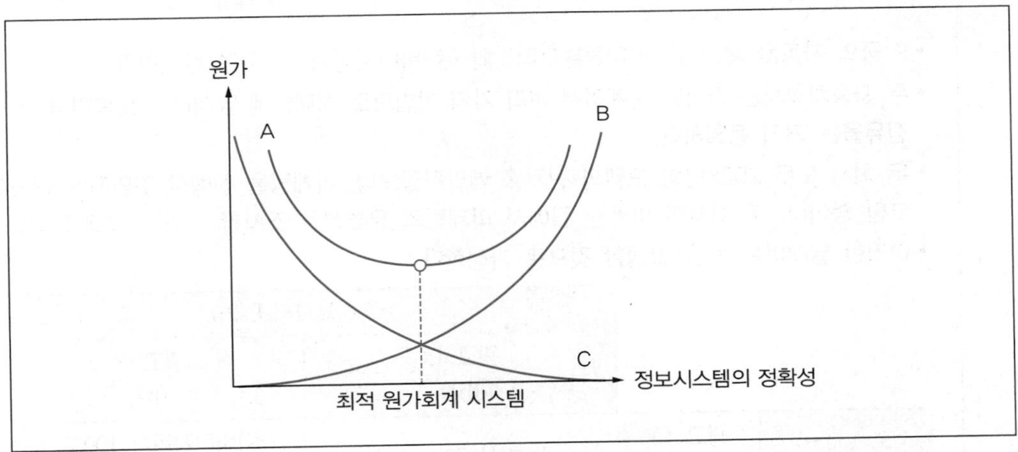

	A	B	C
①	총원가	정보시스템의 설계 · 수법 · 유지원가	부적절한 경로시스템으로 인한 의사결정 손실
②	총원가	부적절한 경로시스템으로 인한 의사결정 손실	정보시스템의 설계 · 수법 · 유지원가
③	정보시스템의 설계 · 수법 · 유지원가	총원가	부적절한 경로시스템으로 인한 의사결정 손실
④	정보시스템의 설계 · 수법 · 유지원가	부적절한 경로시스템으로 인한 의사결정 손실	총원가
⑤	부적절한 경로시스템으로 인한 의사결정 손실	정보시스템의 설계 · 수법 · 유지원가	총원가

23. (주)하늘모터스 마케팅 팀은 마케팅의 유효성과 관한 보고서에 대해 팀원들과 회의를 진행하고 있는 중이다. 다음 직원 A ~ E의 대화 내용 중 잘못된 것은?

- F 국의 자동차 제조사는 (주)하늘모터스와 (주)바다자동차 두 곳만 존재한다.
- 두 자동차회사는 라이벌 관계여서 여러 가지 방법으로 상대방에 앞서려고 노력하나, 시장 점유율은 거의 동일하다.
- 두 회사 모두 202X년형 모델의 신차를 개발하였으나, 마케팅을 진행할 것인지에 대하여 고민 중이다. 두 회사의 마케팅 팀에서 마케팅의 유효성을 조사한 결과는 아래와 같다.
- 이러한 딜레마는 처음 발생한 것으로 가정한다.

		(주)하늘모터스 (b)	
		광고 ○ (b1)	광고 × (b2)
(주)바다자동차 (a)	광고 ○ (a1)	각 회사 70% 상승	-(주)바다자동차 100% 상승 -(주)하늘모터스 10% 상승
	광고 × (a2)	-(주)바다자동차 10% 상승 -(주)하늘모터스 100% 상승	각 회사 30% 상승

※ 각 수치는 매출액 상승률을 나타낸다.

① A : 우리 회사와 (주)바다자동차가 모두 광고를 하지 않는 것이 우월전략이 되겠군요.

② B : 우리 회사와 (주)바다자동차가 모두 광고를 하면 내시균형이 될 것입니다.

③ C : 이런 결과가 나타나는 이유는 아무래도 우리 회사와 (주)바다자동차가 라이벌이라 서로의 매출액 변동 정보를 잘 알고 있기 때문이겠죠?

④ D : 이런 상황이 반복되면 '서로 좋은 게 좋은 거다.' 전략이 활용될 가능성이 큽니다.

⑤ E : 최악의 경우는 우리 회사와 (주)바다자동차가 모두 성과에 비해 막대한 광고비를 투자하는 경우라고 할 수 있겠네요.

24. 예산의 구성에 관하여 〈보기〉의 ㉠, ㉡에 들어갈 용어로 적절한 것은?

보기

(㉠)은/는 제품 또는 서비스를 창출하기 위해 직접 소비된 것으로 여겨지는 비용으로 재료비, 원료와 장비, 시설, 인건비 등을 들 수 있다.

(㉡)은/는 과제를 수행하기 위해 소비된 비용 중에서 직접비용을 제외한 생산에 직접 관련이 없는 비용으로 보험료, 건물관리비, 광고비, 통신비, 사무비품비, 각종 공과금 등을 들 수 있다.

	㉠	㉡
①	표준비용	기회비용
②	실제비용	책정비용
③	투자비용	고장비용
④	직접비용	간접비용
⑤	생산비용	소모비용

25. 기술과 관련된 개념에 대한 설명으로 적절하지 않은 것은?

① 기술이해능력은 기본적인 업무 수행에 필요한 기술의 원리 및 절차를 이해하는 것이다.
② 기술시스템은 인공물의 집합체만이 아니라 회사, 법적 제도, 과학, 자연자원을 모두 포함하는 것이다.
③ 기술이전은 성공적인 기술이 다른 지역으로 이동하는 단계이다.
④ 기술공고화는 경쟁에서 승리한 기술시스템이 관성화되는 단계이다.
⑤ 기술경쟁은 기술시스템이 탄생하고 성장하는 단계이다.

26. 다음은 철도안전법상 철도시설의 기술기준에 관한 내용이다. 밑줄 친 '기술'에 관한 A ~ E의 발언 중 적절하지 않은 것은?

> **철도안전법 제25조(철도시설의 기술기준)** ① 철도시설관리자는 국토교통부장관이 정하여 고시하는 기술기준에 맞게 철도시설을 설치하여야 한다.
> ② 철도시설관리자는 국토교통부령으로 정하는 바에 따라 제1항에 따른 기술기준에 맞도록 철도시설을 점검 · 보수하는 등 유지 · 관리하여야 한다.

① A : 해당 기술은 하드웨어나 인간에 의해 만들어진 것으로 비자연적인 대상 혹은 그 이상을 의미해.

② B : 이러한 기술은 노와이(Know－why)를 의미하는 것이며 경험적인 지식인 노하우(Know－how)는 포함되지 않지.

③ C : 이러한 기술은 결국 하드웨어를 생산하는 과정과 연관될 거야.

④ D : 결국 이러한 기술은 인간의 능력을 확장시키기 위한 하드웨어와 그 하드웨어의 활용을 뜻하지.

⑤ E : 기술은 정의 가능한 문제를 해결하기 위해 순서화되고 이해 가능해진 노력이야.

27. 다음은 ○○공사의 철도안전관리체계에 따른 과학적 유지관리체계 시스템의 개발 및 구축 단계를 나타낸 것이다. 이 개발 계획에서 살펴볼 수 있는 4차 산업혁명의 기술은?

1단계	▶	2단계	▶	3단계
• 계측대상 데이터 정리 • 인프라 구축		• 데이터베이스 구축 • 고장 감시 시스템 구축		• 시스템 최적화 및 UI 개선 • 고장 예측 알고리즘 개발

① 드론　② 빅데이터　③ 자율주행
④ 생명공학　⑤ 3D프린팅

28. 갑은 최근 교체한 자동차의 CD Player 슈퍼 103이 작동하지 않자 고객상담실로 전화를 하였다. 다음 사용설명서를 참고하여 빈칸에 들어갈 말로 적절한 것을 모두 고르면?

♠ 안전한 사용을 위하여

§ 차량 운행 시

- 차량 운행상태에서 본 제품의 조작이 꼭 필요한 경우 반드시 전방을 주시하고 안전운행에 각별한 주의를 요합니다.
- 너무 큰 음량으로 사용하면 운행에 지장을 초래할 수 있습니다.

§ 세차 시

물기에 직접 닿거나 습기가 많은 곳에 스피커, 디스크 장치 및 출력앰프 등이 포함된 본 제품을 노출시키지 마십시오. 전기적 충격이나 화재의 원인이 됩니다.

§ 주차 시

차량을 직사광선 아래에 장시간 주차하였을 경우 차량 내부 온도가 높기 때문에 창문을 열어 환기한 후 본 제품을 사용하시기 바랍니다. 차량 내부 온도가 지나치게 높을 경우 고장의 우려가 있습니다.

§ 사용 전원에 대하여

본 제품은 차체에 마이너스 접지된 차량용 DC 14V 전원을 사용하도록 설계되었습니다.

§ A/S에 대하여

본 제품은 매우 정밀한 부품으로 제작되었습니다. 함부로 분해하거나 조정하지 마시고 고객상담실(030－111－5252)로 문의하시기 바랍니다.

§ 기타의 고장이 발생할 수 있는 경우에 대하여

- 본 제품의 공급전원은 차량용 DC 14V 배터리 전용이며 차체에 마이너스 접지되었는지 꼭 확인하십시오. 규격전원 이외에는 절대로 사용하지 마십시오.

- 시너나 벤젠을 이용하여 청소하지 마십시오.

• 제품에 충격을 주지 마십시오.

♠ 명칭과 기능

§ 기능 표시창

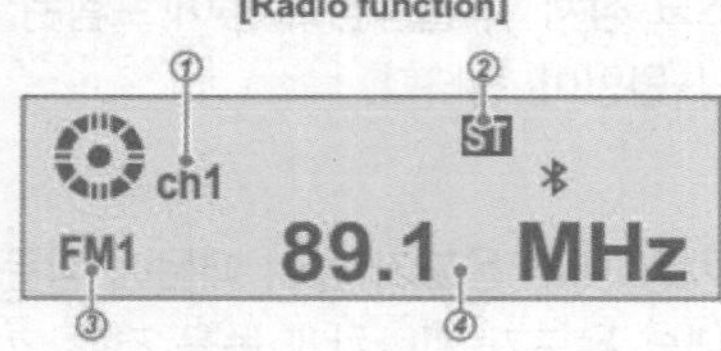

① 방송지정 번호 표시
ch1 ~ ch6

② 스테레오 방송수신 표시
FM 스테레오 방송 수신 시 표시됨.

③ 방송주파수 밴드 표시
FM1 / FM2 / AM

④ 수신방송 주파수 표시

⑤ 재생곡 정보 표시

⑥ 디스크 삽입상태 표시

⑦ 재생 파일형식 표시
CDP : 오디오 CD
MP3 : MP3 음악파일
WMA : WMA 음악파일

⑧ 현재 폴더번호 표시

⑨ 현재 재생곡 번호 표시

⑩ USB 연결 표시

⑪ 폴더 선택 표시

⑫ 재생모드 표시
RDM(Random) : 무순위 재생
RPT(Repeat) : 반복 재생
INT(Intro) : 전주 재생

⑬ 블루투스 장치연결 표시

⑭ 재생 진행시간 표시

⑮ EQ 스타일 표시
POP, ROCK, COUNTRY, VOICE, JAZZ, CLASSIC

§ 제품의 뒷면 / 연결단자

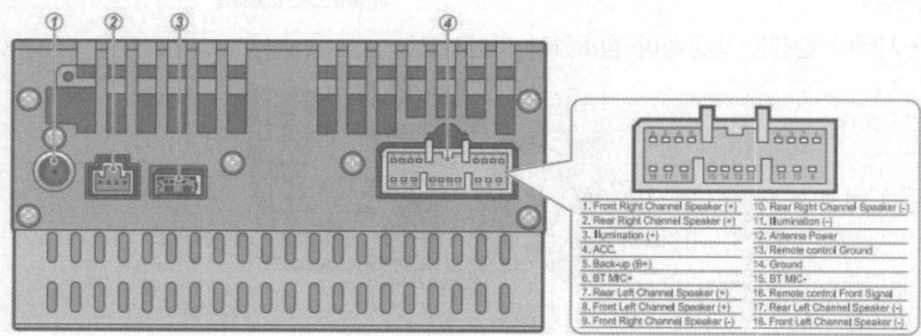

- 라디오 안테나 연결단자
  차량의 라디오 안테나 플러그를 꽂아 연결합니다.
- 외부입력(AUX) 연결단자
  차량의 외부 음향기기 연결부의 커넥터를 꽂아 연결합니다.
- USB 연결단자
  차량의 USB 연결부의 커넥터를 꽂아 연결합니다.
- 입/출력 연결단자
  차량의 입/출력 연결부의 커넥터를 꽂아 연결합니다.

§ MP3플레이어 / CD플레이어

- 본 제품은 CD－DA, MP3 / WMA 디스크를 재생할 수 없습니다.
  - CD－DA : CD－R / CD－RW
  - MP3 / WMA : CD－R / CD－RW / CD－ROM
  - CD－DA와 MP3 / WMA 파일을 혼합해서 만들어진 디스크는 재생이 되지 않을 수 있습니다.
- 본 제품은 아래의 MP3 / WMA 파일은 재생할 수 없습니다.
  - MP3i 또는 MP3 PRO 규격으로 인코딩된 파일
  - Layer 1/2을 포함하는 MP3 파일

§ 디스크 사용 시 주의사항

- 아래의 디스크는 사용하지 마십시오. 재생이 되지 않거나 디스크가 나오지 않는 현상이 발생할 수 있습니다.
  - 스티커, 라벨 또는 보호용 씰 등을 부착한 디스크
  - 잉크젯 프린트로 디스크 라벨을 표면에 직접 출력한 디스크
  - 라벨 또는 씰 등을 붙인 디스크
  - 8cm 디스크
  - 원형이 아닌 다른 모양의 디스크
- 디스크 삽입구에 손가락, 젓가락 등 디스크 이외는 넣지 마십시오. 고장 및 다칠 수 있습니다.
- 고온 다습한 환경에서 디스크를 사용하지 마십시오. 폭발의 위험이 있습니다.

§ 재생곡 이동하기

- 재생상태에서 〈조절〉 버튼을 반복해서 눌러 현재 곡의 처음이나 이전 또는 다음 곡으로 이동할 수 있습니다.
- 재생상태에서 〈조절〉 버튼을 누르고 있으면 빠른 재생이 진행되고 원하는 지점에서 떼면 그 지점에서 정상적으로 재생됩니다.

§ 재생곡 찾아 재생하기

- 탐색[SCAN / INF] 버튼을 누르면 재생곡 탐색화면이 표시됩니다.
- 음량 조절기를 돌려 재생할 곡 번호나 이름을 선택한 후 전원버튼을 누르면 재생이 시작됩니다.

§ 정지/디스크 꺼내기

• 재생상태에서 디스크 꺼냄 버튼을 누릅니다. 재생이 정지되고 디스크가 나오며 라디오 기능이 자동 선택됩니다.
• 15초 이내에 디스크를 꺼내지 않으면 디스크는 자동으로 다시 삽입되며 이때에는 음악이 재생되지 않습니다.
• 사각형의 디스크 등을 사용하여 디스크가 나오지 않는 경우 꺼냄 버튼을 5초간 눌러 주세요.

§ MP3[WMA] 음악파일에 대하여
• 본 제품은 앨범이름, 아티스트 등 MP3 파일의 id3 tag 정보를 표시할 수 있습니다.
• 본 제품은 한글과 영문 문자 코드만 인식하여 표시할 수 있습니다.
• 본 제품이 재생할 수 있는 MP3 파일은 아래와 같습니다.
  – Bit rate : 8 ~ 320kbps
  – Sampling frequency : 46kHz, 48kHz, 24kHz, 16kHz
  – 본 제품은 가변 압축률을 이용한 MP3 파일을 재생할 수 있습니다. 이 가변 압축률 형식의 MP3 파일을 재생 시 표시되는 남은 시간이 실제의 시간과 다를 수 있습니다.

♠ 외부 연결 장치
§ USB 저장장치 재생하기
• 전원버튼을 길게 눌러 본 제품의 전원을 끕니다.
• USB 단자에 재생할 MP3 / WMA 파일이 저장된 USB 저장장치를 꽂아 연결합니다. 전원이 켜지고 "USB" 표시가 나오면 USB 저장장치의 음악파일이 자동으로 재생됩니다.

§ USB 저장장치 사용 시 주의사항
• 본 제품과 USB 저장장치의 연결 / 분리는 차량 시동이 꺼진 상태에서만 실시하십시오. 만약 USB 저장장치의 연결 / 분리 도중에 차량 시동이 켜지거나 꺼지면 USB 저장장치가 손상되거나 정상적으로 동작하지 않을 수 있습니다.
• 일부 USB 저장장치는 호환성 또는 상태에 따라 본 제품에서 인식되지 않을 수 있습니다.
• 본 제품과 USB 저장장치의 연결 / 분리 시 짧은 시간 동안 반복적으로 할 경우 USB 저장장치의 손상을 초래할 수 있습니다.
• AT 12 / 16 / 32로 포맷된 USB 저장장치만 인식이 가능합니다.

갑 : 바꾼 지 얼마 되지도 않았는데 고장이 난 것 같네요. 서비스 직원 : 혹시 모델명을 말해 주실 수 있나요? 갑 : CD Player 슈퍼 103입니다. 서비스 직원 : 어떻게 작동이 되지 않나요? 갑 : 재생이 되지 않아요. 서비스 직원 : 고장이 발생할 만한 상황이 있었는지 잠시 확인해 보아도 될까요? 재생이 되지 않는다고 해서 모두 고장은 아니라서요. 혹시 (　　　　　　　　) 이 경우 매뉴얼을 보시면 문제를 해결할 수 있습니다.
㉠ 청소 시 시너를 사용하신 것은 아니신가요? ㉡ 원형이 아닌 디스크를 사용하신 것은 아니신가요? ㉢ 직사광선 아래 차량을 장시간 주차하신 건 아니신가요? ㉣ 재생하시려던 MP3 파일의 Bit rate의 범위가 어떻게 되나요? ㉤ CD－DA와 MP3 / WMA 파일을 혼합해서 만든 디스크를 사용하신 것은 아니신가요? ㉥ 가변 압축률을 이용한 MP3 파일을 사용하신 건 아니신가요?

① ㉠, ㉡, ㉤　　② ㉠, ㉣, ㉤　　③ ㉡, ㉣, ㉤

④ ㉡, ㉣, ㉥　　⑤ ㉢, ㉣, ㉥

[29 ~ 30] 다음은 경력개발 및 관리 모델에 대한 내용이다. 이어지는 질문에 답하시오.

경력개발(Career Development)이란 개인과 조직의 상호적인 경력탐색과 개선활동을 가능하게 하는 계획적이고 체계적인 노력이며, 구조화된 과정으로 이루어지는 인적자원 개발활동들이다(Gilley & Eggland, 1989). 다음 그림은 경력개발 과정을 8단계로 제시한 '경력개발 및 관리 모델(Callanan & Godshalk(2000))'로 의사결정 과정과 그에 따른 활동을 구체적으로 안내해 주고 있다. 아래 모델은 환경적 요인에 따라 경력 방향에 대한 가장 적합한 경력을 지속적으로 탐색하고 개발하는 방법을 제시해 준다.

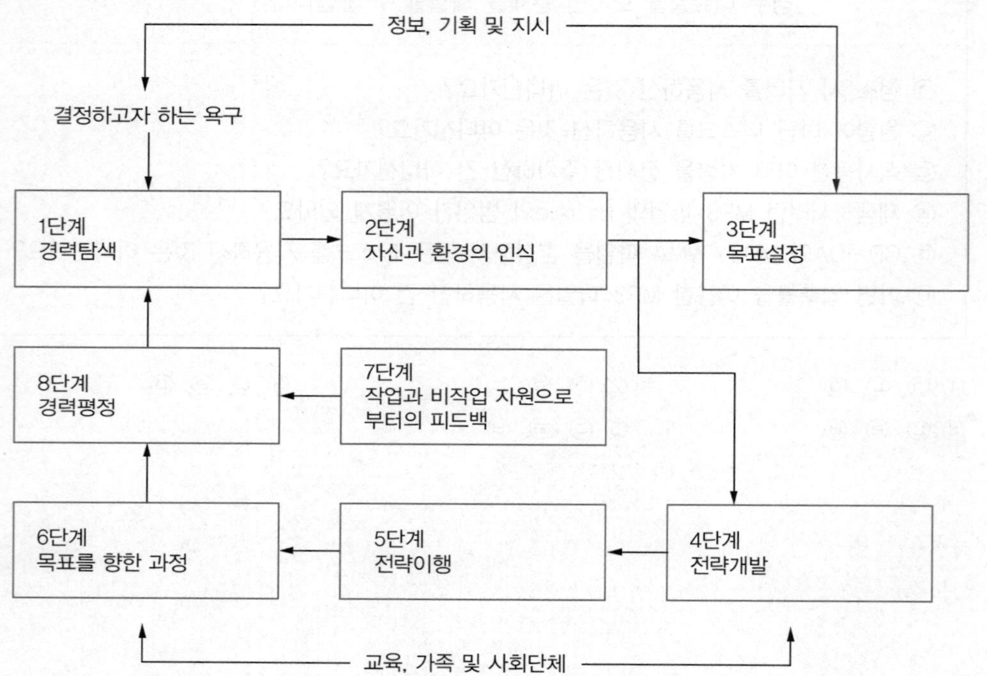

조직에서 성공적인 경력개발을 실현하기 위해서는 경력개발 및 관리 모델을 기반으로 개인 차원의 경력개발과 조직 차원의 경력관리가 상호조화를 이룰 수 있는 경력개발 프로그램을 개발하여 정착시키는 것이 효과적이다. 경력개발 프로그램은 조직의 경쟁력 향상을 도모하고 구성원의 일체감 제고를 통한 협동체제 구축을 유인할 수 있으며, 구성원 개인에서는 비전 인식과 상생욕구 충족, 신변에 대한 안정감을 가질 수 있게 한다. 이는 개인의 역량발휘동기를 자극하여 궁극적으로 조직성과에 기여함으로써 구성원과 조직이 상생하는 결과를 가져다준다.

29. 다음 (가) ~ (아)를 '경력개발과정 8단계'에 따라 바르게 나열한 것은?

(가) 자신의 경력을 평가하여 점검한다.
(나) 자신이 경력개발을 통해 달성하고자 하는 목표를 설정한다.
(다) 경력개발계획에 따라 경력개발을 이행할 준비를 하고 실행에 옮긴다.
(라) 경력목표에 다가가기 위한 범위 내에서 경력개발을 적극적으로 추진한다.
(마) 심도 있게 자기를 인식하고 환경에 존재하고 있는 기회와 제약에 대하여 이해한다.
(바) 경력목표를 달성하기 위한 행동계획을 수립하고 효과적인 실천을 위한 전략방안을 마련한다.
(사) 해당 직무와 관련된 모든 정보를 수집하는 것으로 자기 자신 그리고 환경에 관한 정보를 모으는 것을 포함한다.
(아) 직무와 직접적으로 관련 있는 동료, 감독자 그리고 전문가로부터 유용한 정보를 획득하고 친구, 가족과 같이 직무와 직접적인 관련이 없지만 조언을 구할 수 있는 사람으로부터 의견을 수렴한다.

① (사) → (바) → (다) → (나) → (라) → (아) → (마) → (가)
② (사) → (바) → (마) → (다) → (아) → (라) → (나) → (가)
③ (사) → (마) → (바) → (나) → (라) → (다) → (아) → (가)
④ (사) → (마) → (나) → (바) → (다) → (라) → (아) → (가)
⑤ (사) → (바) → (나) → (다) → (마) → (아) → (라) → (가)

30. 다음은 윗글에서 언급한 '경력개발 프로그램' 개발 시 고려사항을 개인 차원과 조직 차원으로 구분한 것이다. 그 내용이 적절한 것은?

	개인 차원	조직 차원
①	경력과 관련된 훈련 및 상담을 제공한다.	경력개발을 위한 훈련 프로그램을 실시하고 평가한다.
②	조직의 요구를 고려하여 개인의 경력개발 계획을 수립한다.	조직의 요구와 개인의 능력을 매칭시킨다.
③	경력개발을 위한 훈련 프로그램을 개발하고 참여한다.	개인의 능력과 흥미를 구별하여 경력목표를 설정한다.
④	경력관리모델을 개발하고 관리전략을 수립한다.	조직 내 · 외부의 경력정보를 검토한다.
⑤	경력개발을 위한 훈련 프로그램을 실시하고 평가한다.	자신의 흥미와 능력을 파악하여 경력에 도움이 되는 프로그램에 참여한다.

31. ○○디자인 회사에서 김서윤 씨가 최종 면접을 보고 있다. 다음 대화를 읽고 김서윤 씨가 집단에 속하려는 가장 큰 이유를 고르면?

> 면접관 : 마지막 질문입니다. 김서윤 씨는 △△디자인 회사에서 8년간 일한 후, 프리랜서로 3년간 일했다고 했는데요, 왜 다시 회사에 들어오려고 하십니까?
>
> 김서윤 : 면접관님 말씀대로 저는 지난 3년간 프리랜서로 디자인 일을 해 왔습니다. 처음에는 시간을 자유롭게 쓸 수 있다는 장점이 있었는데 어려운 점도 많았습니다. 거래하던 회사가 갑자기 폐업하는 바람에 하던 일이 중단돼 버린 일이 있었고, 거래처가 일방적으로 계약을 파기해 법적 공방까지 갔던 일도 있었습니다. 몇 번 마음고생을 하고 나니 앞으로는 회사의 보호를 받으며 일하고 싶다는 생각을 하게 됐습니다.

① 자기존중감(Self-Esteem) ② 지위(Status) ③ 안정감(Security)
④ 소득(Income) ⑤ 목표달성(Goal Achievement)

32. 심리학자 마틴 셀리그만 교수는 지속적인 충만감을 위해 꼭 필요한 5가지 요소의 머리글자를 모은 페르마(PERMA)라는 개념을 제시했다. 다음 빈칸에 들어갈 내용으로 적절한 것은?

P	Positive Emotion 기쁨, 자신감, 낙관
E	( )
R	Relationship 타인과 함께 하는 것, 기뻤던 순간, 인생 최고의 순간은 대부분 타인과 함께 했을 때이다.
M	Meaning 스스로 의미 있다고 생각하는 것에 소속되고 거기에 기여하고 있다고 느끼는 것
A	Accomplishment 남을 이기거나 금전적 목적이 아닌 성취 그 자체로서 좋은 것

① Encouragement : 자기 스스로를 격려, 고무하는 것
② Enjoyment : 어떤 일이든 그 자체에서 기쁨과 즐거움을 느끼는 것
③ Engagement : 시간 가는 줄 모르고 무언가에 빠져 있는 것
④ Energy : 어떤 일을 하든 정신적, 육체적으로 힘이 넘치는 것
⑤ Entire family : 무엇을 하든 온 가족이 함께 하는 것

33. 다음 대인관계의 형성 과정을 근거로 할 때, 아래의 내용은 '대인관계 발전 모형' 중 어느 단계에 해당하는가?

인간과 인간이 만나서 대인관계가 형성되는 과정을 살펴보는 것은 대인관계의 제 면모를 이해하는 데 유용하다. 대인관계는 아래와 같이 일련의 과정을 거쳐 발전하게 된다. 한 단계에서 다른 단계로서의 이동은 대인관계 기술에 달려 있다. 대인관계 기술이란 관계를 처음 시작하는 법, 상대방에게 호감을 보이는 태도, 자신을 적절히 드러내 놓은 기술이나 적극적인 애정 표현 방법, 상대방을 이해하려는 마음 등을 대인관계의 발전과정에 따라 적절히 활용하는 것을 의미한다. 이러한 기술은 대면적 대인관계뿐만 아니라 온라인이나 SNS 등과 같은 매체가 개입된 대인관계에서도 유효하다. 성공적인 대인관계를 형성하기 위해서는 대인관계가 발전되는 과정을 이해하고, 관계의 시점(자신과 상대방이 처한 대인관계 형성 정도)에 적절한 기술을 활용하는 것이 필요하다.

〈대인관계 발전 6단계 모형〉

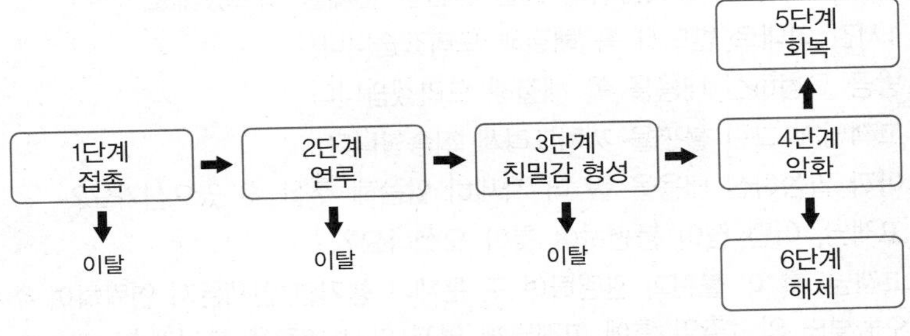

대인관계를 형성하고자 하는 사람들과의 상호감정이 교류되기 시작하는 단계이다. 따라서 상대방에 대해서 탐색하거나 배우려고 하고, 때로는 서로에 대해 일종의 테스트를 하기도 한다. 이 단계에 놓인 당사자들은 상대방을 이해하고 자신에 대해 오픈하면서 각자의 느낌과 감정을 공유하기 시작한다. 이것이 로맨틱한 관계라면 데이트를 하게 되고, 우정이라면 상호간에 관심과 관련된 활동을 공유하기 위해 여가 활동을 함께 하게 된다.

① 1단계 : 접촉
② 2단계 : 연루
③ 3단계 친밀감 : 형성
④ 4단계 : 악화
⑤ 5단계 : 회복

34. 다음은 신입사원 김새벽 씨가 연수 프로그램에서 고객 불만 처리 8단계 프로세스에 대해 교육 받은 자료이다. 다음 〈사례〉의 고객응대 과정에서 A ~ C 단계에 해당하는 대화 내용을 순서대로 나열한 것은?

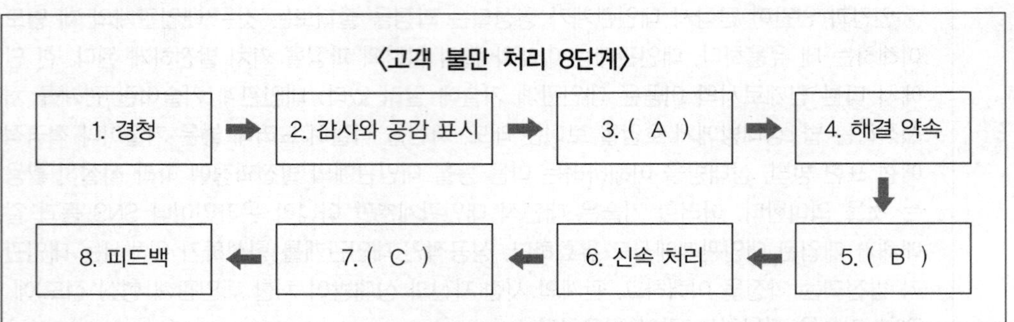

사례

(가) 아 ~ 고객님께서 지금까지 그런 곤란한 문제를 겪으셨네요.
(나) 1시간 이내로 반드시 꼭 해결해 드리겠습니다.
(다) 방금 요청하신 내용을 꼭 해결해 드리겠습니다.
(라) 고객님께 그런 불편을 끼쳐드려서 죄송합니다.
(마) 아까 말씀하신 내용을 좀 더 자세히 말씀해 주실 수 있으신가요?
(바) 고객님, 어떤 점이 불편하여 찾아 오셨나요?
(사) 고객님, 혹 이 불편과 관련하여 또 문제가 생기면 언제든지 연락하여 주시구요. 저희가 오늘부터 약 1주일 후에 고객님께 먼저 다시 연락을 드리겠습니다. 그 때 다시 한 번 꼭 본 내용에 대해 확인 부탁드립니다.
(아) 고객님, 요청하신 내용에 대해 오늘 처리하여 드린 부분은 마음에 드셨나요? 앞으로는 이런 일이 다시 일어나지 않도록 최선을 다하겠습니다.

	A	B	C		A	B	C
①	(라)	(마)	(다)	②	(아)	(마)	(다)
③	(라)	(마)	(아)	④	(아)	(바)	(다)
⑤	(사)	(마)	(아)				

35. 다음 글의 ㉠에 들어갈 용어로 가장 적절한 것은?

(㉠)은/는 상대의 자발적인 행동을 촉진시키기 위한 커뮤니케이션 기능으로, 대화와 질문을 통해 부하직원의 자발적인 행동 촉진과 문제해결을 도모하는 리더십 기법이다.

다음은 성공적인 (㉠)을/를 진행하기 위한 모델이다.

1단계	목표 정하기	- 방향과 목표를 명확히 하는 단계 - 리더와 구성원은 신뢰관계를 형성해야 함.
2단계	현실 파악하기	- 개선하고자 하는 목표를 정의한 후 구성원의 현실을 구체적으로 알아보는 단계 - 이슈 주변의 현상들을 통찰하여 목표와 현실 간의 차이를 인식하는 단계 - 사례와 사실들을 수집하고 구성원의 감정을 파악하는 단계
3단계	핵심 니즈 파악하기	- 목표에 관한 구성원의 경험 및 사건들을 이전보다 분명하고 통합된 시야로 재인식시키는 단계 - 1단계에서 확립된 목표를 재확인하거나 수정하는 단계 - 구성원이 방어적 태도를 취하더라도 끝까지 신뢰하고 지지하며 중립적인 태도를 유지해야 함.
4단계	대안 탐색하기	- 브레인스토밍을 하듯 자유로이 대안에 대한 대화를 통해 조직구성원은 합리적이고 현실적인 대안을 발견함. - 목표달성을 위한 보다 분명한 행동지침을 갖게 되는 단계
5단계	실천의지 확인하기	- 가장 중요한 단계로 조직구성원의 행동을 요구하는 단계 - 리더는 계획의 시행을 위해 계속해서 구성원을 강력하게 개입시키고 전 과정을 구성원 스스로가 마무리 하도록 지시해야 함.

(㉠) 활동은 직원들의 능력을 신뢰하며 확신하고 일하는 사실에 기초한다. (㉠)은/는 조직의 지속적인 성장과 성공을 만들어 내는 리더의 능력이라고 말할 수 있다. 또한 직원들에게 질문을 던지는 한편 직원들의 의견을 적극적으로 경청하고 필요한 지원을 아끼지 않아 생산성을 높이고 기술 수준을 발전시키며, 자기 향상을 도모하는 직원들에게 도움을 주고 업무에 대한 만족감을 높이는 과정이라고 말할 수 있다.

① 코칭(Coaching) ② 멘토링(Mentoring) ③ 매니징(Managing)
④ 컨설팅(Consulting) ⑤ 카운슬링(Counseling)

36. 조직 내에서의 갈등을 해소하거나 감소시키기 위한 방법으로 옳지 않은 것은?

① 모든 사람들은 조직 내에 있는 대부분의 문제에 대해 각자 나름대로 의견을 가지고 있다는 점을 인식해야 한다.

② 갈등 해결의 장애물을 극복하기 위해서 팀원은 개방적인 자세를 갖추고 행동에 초점을 맞추어야 한다.

③ 조금이라도 의심이 생길 때는 분명히 말해 줄 것을 요구해야 한다.

④ 다른 팀원과 불일치하는 쟁점 사항이 있다면 그 팀원의 관리자에게 먼저 말해야 한다.

⑤ 의견 차이의 인정과 경청은 모두 갈등을 최소화하기 위해 고려할 수 있는 기본원칙에 해당한다.

37. 다음 최 씨와 조 씨의 행위는 철도안전법에 위반되는 비윤리적 행위의 원인 중 무엇에 기반한 것인가?

- 최 씨는 금지되는 것은 알았으나, 먹고 살기 위해서는 어쩔 수 없다는 마음으로 열차 내에서 물건을 판매하였다.
- 평소 과음을 하면 난폭해지는 습성을 가진 알코올중독자 조 씨는 열차 안에서 한 잔만 한다는 것이 그만 취해서 난동을 부렸다.

	최 씨	조 씨		최 씨	조 씨
①	무절제	무지	②	무절제	무관심
③	무지	무관심	④	무관심	무절제
⑤	무관심	무지			

38. 다음 기업윤리경영의 유형 중 '4유형 : 대외적 적극적 기업윤리'에 대한 설명으로 적절한 것은?

> '기업윤리경영의 유형'은 행위의 주체 측면에서 기업 내 도덕적 경영, 내부통제 등의 개인에 초점을 두는 내적 윤리와 사회적 책임, 기업의 외적 이미지 등의 조직에 초점을 두는 외적 윤리로 구분해 볼 수 있다. 그리고 행위의 성격 측면에서는 '해서는 안 될(Should Not)' 문제를 다루는 소극적 윤리와 '할수록 좋은(Had Better)' 문제를 다루는 적극적 윤리로 구분해 볼 수 있다.
>
> 이와 같이 두 가지 차원의 축을 사용해 '기업윤리경영'을 다음과 같이 4가지로 유형화할 수 있다.

영역 \ 성격	소극적	적극적
대내적	1유형 : 대내적 소극적 기업윤리	3유형 : 대내적 적극적 기업윤리
대외적	2유형 : 대외적 소극적 기업윤리	4유형 : 대외적 적극적 기업윤리

① 경영자를 포함한 모든 조직구성원들이 행동하기를 권장하는 바람직한 행동을 포함한다.

② 외부의 이해관계자, 정부, 생태계, 일반 공중과의 관계에 있어 요구되는 바람직한 기업의 행동을 포함한다.

③ 경영자의 개인적인 윤리적 문제가 기업 자체의 윤리적 문제로 확대될 뿐만 아니라 사회로까지 비화되는 경향이 나타난다.

④ 경영자를 포함한 모든 조직구성원들이 지켜야 할 조직 내부에 대한 윤리로, 비윤리적인 행위를 금지하는 내용을 포함한다.

⑤ 기업 외부의 이해관계자, 정부, 환경, 그리고 보다 포괄적인 일반 공중 또는 전체 사회와 관련된 문제로 사회적으로 지탄을 받을 만한 비윤리적이고 비도덕적인 행위를 금지하는 내용을 포함한다.

[39 ~ 40] 다음은 윤리적 의사결정에 관한 내용이다. 이어지는 질문에 답하시오.

첫째, 윤리적 의사결정이란 행동을 하기 위한 결단을 내릴 수 없는 상황, 즉 갈등적 상황이나 딜레마적 상황에 당면하였을 때 여러 목표나 수단의 대안 중에서 어느 하나를 선택하고 결정하는 것이다. 또한 윤리적 의사결정을 이해하기 위해서는 윤리적 딜레마가 발생하는 원인을 이해하여야 한다. 경영자들은 대부분 자신이 윤리적이라고 스스로 평가하고 있다. 그러나 윤리적 판단을 내리는 경우 적용하는 기준이 상충됨에 따라 자신도 의식하지 못한 채 비윤리적인 의사결정을 내릴 수도 있다.

둘째, 윤리적 의사결정은 하나의 과정으로 이해할 수 있다. 윤리적 의사결정과정을 순차적으로 도덕적 문제의 인식, 도덕적 판단, 도덕적 행위의도의 형성, 도덕적 행위의 구성요소로 분해하며, 이러한 과정에 대한 이해가 필요하다.

셋째, 윤리적 의사결정은 다양한 요인의 영향을 받는다. Hunt & Vitell(1993)은 마케팅 윤리적 의사결정의 배경 요소로서 문화적 환경, 전문적 환경, 산업 환경, 조직 환경, 개인적 특징 등이며, 이러한 변수들은 개인의 윤리적 의사결정과정에서 예측변수로 표현된다. 윤리적 의사결정을 내리기 위해서는 '의사결정의 기준이 공개되더라도 떳떳할 수 있는가?', '사람과 상황에 대한 처리가 공정하고 임의적이지 않는가?', '같은 상황에서 누가 결정하더라도 똑같은 선택을 할 수밖에 없었는가?', '의사결정에 따라 영향을 받는 사람들이 모두 받아들일 수 있는 선택인가?'를 고려하고 이에 적합한 윤리원칙을 준수해야 한다.

39. 다음 중 윤리적 의사결정을 위해 준수해야 하는 윤리원칙에 해당되지 않는 것은?

① 예외성의 원칙 ② 보편성의 원칙 ③ 공개성의 원칙
④ 불가피성의 원칙 ⑤ 공정성의 원칙

40. 다음 내용을 읽고 〈그림〉의 윤리적 사고의 수준을 단계별로 바르게 제시한 것은?

> 보참(Beauchamp)과 칠드레스(Childress)는 실제 상황에서 윤리적 의사결정을 하는 데 이용 가능한 윤리적 사고의 네 가지 수준을 제시하였다. 다음 〈그림〉은 윤리적 딜레마 상황에서 최적의 윤리적 의사결정은 윤리이론, 윤리원칙, 윤리적 판단과 행동, 윤리규칙의 상향식, 하향식 윤리적 사고 절차에 따르게 된다는 것을 보여주고 있다.
>
> 〈그림〉 윤리의 4수준
>
> 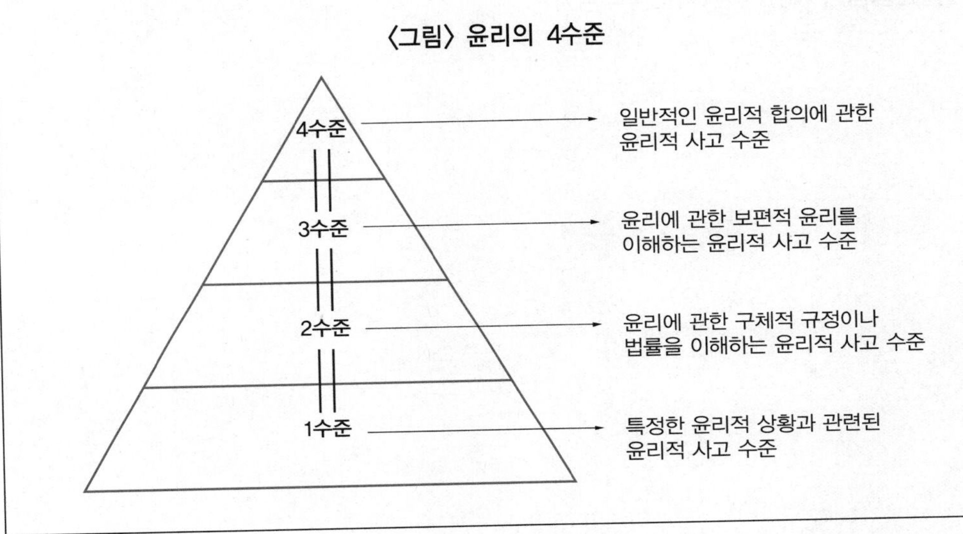
>

	4수준	3수준	2수준	1수준
①	윤리이론	윤리원칙	윤리규칙	윤리적 판단과 행동
②	윤리이론	윤리규칙	윤리원칙	윤리적 판단과 행동
③	윤리이론	윤리원칙	윤리적 판단과 행동	윤리규칙
④	윤리원칙	윤리이론	윤리규칙	윤리적 판단과 행동
⑤	윤리원칙	윤리이론	윤리적 판단과 행동	윤리규칙

인성검사란? 개개인이 가지고 있는 사고와 태도 및 행동 특성을 정형화된 검사를 통해 측정하여 해당 직무에 적합한 인재인지를 파악하는 검사를 말한다.

파트  서울교통공사

인성검사

인성검사

01 인성검사의 이해

1 인성검사, 왜 필요한가?

채용기업은 지원자가 '직무적합성'을 지닌 사람인지를 인성검사와 NCS기반 필기시험을 통해 판단한다. 인성검사에서 말하는 인성(人性)이란 그 사람의 성품, 즉 각 개인이 가지는 사고와 태도 및 행동 특성을 의미한다. 인성은 사람의 생김새처럼 사람마다 다르기 때문에 몇 가지 유형으로 분류하고 이에 맞추어 판단한다는 것 자체가 억지스럽고 어불성설일지 모른다. 그럼에도 불구하고 기업들의 입장에서는 입사를 희망하는 사람이 어떤 성품을 가졌는지 정보가 필요하다. 그래야 해당 기업의 인재상에 적합하고 담당할 업무에 적격한 인재를 채용할 수 있기 때문이다.

지원자의 성격이 외향적인지 아니면 내향적인지, 어떤 직무와 어울리는지, 조직에서 다른 사람과 원만하게 생활할 수 있는지, 업무 수행 중 문제가 생겼을 때 어떻게 대처하고 해결할 수 있는지에 대한 전반적인 개성은 자기소개서를 통해서나 면접을 통해서도 어느 정도 파악할 수 있다. 그러나 이것들만으로 인성을 충분히 파악할 수 없기 때문에 객관화되고 정형화된 인성검사로 지원자의 성격을 판단하고 있다.

채용기업은 필기시험을 높은 점수로 통과한 지원자라 하더라도 해당 기업과 거리가 있는 성품을 가졌다면 탈락시키게 된다. 일반적으로 필기시험 통과자 중 인성검사로 탈락하는 비율이 10% 내외가 된다고 알려져 있다. 물론 인성검사를 탈락하였다 하더라도 특별히 인성에 문제가 있는 사람이 아니라면 절망할 필요는 없다. 자신을 되돌아보고 다음 기회를 대비하면 되기 때문이다. 탈락한 기업이 원하는 인재상이 아니었다면 맞는 기업을 찾으면 되고, 경쟁자가 많았기 때문이라면 자신을 다듬어 경쟁력을 높이면 될 것이다.

2 인성검사의 특징

우리나라 대다수의 채용기업은 인재개발 및 인적자원을 연구하는 한국행동과학연구소(KIRBS), 에스에이치알(SHR), 한국사회적성개발원(KSAD), 한국인재개발진흥원(KPDI) 등 전문기관에 인성검사를 의뢰하고 있다.

이 기관들의 인성검사 개발 목적은 비슷하지만 기관마다 검사 유형이나 평가 척도는 약간의 차이가 있다. 또 지원하는 기업이 어느 기관에서 개발한 검사지로 인성검사를 시행하는지는 사전에 알 수 없다. 그렇지만 공통으로 적용하는 척도와 기준에 따라 구성된 여러 형태의 인성검사지로 사전 테스트를 해 보고 자신의 인성이 어떻게 평가되는가를 미리 알아보는 것은 가능하다.

인성검사는 필기시험 당일 직무능력평가와 함께 실시하는 경우와 직무능력평가 합격자에 한하여 면접과 함께 실시하는 경우가 있다. 인성검사의 문항은 100문항 내외에서부터 최대 500문항까지 다양하다. 인성검사에 주어지는 시간은 문항 수에 비례하여 30 ~ 100분 정도가 된다.

문항 자체는 단순한 질문으로 어려울 것은 없지만 제시된 상황에서 본인의 행동을 정하는 것이 쉽지만은 않다. 문항 수가 많을 경우 이에 비례하여 시간도 길게 주어지지만 단순하고 유사하며 반복되는 질문에 방심하여 집중하지 못하고 실수하는 경우가 있으므로 컨디션 관리와 집중력 유지에 노력하여야 한다. 특히 같거나 유사한 물음에 다른 답을 하는 경우가 가장 위험하다.

3 인성검사 척도 및 구성

1 미네소타 다면적 인성검사(MMPI)

MMPI(Minnesota Multiphasic Personality Inventory)는 1943년 미국 미네소타 대학교수인 해서웨이와 매킨리가 개발한 대표적인 자기 보고형 성향 검사로서 오늘날 가장 대표적으로 사용되는 객관적 심리검사 중 하나이다. MMPI는 약 550여 개의 문항으로 구성되며 각 문항을 읽고 '예(YES)' 또는 '아니오(NO)'로 대답하게 되어 있다.

MMPI는 4개의 타당도 척도와 10개의 임상척도로 구분된다. 500개가 넘는 문항들 중 중복되는 문항들이 포함되어 있는데 내용이 똑같은 문항도 10문항 이상 포함되어 있다. 이 반복 문항들은 응시자가 얼마나 일관성 있게 검사에 임했는지를 판단하는 지표로 사용된다.

구분	척도명	약자	주요 내용
타당도 척도 (바른 태도로 임했는지, 신뢰할 수 있는 결론인지 등을 판단)	무응답 척도 (Can not say)	?	응답하지 않은 문항과 복수로 답한 문항들의 총합으로 빠진 문항을 최소한으로 줄이는 것이 중요하다.
	허구 척도 (Lie)	L	자신을 좋은 사람으로 보이게 하려고 고의적으로 정직하지 못한 답을 판단하는 척도이다. 허구 척도가 높으면 장점까지 인정받지 못하는 결과가 발생한다.
	신뢰 척도 (Frequency)	F	검사 문항에 빗나간 답을 한 경향을 평가하는 척도로 정상적인 집단의 10% 이하의 응답을 기준으로 일반적인 경향과 다른 정도를 측정한다.
	교정 척도 (Defensiveness)	K	정신적 장애가 있음에도 다른 척도에서 정상적인 면을 보이는 사람을 구별하는 척도로 허구 척도보다 높은 고차원으로 거짓 응답을 하는 경향이 나타난다.
임상척도 (정상적 행동과 그렇지 않은 행동의 종류를 구분하는 척도로, 척도마다 다른 기준으로 점수가 매겨짐)	건강염려증 (Hypochondriasis)	Hs	신체에 대한 지나친 집착이나 신경질적 혹은 병적 불안을 측정하는 척도로 이러한 건강염려증이 타인에게 어떤 영향을 미치는지도 측정한다.
	우울증 (Depression)	D	슬픔·비관 정도를 측정하는 척도로 타인과의 관계 또는 본인 상태에 대한 주관적 감정을 나타낸다.
	히스테리 (Hysteria)	Hy	갈등을 부정하는 정도를 측정하는 척도로 신체 증상을 호소하는 경우와 적대감을 부인하며 우회적인 방식으로 드러내는 경우 등이 있다.
	반사회성 (Psychopathic Deviate)	Pd	가정 및 사회에 대한 불신과 불만을 측정하는 척도로 비도덕적 혹은 반사회적 성향 등을 판단한다.
	남성-여성특성 (Masculinity-Feminity)	Mf	남녀가 보이는 흥미와 취향, 적극성과 수동성 등을 측정하는 척도로 성에 따른 유연한 사고와 융통성 등을 평가한다.

	편집증 (Paranoia)	Pa	과대 망상, 피해 망상, 의심 등 편집증에 대한 정도를 측정하는 척도로 열등감, 비사교적 행동, 타인에 대한 불만과 같은 내용을 질문한다.
	강박증 (Psychasthenia)	Pt	과대 근심, 강박관념, 죄책감, 공포, 불안감, 정리정돈 등을 측정하는 척도로 만성 불안 등을 나타낸다.
	정신분열증 (Schizophrenia)	Sc	정신적 혼란을 측정하는 척도로 자폐적 성향이나 타인과의 감정 교류, 충동 억제불능, 성적 관심, 사회적 고립 등을 평가한다.
	경조증 (Hypomania)	Ma	정신적 에너지를 측정하는 척도로 생각의 다양성 및 과장성, 행동의 불안정성, 흥분성 등을 나타낸다.
	사회적 내향성 (Social introversion)	Si	대인관계 기피, 사회적 접촉 회피, 비사회성 등의 요인을 측정하는 척도로 외향성 및 내향성을 구분한다.

2 캘리포니아 성격검사(CPI)

CPI(California Psychological Inventory)는 캘리포니아 대학의 연구팀이 개발한 성검사로 MMPI와 함께 세계에서 가장 널리 사용되고 있는 인성검사 툴이다. CPI는 다양한 인성 요인을 통해 지원자가 답변한 응답 왜곡 가능성, 조직 역량 등을 측정한다. MMPI가 주로 정서적 측면을 진단하는 특징을 보인다면, CPI는 정상적인 사람의 심리적 특성을 주로 진단한다.

CPI는 약 480개 문항으로 구성되어 있으며 다음과 같은 18개의 척도로 구분된다.

구분	척도명	주요 내용
제1군 척도 (대인관계 적절성 측정)	지배성(Do)	리더십, 통솔력, 대인관계에서의 주도권을 측정한다.
	지위능력성(Cs)	내부에 잠재되어 있는 내적 포부, 자기 확신 등을 측정한다.
	사교성(Sy)	참여 기질이 활달한 사람과 그렇지 않은 사람을 구분한다.
	사회적 자발성(Sp)	사회 안에서의 안정감, 자발성, 사교성 등을 측정한다.
	자기 수용성(Sa)	개인적 가치관, 자기 확신, 자기 수용력 등을 측정한다.
	행복감(Wb)	생활의 만족감, 행복감을 측정하며 긍정적인 사람으로 보이고자 거짓 응답하는 사람을 구분하는 용도로도 사용된다.
제2군 척도 (성격과 사회화, 책임감 측정)	책임감(Re)	법과 질서에 대한 양심, 책임감, 신뢰성 등을 측정한다.
	사회성(So)	가치 내면화 정도, 사회 이탈 행동 가능성 등을 측정한다.
	자기 통제성(Sc)	자기조절, 자기통제의 적절성, 충동 억제력 등을 측정한다.
	관용성(To)	사회적 신념, 편견과 고정관념 등에 대한 태도를 측정한다.
	호감성(Gi)	타인이 자신을 어떻게 보는지에 대한 민감도를 측정하며, 좋은 사람으로 보이고자 거짓 응답하는 사람을 구분한다.
	임의성(Cm)	사회에 보수적 태도를 보이고 생각 없이 적당히 응답한 사람을 판단하는 척도로 사용된다.

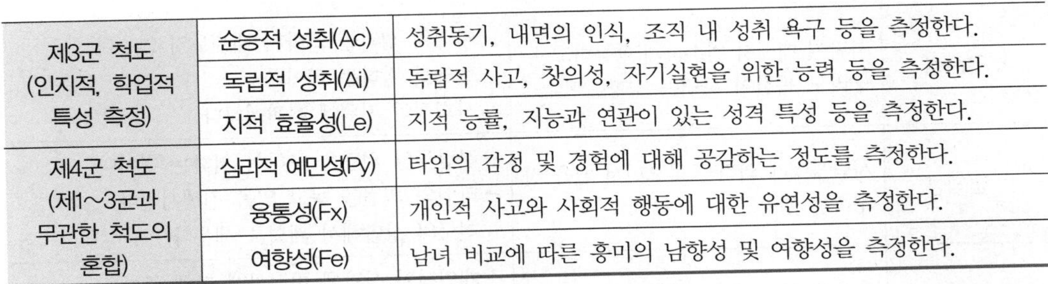

제3군 척도 (인지적, 학업적 특성 측정)	순응적 성취(Ac)	성취동기, 내면의 인식, 조직 내 성취 욕구 등을 측정한다.
	독립적 성취(Ai)	독립적 사고, 창의성, 자기실현을 위한 능력 등을 측정한다.
	지적 효율성(Le)	지적 능률, 지능과 연관이 있는 성격 특성 등을 측정한다.
제4군 척도 (제1~3군과 무관한 척도의 혼합)	심리적 예민성(Py)	타인의 감정 및 경험에 대해 공감하는 정도를 측정한다.
	융통성(Fx)	개인적 사고와 사회적 행동에 대한 유연성을 측정한다.
	여향성(Fe)	남녀 비교에 따른 흥미의 남향성 및 여향성을 측정한다.

3 SHL 직업성격검사(OPQ)

OPQ(Occupational Personality Questionnaire)는 세계적으로 많은 외국 기업에서 널리 사용하는 CEB 사의 SHL 직무능력검사에 포함된 직업성격검사이다. 4개의 질문이 한 세트로 되어 있고 총 68세트 정도 출제되고 있다. 4개의 질문 안에서 '자기에게 가장 잘 맞는 것'과 '자기에게 가장 맞지 않는 것'을 1개씩 골라 '예', '아니오'로 체크하는 방식이다. 단순하게 모든 척도가 높다고 좋은 것은 아니며, 척도가 낮은 편이 좋은 경우도 있다.

기업에 따라 척도의 평가 기준은 다르다. 희망하는 기업의 특성을 연구하고, 채용 기준을 예측하는 것이 중요하다.

척도	내용	질문 예
설득력	사람을 설득하는 것을 좋아하는 경향	– 새로운 것을 사람에게 권하는 것을 잘한다. – 교섭하는 것에 걱정이 없다. – 기획하고 판매하는 것에 자신이 있다.
지도력	사람을 지도하는 것을 좋아하는 경향	– 사람을 다루는 것을 잘한다. – 팀을 아우르는 것을 잘한다. – 사람에게 지시하는 것을 잘한다.
독자성	다른 사람의 영향을 받지 않고, 스스로 생각해서 행동하는 것을 좋아하는 경향	– 모든 것을 자신의 생각대로 하는 편이다. – 주변의 평가는 신경 쓰지 않는다. – 유혹에 강한 편이다.
외향성	외향적이고 사교적인 경향	– 다른 사람의 주목을 끄는 것을 좋아한다. – 사람들이 모인 곳에서 중심이 되는 편이다. – 담소를 나눌 때 주변을 즐겁게 해 준다.
우호성	친구가 많고, 대세의 사람이 되는 것을 좋아하는 경향	– 친구와 함께 있는 것을 좋아한다. – 무엇이라도 얘기할 수 있는 친구가 많다. – 친구와 함께 무언가를 하는 것이 많다.
사회성	세상 물정에 밝고 사람 앞에서도 낯을 가리지 않는 성격	– 자신감이 있고 유쾌하게 발표할 수 있다. – 공적인 곳에서 인사하는 것을 잘한다. – 사람들 앞에서 발표하는 것이 어렵지 않다.

겸손성	사람에 대해서 겸손하게 행동하고 누구라도 똑같이 사귀는 경향	– 자신의 성과를 그다지 내세우지 않는다. – 절제를 잘하는 편이다. – 사회적인 지위에 무관심하다.
협의성	사람들에게 의견을 물으면서 일을 진행하는 경향	– 사람들의 의견을 구하며 일하는 편이다. – 타인의 의견을 묻고 일을 진행시킨다. – 친구와 상담해서 계획을 세운다.
돌봄	측은해 하는 마음이 있고, 사람을 돌봐 주는 것을 좋아하는 경향	– 개인적인 상담에 친절하게 답해 준다. – 다른 사람의 상담을 진행하는 경우가 많다. – 후배의 어려움을 돌보는 것을 좋아한다.
구체적인 사물에 대한 관심	물건을 고치거나 만드는 것을 좋아하는 경향	– 고장 난 물건을 수리하는 것이 재미있다. – 상태가 안 좋은 기계도 잘 사용한다. – 말하기보다는 행동하기를 좋아한다.
데이터에 대한 관심	데이터를 정리해서 생각하는 것을 좋아하는 경향	– 통계 등의 데이터를 분석하는 것을 좋아한다. – 표를 만들거나 정리하는 것을 좋아한다. – 숫자를 다루는 것을 좋아한다.
미적가치에 대한 관심	미적인 것이나 예술적인 것을 좋아하는 경향	– 디자인에 관심이 있다. – 미술이나 음악을 좋아한다. – 미적인 감각에 자신이 있다.
인간에 대한 관심	사람의 행동에 동기나 배경을 분석하는 것을 좋아하는 경향	– 다른 사람을 분석하는 편이다. – 타인의 행동을 보면 동기를 알 수 있다. – 다른 사람의 행동을 잘 관찰한다.
정통성	이미 있는 가치관을 소중히 여기고, 익숙한 방법으로 사물을 대하는 것을 좋아하는 경향	– 실적이 보장되는 확실한 방법을 취한다. – 낡은 가치관을 존중하는 편이다. – 보수적인 편이다.
변화 지향	변화를 추구하고, 변화를 받아들이는 것을 좋아하는 경향	– 새로운 것을 하는 것을 좋아한다. – 해외여행을 좋아한다. – 경험이 없더라도 시도해 보는 것을 좋아한다.
개념성	지식에 대한 욕구가 있고, 논리적으로 생각하는 것을 좋아하는 경향	– 개념적인 사고가 가능하다. – 분석적인 사고를 좋아한다. – 순서를 만들고 단계에 따라 생각한다.
창조성	새로운 분야에 대한 공부를 하는 것을 좋아하는 경향	– 새로운 것을 추구한다. – 독창성이 있다. – 신선한 아이디어를 낸다.
계획성	앞을 생각해서 사물을 예상하고, 계획적으로 실행하는 것을 좋아하는 경향	– 과거를 돌이켜보며 계획을 세운다. – 앞날을 예상하며 행동한다. – 실수를 돌아보며 대책을 강구하는 편이다.

치밀함	정확한 순서를 세워 진행하는 것을 좋아하는 경향	– 사소한 실수는 거의 하지 않는다. – 정확하게 요구되는 것을 좋아한다. – 사소한 것에도 주의하는 편이다.
꼼꼼함	어떤 일이든 마지막까지 꼼꼼하게 마무리 짓는 경향	– 맡은 일을 마지막까지 해결한다. – 마감 시한은 반드시 지킨다. – 시작한 일은 중간에 그만두지 않는다.
여유	평소에 릴랙스하고, 스트레스에 잘 대처하는 경향	– 감정의 회복이 빠르다. – 분별없이 함부로 행동하지 않는다. – 스트레스에 잘 대처한다.
근심 · 걱정	어떤 일이 잘 진행되지 않으면 불안을 느끼고, 중요한 일을 앞두면 긴장하는 경향	– 예정대로 잘되지 않으면 근심 · 걱정이 많다. – 신경 쓰이는 일이 있으면 불안하다. – 중요한 만남 전에는 기분이 편하지 않다.
호방함	사람들이 자신을 어떻게 생각하는지를 신경 쓰지 않는 경향	– 사람들이 자신을 어떻게 생각하는지 그다지 신경 쓰지 않는다. – 상처받아도 동요하지 않고 아무렇지 않은 태도를 취한다. – 사람들의 비판에 크게 영향받지 않는다.
억제력	감정을 표현하지 않는 경향	– 쉽게 감정적으로 되지 않는다. – 분노를 억누른다. – 격분하지 않는다.
낙관적	사물을 낙관적으로 보는 경향	– 낙관적으로 생각하고 일을 진행시킨다. – 문제가 일어나도 낙관적으로 생각한다.
비판적	비판적으로 사물을 생각하고, 이론 · 문장 등의 오류에 신경 쓰는 경향	– 이론의 모순을 찾아낸다. – 계획이 갖춰지지 않은 것이 신경 쓰인다. – 누구도 신경 쓰지 않는 오류를 찾아낸다.
행동력	운동을 좋아하고, 민첩하게 행동하는 경향	– 동작이 날렵하다. – 여가를 활동적으로 보낸다. – 몸을 움직이는 것을 좋아한다.
경쟁성	지는 것을 싫어하는 경향	– 승부를 겨루게 되면 지는 것을 싫어한다. – 상대를 이기는 것을 좋아한다. – 싸워 보지 않고 포기하는 것을 싫어한다.
출세 지향	출세하는 것을 중요하게 생각하고, 야심적인 목표를 향해 노력하는 경향	– 출세 지향적인 성격이다. – 곤란한 목표도 달성할 수 있다. – 실력으로 평가받는 사회가 좋다.
결단력	빠르게 판단하는 경향	– 답을 빠르게 찾아낸다. – 문제에 대한 빠른 상황 파악이 가능하다. – 위험을 감수하고도 결단을 내리는 편이다.

4 인성검사 합격 전략

1 포장하지 않은 솔직한 답변

"다른 사람을 험담한 적이 한 번도 없다.", "물건을 훔치고 싶다고 생각해 본 적이 없다."
이 질문에 당신은 '그렇다', '아니다' 중 무엇을 선택할 것인가? 채용기업이 인성검사를 실시하는 가장 큰 이유는 '이 사람이 어떤 성향을 가진 사람인가'를 효율적으로 파악하기 위해서이다.
인성검사는 도덕적 가치가 빼어나게 높은 사람을 판별하려는 것도 아니고, 성인군자를 가려내기 위함도 아니다. 인간의 보편적 성향과 상식적 사고를 고려할 때, 도덕적 질문에 지나치게 겸손한 답변을 체크하면 오히려 솔직하지 못한 것으로 간주되거나 인성을 제대로 판단하지 못해 무효 처리가 되기도 한다. 자신의 성격을 포장하여 작위적인 답변을 하지 않도록 솔직하게 임하는 것이 예기치 않은 결과를 피하는 첫 번째 전략이 된다.

2 필터링 함정을 피하고 일관성 유지

앞서 강조한 솔직함은 일관성과 연결된다. 인성검사를 구성하는 많은 척도는 여러 형태의 문장 속에 동일한 요소를 적용해 반복되기도 한다. 예컨대 '나는 매우 활동적인 사람이다'와 '나는 운동을 매우 좋아한다'라는 질문에 '그렇다'고 체크한 사람이 '휴일에는 집에서 조용히 쉬며 독서하는 것이 좋다'에도 '그렇다'고 체크한다면 일관성이 없다고 평가될 수 있다.
그러나 일관성 있는 답변에만 매달리면 '이 사람이 같은 답변만 체크하기 위해 이 부분만 신경 썼구나'하는 필터링 함정에 빠질 수도 있다. 비슷하게 보이는 문장이 무조건 같은 내용이라고 판단하여 똑같이 답하는 것도 주의해야 한다. 일관성보다 중요한 것은 솔직함이다. 솔직함이 전제되지 않은 일관성은 허위 척도 필터링에서 드러나게 되어 있다. 유사한 질문의 응답이 터무니없이 다르거나 양극단에 치우치지 않는 정도라면 약간의 차이는 크게 문제되지 않는다. 중요한 것은 솔직함과 일관성이 하나의 연장선에 있다는 점을 명심하자.

3 지원한 직무와 연관성을 고려

다양한 분야의 많은 계열사와 큰 조직을 통솔하는 대기업은 여러 사람이 조직적으로 움직이는 만큼 각 직무에 걸맞은 능력을 갖춘 인재가 필요하다. 그래서 기업은 매년 신규채용으로 입사한 신입사원들의 젊은 패기와 참신한 능력을 성장 동력으로 활용한다.
기업은 사교성 있고 활달한 사람만을 원하지 않는다. 해당 직군과 직무에 따라 필요로 하는 사원의 능력과 개성이 다르기 때문에, 지원자가 희망하는 계열사나 부서의 직무가 무엇인지 제대로 파악하여 자신의 성향과 맞는지에 대한 고민은 반드시 필요하다. 같은 질문이라도 기업이 원하는 인재상이나 부서의 직무에 따라 판단 척도가 달라질 수 있다.

4 평상심 유지와 컨디션 관리

역시 솔직함과 연결된 내용이다. 한 질문에 오래 고민하고 신경 쓰면 불필요한 생각이 개입될 소지가 크다. 이는 직관을 떠나 이성적 판단에 따라 포장할 위험이 높아진다는 뜻이기도 하다. 긴 시간 생각하지 말고 자신의 평상시 생각과 감정대로 답하는 것이 중요하며, 가능한 건너뛰지 말고 모든 질문에 답하도록 한다. 300 ~ 400개 정도 문항을 출제하는 기업이 많기 때문에, 끝까지 집중하여 임하는 것이 중요하다.
특히 적성검사와 같은 날 실시하는 경우, 적성검사를 마친 후 연이어 보기 때문에 신체적 · 정신적으로 피로한 상태에서 자세가 흐트러질 수도 있다. 따라서 컨디션을 유지하면서 문항당 7 ~ 10초 이상 쓰지 않도록 하고, 문항 수가 많을 때는 답안지에 바로바로 표기하자.

02 인성검사 연습

1 인성검사 출제유형

인성검사는 기업이 추구하는 '열정과 도전정신을 가진 인재'라는 내부 기준에 따라 적합한 인재를 찾기 위해 가치관과 태도를 측정하는 것이다. 응시자 개인의 사고와 태도 · 행동 특성 및 유사 질문의 반복을 통해 거짓말 척도 등으로 기업의 인재상에 적합한지를 판단하므로 특별하게 정해진 답은 없다.

2 인성검사 합격 전략

1 100개 내외의 문항군으로 구성된 검사지에 자신에게 해당되는 '① 아니다 ② 약간 그렇다 ③ 대체로 그렇다 ④ 매우 그렇다'에 표시한다. 아래를 참고하여 문항 내용이 자신의 평소 생각이나 행동에 조금이라도 더 가까운 쪽으로 한 문항도 빠짐없이 응답한다.

- 다르거나 비슷하지 않다. → ① 아니다
- 약간 같거나 비슷하다. → ② 약간 그렇다
- 대체로 같거나 비슷하다. → ③ 대체로 그렇다
- 매우 같거나 비슷하다. → ④ 매우 그렇다

번호	문항	아니다	약간 그렇다	대체로 그렇다	매우 그렇다
1	내가 한 행동에 대해 절대 후회하지 않는다.	①	●	③	④
2	내 기분이 나쁘더라도 모임의 분위기에 맞춰 행동하려고 노력한다.	①	②	●	④
3	나보다 사정이 급한 사람이 있을 때는 순서를 양보해준다.	①	②	③	●

2 각 문항의 내용을 읽고 평소 자신의 생각 및 행동과 유사하거나 일치하면 '예', 다르거나 일치하지 않으면 '아니오'에 표시한다.

1	나는 수줍음을 많이 타는 편이다.	○ 예	○ 아니오
2	나는 과거의 실수가 자꾸만 생각나곤 한다.	○ 예	○ 아니오
3	나는 사람들과 서로 일상사에 대해 이야기하는 것이 쑥스럽다.	○ 예	○ 아니오

3 **구성된 검사지에 문항 수가 많으면 일관된 답변이 어려울 수도 있으므로 최대한 꾸밈없이 자신의 가치관과 신념을 바탕으로 솔직하게 답하도록 노력한다.**

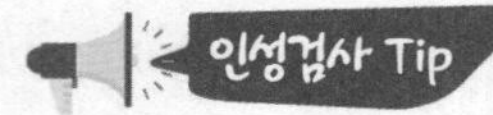

1. 직관적으로 솔직하게 답한다.
2. 모든 문제를 신중하게 풀도록 한다.
3. 비교적 일관성을 유지할 수 있도록 한다.
4. 평소의 경험과 선호도를 자연스럽게 답한다.
5. 각 문항에 너무 골똘히 생각하거나 고민하지 않는다.
6. 지원한 분야와 나의 성격의 연관성을 미리 생각하고 분석해 본다.

3 모의 연습

※ 자신의 모습 그대로 솔직하게 응답하십시오. 솔직하고 성의 있게 응답하지 않을 경우 결과가 무효 처리됩니다.

[01~100] 모든 문항에는 옳고 그른 답이 없습니다. 다음 문항을 잘 읽고 ① ~ ④ 중 본인에게 해당되는 부분에 표시해 주십시오.

번호	문항	아니다	약간 그렇다	대체로 그렇다	매우 그렇다
1	내가 한 행동이 가져올 결과를 잘 알고 있다.	①	②	③	④
2	다른 사람의 주장이나 의견이 어떤 맥락을 가지고 있는지 생각해 본다.	①	②	③	④
3	나는 어려운 문제를 보면 반드시 그것을 해결해야 직성이 풀린다.	①	②	③	④
4	시험시간이 끝나면 곧바로 정답을 확인해 보는 편이다.	①	②	③	④
5	물건을 구매할 때 가격 정보부터 찾는 편이다.	①	②	③	④
6	항상 일을 할 때 개선점을 찾으려고 한다.	①	②	③	④
7	사적인 스트레스로 일을 망치는 일은 없다.	①	②	③	④
8	일이 어떻게 진행되고 있는지 지속적으로 점검한다.	①	②	③	④
9	궁극적으로 내가 달성하고자 하는 것을 자주 생각한다.	①	②	③	④
10	막상 시험기간이 되면 계획대로 되지 않는다.	①	②	③	④
11	다른 사람에게 궁금한 것이 있어도 참는 편이다.	①	②	③	④
12	요리하는 TV프로그램을 즐겨 시청한다.	①	②	③	④

13	후회를 해 본 적이 없다.	①	②	③	④
14	스스로 계획한 일은 하나도 빠짐없이 실행한다.	①	②	③	④
15	낮보다 어두운 밤에 집중력이 좋다.	①	②	③	④
16	인내심을 가지고 일을 한다.	①	②	③	④
17	많은 생각을 필요로 하는 일에 더 적극적이다.	①	②	③	④
18	미래는 불확실하기 때문에 결과를 예측하는 것은 무의미하다.	①	②	③	④
19	매일 긍정적인 감정만 느낀다.	①	②	③	④
20	쉬는 날 가급적이면 집 밖으로 나가지 않는다.	①	②	③	④
21	나는 약속 시간을 잘 지킨다.	①	②	③	④
22	영화보다는 연극을 선호한다.	①	②	③	④
23	아무리 계획을 잘 세워도 결국 일정에 쫓기게 된다.	①	②	③	④
24	생소한 문제를 접하면 해결해 보고 싶다는 생각보다 귀찮다는 생각이 먼저 든다.	①	②	③	④
25	내가 한 일의 결과물을 구체적으로 상상해 본다.	①	②	③	④
26	새로운 것을 남들보다 빨리 받아들이는 편이다.	①	②	③	④
27	나는 친구들의 생일선물을 잘 챙겨 준다.	①	②	③	④
28	나를 알고 있는 모든 사람은 나에게 칭찬을 한다.	①	②	③	④
29	일을 할 때 필요한 나의 능력에 대해 정확하게 알고 있다.	①	②	③	④
30	나는 질문을 많이 하는 편이다.	①	②	③	④
31	가급적 여러 가지 대안을 고민하는 것이 좋다.	①	②	③	④
32	만일 일을 선택할 수 있다면 어려운 것보다 쉬운 것을 선택할 것이다.	①	②	③	④
33	나는 즉흥적으로 일을 한다.	①	②	③	④
34	배가 고픈 것을 잘 참지 못한다.	①	②	③	④
35	단순한 일보다는 생각을 많이 해야 하는 일을 선호한다.	①	②	③	④
36	갑작스럽게 힘든 일을 겪어도 스스로를 통제할 수 있다.	①	②	③	④
37	가능성이 낮다 하더라도 내가 믿는 것이 있으면 그것을 실현시키기 위해 노력할 것이다.	①	②	③	④
38	내가 잘하는 일과 못하는 일을 정확하게 알고 있다.	①	②	③	④
39	어떤 목표를 세울 것인가 보다 왜 그런 목표를 세웠는지가 더 중요하다.	①	②	③	④
40	나는 성인이 된 이후로 하루도 빠짐없이 똑같은 시간에 일어났다.	①	②	③	④
41	다른 사람들보다 새로운 것을 빠르게 습득하는 편이다.	①	②	③	④

42	나는 모르는 것이 있으면 수단과 방법을 가리지 않고 알아낸다.	①	②	③	④
43	내 삶을 향상시키기 위한 방법을 찾는다.	①	②	③	④
44	내 의견이 옳다는 생각이 들면 다른 사람과 잘 타협하지 못한다.	①	②	③	④
45	나는 집요한 사람이다.	①	②	③	④
46	가까운 사람과 사소한 일로 다투었을 때 먼저 화해를 청하는 편이다.	①	②	③	④
47	무엇인가를 반드시 성취해야 하는 것은 아니다.	①	②	③	④
48	일을 통해서 나의 지식과 기술을 후대에 기여하고 싶다.	①	②	③	④
49	내 의견을 이해하지 못하는 사람은 상대하지 않는다.	①	②	③	④
50	사회에서 인정받을 수 있는 사람이 되고 싶다.	①	②	③	④
51	착한 사람은 항상 손해를 보게 되어 있다.	①	②	③	④
52	내가 잘한 일은 남들이 꼭 알아줬으면 한다.	①	②	③	④
53	상황이 변해도 유연하게 대처한다.	①	②	③	④
54	나와 다른 의견도 끝까지 듣는다.	①	②	③	④
55	상황에 따라서는 거짓말도 필요하다.	①	②	③	④
56	평범한 사람이라고 생각한다.	①	②	③	④
57	남들이 실패한 일도 나는 해낼 수 있다.	①	②	③	④
58	남들보다 특별히 더 우월하다고 생각하지 않는다.	①	②	③	④
59	시비가 붙더라도 침착하게 대응한다.	①	②	③	④
60	화가 날수록 상대방에게 침착해지는 편이다.	①	②	③	④
61	세상은 착한 사람들에게 불리하다.	①	②	③	④
62	여러 사람과 이야기하는 것이 즐겁다.	①	②	③	④
63	다른 사람의 감정을 내 것처럼 느낀다.	①	②	③	④
64	내게 모욕을 준 사람들을 절대 잊지 않는다.	①	②	③	④
65	우리가 사는 세상은 살 만한 곳이라고 생각한다.	①	②	③	④
66	속이 거북할 정도로 많이 먹을 때가 있다.	①	②	③	④
67	마음속에 있는 것을 솔직하게 털어놓는 편이다.	①	②	③	④
68	일은 내 삶의 중심에 있다.	①	②	③	④
69	내가 열심히 노력한다고 해서 나의 주변 환경에 어떤 바람직한 변화가 일어나는 것은 아니다.	①	②	③	④
70	웬만한 일을 겪어도 마음의 평정을 유지하는 편이다.	①	②	③	④
71	사람들 앞에 서면 실수를 할까 걱정된다.	①	②	③	④

72	점이나 사주를 믿는 편이다.	①	②	③	④
73	화가 나면 언성이 높아진다.	①	②	③	④
74	차근차근 하나씩 일을 마무리한다.	①	②	③	④
75	어려운 목표라도 어떻게 해서든 실현 가능한 해결책을 만든다.	①	②	③	④
76	진행하던 일을 홧김에 그만둔 적이 있다.	①	②	③	④
77	사람을 차별하지 않는다.	①	②	③	④
78	창이 있는 레스토랑에 가면 창가에 자리를 잡는다.	①	②	③	④
79	다양한 분야에 관심이 있다.	①	②	③	④
80	무단횡단을 한 번도 해 본 적이 없다.	①	②	③	④
81	내 주위에서는 즐거운 일들이 자주 일어난다.	①	②	③	④
82	다른 사람의 행동을 내가 통제하고 싶다.	①	②	③	④
83	내 친구들은 은근히 뒤에서 나를 비웃는다.	①	②	③	④
84	아이디어를 적극적으로 제시한다.	①	②	③	④
85	규칙을 어기는 것도 필요할 때가 있다.	①	②	③	④
86	친구를 쉽게 사귄다.	①	②	③	④
87	내 분야에서 1등이 되어야 한다.	①	②	③	④
88	스트레스가 쌓이면 몸도 함께 아프다.	①	②	③	④
89	목표를 달성하기 위해서는 때로 편법이 필요할 때도 있다.	①	②	③	④
90	나는 보통사람들보다 더 존경받을 만하다고 생각한다.	①	②	③	④
91	내 주위에는 나보다 잘난 사람들만 있는 것 같다.	①	②	③	④
92	나는 따뜻하고 부드러운 마음을 가지고 있다.	①	②	③	④
93	어떤 일에 실패했어도 반드시 다시 도전한다.	①	②	③	④
94	회의에 적극 참여한다.	①	②	③	④
95	나는 적응력이 뛰어나다.	①	②	③	④
96	서두르지 않고 순서대로 일을 마무리한다.	①	②	③	④
97	나는 실수에 대해 변명한 적이 없다.	①	②	③	④
98	나는 맡은 일은 책임지고 끝낸다.	①	②	③	④
99	나는 눈치가 빠르다.	①	②	③	④
100	나는 본 검사에 성실하게 응답하였다.	①	②	③	④

※ 자신의 모습 그대로 솔직하게 응답하십시오. 솔직하고 성의 있게 응답하지 않을 경우 결과가 무효 처리됩니다.

[01~50] 모든 문항에는 옳고 그른 답이 없습니다. 문항의 내용을 읽고 평소 자신의 생각 및 행동과 유사하거나 일치하면 '예', 다르거나 일치하지 않으면 '아니오'로 표시해 주십시오.

1	나는 수줍음을 많이 타는 편이다.	○ 예	○ 아니오
2	나는 과거의 실수가 자꾸만 생각나곤 한다.	○ 예	○ 아니오
3	나는 사람들과 서로 일상사에 대해 이야기 하는 것이 쑥스럽다.	○ 예	○ 아니오
4	내 주변에는 나를 좋지 않게 평가하는 사람들이 있다.	○ 예	○ 아니오
5	나는 가족들과는 합리적인 대화가 잘 안 된다.	○ 예	○ 아니오
6	나는 내가 하고 싶은 일은 꼭 해야 한다.	○ 예	○ 아니오
7	나는 개인적 사정으로 타인에게 피해를 주는 사람을 이해할 수 없다.	○ 예	○ 아니오
8	나는 많은 것을 성취하고 싶다.	○ 예	○ 아니오
9	나는 변화가 적은 것을 좋아한다.	○ 예	○ 아니오
10	나는 내가 하고 싶은 일과 해야 할 일을 구분할 줄 안다.	○ 예	○ 아니오
11	나는 뜻대로 일이 되지 않으면 화가 많이 난다.	○ 예	○ 아니오
12	내 주변에는 나에 대해 좋게 얘기하는 사람이 있다.	○ 예	○ 아니오
13	요즘 세상에서는 믿을 만한 사람이 없다.	○ 예	○ 아니오
14	나는 할 말은 반드시 하고야 마는 사람이다.	○ 예	○ 아니오
15	나는 변화가 적은 것을 좋아한다.	○ 예	○ 아니오
16	나는 가끔 부당한 대우를 받는다는 생각이 든다.	○ 예	○ 아니오
17	나는 가치관이 달라도 친하게 지내는 친구들이 많다.	○ 예	○ 아니오
18	나는 새로운 아이디어를 내는 것이 쉽지 않다.	○ 예	○ 아니오
19	나는 노력한 만큼 인정받지 못하고 있다.	○ 예	○ 아니오
20	나는 매사에 적극적으로 참여한다.	○ 예	○ 아니오
21	나의 가족들과는 어떤 주제를 놓고도 서로 대화가 잘 통한다.	○ 예	○ 아니오
22	나는 사람들과 어울리는 일에서 삶의 활력을 얻는다.	○ 예	○ 아니오
23	학창시절 마음에 맞는 친구가 없었다.	○ 예	○ 아니오
24	특별한 이유 없이 누군가를 미워한 적이 있다.	○ 예	○ 아니오
25	내가 원하는 대로 일이 되지 않을 때 화가 많이 난다.	○ 예	○ 아니오
26	요즘 같은 세상에서는 누구든 믿을 수 없다.	○ 예	○ 아니오

27	나는 여행할 때 남들보다 짐이 많은 편이다.	○ 예	○ 아니오
28	나는 상대방이 화를 내면 더욱 화가 난다.	○ 예	○ 아니오
29	나는 반대 의견을 말하더라도 상대방을 무시하는 말을 하지 않으려고 한다.	○ 예	○ 아니오
30	나는 학창시절 내가 속한 동아리에서 누구보다 충성도가 높은 사람이었다.	○ 예	○ 아니오
31	나는 새로운 집단에서 친구를 쉽게 사귀는 편이다.	○ 예	○ 아니오
32	나는 다른 사람을 챙기는 태도가 몸에 배여 있다.	○ 예	○ 아니오
33	나는 항상 겸손하여 노력한다.	○ 예	○ 아니오
34	내 주변에는 나에 대해 좋지 않은 이야기를 하는 사람이 있다.	○ 예	○ 아니오
35	나는 가족들과는 합리적인 대화가 잘 안 된다.	○ 예	○ 아니오
36	나는 내가 하고 싶은 일은 꼭 해야 한다.	○ 예	○ 아니오
37	나는 스트레스를 받으면 몸에 이상이 온다.	○ 예	○ 아니오
38	나는 재치가 있다는 말을 많이 듣는 편이다.	○ 예	○ 아니오
39	나는 사람들에게 잘 보이기 위해 마음에 없는 거짓말을 한다.	○ 예	○ 아니오
40	다른 사람을 위협적으로 대한 적이 있다.	○ 예	○ 아니오
41	나는 부지런하다는 말을 자주 들었다.	○ 예	○ 아니오
42	나는 쉽게 화가 났다가 쉽게 풀리기도 한다.	○ 예	○ 아니오
43	나는 할 말은 반드시 하고 사는 사람이다.	○ 예	○ 아니오
44	나는 터질 듯한 분노를 종종 느낀다.	○ 예	○ 아니오
45	나도 남들처럼 든든한 배경이 있었다면 지금보다 훨씬 나은 위치에 있었을 것이다.	○ 예	○ 아니오
46	나는 종종 싸움에 휘말린다.	○ 예	○ 아니오
47	나는 능력과 무관하게 불이익을 받은 적이 있다.	○ 예	○ 아니오
48	누군가 내 의견을 반박하면 물러서지 않고 논쟁을 벌인다.	○ 예	○ 아니오
49	남이 나에게 피해를 입힌다면 나도 가만히 있지 않을 것이다.	○ 예	○ 아니오
50	내가 인정받기 위해서 규칙을 위반한 행위를 한 적이 있다.	○ 예	○ 아니오

면접이란? 지원자가 보유한 직무 관련 능력 및 직무적합도와 더불어 인품, 언행 등을 직접 만나 평가하는 것을 말한다.

파트

서울교통공사

면접가이드

NCS 면접의 이해

※ 능력중심 채용에서는 타당도가 높은 구조화 면접을 적용한다.

1 면접이란?

일을 하는 데 필요한 능력(직무역량, 직무지식, 인재상 등)을 지원자가 보유하고 있는지를 다양한 면접기법을 활용하여 확인하는 절차이다. 자신의 환경, 성취, 관심사, 경험 등에 대해 이야기하여 본인이 적합하다는 것을 보여 줄 기회를 제공하고, 면접관은 평가에 필요한 정보를 수집하고 평가하는 것이다.

- 지원자의 태도, 적성, 능력에 대한 정보를 심층적으로 파악하기 위한 선발 방법
- 선발의 최종 의사결정에 주로 사용되는 선발 방법
- 전 세계적으로 선발에서 가장 많이 사용되는 핵심적이고 중요한 방법

2 면접의 특징

서류전형이나 인적성검사에서 드러나지 않는 것들을 볼 수 있는 기회를 제공한다.

- 직무수행과 관련된 다양한 지원자 행동에 대한 관찰이 가능하다.
- 면접관이 알고자 하는 정보를 심층적으로 파악할 수 있다.
- 서류상의 미비한 사항과 의심스러운 부분을 확인할 수 있다.
- 커뮤니케이션, 대인관계행동 등 행동·언어적 정보도 얻을 수 있다.

3 면접의 평가요소

1 인재적합도

해당 기관이나 기업별 인재상에 대한 인성 평가

2 조직적합도

조직에 대한 이해와 관련 상황에 대한 평가

3 직무적합도

직무에 대한 지식과 기술, 태도에 대한 평가

4 면접의 유형

구조화된 정도에 따른 분류

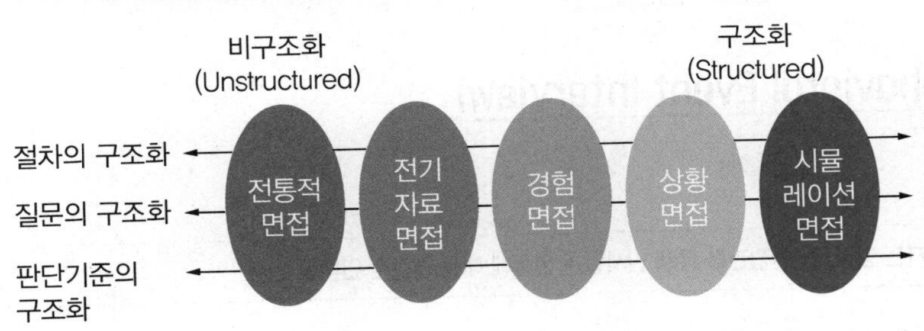

1 구조화 면접(Structured Interview)

사전에 계획을 세워 질문의 내용과 방법, 지원자의 답변 유형에 따른 추가 질문과 그에 대한 평가역량이 정해져 있는 면접 방식(표준화 면접)

- 표준화된 질문이나 평가요소가 면접 전 확정되며, 지원자는 편성된 조나 면접관에 영향을 받지 않고 동일한 질문과 시간을 부여받을 수 있음.
- 조직 또는 직무별로 주요하게 도출된 역량을 기반으로 평가요소가 구성되어, 조직 또는 직무에서 필요한 역량을 가진 지원자를 선발할 수 있음.
- 표준화된 형식을 사용하는 특성 때문에 비구조화 면접에 비해 신뢰성과 타당성, 객관성이 높음.

2 비구조화 면접(Unstructured Interview)

면접 계획을 세울 때 면접 목적만 명시하고 내용이나 방법은 면접관에게 전적으로 일임하는 방식(비표준화 면접)

- 표준화된 질문이나 평가요소 없이 면접이 진행되며, 편성된 조나 면접관에 따라 지원자에게 주어지는 질문이나 시간이 다름.
- 면접관의 주관적인 판단에 따라 평가가 이루어져 평가 오류가 빈번히 일어남.
- 상황 대처나 언변이 뛰어난 지원자에게 유리한 면접이 될 수 있음.

02 NCS 구조화 면접 기법

※ 능력중심 채용에서는 타당도가 높은 구조화 면접을 적용한다.

1 경험면접(Behavioral Event Interview)

면접 프로세스

- **안내**: 지원자는 입실 후, 면접관을 통해 인사말과 면접에 대한 간단한 안내를 받음.
- **질문**: 지원자는 면접관에게 평가요소(직업기초능력, 직무수행능력 등)와 관련된 주요 질문을 받게 되며, 질문에서 의도하는 평가요소를 고려하여 응답할 수 있도록 함.
- **세부질문**:
  - 지원자가 응답한 내용을 토대로 해당 평가기준들을 충족시키는지 파악하기 위한 세부질문이 이루어짐.
  - 구체적인 행동·생각 등에 대해 응답할수록 높은 점수를 얻을 수 있음.

• 방식

해당 역량의 발휘가 요구되는 일반적인 상황을 제시하고, 그러한 상황에서 어떻게 행동했었는지(과거경험)를 이야기하도록 함.

• 판단기준

해당 역량의 수준, 경험 자체의 구체성, 진실성 등

• 특징

추상적인 생각이나 의견 제시가 아닌 과거 경험 및 행동 중심의 질의가 이루어지므로 지원자는 사전에 본인의 과거 경험 및 사례를 정리하여 면접에 대비할 수 있음.

• 예시

지원분야		지원자		면접관	(인)
경영자원관리 조직이 보유한 인적자원을 효율적으로 활용하여, 조직 내 유·무형 자산 및 재무자원을 효율적으로 관리한다.					
주질문					
A. 어떤 과제를 처리할 때 기존에 팀이 사용했던 방식의 문제점을 찾아내 이를 보완하여 과제를 더욱 효율적으로 처리했던 경험에 대해 이야기해 주시기 바랍니다.					
세부질문					
[상황 및 과제] 사례와 관련해 당시 상황에 대해 이야기해 주시기 바랍니다. [역할] 당시 지원자께서 맡았던 역할은 무엇이었습니까? [행동] 사례와 관련해 구성원들의 설득을 이끌어 내기 위해 어떤 노력을 하였습니까? [결과] 결과는 어땠습니까?					

기대행동	평점
업무진행에 있어 한정된 자원을 효율적으로 활용한다.	① - ② - ③ - ④ - ⑤
구성원들의 능력과 성향을 파악해 효율적으로 업무를 배분한다.	① - ② - ③ - ④ - ⑤
효과적 인적/물적 자원관리를 통해 맡은 일을 무리 없이 잘 마무리한다.	① - ② - ③ - ④ - ⑤

척도해설

1 : 행동증거가 거의 드러나지 않음	2 : 행동증거가 미약하게 드러남	3 : 행동증거가 어느 정도 드러남	4 : 행동증거가 명확하게 드러남	5 : 뛰어난 수준의 행동증거가 드러남
관찰기록 : 총평 :				

※ 실제 적용되는 평가지는 기업/기관마다 다름.

2 상황면접(Situational Interview)

면접 프로세스

안내 — 지원자는 입실 후, 면접관을 통해 인사말과 면접에 대한 간단한 안내를 받음.

질문
- 지원자는 상황질문지를 검토하거나 면접관을 통해 상황 및 질문을 제공받음.
- 면접관의 질문이나 질문지의 의도를 파악하여 응답할 수 있도록 함.

세부질문
- 지원자가 응답한 내용을 토대로 해당 평가기준들을 충족시키는지 파악하기 위한 세부질문이 이루어짐.
- 구체적인 행동·생각 등에 대해 응답할수록 높은 점수를 얻을 수 있음.

- 방식
  직무 수행 시 접할 수 있는 상황들을 제시하고, 그러한 상황에서 어떻게 행동할 것인지(행동의도)를 이야기하도록 함.
- 판단기준
  해당 상황에 맞는 해당 역량의 구체적 행동지표
- 특징
  지원자의 가치관, 태도, 사고방식 등의 요소를 평가하는 데 용이함.

• 예시

지원분야		지원자		면접관	(인)
유관부서협업 타 부서의 업무협조요청 등에 적극적으로 협력하고 갈등 상황이 발생하지 않도록 이해관계를 조율하며 관련 부서의 협업을 효과적으로 이끌어 낸다.					
주질문					
당신은 생산관리팀의 팀원으로, 2개월 뒤에 제품 A를 출시하기 위해 생산팀의 생산 계획을 수립한 상황입니다. 그러나 원가가 곧 실적으로 이어지는 구매팀에서는 최대한 원가를 줄여 전반적 단가를 낮추려고 원가절감을 위한 제안을 하였으나, 연구개발팀에서는 구매팀이 제안한 방식으로 제품을 생산할 경우 대부분이 구매팀의 실적으로 산정될 것이므로 제대로 확인도 해보지 않은 채 적합하지 않은 방식이라고 판단하고 있습니다. 당신은 어떻게 하겠습니까?					
세부질문					
[상황 및 과제] 이 상황의 핵심적인 이슈는 무엇이라고 생각합니까? [역할] 당신의 역할을 더 잘 수행하기 위해서는 어떤 점을 고려해야 하겠습니까? 왜 그렇게 생각합니까? [행동] 당면한 과제를 해결하기 위해서 구체적으로 어떤 조치를 취하겠습니까? 그 이유는 무엇입니까? [결과] 그 결과는 어떻게 될 것이라고 생각합니까? 그 이유는 무엇입니까?					

척도해설

1 : 행동증거가 거의 드러나지 않음	2 : 행동증거가 미약하게 드러남	3 : 행동증거가 어느 정도 드러남	4 : 행동증거가 명확하게 드러남	5 : 뛰어난 수준의 행동증거가 드러남
관찰기록 : 총평 :				

※ 실제 적용되는 평가지는 기업/기관마다 다름.

3 발표면접(Presentation)

면접 프로세스

안내
- 입실 후 지원자는 면접관으로부터 인사말과 발표면접에 대해 간략히 안내받음.
- 면접 전 지원자는 과제 검토 및 발표 준비시간을 가짐.

발표
- 지원자들이 과제 주제와 관련하여 정해진 시간 동안 발표를 실시함.
- 면접관은 발표내용 중 평가요소와 관련해 나타난 가점 및 감점요소들을 평가하게 됨.

질문응답
- 발표 종료 후 면접관은 정해진 시간 동안 지원자의 발표내용과 관련해 구체적인 내용을 확인하기 위한 질문을 함.
- 지원자는 면접관의 질문의도를 정확히 파악하여 적절히 응답할 수 있도록 함.
- 응답 시 명확하고 자신있게 전달할 수 있도록 함.

- 방식
  지원자가 특정 주제와 관련된 자료(신문기사, 그래프 등)를 검토하고, 그에 대한 자신의 생각을 면접관 앞에서 발표하며, 추가 질의응답이 이루어짐.
- 판단기준
  지원자의 사고력, 논리력, 문제해결능력 등
- 특징
  과제를 부여한 후, 지원자들이 과제를 수행하는 과정과 결과를 관찰 · 평가함. 과제수행의 결과뿐 아니라 과제수행 과정에서의 행동을 모두 평가함.

4 토론면접(Group Discussion)

면접 프로세스

안내
- 입실 후, 지원자들은 면접관으로부터 토론 면접의 전반적인 과정에 대해 안내받음.
- 지원자는 정해진 자리에 착석함.

토론
- 지원자들이 과제 주제와 관련하여 정해진 시간 동안 토론을 실시함(시간은 기관별 상이).
- 지원자들은 면접 전 과제 검토 및 토론 준비시간을 가짐.
- 토론이 진행되는 동안, 지원자들은 다른 토론자들의 발언을 경청하여 적절히 본인의 의사를 전달할 수 있도록 함. 더불어 적극적인 태도로 토론면접에 임하는 것도 중요함.

마무리 (5분 이내)
- 면접 종료 전, 지원자들은 토론을 통해 도출한 결론에 대해 첨언하고 적절히 마무리 지음.
- 본인의 의견을 전달하는 것과 동시에 다른 토론자를 배려하는 모습도 중요함.

- 방식
  상호갈등적 요소를 가진 과제 또는 공통의 과제를 해결하는 내용의 토론 과제(신문기사, 그래프 등)를 제시하고, 그 과정에서의 개인 간의 상호작용 행동을 관찰함.
- 판단기준
  팀워크, 갈등 조정, 의사소통능력 등
- 특징
  면접에서 최종안을 도출하는 것도 중요하나 주장의 옳고 그름이 아닌 결론을 도출하는 과정과 말하는 자세 등도 중요함.

5 역할연기면접(Role Play Interview)

- 방식

  기업 내 발생 가능한 상황에서 부딪히게 되는 문제와 역할을 가상적으로 설정하여 특정 역할을 맡은 사람과 상호작용하고 문제를 해결해 나가도록 함.

- 판단기준

  대처능력, 대인관계능력, 의사소통능력 등

- 특징

  실제 상황과 유사한 가상 상황에서 지원자의 성격이나 대처 행동 등을 관찰할 수 있음.

6 집단면접(Group Activity)

- 방식

  지원자들이 팀(집단)으로 협력하여 정해진 시간 안에 활동 또는 게임을 하며 면접관들은 지원자들의 행동을 관찰함.

- 판단기준

  대인관계능력, 팀워크, 창의성 등

- 특징

  기존 면접보다 오랜 시간 관찰을 하여 지원자들의 평소 습관이나 행동들을 관찰하려는 데 목적이 있음.

면접가이드

03 면접 최신 기출 주제

- PT 면접 : 발표 주제를 제시하고 20분 간 발표 준비(주제와 관련된 자료 1페이지 제공) 후 1:5 다대일 발표(2분) 및 질의응답(3분)
- 집단 면접(인성면접) : 3:5 다대다 면접으로 전체 약 15분 간 진행
- 개인별로 짧은 시간이 할당되므로 단시간에 자신과 지식을 최대한 정확하게 전달할 수 있도록 준비하는 것이 중요하다.

1 2022년 개별(PT) 면접 실제 기출 주제

1. 열차 운행 중의 절연구간이 열차에 미치는 영향과 그 해결책을 제시하시오.
2. 서울도시철도의 고객만족도 평가 지표를 참고하여 개선안을 제시하시오.

2 2022년 집단 면접 실제 기출 주제

1. 봉사활동을 한 경험에 대해 말해 보시오.
2. 팀원들과 갈등을 겪고 이를 해결한 경험에 대해 말해 보시오.
3. 지원한 직무에 대한 본인만의 강점은 무엇이라고 생각하는가?
4. 자기계발을 위한 본인의 독특한 경험에 대해 말해 보시오.
5. 후배를 가르쳐 준 경험, 선배에게 도움을 받은 경험에 대해 말해 보시오.
6. 남들이 하기 힘들어 하는 일을 도맡아 했던 경험에 대해 말해 보시오.
7. 안전관리를 위해 본인이 노력한 경험에 대해 말해 보시오.
8. 부당한 대우에 대해 논리적으로 항변한 경험에 대해 말해 보시오.
9. 리더십을 발휘한 경험에 대해 말해 보시오.
10. 목표를 이루기 위해 꾸준하게 노력한 경험에 대해 말해 보시오.

3 2021년 개별(PT) 면접 실제 기출 주제

1. 서울교통공사의 부가수익 창출을 위한 사업다각화 방안을 제시하시오.
2. 지속 가능한 재난방지체계의 도입 방안을 제시하시오.
3. RTU(Remote Terminal Unit) 시스템에 대해 설명하시오.
4. 지하철 역명병기 사업의 도입 기준에 대해 설명하시오.

4 2021년 집단 면접 실제 기출 주제

1. 공동체 생활을 하면서 생긴 갈등과 이를 해결한 경험에 대해 말해 보시오.
2. 지원한 직무에 본인이 적합한 인재라고 생각하는 이유는 무엇이라고 생각하는가?
3. 고객 응대에서 가장 중요한 것은 무엇이라고 생각하는가?
4. 고객 응대에 관한 경험을 말해 보시오.
5. 다른 사람이 하기 싫어한 일을 스스로 나서서 해 본 경험에 대해 말해 보시오.
6. 본인을 가장 잘 나타낼 수 있는 경험을 소개하시오.
7. 본인의 전문성을 높이기 위해 매일 하고 있는 것이 있는가?
8. 인생에서 실패한 경험과 이를 극복한 과정, 실패를 통해 배운 것은 무엇인가?
9. 최근 행복했던 경험 두 가지를 말해 보시오.
10. 서울교통공사의 지하철을 이용하면서 불편했던 점이 있는가?
11. 자신이 다른 곳에 발령받았는데 팀장이 나를 붙잡는다면, 그 이유는 무엇일 것 같은가?
12. 입사 후 '본인을 뽑길 잘 했다'라고 생각하게 할 부분은?
13. 새로운 조직에 적응하기 위해 본인이 했던 노력을 말해 보시오.

5 2020년 개별(PT) 면접 실제 기출 주제

1. [사무] 스마트스테이션 홍보 방안
2. [전기] 피뢰기와 피뢰침의 차이점
3. [통신] 아날로그 및 디지털 전송의 차이점
4. [토목] 레일파상마모에 대한 해결 방안
5. [차량] 가공복선식 전차선로 사용 이유

6 2020년 집단 면접 실제 기출 주제

1. 간략하게 자기소개를 하시오.
2. 서울교통공사에 지원하게 된 동기는?
3. 전공 지식을 활용해 실무 경험을 한 적이 있다면 말해 보시오.
4. 창의적인 사람인가? 본인의 경험을 말해 보시오.
5. 사기업과 다르게 서울교통공사가 가진 특징을 말해 보시오.
6. 다른 교통공사가 아닌 서울교통공사만이 가진 매력을 말해 보시오.
7. 서울교통공사가 핵심적으로 추진하고 있는 사업 3가지를 말해 보시오.
8. 서울교통공사 면접을 준비하면서 조사했던 것을 말해 보시오.
9. 공직자로서 가장 중요하게 생각하는 가치와 본인이 가진 것을 말해 보시오.
10. 기존의 관행이나 방식을 바꾸어 업무 효율을 높인 경험에 대해 말해 보시오.
11. 협력과 협상의 차이점과 사례를 설명하시오.
12. 본인을 채용해야 하는 이유에 대해 말해 보시오.
13. 서울교통공사에 입사하기 위해 한 노력을 말해 보시오.
14. 자기계발에 실패한 경험과 그 이유를 말해 보시오.
15. 자신의 장점과 단점은 무엇인가?
16. 다른 이해 관계자와 협상한 경험을 말해 보시오.
17. 마지막으로 하고 싶은 말은?

7 그 외 개별(PT) 면접 실제 기출 주제

1. 직장 내 괴롭힘 방지법 실효성 제고 방안
2. 수도권 내 지하철역 1곳을 선택하고 지역적 이미지와 특성을 살려 특별한 역사 공간(랜드마크)을 구성할 수 있는 방안
3. 이동상인 해결 방안
4. 블라인드 채용의 장단점
5. 지하철 불법 광고물 관리
6. 1회용 교통카드 관리 방안
7. 지하철 무인화에 대한 의견
8. 지하철 IoT 기술 적용 방안
9. 지하철 내 표지판 개선 방안
10. 지하철 내 양성평등 실현 방안
11. 지하철 에스컬레이터에 대한 의견
12. 대중교통을 이용하는 직장인들의 운동부족 문제 해결 방안
13. 철도차량 예지정비(CBM) 시스템 적용의 문제점과 해결 방안
14. 무임승차로 인해 발생하는 지하철 적자구조의 해결 방안
15. 지하철 내 임산부 배려문화를 정착시키기 위한 방안
16. 기관사의 인적오류(Human Error)를 줄이는 방안
17. 노후화된 전동차의 개선 방안
18. 열차 내 냉난방 민원에 대한 해결 방안
19. 지하철 내 성범죄 문제 해결 방안
20. 일회용 교통카드의 회수 방안
21. 우대권으로 인한 지하철 적자구조의 해결 방안
22. '또타' 앱의 장 · 단점과 개선 방안
23. 열차 내 혼잡도를 낮추고 승객의 스트레스를 줄이기 위한 방안

8 그 외 집단 면접 실제 기출 주제

1. 본인에게 회사란?
2. 자신의 역량을 펼칠 수 있는 직무는 무엇인가?
3. 팀 화합을 위해 노력한 사례를 말해 보시오.
4. 타인과 성격이 안 맞아서 갈등을 겪었던 경험을 말해 보시오.
5. 남을 위해 한 선행을 말해 보시오.
6. 인생에서 가장 존경하는 인물 혹은 나의 인생에 영향을 끼친 사건은?
7. 일 처리를 잘못했을 때 학교와 회사의 차이점에 대해 말해 보시오.
8. 서울교통공사가 관리하는 지하철의 노선 길이는?
9. 서비스를 한 단어로 표현하자면?
10. 지하철을 이용하면서 불편했던 점은?
11. 스크린도어 사고가 자주 일어나는 이유가 무엇이라 생각하는가?
12. 4차 산업혁명이 무엇인지 설명하고 지하철 시설에 어떻게 적용할 수 있는지 말해 보시오.
13. 상사로부터 부당한 지시를 받는다면 어떻게 행동하겠는가?
14. 지금까지 살면서 가장 후회하는 것이 있다면 무엇인가?
15. 노동조합의 활동에 대한 자신의 생각을 말해 보시오.
16. 현시점에서 가장 문제가 되는 사회현안이 무엇이라고 생각하는가?
17. 말도 안 되는 요구를 하는 고객에 대해 어떻게 대처할 것인가?
18. 같이 일하는 선배와 의견충돌이 발생한다면 어떻게 해결할 것인가?
19. 조직의 룰과 본인의 가치관이 충돌하는 일이 발생한다면 어떻게 할 것인가?
20. 악성 민원이 들어온다면 어떻게 대처할 것인가?
21. 서울교통공사의 자회사를 알고 있는가?
22. 10년, 20년, 30년 후의 인생 계획 및 목표를 말해 보시오.
23. 현재 생각하는 업무와 실제 업무가 다르다는 것을 알게 된다면 어떻게 할 것인가?
24. 입사 후 포부를 말해 보시오.

Memo

미래를 창조하기에 꿈만큼 좋은 것은 없다.
오늘의 유토피아가 내일 현실이 될 수 있다.

There is nothing like dream to create the future.
Utopia today, flesh and blood tomorrow.
빅토르 위고 Victor Hugo

서울교통공사
Seoul Metro

감독관 확인란	

1회 기출예상문제

성명표기란

ㄱ ㄴ ㄷ ㄹ ㅁ ㅂ ㅅ ㅇ ㅈ ㅊ ㅋ ㅌ ㅍ ㅎ

ㅏ ㅑ ㅓ ㅕ ㅗ ㅛ ㅜ ㅠ ㅡ ㅣ ㅐ ㅒ ㅔ ㅖ ㅘ ㅙ ㅚ ㅝ ㅞ ㅟ ㅢ

ㄲ ㄸ ㅃ ㅆ ㅉ ㄳ ㄺ ㄻ

수험번호

⓪ ① ② ③ ④ ⑤ ⑥ ⑦ ⑧ ⑨

(주민등록 앞자리 생년제외) 월일

⓪ ① ② ③ ④ ⑤ ⑥ ⑦ ⑧ ⑨

수험생 유의사항

※ 답안은 반드시 컴퓨터용 사인펜으로 보기와 같이 바르게 표기해야 합니다.
〈보기〉 ① ② ③ ❹ ⑤

※ 성명표기란 위 칸에는 성명을 한글로 쓰고 아래 칸에는 성명을 정확하게 표기하십시오. (맨 왼쪽 칸부터 성과 이름은 붙여 씁니다)

※ 수험번호/월일 위 칸에는 아라비아 숫자로 쓰고 아래 칸에는 숫자와 일치하게 표기하십시오.

※ 월일은 반드시 본인 주민등록번호의 생년을 제외한 월 두 자리, 일 두 자리를 표기하십시오.
〈예〉 1994년 1월 12일 → 0112

문번	답란	문번	답란	문번	답란
1	① ② ③ ④ ⑤	16	① ② ③ ④ ⑤	31	① ② ③ ④ ⑤
2	① ② ③ ④ ⑤	17	① ② ③ ④ ⑤	32	① ② ③ ④ ⑤
3	① ② ③ ④ ⑤	18	① ② ③ ④ ⑤	33	① ② ③ ④ ⑤
4	① ② ③ ④ ⑤	19	① ② ③ ④ ⑤	34	① ② ③ ④ ⑤
5	① ② ③ ④ ⑤	20	① ② ③ ④ ⑤	35	① ② ③ ④ ⑤
6	① ② ③ ④ ⑤	21	① ② ③ ④ ⑤	36	① ② ③ ④ ⑤
7	① ② ③ ④ ⑤	22	① ② ③ ④ ⑤	37	① ② ③ ④ ⑤
8	① ② ③ ④ ⑤	23	① ② ③ ④ ⑤	38	① ② ③ ④ ⑤
9	① ② ③ ④ ⑤	24	① ② ③ ④ ⑤	39	① ② ③ ④ ⑤
10	① ② ③ ④ ⑤	25	① ② ③ ④ ⑤	40	① ② ③ ④ ⑤
11	① ② ③ ④ ⑤	26	① ② ③ ④ ⑤		
12	① ② ③ ④ ⑤	27	① ② ③ ④ ⑤		
13	① ② ③ ④ ⑤	28	① ② ③ ④ ⑤		
14	① ② ③ ④ ⑤	29	① ② ③ ④ ⑤		
15	① ② ③ ④ ⑤	30	① ² ③ ④ ⑤		

잘라서 활용하세요.

서울교통공사
Seoul Metro

감독관 확인란	

2회 기출예상문제

성명표기란

수험번호

⓪	⓪	⓪	⓪	⓪	⓪
①	①	①	①	①	①
②	②	②	②	②	②
③	③	③	③	③	③
④	④	④	④	④	④
⑤	⑤	⑤	⑤	⑤	⑤
⑥	⑥	⑥	⑥	⑥	⑥
⑦	⑦	⑦	⑦	⑦	⑦
⑧	⑧	⑧	⑧	⑧	⑧
⑨	⑨	⑨	⑨	⑨	⑨

(주민등록 앞자리 생년제외) 월일

⓪	⓪	⓪	⓪
①	①	①	①
②	②	②	②
③	③	③	③
④	④	④	④
⑤	⑤	⑤	⑤
⑥	⑥	⑥	⑥
⑦	⑦	⑦	⑦
⑧	⑧	⑧	⑧
⑨	⑨	⑨	⑨

수험생 유의사항

※ 답안은 반드시 컴퓨터용 사인펜으로 보기와 같이 바르게 표기해야 합니다.
〈보기〉 ① ② ③ ❹ ⑤

※ 성명표기란 위 칸에는 성명을 한글로 쓰고 아래 칸에는 성명을 정확하게 표기하십시오. (맨 왼쪽 칸부터 성과 이름은 붙여 씁니다)

※ 수험번호/월일 위 칸에는 아라비아 숫자로 쓰고 아래 칸에는 숫자와 일치하게 표기하십시오.

※ 월일은 반드시 본인 주민등록번호의 생년을 제외한 월 두 자리, 일 두 자리를 표기하십시오.
〈예〉 1994년 1월 12일 → 0112

문번	답란	문번	답란	문번	답란
1	① ② ③ ④ ⑤	16	① ② ③ ④ ⑤	31	① ② ③ ④ ⑤
2	① ② ③ ④ ⑤	17	① ② ③ ④ ⑤	32	① ② ③ ④ ⑤
3	① ② ③ ④ ⑤	18	① ② ③ ④ ⑤	33	① ② ③ ④ ⑤
4	① ② ③ ④ ⑤	19	① ② ③ ④ ⑤	34	① ② ③ ④ ⑤
5	① ② ③ ④ ⑤	20	① ② ③ ④ ⑤	35	① ② ③ ④ ⑤
6	① ② ③ ④ ⑤	21	① ② ③ ④ ⑤	36	① ② ③ ④ ⑤
7	① ② ③ ④ ⑤	22	① ② ③ ④ ⑤	37	① ② ③ ④ ⑤
8	① ② ③ ④ ⑤	23	① ② ③ ④ ⑤	38	① ② ③ ④ ⑤
9	① ② ③ ④ ⑤	24	① ② ③ ④ ⑤	39	① ② ③ ④ ⑤
10	① ② ③ ④ ⑤	25	① ② ③ ④ ⑤	40	① ② ③ ④ ⑤
11	① ② ③ ④ ⑤	26	① ② ③ ④ ⑤		
12	① ② ③ ④ ⑤	27	① ② ③ ④ ⑤		
13	① ② ③ ④ ⑤	28	① ② ③ ④ ⑤		
14	① ② ③ ④ ⑤	29	① ② ③ ④ ⑤		
15	① ② ③ ④ ⑤	30	① ② ③ ④ ⑤		

서울교통공사 Seoul Metro

감독관 확인란

3회 기출예상문제

성명표기란

수험번호

⓪	⓪	⓪	⓪	⓪	⓪
①	①	①	①	①	①
②	②	②	②	②	②
③	③	③	③	③	③
④	④	④	④	④	④
⑤	⑤	⑤	⑤	⑤	⑤
⑥	⑥	⑥	⑥	⑥	⑥
⑦	⑦	⑦	⑦	⑦	⑦
⑧	⑧	⑧	⑧	⑧	⑧
⑨	⑨	⑨	⑨	⑨	⑨

(주민등록 앞자리 생년제외) 월일

⓪	⓪	⓪	⓪
①	①	①	①
②	②	②	②
③	③	③	③
④	④	④	④
⑤	⑤	⑤	⑤
⑥	⑥	⑥	⑥
⑦	⑦	⑦	⑦
⑧	⑧	⑧	⑧
⑨	⑨	⑨	⑨

수험생 유의사항

※ 답안은 반드시 컴퓨터용 사인펜으로 보기와 같이 바르게 표기해야 합니다.
〈보기〉 ① ② ③ ❹ ⑤

※ 성명표기란 위 칸에는 성명을 한글로 쓰고 아래 칸에는 성명을 정확하게 표기하십시오. (맨 왼쪽 칸부터 성과 이름은 붙여 씁니다)

※ 수험번호/월일 위 칸에는 아라비아 숫자로 쓰고 아래 칸에는 숫자와 일치하게 표기하십시오.

※ 월일은 반드시 본인 주민등록번호의 생년을 제외한 월 두 자리, 일 두 자리를 표기하십시오.
〈예〉 1994년 1월 12일 → 0112

문번	답란	문번	답란	문번	답란
1	① ② ③ ④ ⑤	16	① ② ③ ④ ⑤	31	① ② ③ ④ ⑤
2	① ② ③ ④ ⑤	17	① ② ③ ④ ⑤	32	① ② ③ ④ ⑤
3	① ② ③ ④ ⑤	18	① ② ③ ④ ⑤	33	① ② ③ ④ ⑤
4	① ② ③ ④ ⑤	19	① ② ③ ④ ⑤	34	① ② ③ ④ ⑤
5	① ② ③ ④ ⑤	20	① ② ③ ④ ⑤	35	① ② ③ ④ ⑤
6	① ② ③ ④ ⑤	21	① ② ③ ④ ⑤	36	① ② ③ ④ ⑤
7	① ② ③ ④ ⑤	22	① ② ③ ④ ⑤	37	① ② ③ ④ ⑤
8	① ② ③ ④ ⑤	23	① ② ③ ④ ⑤	38	① ② ③ ④ ⑤
9	① ② ③ ④ ⑤	24	① ② ③ ④ ⑤	39	① ② ③ ④ ⑤
10	① ② ③ ④ ⑤	25	① ② ③ ④ ⑤	40	① ② ③ ④ ⑤
11	① ② ③ ④ ⑤	26	① ② ③ ④ ⑤		
12	① ② ③ ④ ⑤	27	① ② ③ ④ ⑤		
13	① ② ③ ④ ⑤	28	① ② ③ ④ ⑤		
14	① ② ③ ④ ⑤	29	① ② ③ ④ ⑤		
15	① ② ③ ④ ⑤	30	① ② ③ ④ ⑤		

잘라서 활용하세요.

서울교통공사 Seoul Metro

감독관 확인란

4회 기출예상문제

성명표기란

수험번호

(주민등록 앞자리 생년제외) 월일

수험생 유의사항

※ 답안은 반드시 컴퓨터용 사인펜으로 보기와 같이 바르게 표기해야 합니다.
〈보기〉 ① ② ③ ❹ ⑤

※ 성명표기란 위 칸에는 성명을 한글로 쓰고 아래 칸에는 성명을 정확하게 표기하십시오. (맨 왼쪽 칸부터 성과 이름은 붙여 씁니다)

※ 수험번호/월일 위 칸에는 아라비아 숫자로 쓰고 아래 칸에는 숫자와 일치하게 표기하십시오.

※ 월일은 반드시 본인 주민등록번호의 생년을 제외한 월 두 자리, 일 두 자리를 표기하십시오.
〈예〉 1994년 1월 12일 → 0112

문번	답란	문번	답란	문번	답란
1	① ② ③ ④ ⑤	16	① ② ③ ④ ⑤	31	① ② ③ ④ ⑤
2	① ② ③ ④ ⑤	17	① ② ③ ④ ⑤	32	① ② ③ ④ ⑤
3	① ② ③ ④ ⑤	18	① ② ③ ④ ⑤	33	① ② ③ ④ ⑤
4	① ② ③ ④ ⑤	19	① ② ③ ④ ⑤	34	① ② ③ ④ ⑤
5	① ② ③ ④ ⑤	20	① ② ③ ④ ⑤	35	① ② ③ ④ ⑤
6	① ② ③ ④ ⑤	21	① ② ③ ④ ⑤	36	① ② ③ ④ ⑤
7	① ② ③ ④ ⑤	22	① ② ③ ④ ⑤	37	① ② ③ ④ ⑤
8	① ② ③ ④ ⑤	23	① ② ③ ④ ⑤	38	① ② ③ ④ ⑤
9	① ② ③ ④ ⑤	24	① ② ③ ④ ⑤	39	① ② ③ ④ ⑤
10	① ② ③ ④ ⑤	25	① ② ③ ④ ⑤	40	① ② ③ ④ ⑤
11	① ② ③ ④ ⑤	26	① ② ③ ④ ⑤		
12	① ② ③ ④ ⑤	27	① ② ③ ④ ⑤		
13	① ② ③ ④ ⑤	28	① ② ③ ④ ⑤		
14	① ② ③ ④ ⑤	29	① ② ③ ④ ⑤		
15	① ② ③ ④ ⑤	30	① ② ③ ④ ⑤		

서울교통공사
Seoul Metro

감독관 확인란	

5회 기출예상문제

성명표기란

수험번호

⓪	⓪	⓪	⓪	⓪	⓪
①	①	①	①	①	①
②	②	②	②	②	②
③	③	③	③	③	③
④	④	④	④	④	④
⑤	⑤	⑤	⑤	⑤	⑤
⑥	⑥	⑥	⑥	⑥	⑥
⑦	⑦	⑦	⑦	⑦	⑦
⑧	⑧	⑧	⑧	⑧	⑧
⑨	⑨	⑨	⑨	⑨	⑨

(주민등록 앞자리 생년제외) 월일

⓪	⓪	⓪	⓪
①	①	①	①
②	②	②	②
③	③	③	③
④	④	④	④
⑤	⑤	⑤	⑤
⑥	⑥	⑥	⑥
⑦	⑦	⑦	⑦
⑧	⑧	⑧	⑧
⑨	⑨	⑨	⑨

수험생 유의사항

※ 답안은 반드시 컴퓨터용 사인펜으로 보기와 같이 바르게 표기해야 합니다.
〈보기〉 ① ② ③ ❹ ⑤

※ 성명표기란 위 칸에는 성명을 한글로 쓰고 아래 칸에는 성명을 정확하게 표기하십시오. (맨 왼쪽 칸부터 성과 이름은 붙여 씁니다)

※ 수험번호/월일 위 칸에는 아라비아 숫자로 쓰고 아래 칸에는 숫자와 일치하게 표기하십시오.

※ 월일은 반드시 본인 주민등록번호의 생년을 제외한 월 두 자리, 일 두 자리를 표기하십시오.
〈예〉 1994년 1월 12일 → 0112

문번	답란	문번	답란	문번	답란
1	① ② ③ ④ ⑤	16	① ② ③ ④ ⑤	31	① ② ③ ④ ⑤
2	① ② ③ ④ ⑤	17	① ② ③ ④ ⑤	32	① ② ③ ④ ⑤
3	① ② ③ ④ ⑤	18	① ② ③ ④ ⑤	33	① ② ③ ④ ⑤
4	① ② ③ ④ ⑤	19	① ② ③ ④ ⑤	34	① ② ③ ④ ⑤
5	① ② ③ ④ ⑤	20	① ② ③ ④ ⑤	35	① ② ③ ④ ⑤
6	① ② ③ ④ ⑤	21	① ② ③ ④ ⑤	36	① ② ③ ④ ⑤
7	① ② ③ ④ ⑤	22	① ② ③ ④ ⑤	37	① ② ③ ④ ⑤
8	① ② ③ ④ ⑤	23	① ② ③ ④ ⑤	38	① ② ③ ④ ⑤
9	① ② ③ ④ ⑤	24	① ② ③ ④ ⑤	39	① ② ③ ④ ⑤
10	① ② ③ ④ ⑤	25	① ② ③ ④ ⑤	40	① ② ③ ④ ⑤
11	① ② ③ ④ ⑤	26	① ② ③ ④ ⑤		
12	① ② ③ ④ ⑤	27	① ② ③ ④ ⑤		
13	① ② ③ ④ ⑤	28	① ② ③ ④ ⑤		
14	① ② ③ ④ ⑤	29	① ② ③ ④ ⑤		
15	① ② ③ ④ ⑤	30	① ② ③ ④ ⑤		

잘라서 활용하세요.

감독관 확인란	

6회 기출예상문제

성명표기란

수험번호

(주민등록 앞자리 생년제외) 월일

문번	답란	문번	답란	문번	답란
1	① ② ③ ④ ⑤	16	① ② ③ ④ ⑤	31	① ② ③ ④ ⑤
2	① ② ③ ④ ⑤	17	① ② ③ ④ ⑤	32	① ② ③ ④ ⑤
3	① ② ③ ④ ⑤	18	① ② ③ ④ ⑤	33	① ② ③ ④ ⑤
4	① ② ③ ④ ⑤	19	① ② ③ ④ ⑤	34	① ② ③ ④ ⑤
5	① ② ③ ④ ⑤	20	① ② ③ ④ ⑤	35	① ② ③ ④ ⑤
6	① ② ③ ④ ⑤	21	① ② ③ ④ ⑤	36	① ② ③ ④ ⑤
7	① ② ③ ④ ⑤	22	① ② ③ ④ ⑤	37	① ② ③ ④ ⑤
8	① ② ③ ④ ⑤	23	① ② ③ ④ ⑤	38	① ② ③ ④ ⑤
9	① ② ③ ④ ⑤	24	① ② ③ ④ ⑤	39	① ② ③ ④ ⑤
10	① ② ③ ④ ⑤	25	① ② ③ ④ ⑤	40	① ② ③ ④ ⑤
11	① ② ③ ④ ⑤	26	① ② ③ ④ ⑤		
12	① ② ③ ④ ⑤	27	① ② ③ ④ ⑤		
13	① ② ③ ④ ⑤	28	① ② ③ ④ ⑤		
14	① ② ③ ④ ⑤	29	① ② ③ ④ ⑤		
15	① ② ③ ④ ⑤	30	① ② ③ ④ ⑤		

수험생 유의사항

※ 답안은 반드시 컴퓨터용 사인펜으로 보기와 같이 바르게 표기해야 합니다.
〈보기〉 ① ② ③ ❹ ⑤

※ 성명표기란 위 칸에는 성명을 한글로 쓰고 아래 칸에는 성명을 정확하게 표기하십시오. (맨 왼쪽 칸부터 성과 이름은 붙여 씁니다)

※ 수험번호/월일 위 칸에는 아라비아 숫자로 쓰고 아래 칸에는 숫자와 일치하게 표기하십시오.

※ 월일은 반드시 본인 주민등록번호의 생년을 제외한 월 두 자리, 일 두 자리를 표기하십시오.
〈예〉 1994년 1월 12일 → 0112

gosinet (주)고시넷

서울교통공사 Seoul Metro

감독관 확인란	

7회 기출예상문제

성명표기란

수험번호

(주민등록 앞자리 생년제외) 월일

문번	답란	문번	답란	문번	답란
1	① ② ③ ④ ⑤	16	① ② ③ ④ ⑤	31	① ② ③ ④ ⑤
2	① ② ③ ④ ⑤	17	① ② ③ ④ ⑤	32	① ② ③ ④ ⑤
3	① ② ③ ④ ⑤	18	① ② ③ ④ ⑤	33	① ② ③ ④ ⑤
4	① ② ③ ④ ⑤	19	① ② ③ ④ ⑤	34	① ② ③ ④ ⑤
5	① ② ③ ④ ⑤	20	① ② ③ ④ ⑤	35	① ② ③ ④ ⑤
6	① ② ③ ④ ⑤	21	① ② ③ ④ ⑤	36	① ② ③ ④ ⑤
7	① ② ③ ④ ⑤	22	① ② ③ ④ ⑤	37	① ② ③ ④ ⑤
8	① ② ③ ④ ⑤	23	① ② ③ ④ ⑤	38	① ② ③ ④ ⑤
9	① ② ③ ④ ⑤	24	① ② ③ ④ ⑤	39	① ② ③ ④ ⑤
10	① ② ③ ④ ⑤	25	① ② ③ ④ ⑤	40	① ② ③ ④ ⑤
11	① ② ③ ④ ⑤	26	① ② ③ ④ ⑤		
12	① ② ③ ④ ⑤	27	① ② ③ ④ ⑤		
13	① ② ③ ④ ⑤	28	① ② ③ ④ ⑤		
14	① ② ③ ④ ⑤	29	① ② ③ ④ ⑤		
15	① ② ③ ④ ⑤	30	① ② ③ ④ ⑤		

수험생 유의사항

※ 답안은 반드시 컴퓨터용 사인펜으로 보기와 같이 바르게 표기해야 합니다.
〈보기〉 ① ② ③ ❹ ⑤

※ 성명표기란 위 칸에는 성명을 한글로 쓰고 아래 칸에는 성명을 정확하게 표기하십시오. (맨 왼쪽 칸부터 성과 이름은 붙여 씁니다)

※ 수험번호/월일 위 칸에는 아라비아 숫자로 쓰고 아래 칸에는 숫자와 일치하게 표기하십시오.

※ 월일은 반드시 본인 주민등록번호의 생년을 제외한 월 두 자리, 일 두 자리를 표기하십시오.
〈예〉 1994년 1월 12일 → 0112

잘라서 활용하세요.

서울교통공사
Seoul Metro

감독관 확인란	

8회 기출예상문제

성명표기란

㉠ ㉡ ㉢ ㉣ ㉤ ㉥ ㉦ ㉧ ㉨ ㉩ ㉪ ㉫ ㉬ ㉭	ㅏ ㅑ ㅓ ㅕ ㅗ ㅛ ㅜ ㅠ ㅡ ㅣ ㅐ ㅒ ㅔ ㅖ ㅘ ㅙ ㅚ ㅝ ㅞ ㅟ ㅢ	㉠ ㉡ ㉢ ㉣ ㉤ ㉥ ㉦ ㉧ ㉨ ㉩ ㉪ ㉫ ㉬ ㉭ ㄲ ㄸ ㅃ ㅆ ㅉ	

수험번호

⓪	⓪	⓪	⓪	⓪	⓪
①	①	①	①	①	①
②	②	②	②	②	②
③	③	③	③	③	③
④	④	④	④	④	④
⑤	⑤	⑤	⑤	⑤	⑤
⑥	⑥	⑥	⑥	⑥	⑥
⑦	⑦	⑦	⑦	⑦	⑦
⑧	⑧	⑧	⑧	⑧	⑧
⑨	⑨	⑨	⑨	⑨	⑨

(주민등록 앞자리 생년제외) 월일

⓪	⓪	⓪	⓪
①	①	①	①
②	②	②	②
③	③	③	③
④	④	④	④
⑤	⑤	⑤	⑤
⑥	⑥	⑥	⑥
⑦	⑦	⑦	⑦
⑧	⑧	⑧	⑧
⑨	⑨	⑨	⑨

수험생 유의사항

※ 답안은 반드시 컴퓨터용 사인펜으로 보기와 같이 바르게 표기해야 합니다.
〈보기〉 ① ② ③ ❹ ⑤

※ 성명표기란 위 칸에는 성명을 한글로 쓰고 아래 칸에는 성명을 정확하게 표기하십시오. (맨 왼쪽 칸부터 성과 이름은 붙여 씁니다)

※ 수험번호/월일 위 칸에는 아라비아 숫자로 쓰고 아래 칸에는 숫자와 일치하게 표기하십시오.

※ 월일은 반드시 본인 주민등록번호의 생년을 제외한 월 두 자리, 일 두 자리를 표기하십시오.
〈예〉 1994년 1월 12일 → 0112

문번	답란	문번	답란	문번	답란
1	① ② ③ ④ ⑤	16	① ② ③ ④ ⑤	31	① ② ③ ④ ⑤
2	① ② ③ ④ ⑤	17	① ② ③ ④ ⑤	32	① ② ③ ④ ⑤
3	① ② ③ ④ ⑤	18	① ② ③ ④ ⑤	33	① ② ③ ④ ⑤
4	① ② ③ ④ ⑤	19	① ② ③ ④ ⑤	34	① ② ③ ④ ⑤
5	① ② ③ ④ ⑤	20	① ② ③ ④ ⑤	35	① ② ③ ④ ⑤
6	① ② ③ ④ ⑤	21	① ② ③ ④ ⑤	36	① ② ③ ④ ⑤
7	① ② ③ ④ ⑤	22	① ② ③ ④ ⑤	37	① ② ③ ④ ⑤
8	① ② ③ ④ ⑤	23	① ② ③ ④ ⑤	38	① ② ③ ④ ⑤
9	① ② ③ ④ ⑤	24	① ② ③ ④ ⑤	39	① ② ③ ④ ⑤
10	① ② ③ ④ ⑤	25	① ② ③ ④ ⑤	40	① ② ③ ④ ⑤
11	① ② ③ ④ ⑤	26	① ② ③ ④ ⑤		
12	① ② ③ ④ ⑤	27	① ② ③ ④ ⑤		
13	① ② ③ ④ ⑤	28	① ② ③ ④ ⑤		
14	① ② ③ ④ ⑤	29	① ② ③ ④ ⑤		
15	① ② ③ ④ ⑤	30	① ② ③ ④ ⑤		

고용보건복지_NCS

SOC_NCS

금융_NCS

대기업 적성검사

저마다의 일생에는,

특히 그 일생이 동터 오르는 여명기에는

모든 것을 결정짓는 한 순간이 있다.

그 순간을 다시 찾아내는 것은 어렵다.

그것은 다른 수많은 순간들의 퇴적 속에

깊이 묻혀있다.

– 장 그르니에, 섬 LES ILES

NCS 직업기초능력평가

2023

최신 서교공
기출유형
모의고사

사무직
기술직
직업기초능력평가

8회

고시넷 공기업

서울교통공사 NCS 기출예상모의고사

동영상 강의 WWW.GOSINET.CO.KR

정답과 해설

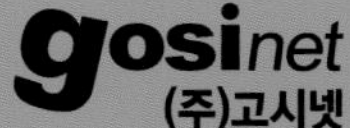

NCS 직업기초능력평가

2023

최신 서교공
기출유형
모의고사

사무직
기술직
직업기초능력평가

8회

고시넷 공기업

서울교통공사
NCS 기출예상모의고사

동영상 강의 WWW.GOSINET.CO.KR

정답과 해설

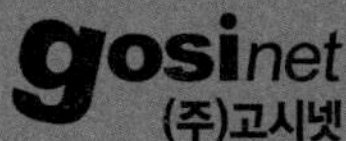

서울교통공사 정답과 해설

1회 기출예상문제

문제 26쪽

01	③	02	①	03	④	04	④	05	①
06	②	07	②	08	②	09	①	10	③
11	③	12	①	13	③	14	①	15	④
16	③	17	③	18	②	19	①	20	①
21	③	22	③	23	③	24	②	25	⑤
26	①	27	④	28	④	29	③	30	③
31	③	32	③	33	③	34	④	35	⑤
36	①	37	②	38	④	39	③	40	④

01 문서이해능력 글의 세부 내용 이해하기

| 정답 | ③

| 해설 | 지난해 5호선 9개소, 6호선 10개소를 합하여 총 19개소에 집진기를 설치하였다는 내용에 따라 이번 설치계약으로 설치되는 45개소를 합하면 총 64개소에 집진기가 설치될 것임을 알 수 있다.

| 오답풀이 |

① 마지막 문단에서 서울 지하철은 대부분 지하 공간에서 운행되며 환기구 구조와 시설 노후화 등의 구조적 한계로 인해 미세먼지 저감에 어려움이 많다고 설명하고 있다.

② 두 번째 문단에서 미세먼지 전담 부서로 '대기환경처'와 '환경설비센터'가 새로 출범하였다고 설명하고 있다.

④ 네 번째 문단에서 실내질공기관리법 개정으로 지하역사 미세먼지 농도 기준이 $150\mu g/m^3$에서 $100\mu g/m^3$으로 강화되었다고 설명하고 있다.

⑤ 세 번째 문단에서 자체 측정 결과 전동차 역실 내 미세먼지가 10년 전과 비교해 33.0% 줄어들었다고 설명하고 있다.

02 문서이해능력 문맥과 무관한 문장 찾기

| 정답 | ①

| 해설 | (가)가 포함된 문단의 중심 내용은 미세먼지 관리를 위한 집진기 계약 추진과 조직 신설이므로, 해당 문단에 미세먼지의 유해성에 관한 내용이 들어가는 것은 맥락상 적절하지 않다.

03 문서이해능력 세부 내용 이해하기

| 정답 | ④

| 해설 | (다) 문단에서 1981년에는 한 편성을 개통 당시의 6칸에서 8칸으로 늘렸다고 설명하고 있다. 전동차 64량을 추가로 도입하고 한 편성을 10칸으로 늘린 해는 1989년이다.

| 오답풀이 |

① (가) 문단에서 '서울 교통 문제 해결책'은 1964년 당시 윤치영 서울시장이 국회 교통체신분과위원회에 제출한 것으로, 여기에 포함된 지하철 건설 계획에 관한 논의를 시작으로 서울 지하철 건설 계획이 본격적으로 추진되었다고 설명하고 있다.

② (가) 문단에서 서울특별시 지하철건설본부는 1965년 서울시의 「서울 시정 10개년 계획」을 통한 지하철 건설 방침에 따라 1970년 6월 발족했다고 설명하고 있다.

③ (라) 문단에서 연간 열차 운행횟수가 2만 회를 기록한 시기는 열차 운행 첫 해라고 설명하고 있으며, (나) 문단을 통해 해당 연도는 우리나라 최초의 지하철인 서울 지하철 1호선(종로선)이 개통된 1974년임을 알 수 있다.

⑤ (마) 문단에서 1970년대에 지은 지하철 1호선이 현재까지 남아 운영되고 있어 시설이 노후화되었으나 정기적인 안전 점검으로 이용에 문제가 없다고 확인되었다고 설명하고 있다.

04 문서작성능력 소제목 작성하기

| 정답 | ④

| 해설 | (라) 문단에서 지하철 1호선의 누적 운행횟수는 총 2,300만 회, 직결운행하는 한국철도 차량의 운행횟수까지 합치면 총 3,200만 회라고 설명하고 있다.

05 도표분석능력 자료의 수치 분석하기

| 정답 | ①

| 해설 | 20X1년부터 20X5년까지 남성 취업자와 비경제활동인구수의 3배를 한 값을 비교하면 다음과 같다.

(단위 : 천 명)

연도	20X1년	20X2년	20X3년	20X4년	20X5년
취업자	12,988	13,481	14,041	15,057	15,372
비경제 활동인구×3	13,425	14,412	16,071	16,146	17,091

따라서 20X1년부터 20X5년까지 매년 남성 취업자 수는 남성 비경제활동인구수의 3배 미만을 기록하였다.

| 오답풀이 |

② 20X4년과 20X5년 여성 취업자 수는 여성 비경제활동인구보다 더 많다.

③ 전년 대비 비경제활동인구수의 증감이 가장 작은 연도는 남성은 5,382−5,357=25(천 명)을 기록한 20X4년, 여성은 10,590−10,578=12(천 명)을 기록한 20X5년이다.

④ 20X5년 여성의 취업자 수는 전년 대비 11,450−10,840=610(천 명) 증가하여 같은 해 남성의 15,372−15,057=315(천 명)보다 더 크게 증가하였다.

⑤ 20X4년 남성 취업자 수와 여성 취업자 수의 차이는 15,057−10,840=4,217(천 명)으로 20X3년의 14,041−9,992=4,049(천 명)보다 더 크다.

06 도표작성능력 그래프로 변환하기

| 정답 | ②

| 해설 | 20X3년 여성의 전년 대비 경제활동인구수의 증감값은 10,335−10,002=333(천 명), 남성의 전년 대비 경제활동인구수의 증감값은 14,621−14,021=600(천 명)이다. 그래프 ②는 해당 부분에서 여성과 남성의 증감값이 반대로 작성되었다.

07 도표분석능력 자료의 수치 계산하기

| 정답 | ②

| 해설 | ⓐ에 들어갈 값은 20X3년 ○○공사가 보유한 총 전철 차량의 수로, 그 값은 250+126+604+692+1,037+842=3,551(대)이다.

08 도표작성능력 그래프로 변환하기

| 정답 | ②

| 해설 | ㉠에 해당하는 값은 20X1년 전국에서 차령이 11 ~ 20년인 전철 차량의 비율이므로, 그 값은 소수점 첫째 자리에서 버림하여 $\frac{592+1,551}{5,811} \times 100 ≒ 36(\%)$이다.

09 문제처리능력 자료 분석하기

| 정답 | ①

| 해설 | 제시된 자료에서는 지하안전점검평가의 대상이 되는 시설물이 지하시설물 및 주변지반임은 제시되어 있으나, 그 평가대상이 되는 사업의 종류에 대한 내용은 제시되어 있지 않다.

| 오답풀이 |

② 지하안전점검평가는 매년 정기적으로 실시한다고 제시되어 있다.

③ 지하안전점검평가와 사후 지하안전영향평가에서 제출해야 하는 서류는 모두 안전영향 조사서로 동일하다.

④ 지하안전점검평가와 지반침하 위험도평가의 실시자는 같다.

⑤ 지반침하 위험도평가의 평가결과는 중점관리대상 지정 및 해제에 활용될 수 있다고 제시되어 있다.

10 문제처리능력 자료를 도식화하여 이해하기

| 정답 | ③

| 해설 | 제시된 자료의 지하안전영향평가제도에서 협의기관이 제출하는 서류로 안전영향 조사서만이 제시되어 있으면서, 협의기관인 국토교통부장관이 검토기관에 검토 및 현지조사를 의뢰하는 것은 사후 지하안전영향평가이다.

| 오답풀이 |

①, ② 일반 지하안전영향평가와 소규모 지하안전영향평가는 안전영향 조사서와 함께 사업계획서 제출도 요구한다.

④ 지하안전점검평가의 협의기관은 시장/군수/구청장으로, 해당 기관이 검토기관에 검토 및 현지조사를 의뢰하는지 여부는 제시되어 있지 않다.

⑤ 지반침하 위험도평가는 지반침하나 위험도평가서 제출을 요구한다.

11 문제처리능력 평가점수 구하기

| 정답 | ③

| 해설 | 각 항목별로 서류전형과 면접전형에서 받을 수 있는 점수를 구하면 다음과 같다.

- 자격증 : 자격증은 접수마감일 이전에 취득한 것 하나만을 인정하므로, 지원자가 아직 취득하지 못한 양식조리기능장이 아닌 한식조리산업기사만이 인정되어 서류전형에서 30점을 받는다.
- 경력 : 집단급식소 경력은 담당 인원과 관계없이 경력기간을 모두 합산하므로, 어린이집 급식소 3년과 고등학교 급식소 1년을 합하여 총 4년의 경력이 인정되어 서류전형에서 30점을 받는다.
- 면접평가점수 : 면접전형에서 2개 항목에서 상, 2개 항목에서 중, 1개 항목에서 하를 받았으므로 총 6+4+1=11(점)을 받는다.
- 특이사항 : 국가유공자 자녀에 해당하므로 서류전형에 10% 가점이 적용된다.

따라서 지원자가 받는 점수의 합은 (30+30)×1.1+11=77(점)이다.

12 문제처리능력 평가점수 구하기

| 정답 | ①

| 해설 | 채용정원이 2명이므로 채용정원의 10배수 순위인 20등 안에 들기 위해서는 서류점수에서 71점 이상을 받아야 한다. 지원자의 서류전형 점수는 자격증 20점, 경력사항 40점으로 총 60점이므로, 11점을 추가로 받아야 한다. 만일 양식조리기술사 자격증이 추가될 경우 자격증 점수가 50점이 되어 서류전형 점수 합계가 90점이 되고, 10배수 순위 안에 들게 된다.

| 오답풀이 |

② 한식조리산업기사 자격증이 추가될 경우 자격증 점수가 30점이 되어, 서류점수 합계 30+40=70(점)으로 10배수 순위 안에 들지 못한다.

③ 경력사항에서 5년에서 1년이 추가되어 6년이 되는 것은 점수에 영향을 주지 않는다.

④ 국가유공자 자녀 가점 10%가 추가될 경우의 서류전형 점수는 (20+40)×1.1=66(점)으로 10배수 순위 안에 들지 못한다.

⑤ 면접전형 점수는 서류전형 점수에 영향을 주지 않는다.

13 업무이해능력 실적평가 규정 이해하기

| 정답 | ③

| 해설 | 각 역별 역내 상점 지수와 그 산출점수를 구하면 다음과 같다.

- A 역 : $\frac{15}{28} \fallingdotseq 0.54 \rightarrow$ 3점
- B 역 : $\frac{6}{17} \fallingdotseq 0.35 \rightarrow$ 2점
- C 역 : $\frac{2}{11} \fallingdotseq 0.18 \rightarrow$ 2점
- D 역 : $\frac{17}{23} \fallingdotseq 0.74 \rightarrow$ 4점
- E 역 : $\frac{12}{35} \fallingdotseq 0.34 \rightarrow$ 2점

14 업무이해능력 실적평가 규정 이해하기

| 정답 | ①

| 해설 | 각 기준에 따라 최종점수를 구하기 위해 우선 각 역별 이용객 증가율을 구하면 다음과 같다.

- A 역 : $\frac{8,000-7,500}{7,500} \times 100 \fallingdotseq 6.7(\%)$
- B 역 : $\frac{8,100-7,200}{7,200} \times 100 = 12.5(\%)$
- C 역 : $\frac{6,800-6,500}{6,500} \times 100 \fallingdotseq 4.6(\%)$
- D 역 : $\frac{12,200-9,100}{9,100} \times 100 \fallingdotseq 34.1(\%)$
- E 역 : $\frac{8,600-7,500}{7,500} \times 100 \fallingdotseq 14.7(\%)$

따라서 평가항목별 점수와 그 평가등급을 구하면 다음과 같다.

구분	A 역	B 역	C 역	D 역	E 역
지면 광고 매출	3	2	1	4	1
역내 상점 지수	3	2	2	4	2
이용객 증가율	2	3	1	4	3
총점	8	7	4	12	6
평가등급	A 등급	B 등급	D 등급	S 등급	C 등급

따라서 최종 평가등급이 A 등급인 역은 A 역이다.

15 업무이해능력 근태 규정 이해하기

| 정답 | ④

| 해설 | 제시된 기간 동안의 각 직원별 근무시간을 구하면 다음과 같다.

구분	직원 A	직원 B	직원 C	직원 D	직원 E
10일	10시간 22분	9시간 10분	9시간 36분	9시간	9시간 2분
11일	10시간 17분	7시간 29분	11시간 6분	8시간 14분	9시간 57분
12일	9시간 20분	9시간 5분	10시간 10분	8시간 44분	5시간 59분
13일	11시간 37분	9시간 5분	7시간 30분	11시간 15분	10시간 12분
14일	7시간 47분	10시간 35분	9시간 16분	11시간 24분	9시간 55분

따라서 하루 근무시간이 9시간 미만을 기록한 날이 이틀인 직원 D는 추가근무를 2회 실시해야 한다.

16 업무이해능력 근태 규정 이해하기

| 정답 | ③

| 해설 | 초과수당은 하루 10시간 이상 근무를 기준으로 한다. 직원 A가 초과수당을 받는 시간은 10일 22분, 11일 17분, 13일 97분으로 합계 136분이다. 따라서 초과수당은 분당 1,000원씩 계산하므로 A가 지급받을 초과수당 금액은 총 136,000원이다.

17 컴퓨터활용능력 모니터링 프로그램 이해하기

| 정답 | ③

| 해설 | 조건을 정리하면 다음과 같다.

	위험도	전염성	작동성
시스템 고유값	30	10	20
서버 정보(Gamma)	4	1	–
환경 정보	3	5	2
에러코드	8	5	8
전체 환경 상태값	15	11	10
$\frac{\text{전체 환경 상태값}}{\text{시스템 고유값}}$	0.5	1.1	0.5
조치코드	2	HE	CO

따라서 조치코드는 2_HE_CO이다.

18 컴퓨터활용능력 모니터링 프로그램 이해하기

| 정답 | ②

| 해설 | 조건을 정리하면 다음과 같다.

	위험도	전염성	작동성
시스템 고유값	20	40	50
서버 정보(Alpha)	1	4	3
환경 정보	4	9	2
에러코드	10	6	6
전체 환경 상태값	15	19	11
$\frac{\text{전체 환경 상태값}}{\text{시스템 고유값}}$	0.75	0.475	0.22
조치코드	2	NE	NO

따라서 조치코드는 2_NE_NO이다.

19 컴퓨터활용능력 모니터링 프로그램 이해하기

| 정답 | ①

| 해설 | 조건을 정리하면 다음과 같다.

	위험도	전염성	작동성
시스템 고유값	50	25	100
서버 정보(Beta)	2	2	4
환경 정보	12	21	15
에러코드	5	3	8
전체 환경 상태값	19	26	27
$\frac{\text{전체 환경 상태값}}{\text{시스템 고유값}}$	0.38	1.04	0.27
조치코드	1	HE	AO

따라서 조치코드는 1_HE_AO이다.

20 컴퓨터활용능력 모니터링 프로그램 이해하기

| 정답 | ①

| 해설 | 시스템 고유값을 [a, b, c]로 두고 조건을 정리하면 다음과 같다.

	위험도	전염성	작동성
시스템 고유값	a	b	c
서버 정보(Gamma)	4	1	−
환경 정보	20	14	35
에러코드	10	6	6
전체 환경 상태값	34	21	41
$\frac{\text{전체 환경 상태값}}{\text{시스템 고유값}}$	$\frac{34}{a}$	$\frac{21}{b}$	$\frac{41}{c}$
조치코드	3	NE	IO

이에 근거하여 a, b, c의 범위를 정리하면 다음과 같다.

$1 \le \frac{34}{a}$, $\frac{21}{b} < 0.5$, $0.75 \le \frac{41}{c}$

$\rightarrow a \le 34$, $42 < b$, $c \le 54.67$

따라서 a, b, c 모두 범위에 해당하는 ①이 적절하다.

21 예산관리능력 시공업체 선정하기

| 정답 | ⑤

| 해설 | 제시된 조건에 따라 업체별 점수를 매기면 다음과 같다.

구분	경영상태		공사기간		비용		후기		A/S기간		점수 총합
	순위	점수	순위	점수	순위	점수	순위	점수	순위	점수	
K 시공	4	2	3	3	2	4	4	2	3	3	14
G 시공	1	5	1	5	5	1	3	3	2	4	18
H 시공	3	3	1	5	4	2	4	2	3	3	15
M 시공	5	1	3	3	1	5	2	4	3	3	16
U 시공	1	5	5	1	3	3	1	5	1	5	19

따라서 지수가 선정할 업체는 점수 총합이 가장 높은 U 시공이다.

22 시간관리능력 최소 이동시간 구하기

| 정답 | ③

| 해설 | 본사에서 물류창고 1과 2를 순서대로 거쳐 본사로 복귀하는 최단 이동경로는 다음과 같다.

본사 → 가맹점 E → 가맹점 G → 물류창고 1 → 가맹점 A → 물류창고 2 → 가맹점 B → 본사

따라서 총 이동시간은 (5+5+10)+15+5+25+5+10+(5+5)=90(분), 즉 1시간 30분이다.

23 시간관리능력 최소 이동시간 구하기

| 정답 | ③

| 해설 | 각 가맹점별로 두 물류창고와의 최소 이동시간을 구하면 다음과 같다.

(단위 : 분)

가맹점	A	B	C	D	E	F	G	H
물류창고 1	25	35	45	35	20	15	5	5
물류창고 2	5	10	20	25	30	45	35	35

따라서 물류창고 1과 연결되는 가맹점은 E, F, G, H로 4개, 물류창고 2와 연결되는 가맹점은 A, B, C, D로 4개이다.

24 시간관리능력 최소 이동시간 구하기

| 정답 | ②

| 해설 | 본사에서 가맹점 D로 이동하는 것을 시작으로 시계 방향으로 진행한다고 할 때 이동시간이 최소로 소요되며 이동경로는 다음과 같다.

본사 → 가맹점 D → 가맹점 E → 가맹점 G → 가맹점 F → 물류창고 1 → 가맹점 H → 가맹점 A → 물류창고 2 → 가맹점 B → 가맹점 C → 본사

따라서 총 이동시간은 (5+5+5)+(5+10)+15+10+(10+5)+5+(5+25)+5+10+10+(10+5+5)=150(분)이므로, 오전 9시에 본사에 출발해서 다시 복귀하는 시각은 2시간 30분 뒤인 11시 30분이다.

25 기술선택능력 매뉴얼 이해하기

| 정답 | ⑤

| 해설 | 그룹 헤드에 포터필터를 장착하고 그룹 헤드를 통해 분사되는 물이 포터필터를 거침으로 에스프레소가 추출되는 것이므로, 그룹 헤드를 빼 둔다는 설명은 적절하지 않다.

| 오답풀이 |

① 스팀 파이프는 우유 스티밍 시 뜨거운 스팀이 나오는 부분이므로 뜨거울 수 있으며, 스팀 파이프를 잡을 때에는 천으로 감싸 잡아야 한다는 것을 추론할 수 있다.

② 온수 디스펜서는 온수가 추출되는 부분이므로 작동 중에는 추출되는 온수에 의해 뜨거워져 화상을 입을 수 있다는 것을 추론할 수 있다.

③ 드립 트레이는 커피나 물들이 배수되는 부분이므로 막히지 않도록 관리해야 함을 추론할 수 있다.

④ 스팀 노즐 팁은 우유에 공기를 주입하여 우유거품을 만들어내는 부분이므로 쉽게 오염될 수 있으며, 이 때문에 자주 세척해야 함을 추론할 수 있다.

26 기술선택능력 매뉴얼 이해하기

| 정답 | ①

| 해설 | 물과 압력이 새어나가지 않도록 하는 역할인 가스켓은 사용자의 취향과 관련이 없는 부품이다.

| 오답풀이 |

② '세부 기능'에서 샤워홀더에 두꺼운 니켈 제질을 사용한다고 명시되어 있다.

③ 샤워홀더와 샤워스크린은 모두 물줄기를 분사시키는 역할을 한다는 점에서 그 기능이 비슷하다고 볼 수 있다.

④ 포터필터는 분쇄된 원두를 담는 부분이므로 원두 가루를 담는 동시에 거르는 역할을 하는 필터바스켓은 포터필터에 있는 세부부품임을 추론할 수 있다.

⑤ 포터필터의 세부 부품인 필터바스켓은 원두 용량에 따라 그 종류가 다양하다고 설명하고 있으며, 포터필터의 '세부 기능'에서 포터필터에 1잔용과 2잔용이 있다고 명시돼 있다. 따라서 1잔에 해당하는 용량과 2잔에 해당하는 용량에 맞는 필터바스켓을 선택해서 사용할 수 있음을 추론할 수 있다.

27 기술이해능력 제품 코드 이해하기

| 정답 | ④

| 해설 | 우선 레이저 인쇄 방식이므로 RAZ, 컬러 인쇄를 지원하므로 COL이 제품 코드로 들어간다. 또한 기능에 따른 제품코드에서 스캔, 복사, 팩스 기능을 모두 지원하므로 첫 번째부터 세 번째 자리는 JCF, 여기에 자동급지 기능까지 지원하므로 네 번째 자리는 T, 자동양면인쇄 기능을 지원하므로 다섯 번째 자리는 B이다. 마지막으로 연결 방식은 무선 연결방식이므로 제품 코드는 WF가 들어간다. 따라서 해당 복합기의 제품코드는 위의 내용을 모두 합쳐서 RAZ_COL_JCFTB_WF이다.

28 기술이해능력 제품 코드 이해하기

| 정답 | ④

| 해설 | 제품 코드가 INK_COL_GCFTB_AL인 제품이므로 해당 복합기는 잉크젯 방식으로 컬러 인쇄를 지원하며, 스캔 기능이 없고 복사 기능과 팩스 기능을 지원한다. 그리고 자동급지 기능과 자동양면인쇄 기능을 지원하며, 유·무선

연결방식이다. 따라서 해당 제품코드의 복합기로는 스캔 기능 지원이 필요한 기획팀의 필요사항을 충족할 수 없다.

29 자기개발능력 자기개발의 이유 알기

| 정답 | ③

| 해설 | 제시된 인터뷰 내용에서 좋은 인간관계를 형성하고자 하는 목표는 나타나 있지 않는다.

30 자기개발능력 자기개발 장애요인 알기

| 정답 | ③

| 해설 | 이○○은 외부 작업정보 부족을 겪고 있다.

| 오답풀이 |

① 박◇◇이 이에 해당한다.

② 윤△△이 이에 해당한다.

④ 김☆☆이 이에 해당한다.

⑤ 최□□이 이에 해당한다.

31 자기관리능력 거절의 의사결정과 거절하기

| 정답 | ③

| 해설 | 거절의 의사표현을 할 때는 다음과 같은 상황을 유의해야 한다.

1. 상대방의 말을 들을 때에는 귀를 기울여 문제의 본질을 파악한다.
2. 거절의 의사결정은 빠를수록 좋다.
3. 거절을 할 때에는 분명한 이유가 필요하다.
4. 대안을 제시한다.

따라서 본질을 파악하지 못하고 제대로 거절의 표현을 하지 못한 ③은 적절하지 않은 의사표현이다.

32 경력개발능력 경력개발의 방법 이해하기

| 정답 | ③

| 해설 | 승진에 실패했다고 해서 다른 사람들이 하는 대로 똑같이 따라 하는 것은 적절하지 않은 경력개발 방법이다. 실패를 기회로 발판 삼아 부족한 부분을 보완하고 인내의 자세와 긍정적인 마음으로 구체적인 목표를 세워 보는 것이 중요하다.

33 팀워크능력 팀워크 이해하기

| 정답 | ③

| 해설 | 사람들로 하여금 집단에 머물도록 만들고 집단의 분위기를 좋게 하는 힘은 응집력에 해당한다. 팀의 성과와 관계없이 분위기가 좋은 것은 팀워크가 좋은 것이 아니라 응집력이 좋은 것이다.

34 리더십능력 팔로워십 이해하기

| 정답 | ④

| 해설 | 순응형 팔로워십 유형은 리더와 조직에 대한 믿음과 헌신이 강하지만 아이디어가 없고 인기가 없는 일은 맡지 않으려고 하는 특징을 가진다.

35 갈등관리능력 갈등의 증폭 요인 알기

| 정답 | ⑤

| 해설 | 조직 갈등이 증폭되는 일반적인 요인은 다음과 같다.

1. 적대적 행동 : 승패의 경기를 하고, 문제를 해결하기보다는 승리하기를 원한다.
2. 입장 고수 : 공동의 목표를 달성할 필요성을 느끼지 않는다. 각자의 입장만을 고수하고 의사소통의 폭을 줄이며 서로 접촉하는 것을 꺼린다.
3. 감정적 관여 : 자신의 입장에 감정적으로 묶인다.

따라서 ㉡, ㉢, ㉣이 갈등을 증폭시켜 조직성과를 저해하는 요인에 해당한다.

36 고객서비스능력 고객 불만 처리 프로세스 파악하기

| 정답 | ①

| 해설 | 고객 불만 처리 프로세스는 '경청 → 감사와 공감 표시 → 사과 → 해결 약속 → 정보 파악 → 신속 처리 → 처리 확인과 사과 → 피드백'이다.

상황 A는 고객의 불만에 대해 경청하고 있으므로 '경청'에 해당하고, 상황 B는 고객이 원하는 바를 파악해 이를 신속하게 처리하고 있으므로 '신속 처리'에 해당한다.

37 직업윤리 직업윤리의 덕목 알기

| 정답 | ②

| 해설 | 천직의식은 자신의 일이 자신의 능력과 적성에 꼭 맞는다 여기고 그 일에 열성을 가지고 성실히 임하는 태도다. 직원 A는 이 일이 자신의 능력과 적성에 잘 맞는 일이라고 생각하지는 않는다고 하였으므로 천직의식을 가졌다고 볼 수 없다.

| 오답풀이 |

① 자신이 이 일을 하게 된 것이 하늘의 뜻이라고 생각하는 부분에서 소명의식을 찾을 수 있다.

③ 자신이 하고 있는 일이 사회에 도움이 되면서 꼭 필요한 일이라고 생각하는 부분에서 직분의식을 찾을 수 있다.

④ 주어진 일에 책임감을 가지고 꾸준히 일을 했다는 부분에서 책임의식을 찾을 수 있다.

⑤ 하는 일이 오랫동안 공부하고 실습해야만 가능하다고 생각하는 부분에서 전문가의식을 찾을 수 있다.

38 직업윤리 개인윤리와 직업윤리의 조화 파악하기

| 정답 | ④

| 해설 | 업무상 개인의 판단과 행동은 사회적 영향력이 큰 기업시스템을 통하여 다수의 이해관계자와 관련하게 된다.

| 오답풀이 |

① 각각의 직무에서 오는 특수한 상황에서는 개인적 덕목 차원의 일반적인 상식과 기준으로 규제할 수 없는 경우가 많다.

② 기업은 경쟁을 통하여 사회적 책임을 다하고, 보다 강한 경쟁력을 키우기 위하여 조직원 개개인의 역할과 능력이 경쟁상황에서 적절하게 꾸준히 향상되어야 한다.

③ 직장이라는 특수 상황에서 갖는 집단적 인간관계는 가족관계, 개인적 선호에 의한 친분 관계와는 다른 측면의 배려가 요구된다.

⑤ 규모가 큰 공동의 재산, 정보 등을 개인의 권한하에 위임, 관리하므로 높은 윤리의식이 요구된다.

39 직업윤리 윤리적 규범 이해하기

| 정답 | ③

| 해설 | 윤리적 규범은 공동생활과 협력을 필요로 하는 인간 생활에서 형성되는 공동 행동의 룰을 기반으로 형성된다.

| 오답풀이 |

ㄴ, ㄹ 공동의 이익을 추구하고 도덕적 가치와 신념을 기반으로 형성하는 것은 윤리적 인간의 성립요건에 해당한다.

40 근로윤리 근면의 종류 이해하기

| 정답 | ④

| 해설 | 논밭이나 작업장의 열악한 노동 조건 아래에서 오랜 시간 동안 기계적인 일을 했던 것은 삶을 유지하기 위한 강요된 근면에 해당한다. 자진해서 하는 근면은 자신의 것을 창조함으로써 조금씩 자신을 발전시키고 시간의 흐름에 따라 자아를 확립시켜 나가는 것이다.

2회 기출예상문제

문제 58쪽

01	①	02	⑤	03	⑤	04	④	05	⑤
06	③	07	④	08	③	09	②	10	⑤
11	③	12	②	13	⑤	14	④	15	③
16	③	17	②	18	③	19	③	20	⑤
21	②	22	②	23	①	24	③	25	①
26	⑤	27	③	28	④	29	⑤	30	②
31	③	32	④	33	②	34	④	35	②
36	④	37	②	38	②	39	⑤	40	④

01 문서이해능력 세부 내용 이해하기

| 정답 | ①

| 해설 | '시험 안내' 항목에서 면접시험의 평정요소로 의사 표현능력과 성실성, 창의력 및 발전가능성의 세 가지가 제시되어 있으나, 각 평정요소별 가중치에 대한 내용은 제시되어 있지 않다.

| 오답풀이 |

② '당일 제출서류' 항목에서 면접 당일 원서접수 시 작성하였던 경력 전부에 대한 증빙자료를 시험장 이동 전 담당자에게 제출해야 한다고 제시되어 있다.

③ '당일 제출서류' 항목에서 원서접수 시 작성하였던 경력 중 폐업회사가 있는 경우 폐업자 정보 사실증명서를 제출해야 한다고 제시되어 있다.

④ '유의사항' 항목에서 면접대기실 및 시험장에 입실하기 위해 필요한 출입증을 발급받기 위해서는 신분증이 필요하다고 제시되어 있다.

⑤ '유의사항' 항목에서 시험장으로 이동하기 전 면접대기실에서 담당자에게 출석을 확인한다고 제시되어 있다.

02 문서이해능력 세부 내용 이해하기

| 정답 | ⑤

| 해설 | '최종 합격자 발표' 항목에서 합격자 명단은 개별 통지 없이 ○○부 홈페이지에 게재된다고 제시되어 있으므로 최종 합격자는 ○○부 홈페이지에서 확인할 수 있음을 알 수 있다.

| 오답풀이 |

① '장소' 항목에서 면접은 ○○부 Y건물이 아닌 G건물 로비에서 진행된다고 제시되어 있다.

② '당일 제출서류' 항목에서 경력에 대한 증빙자료는 시험장으로 이동하기 전 담당자게 제출해야 한다고 제시되어 있다.

③ '당일 제출서류' 항목에서 소득금액증명서는 세무서 이외에 무인민원발급기 혹은 인터넷에서도 발급받을 수 있다고 제시되어 있다.

④ '시험 안내' 항목에서 총 세 가지 평정요소에 대해 상·중·하로 평가한다고 제시되어 있다.

03 문서이해능력 올바른 공감적 듣기 사례 찾기

| 정답 | ⑤

| 해설 | 제시된 글에 따르면 '공감적 듣기'는 귀와 눈 그리고 마음으로 듣는 자세다. 강 대리는 신입사원의 얘기를 들으며 마음으로 함께 공감해 주고 있으므로 '공감적 듣기'의 사례로 가장 적절하다.

| 오답풀이 |

① 상대가 말을 하는 것에 맞장구를 쳐 주는 적극적 듣기의 사례에 해당한다. 공감적 듣기는 적극적 듣기의 단계를 넘어 마음을 열고 공감하는 듣기를 의미한다.

04 문서작성능력 문단이 들어갈 위치 찾기

| 정답 | ④

| 해설 | 첫 문장을 고려했을 때, 서로 이야기를 함에도 불구하고 대화가 원활히 이뤄지지 않는 상황이 앞에 제시되어야 한다. (라)의 앞 문단에는 남의 말을 듣기보다 자신의 말을 하는 데 주력하여 대화가 원활히 이뤄지지 않는 경우가 제시되어 있고, 뒷 문단에는 '이러한 것' 즉 제시된 문단에서 언급된 '공감적 듣기'의 장점을 알면서도 하지 않는 경우에 대해 말하고 있다. 따라서 문맥상 (라)에 들어가는 것이 가장 적절하다.

05 도표분석능력 자료의 수치 분석하기

| 정답 | ⑤

| 해설 | 20X9년 총수입이 2조 7,065억 원이고 적용단가가 115원/인km라면 수요량은 27,065(억 원)÷115(원/인km) ≒235(억 인km)이다.

| 오답풀이 |

② 20X4년부터 20X8년까지 인건비는 6,219 → 7,380 → 7,544 → 7,827 → 8,732억 원으로 매년 증가하고 있다.

③ 20X8년 총괄원가에서 적정원가가 차지하는 비중은 $\frac{25,229}{28,798} \times 100 \fallingdotseq 87.6(\%)$로 87% 이상이다.

④ 기타 경비 1조 7,653억 원 중 선로사용비가 6,591억 원으로 가장 큰 비중을 차지한다.

06 도표작성능력 표를 그래프로 변환하기

| 정답 | ③

| 해설 | ㉠ : $\frac{23,629}{26,456} \times 100 \fallingdotseq 89.3(\%)$

㉡ : $\frac{4,484}{28,109} \times 100 \fallingdotseq 16.0(\%)$

07 도표분석능력 자료의 수치 분석하기

| 정답 | ④

| 해설 | 20X1년부터 20X5년까지 서울시 지하철의 이용 비율은 매년 65%를 초과한 반면 시내버스의 이용 비율은 매년 35% 미만이다.

| 오답풀이 |

① 20X1년과 20X2년, 20X5년의 국내 전체의 시내버스 이용 비율은 전년 대비 감소하였다.

② 서울시의 20X0년 시내버스 이용비율은 25.6+13.2=38.8(%)이다.

③ 20X4년 국내 전체의 1주간 평균 대중교통 이용 횟수가 0－5회인 사람의 비율은 6－10회인 사람의 비율보다 더 높다.

⑤ 20X3년 서울시의 1주간 평균 대중교통 이용 횟수가 21회 이상인 사람의 비율은 전년대비 0.1%p 증가하였다.

08 도표작성능력 그래프로 변환하기

| 정답 | ③

| 해설 | 국내 전체의 대중교통 이용횟수가 주 평균 11 ~ 15회인 인원수는 20X1년은 $5,000 \times \frac{16}{100} = 800$(만 명), 20X5년은 $5000 \times \frac{23.4}{100} = 1,170$(만 명)으로, 선택지 ③의 그래프에서 해당 항목이 서로 바뀌었다.

09 문제처리능력 자료 이해하기

| 정답 | ②

| 해설 | 생활물류센터 조성현황에서 0.3평형과 0.5평형이 모두 조성되어 있는 역은 5호선 답십리역과 6호선 창신역, 7호선 중계역, 태릉입구역, 상봉역, 반포역, 이수역, 가락시장역으로 총 8개이다.

| 오답풀이 |

① 생활물류센터 조성현황에서 모든 생활물류센터가 지하 1층 ~ 3층에 위치해 있음을 알 수 있다.

③ 태릉입구역에는 생활물류센터가 3번 출구와 4번 출구에 각각 하나씩 총 두 개가 있다.

④ 생활물류센터 이용요금은 1개월보다 3개월, 6개월, 12개월이 월별 이용 요금이 더 낮다.

⑤ 생활물류센터 조성현황에 전 지역 모든 호선에 생활물류센터를 내년 말까지 완공할 예정이라고 제시돼 있다.

10 문제처리능력 자료를 도식화하여 이해하기

| 정답 | ⑤

| 해설 | 각 역별로 생활물류센터가 위치한 출구 번호와 층수를 통해 역명을 추론하면 다음과 같다.

- A : 2번 출구 B2층이므로 5호선 신정역이나 답십리역
- B : 1번 출구 B2층이므로 6호선 월드컵경기장역이나 광흥창역
- C : 4번 출구 B1층이므로 6호선 창신역이나 7호선 태릉입구역(B), 반포역
- D : 10번 출구 B3층이므로 7호선 이수역
- E : 3번 출구 B1층이므로 7호선 태릉입구역(A)이나 상봉역
- F : 5번 출구 B2층이므로 7호선 중계역

따라서 생활물류센터가 2번 출구 B1층에 위치한 7호선 가락시장역은 A ~ F 역에 해당하지 않는다.

11 문제처리능력 자료를 분석하여 방안 찾기

| 정답 | ③

| 해설 | 3개월 동안 생활물류센터를 이용하는 예산 상한이 30만 원이므로 0.3평형을 선택할 것임을 알 수 있다. 그리고 7호선 내에서 가장 높은 층인 B1층에 0.3평형 생활물류센터가 있는 역은 태릉입구역(B), 상봉역, 반포역, 가락시장역이다. 그러나 현재 비어 있는 칸수가 0인 태릉입구역과 반포역을 제외하면 가능한 역은 상봉역과 가락시장역이다.

12 문제처리능력 문제와 문제점 파악하기

| 정답 | ②

| 해설 | KTX 개통을 앞두고 진행한 개량 공사는 무궁화호와 화물열차의 추돌사고 문제의 문제점으로 보기 어렵다.

보충 플러스+

문제와 문제점
- 문제 : 원활한 업무수행을 위해 해결해야 하는 질문이나 의논 대상
- 문제점 : 문제의 근본 원인이 되는 사항으로 문제해결에 필요한 핵심 사항

13 업무이해능력 성과급 계산하기

| 정답 | ⑤

| 해설 | 성과급은 기본급×지급률이다. 이에 따라 경영 부서 직원들의 성과급을 계산하면 다음과 같다.

- 김철수 : 400×1=400(만 원)
- 나희민 : 280×1.2=336(만 원)
- 박민영 : 인사등급이 C이므로 지급하지 아니함.
- 이미래 : 230×1.5=345(만 원)
- 정해원 : 350×1.2=420(만 원)

따라서 정해원이 가장 많은 성과급을 받는다.

14 업무이해능력 지급 금액의 합계 구하기

| 정답 | ④

| 해설 | 12월에 성과급이 기본급과 함께 지급된다고 했으므로, 이를 합산하면 12월 경영부서 직원들에게 지급되는 금액의 합계를 구할 수 있다.

- 경영부서 직원들 기본급의 총합 : 400×2+350+280+230=1,660(만 원)
- 경영부서 직원들 성과급의 총합 : 400+336+345+420=1,501(만 원)

따라서 12월에 경영부서 팀원들에게 지급되는 금액의 합계는 1,660+1,501=3,161(만 원)이다.

15 업무이해능력 유급휴가비 계산하기

| 정답 | ③

| 해설 | 유급휴가비는 사용하지 않은 월차 일수×1일당 유급휴가비이다. 직원들이 받는 월차 일수는 1달에 1개씩 생기므로 총 12일이고 12에서 사용 월차개수를 뺀 값이 사용하지 않은 월차 일수가 된다. 영업1팀 각 직원들의 유급휴가비를 구하면 다음과 같다.

- 김민석 : 7×5=35(만 원)
- 노민정 : 10×3=30(만 원)
- 송민규 : 10×4=40(만 원)
- 오민아 : 9×2=18(만 원)
- 임수린 : 5×2=10(만 원)

따라서 유급휴가비를 가장 많이 받을 영업1팀 직원은 송민규이다.

16 업무이해능력 유급휴가비의 합계 구하기

| 정답 | ③

| 해설 | 영업2팀 각 직원들이 지급 받을 유급휴가비를 구하면 다음과 같다.

- 정가을 : 10×2=20(만 원)
- 최봄 : 10×3=30(만 원)
- 한여름 : 6×3=18(만 원)
- 한겨울 : 7×4=28(만 원)

• 황아라 : 11×4=44(만 원)

따라서 영업2팀에 지급될 유급휴가비의 합계는 20+30+18+28+44=140(만 원)이다.

17 컴퓨터활용능력 암호 설정하기

|정답| ②

|해설| (가)에 들어가는 숫자는 4의 세제곱 값인 64를 7로 나눈 나머지이므로 1이다. (나)에 들어가는 숫자는 4의 지수에 해당하는데, $4^{(나)}$이 7의 배수에 2를 더한 값이 되도록 해야 한다. $7\times2+2=4^2$의 경우 이를 만족하므로 (나)는 2이다.

18 컴퓨터활용능력 암호 설정하기

|정답| ③

|해설| 0을 포함한 임의의 자연수 x, y에 대하여 다음 두 식이 성립해야 한다.

• ㉡=㉠x+2
• $㉡^3$=㉠y+3

㉠은 5, ㉡은 2일 때, 2=5×0+2, 8=5×1+3으로 두 조건을 모두 만족한다.

따라서 ㉠은 5, ㉡은 2이다.

|오답풀이|

① 두 식 모두 성립하지 않는다.
② 아래 식이 성립하지 않는다.
④ 아래 식이 성립하지 않는다.
⑤ 두 식 모두 성립하지 않는다.

19 컴퓨터활용능력 비밀번호 찾기

|정답| ③

|해설| 출력 결과는 다음과 같다.

• 1회차 : ●●●●●●●
• 2회차 : ●○●●○●●
• 3회차 : ●●●●●●●

따라서 ○는 총 2회 출력됐다.

20 컴퓨터활용능력 비밀번호 찾기

|정답| ⑤

|해설| ○은 비밀번호의 문자와 위치가 모두 옳은 경우에 출력된다. 따라서 1회차 시도를 통해 비밀번호의 첫 번째 자리가 e, 2회차 시도를 통해 세 번째 자리가 7, 3회차 시도를 통해 두 번째 자리가 d인 것을 알 수 있다. 따라서 J의 비밀번호는 ed7이다.

21 예산관리능력 예산에 따라 제품 생산하기

|정답| ②

|해설| 상품 A를 단독으로 생산한다고 할 때 각 자원별 가용 예산을 기준으로 자원 1은 $\frac{2,300}{20}=115$(개), 자원 2는 $\frac{5000}{60}\fallingdotseq83$(개), 자원 3은 $\frac{5,000}{15}\fallingdotseq333$(개) 분량만큼 사용할 수 있다. 상품 생산 시 모든 자원이 동일하게 필요하므로 생산할 수 있는 상품 A의 수는 최대 83개이다.

22 예산관리능력 예산에 따라 제품 생산하기

|정답| ②

|해설| 상품 B를 단독으로 생산한다고 할 때 각 자원별 가용 예산을 기준으로 자원 1은 $\frac{2,300}{24}\fallingdotseq95$(개), 자원 2는 $\frac{5,000}{20}=250$(개), 자원 3은 $\frac{5,000}{60}\fallingdotseq83$(개) 분량만큼 사용할 수 있다. 상품 생산 시 모든 자원이 동일하게 필요하므로 생산할 수 있는 제품 B의 수는 최대 83개, 개당 이익은 600원이므로 최대 이익은 600×83=49,800(원)이다.

23 예산관리능력 예산에 따라 제품 생산하기

|정답| ①

|해설| 상품 A, B를 동일한 수량으로 동시에 생산하고, 상품 A와 B를 각각 1개씩 생산하는 것을 1단위라고 할 때, 상품 1단위 생산에 필요한 자원의 수와 그 개당 이익은

상품 A와 B를 각각 1개씩 생산하는 각각의 자원 사용량 및 개당 이익의 합과 같다.

각 자원별 가용 예산을 기준으로 자원 1은 상품 1단위를 $\frac{2,300}{20+24} \fallingdotseq 52$(개), 자원 2는 $\frac{5,000}{60+20} \fallingdotseq 62$(개), 자원 3은 $\frac{5,000}{15+60} \fallingdotseq 66$(개) 분량을 사용할 수 있다. 따라서 상품 52단위를 생산할 때의 이익은 $52 \times 1,800 = 93,600$(원)이다.

24 인적자원관리능력 안내문 이해하기

| 정답 | ③

| 해설 | 〈철도안전 교육 안내〉에 따르면 교육 대상은 전 사원이지만, 기타 내용은 각 팀별로 별도 전달된다. 〈주차별 안전교육 일정〉에 따르면 교육 일정에 공통 주차가 있고, 3주차와 5주차의 교육 내용이 동일한 것을 알 수 있다. 따라서 이를 통해 '철도사고를 통한 사고예방대책 및 작성 사항'과 관련된 교육은 전 사원에 대해 동시 진행되는 것이 아니라 나누어서 진행되는 것임을 알 수 있다. 그리고 그와 관련된 내용은 각 팀별로 별도 전달될 것이라 유추할 수 있다.

| 오답풀이 |

① 교육 진행자가 외부강사라는 사실만을 알 수 있을 뿐, 전문가인지의 여부와 교육 내용의 난이도는 알 수 없다.
② 업무 부담과 관련된 내용은 나와 있지 않다.
④ 철도안전법 제24조에 따르면 교육 계획은 국토교통부령에 의해 정해지는 것임을 알 수 있다.
⑤ 교육의 비용과 관련된 내용은 나와 있지 않다.

25 기술선택능력 매뉴얼 이해하기

| 정답 | ①

| 해설 | 흡입필터는 2주 단위로 청소하고 6개월(24주) 단위로 교체하므로 약 12회 청소 후 교체한다.

| 오답풀이 |

② 자동 스위치와 안전핀의 점검사항은 모두 작동확인이다.
③ 압력계는 4,800시간 사용 후 점검해야 하므로 하루 10시간씩 매일 사용한다면 480일, 즉 16개월마다 한 번씩 점검한다.
④ 매뉴얼에서 압력탱크는 응축수 배출, 점검, 교체 총 세 가지로 가장 많은 점검사항을 가진 점검대상이다.
⑤ 점검대상 중 매일 점검해야 하는 항목은 매일 가동 전 오일점검과 공기누설 점검, 가동중 이상음 및 이상진동 확인과 자동스위치 작동확인, 그리고 가동 후 압력탱크의 응축수 배출까지 총 다섯 가지이다.

26 기술선택능력 매뉴얼 이해하기

| 정답 | ⑤

| 해설 | 공기압축기를 1,200시간 이용한 시점은 하루 5시간씩 이용한다고 했을 때 개월 수로 따지면 $\frac{1,200}{5} = 240$(일)$=8$(개월)이다. 그리고 흡입/배기밸브 청소의 경우 3개월 경과마다 혹은 600시간 사용 후 1회 청소하는데, 사용 날짜와 시간 모두 확인 가능한 경우 먼저 도래한 시점을 기준으로 관리한다. 3개월이 도래한 시점에서 시간은 450시간이므로, 3개월이 먼저 도래하고 이로부터 3개월 간격으로 총 2회 청소한다.

| 오답풀이 |

① 안전핀 작동확인은 6개월 경과 혹은 1,200시간 사용 후 점검한다. 하루 5시간씩 6개월 동안 사용할 경우 총 사용시간은 900시간이므로 6개월 경과를 기준으로 계산하면 8개월 동안 총 1회 실시한다.
② 압력탱크 응축수 배출은 매일 가동 후 점검하므로 8개월 동안 총 240회 실시한다.
③ 압력탱크 점검은 1년 경과 혹은 2,400시간 사용 후 점검해야 하므로 0회 실시한다.
④ 흡입필터 청소는 2주 경과 혹은 100시간 사용 후 점검한다. 하루 5시간씩 2주 동안 사용할 경우 총 사용시간은 70시간이므로 2주 경과를 기준으로 계산하면 8개월 동안 총 16회 실시한다.

27 기술선택능력 매뉴얼 이해하기

| 정답 | ③

| 해설 | ① ~ ③에 해당하는 다섯 가지 항목을 매일 점검해

야 하므로 총 31×5=155(회) 점검을 실시한다. 그리고 10월 한 달 동안 총 292시간을 사용하였으므로 100시간 사용마다 점검을 실시하는 1개 항목(흡입필터 청소)을 검토한다. 10월 11일이 되는 시점에 총 100시간을 사용하였으므로 점검을 실시하고, 다시 10월 12일부터 10월 23일까지 총 102시간을 사용하였으므로 이 날 점검을 실시한다. 7월 24일부터 31일까지는 총 90시간을 사용하였으므로, 10월 중에 해당 항목의 점검은 10월 11일과 10월 23일에 총 2회 실시하게 된다. 따라서 7월 한 달 동안의 점검 횟수는 총 155+2=157(회)이다.

28 기술선택능력 벤치마킹 이해하기

| 정답 | ④

| 해설 | 벤치마킹은 기업에서 경쟁력을 제고하기 위해 타사로부터 배워 오는 혁신 기법을 말한다. 이는 단순히 제품을 복제하는 것이 아니라 장단점을 분석하여 자사 제품의 품질과 시장 경쟁력을 높이는 것이다. 따라서 경쟁 기업의 품질 수준이 뛰어나다면 그것이 가능하도록 하는 요소를 밝혀낸 뒤 자사와 비교하여야 한다.

29 자기개발능력 자기개발 설계 이해하기

| 정답 | ⑤

| 해설 | 자신을 브랜드화하는 것도 중요하지만, 이는 자기개발 계획 전략에 해당하지 않는다.

30 자기개발능력 자기개발 이해하기

| 정답 | ②

| 해설 | 자기개발의 특징은 다음과 같다.

1. 자기개발에서 개발의 주체는 타인이 아니라 자기 자신이다.
2. 자기개발은 개별적인 과정으로, 자기개발을 통해 지향하는 바와 선호하는 방법은 사람마다 다르다.
3. 자기개발은 평생에 걸쳐서 이루어지는 과정이다.
4. 재기개발은 일과 관련하여 이루어지는 활동이다.
5. 자기개발은 생활 가운데 이루어져야 한다.
6. 자기개발은 모든 사람이 해야 하는 것이다.

따라서 자기개발에 대해 올바르게 이해하고 있는 사람은 B 한 명이다.

31 경력개발능력 경력개발 단계 알기

| 정답 | ③

| 해설 | 경력개발의 단계는 다음과 같다.

1. 직업 선택(출생 ~ 25세)
   자신의 장단점, 흥미, 가치관 등에 대한 탐색과 함께 희망하는 직업에서의 요구되는 능력, 환경, 가능성, 보상 등에 대한 정보를 탐색하고 자신에게 적합한 직업을 선택한다.
2. 조직 입사(18 ~ 25세)
   학교를 졸업하고 직무를 선택한다. 직무를 선택할 때 자신과 주변 환경을 고려해야 하며, 조직의 특성을 사전에 알아보아야 한다.
3. 경력 초기(25 ~ 40세, 성인 초기)
   조직 입사 후 조직의 규칙, 분위기, 직무 등을 배우며 조직에 적응하고 조직 내 자신의 입지를 다지며 업무 성과를 내거나 승진하는 데 관심을 둔다.
4. 경력 중기(40 ~ 55세, 성인 중기)
   자신의 업무 성과를 재평가하고 생산성을 유지한다.
5. 경력 말기(50대 중반 ~ 은퇴, 성인 말기)
   조직에서 생산적인 기여자로 남고, 자신의 가치를 지속적으로 유지하기 위해 노력하며, 동시에 퇴직을 고려한다.

따라서 직원 갑은 경력초기 단계에 속해 있다.

32 자아인식능력 흥미와 적성 이해하기

| 정답 | ④

| 해설 | 자신의 흥미와 적성을 찾기 위해 적성검사를 활용할 수는 있지만, 이 결과가 반드시 일터에서의 성공을 보장해 주지는 않는다.

| 오답풀이 |

① 흥미는 선천적으로 부여되는 것이기도 하지만 후천적으로 개발되어야 하는 측면 또한 있다.

② 흥미를 가지기 위해서는 일을 할 때 작은 단위로 나누어 수행함으로써 조금씩 성취감을 느끼는 것이 좋다.

③ 적성은 상대적으로 더 많이 가지고 태어나는 잠재 능력이다.

⑤ 지속적인 자기암시를 하다 보면 자신도 모르는 사이 자신감을 얻게 되고 흥미나 적성을 가지게 될 수도 있다.

33 팀워크능력 팀워크 촉진 방법 알기

| 정답 | ②

| 해설 | 팀워크를 촉진하는 방법은 다음과 같다.

1. 동료 피드백 장려하기
2. 참여적으로 의사결정을 하기
3. 창의력 조성을 위해 협력하기
4. 갈등을 해결하기

팀장 L의 경우에는 갈등을 해결하고자 공개적인 미팅을 진행하지만 이는 적절하지 않은 방법이다.

34 리더십능력 리더의 특징 파악하기

| 정답 | ④

| 해설 | 리더와 관리자의 차이는 다음과 같다.

리더	관리자
• 새로운 상황을 창조한다. • 혁신지향적이다. • 내일에 초점을 맞추고 일한다. • 사람의 마음에 불을 지핀다. • 사람을 중시한다. • 정신적 지도자이다. • 계산된 위험을 취한다. • '무엇을 할까'를 생각한다.	• 상황에 수동적이다. • 유지지향적이다. • 오늘에 초점을 맞추고 일한다. • 사람을 관리한다. • 체제나 기구를 중시한다. • 기계적 지도자이다. • 위험을 회피한다. • '어떻게 할까'를 생각한다.

따라서 리더에 해당하는 사람은 K 팀장, Y 부장이다.

35 리더십능력 임파워먼트 장애요인 알기

| 정답 | ②

| 해설 | 임파워먼트 장애요인 중 대인 차원에는 성실성의 결여, 약속 불이행, 성과를 제한하는 조직의 규범, 갈등처리 능력 부족, 승패의 태도 등이 있다. (나)는 약속 불이행에 해당한다.

| 오답풀이 |

(가), (다), (라), (마)는 모두 개인 차원의 장애 요인에 해당한다.

36 협상능력 대처 방안 파악하기

| 정답 | ④

| 해설 | D는 거래 상대방이 사전에 협의된 예산 기준에서 벗어난 제안을 하는 경우이다. 이 상황에서는 한계와 목표를 잊지 않도록 하고, 이를 바탕으로 협상을 이어가야 한다. D의 대처 방안은 상대방에 대해서 너무 많은 염려를 하는 문제 상황에서의 해결책이다.

37 공동체윤리 집단윤리와 개인윤리 이해하기

| 정답 | ②

| 해설 | 甲은 사회 집단의 도덕성이 개인의 도덕성보다 현저히 떨어진다는 것에 동의하고 있으므로 개인의 도덕이 사회적 정의로 이루어지지 않는다고 말하는 B의 주장과 유사하다.

38 직업윤리 직업의 조건 파악하기

| 정답 | ②

| 해설 | 직업의 조건은 계속성, 경제성, 윤리성, 사회성이다. 김 대리는 노동에 따른 대가로 수입을 받고 있지 않으므로, 김 대리의 일은 경제성을 지녔다 할 수 없다.

| 오답풀이 |

① 계속하여 하는 일이어야 계속성을 지닌다.

③ 비윤리적 직업이 아니어야 윤리성을 지닌다.

④ 사회적으로 가치 있고 쓸모가 있는 일이어야 사회성을 지닌다.

39 근로윤리 | 비윤리적인 행위 이해하기

| 정답 | ⑤

| 해설 | 비윤리적인 행위를 저지르면서 남들도 다 하는 것이기 때문에 잘못된 것이 아니라고 생각하며 자기기만적 요소를 나타내는 것은 '도덕적 태만'에 해당한다.

40 공동체윤리 | 직장 내 괴롭힘 이해하기

| 정답 | ④

| 해설 | ㄱ. 업무 시간 외에 개인적인 업무를 시키는 것은 직장 내 괴롭힘에 해당한다.

ㄴ. 회식에 강제로 참여시키는 것은 직장 내 괴롭힘에 해당한다.

ㄷ. 부하 직원의 아이디어를 갈취하는 것은 직장 내 괴롭힘에 해당한다.

ㄹ. 업무상의 실수를 정정하는 것이 아닌 모욕감을 주는 언행을 하는 것은 직장 내 괴롭힘에 해당한다.

| 오답풀이 |

ㅁ. 상습적으로 지각하는 부하 직원의 잘못에 대해 지적하는 것이므로 정당한 행위에 해당한다.

3회 기출예상문제

문제 90쪽

01	④	02	③	03	④	04	③	05	②
06	①	07	①	08	④	09	⑤	10	②
11	①	12	⑤	13	⑤	14	②	15	①
16	③	17	②	18	①	19	③	20	⑤
21	②	22	②	23	②	24	③	25	③
26	②	27	②	28	③	29	④	30	②
31	⑤	32	④	33	④	34	③	35	⑤
36	④	37	④	38	④	39	①	40	②

01 문서이해능력 | 글의 세부 내용 이해하기

| 정답 | ④

| 해설 | 지하철역 공유오피스는 역세권 이상의 이동 편의와 초접근성을 지니고, 수많은 승객이 타고 내리는 지하철 공간의 특성상 이용자들이 부수적으로 광고효과까지 노릴 수 있을 것으로 전망된다.

| 오답풀이 |

① 개인고객 대상 라운지형 상품의 출시를 검토하고 있다고만 제시되어 있다.

② 4개 역사는 조성 공사 등 시험 준비를 거친 뒤 7월에 개점할 예정이다.

③ 제시된 4개 역사의 공유오피스는 국내 최초이다.

⑤ 공유오피스는 초기 비용부담인 보증금, 중개수수료, 인테리어 비용 등이 없이도 사무실을 개설할 수 있다는 장점을 지닌다.

02 문서작성능력 | 제목 작성하기

| 정답 | ③

| 해설 | 제시된 보도자료의 핵심내용은 A 교통공사와 P 사가 국내 최초 지하철역 내 공유오피스를 조성한다는 것이다. 따라서 ㉠에 들어갈 제목으로는 ③이 적절하다.

03 문서이해능력 글의 세부 내용 이해하기

| 정답 | ④

| 해설 | 직원 정 씨는 근로복지공단에서 업무상 질병(적응장애)에 따른 산업재해를 인정받았다.

| 오답풀이 |

① 김 씨는 자신의 양형이 과도하다며 이미 항고 및 상고하였지만, 법원은 상담 직원들이 입은 정신적 피해가 적지 않다는 이유로 이를 받아들이지 않았다.

② 김 씨는 6개월간 욕설 및 폭언을 일삼았다.

③ 공사는 고객 응대 직원에 대한 도를 넘어선 행위에 대해서는 앞으로도 무관용 원칙하에 엄정히 대처할 것이라고 하였다.

⑤ 김 씨가 고소된 근거는 업무방해죄와 공포심 · 불안감 유발 문언 · 음향 등의 반복 전송이다.

04 문서이해능력 내용에 따라 답변하기

| 정답 | ③

| 해설 | 피해 직원의 변호사 선임을 위한 비용과 보상금의 지급에 대한 내용은 제시되어 있지 않다.

05 도표분석능력 자료의 수치 분석하기

| 정답 | ②

| 해설 | 20X9년 물류산업 종사자 수의 전년 대비 증감률은 $\frac{596,420-588,164}{588,164}\times 100 ≒ 1.4$(%)로 5% 미만이다.

| 오답풀이 |

① 20X9년 물류산업 기업체 수의 전년 대비 증감률은 $\frac{216,627-208,260}{208,260}\times 100 ≒ 4.0$(%)로 10% 미만이다.

③ 20X9년 물류산업 기업체 수에서 화물운송업이 차지하는 비중은 $\frac{202,954}{216,627}\times 100 ≒ 93.7$(%)로 90% 이상이다.

④ 운수업 외 서비스업과 운수업 관련 서비스업의 기업체 수(개)와 매출액(십억 원)을 비교해 보면, 운수업 관련 서비스업은 수치가 거의 비슷한 반면에 운수업 외 서비스업은 30배 이상의 차이가 있다. 따라서 운수업 외 서비스업은 운수업 관련 서비스업보다 기업체 1개당 평균 매출액이 더 클 것이다.

⑤ 매출액의 증가액은 92,354−89,494=2,860(십억 원), 영업비용의 증가액은 84,385−81,794=2,591(십억 원)으로 매출액의 증가액이 더 많다.

06 도표작성능력 표를 그래프로 변환하기

| 정답 | ①

| 해설 | 각주에 제시된 '운수업 내 물류산업 비중' 계산식을 활용하여 계산하면 ㉠에 들어갈 값은 $\frac{596-10}{1,154}\times 100 ≒ 50.8$(%)이다.

07 도표작성능력 표를 그래프로 변환하기

| 정답 | ①

| 해설 | ㉠ ~ ㉤에 해당하는 수치는 다음과 같이 계산할 수 있다.

㉠ : $\frac{74}{74+42}\times 100 ≒ 63(\%)$

㉡ : $\frac{26}{26+15}\times 100 ≒ 63(\%)$

㉢ : $\frac{23}{23+12}\times 100 ≒ 65(\%)$

㉣ : $\frac{4}{4+9}\times 100 ≒ 30(\%)$

㉤ : $\frac{8}{8+10}\times 100 ≒ 44(\%)$

따라서 ①이 옳지 않다.

08 도표분석능력 자료의 수치 분석하기

| 정답 | ④

| 해설 | 20X0 ~ 20X7년의 미구입자 총 인원은 새마을호가 66+49+54+48+41+27+23+28=336(천 명), 무궁화호가 42+54+30+25+26+26+23+8=234(천 명)으로 새마을호가 더 많다.

| 오답풀이 |

① 〈철도 부정승차 적발현황〉을 보면 부정승차의 적발건수와 미구입자 수 모두 매년 지속적으로 감소하였음을 알 수 있다.

② 부정승차 적발건수 중 자진신고된 건은 20X0년이 186−112=74(천 건), 20X7년이 70−50=20(천 건)으로 $\frac{74-20}{74} \times 100 \fallingdotseq 73(\%)$ 감소하였다.

③ 20X0 ~ 20X7년 동안 부정승차는 연평균 (186+166+147+136+116+96+87+70)÷8=125.5(천 건) 적발되었다.

⑤ 20X0 ~ 20X7년 동안 새마을호의 총 부정승차 적발건수는 101+74+82+74+63+49+39+40=522(천 건)으로 전체 철도의 총 부정승차 적발건수인 186+166+147+136+116+96+87+70=1,004(천 건)의 50% 이상을 차지한다.

09 문제처리능력 자료 이해하기

| 정답 | ⑤

| 해설 | 공익기관은 기관 우선순위 1위에 해당할 뿐, 무상으로 부역명 표기가 가능하다는 내용은 제시되어 있지 않다.

| 오답풀이 |

① '사업추진일정'에 의하면 심의위원회가 존재함을 알 수 있다.

② 3년 동안 기관명을 대상 역의 부역명으로 표기할 수 있고, 재입찰 없이 1회(1년)에 한하여 계약 연장이 가능하므로 최대 기간은 4년이다.

③ 모집기간은 5월 25일부터 6월 10일까지 약 보름이다.

④ '사업추진일정'에 제시되어 있다.

10 문제처리능력 기관 선정하기

| 정답 | ②

| 해설 | 가장 먼저 P 역 반경 500m 이내에 위치한 곳을 우선으로 선정하므로, 공립 미술관, R 정부청사, O 통신기업 중에서 선정한다. 공익기관일 경우 1순위로 선정되므로 공립 미술관과 R 정부청사 중에서 선정한다. 우선순위가 같을 경우에는 응찰금액이 높은 순으로 선정하는데, 두 대상의 응찰금액이 같으므로 거리가 더 가까운 R 정부청사가 선정된다.

11 문제처리능력 선입금 금액 계산하기

| 정답 | ①

| 해설 | D 타입과 E 타입을 대여한다면 최소의 금액으로 〈보기〉의 조건에 모두 부합하는 객실을 예약할 수 있다. 이 경우 대여료는 200,000+150,000=350,000(원)이고 예약 시 대여료의 20%에 해당하는 선입금을 지불하여야 하므로 350,000×0.20=70,000(원)을 지불해야 한다.

12 문제처리능력 환불 규정 이해하기

| 정답 | ⑤

| 해설 | 사용예정일은 3월 24일 금요일이고, 예약을 취소하는 시점은 3월 21일 화요일이다. 따라서 사용예정일 3일 전에 환불신청을 하는 경우이므로, 이체수수료 1,000원을 제외한 선입금의 90%를 환불받을 수 있다.

13 업무이해능력 연차수당 지급규정 이해하기

| 정답 | ⑤

| 해설 | 연차휴가 사용 촉진제의 적용을 받은 근로자는 연차유급휴가수당이 지급되지 않으므로, 윤○○에게 지급되는 연차유급휴가수당은 0원이다.

| 오답풀이 |

① 우○○의 1일 통상임금은 8만 원, 미사용 연차일수는 2일이므로 연차유급휴가수당은 8×2=16(만 원)이다.

② 임○○의 1일 통상임금은 10만 원, 미사용 연차일수는 3일이므로 연차유급휴가수당은 10×3=30(만 원)이다.

③ 연차휴가 사용 촉진제의 적용을 받은 근로자는 연차유급휴가수당이 지급되지 않는다.

④ 정○○의 1일 통상임금은 12만 원, 미사용 연차일수는 5일이므로 연차유급휴가수당은 12×5=60(만 원)이다.

14 업무이해능력 휴가 규정 이해하기

| 정답 | ②

| 해설 | 홍보부서 임○○ 차장과 정○○ 부장의 2X21년 잔여 연차휴가가 존재한다는 점을 통해 두 사람은 2X21년 연차휴가 지급 대상에 해당함을 알 수 있다. 또한 2X20년

사용자의 시기변경권 행사가 없었으므로 2X20년에서 이월된 연차휴가일은 없다고 볼 수 있다. 따라서 두 사람의 연차휴가 사용일수는 2X21년에 지급된 연차휴가일수에서 각각의 잔여 연차휴가일수를 뺀 값이 되며 이를 정리하면 다음과 같다.

- 임○○의 입사일은 2X08년 1월 1일으로 2X21년 기준으로 입사 13년차이다. 연차휴가기간은 15일을 기준으로 계속근로기간이 만 3년이 되는 시점에서 1일이 추가되고, 그 후 매 2년마다 1일씩 늘어나므로, 2X21년 임○○의 연차휴가일수는 15일에 6일이 추가되어 총 21일이 된다. 그리고 2X21년 임○○의 잔여 연차휴일이 3일이므로, 2X21년 임○○이 사용한 연차휴가일은 총 18일이다.
- 정○○의 입사일은 2X01년 1월 1일으로 2X21년 기준으로 입사 20년차이므로 2X21년 정○○의 연차휴가일수는 15일에 9일이 추가되어 총 24일이 된다. 그리고 2X21년 정○○의 잔여 연차휴일이 5일이므로, 2X21년 정○○이 사용한 연차휴가일은 총 19일이다.

따라서 두 사람의 1년간 연차휴가 사용일수의 합은 총 18+19=37(일)이다.

15 체제이해능력 조직의 구조 이해하기

| 정답 | ①

| 해설 | 각 팀의 결재 절차에 따르면 각 팀의 유관팀장과 유관본부장이 결재 시 참조를 받는다. 그리고 유관관계에 따르면 총 9개의 팀이 서로 3개의 팀 간 유관관계를 맺고 있음을 알 수 있다. 그리고 조직도에 따르면 인력관리팀, 물류관리팀, 디자인팀은 유관관계를 맺고 있는 팀이 존재하지 않으므로, 모든 팀이 한 명 이상의 유관팀장의 참조를 받는다는 것은 틀린 설명이다.

| 오답풀이 |

② '팀 간 관계'에 따르면 협력관계는 해당 사업의 필요에 따라 다른 구성으로 구성된다고 명시하고 있다.

③ 품질관리팀과 구매관리팀은 유관관계이다. 그리고 결재 절차에 따르면 팀원－팀장－본부장－대표이사로 이어지는 결재선 상에서 유관팀장과 유관본부장은 참조대상임을 알 수 있다. 따라서 품질관리팀의 서류들은 그 결재선 상에서 구매관리팀이 속한 사업지원본부장이 참조대상이 되므로, 옳은 설명이다.

④ 기존고객 관리 업무는 국내외영업팀, 대외 언론매체 관리는 홍보팀의 주요 업무에 해당한다. 조직도에 따르면 국내외영업팀과 홍보팀은 유관관계이므로 두 팀은 서로 밀접한 관계에 있음을 알 수 있다.

⑤ 신규사업 관리 업무는 경영기획팀의 주요 업무에 해당하고, 신규제품 개발 업무는 제품연구팀의 주요 업무에 해당한다. 그리고 이 둘은 유관관계에 있다.

16 체제이해능력 결재 구조 이해하기

| 정답 | ③

| 해설 | 고객맞춤형 광고 TF팀의 업무 프로세스 중 상품/제품 매출분석과 상품/제품 홍보전략 수립은 마케팅팀, 고객니즈 분석은 제품연구팀, 홍보전략 교육은 국내외영업팀, 상품/제품 언론 광고는 홍보팀의 주요 업무에 속한다. 각 과업이 끝날 때마다 해당 과업을 담당하는 팀장에게 결재를 받아야 하므로, 과업 프로세스에 따라 마케팅팀 → 제품연구팀 → 마케팅팀 → 국내외영업팀 → 홍보팀 순서로 결재를 받는다.

이후 최종 결재는 대표이사 또는 마지막 과업을 수행하는 본부의 장이 수행한다고 명시하고 있으므로 최종결재는 대표이사 혹은 마지막 결재를 담당한 홍보팀이 속한 마케팅본부장의 결재를 받게 된다.

| 오답풀이 |

①, ② 각 과업이 끝날 때 마다 해당 과업을 수행하는 팀장에게 결재를 받아야 하므로 상품/제품 홍보전략 수립 이후 마케팅팀장에게 두 번째로 결재를 받아야 한다.

④ 마지막 결재인 상품/제품 언론 광고에 관한 결재는 결재 절차에 따라 홍보팀장의 결재를 거친 후 최종결재자인 대표이사 혹은 마케팅본부장의 결재를 받아야 한다.

⑤ TF팀의 최종결재에 대해 본부의 장이 결재한 경우 대표이사의 결재는 생략한다고 명시하고 있다.

17 정보능력 프로그램 조작법 이해하기

| 정답 | ②

| 해설 | System Code가 C#인 경우는 모든 장치의 Error Code를 선정하므로, 시스템에 포함된 장치가 3개 이상인 경우에는 FV의 절댓값이 3을 초과할 수 있다.

| 오답풀이 |

① System Code에 대한 설명에 따라 옳은 설명이다.

③ FV가 −1일 경우의 입력 코드는 Yellow, −1보다 작을 경우의 입력 코드는 Green이다.

④ SV와 FEV를 비교했을 때의 SV>FEV면 FV의 조정값은 −1, SV=FEV라면 FV의 조정값은 0, SV<FEV면 FV의 조정값은 +1이 된다.

⑤ System Code가 D#이고 먼저 발견된 Error Code의 SV가 FEV보다 작으면 FV의 조정값은 +1이 된다. 따라서 그 다음으로 발견된 Error Code로 산출되는 FV의 조정값에 따라 최종적으로 산출되는 FV의 값은 0, 1, 2 중 하나의 값을 가지게 되며, 이때의 입력코드는 각각 Orange, Red, Black이다.

18 정보능력 프로그램 조작법 이해하기

| 정답 | ①

| 해설 | System Code가 C#, System Type이 64#이므로 나타난 모든 Error Code의 EV를 평균한 값이 FEV가 된다.

- X 장치의 SV는 21, FEV는 $\frac{18+5+22}{3}=15$이므로 SV>FEV가 되어 FV값에 −1
- Y 장치의 SV는 10, FEV는 $\frac{10+10+10}{3}=10$이므로 SV=FEV가 되어 FV값에 0
- Z 장치의 SV는 12, FEV는 $\frac{6+20+1}{3}=9$이므로 SV>FEV가 되어 FV값에 −1

따라서 최종 산출된 FV값은 −1+0−1=−2므로 입력 코드는 Green이다.

19 정보능력 프로그램 조작법 이해하기

| 정답 | ③

| 해설 | System Code가 D#, System Type이 32#이므로 먼저 발견된 두 개의 Error Code에 있는 각 장치별 EV 중에서 최대값과 최소값을 평균한 값이 각각의 FEV가 된다. 문제에서 먼저 발견된 Error Code는 U 장치와 S 장치이다.

- U 장치의 SV는 32, FEV는 $\frac{60+2}{2}=31$이므로 SV>FEV가 되어 FV값에 −1
- S 장치의 SV는 44, FEV는 $\frac{98+2}{2}=50$이므로 SV<FEV가 되어 FV값에 +1

따라서 최종 산출된 FV값은 −1+1=0이므로 입력 코드는 Orange이다.

20 정보능력 프로그램 조작법 이해하기

| 정답 | ⑤

| 해설 | System Code가 E#, System Type이 64#이므로 SV값이 제일 큰 Error Code 2개를 선정하여 해당 장치의 모든 EV를 평균한 값이 각각의 FEV가 된다. 문제에서 SV값이 제일 큰 Error Code 2개는 Q 장치와 R 장치이다.

- Q 장치의 SV는 50, FEV는 $\frac{9+50+100}{3}=53$이므로 SV<FEV가 되어 FV값에 +1
- R 장치의 SV는 52, FEV는 $\frac{99+33+60}{3}=64$이므로 SV<FEV가 되어 FV값에 +1

따라서 최종 산출된 FV값은 1+1=2이므로 입력 코드는 Black이다.

21 시간관리능력 최소 이동시간 구하기

| 정답 | ②

| 해설 | 한양본부에서 지점 C 점검 후 본부로 복귀하는 최소시간 경로는 다음과 같다.

- 한양시청역에서 1호선 승차 : 2분
- 한양시청역에서 1호선으로 장군나루역까지 3개역 이동 : 3×3=9(분)
- 1호선→3호선 환승 : 3분
- 장군나루역에서 3호선으로 7개역 이동 : 5×7=35(분)
- 3호선 지점 C에서 하차 : 2분
- 지점 C에서 시설 점검 : 30분
- 지점 C에서 승차 후 한양시청역으로 돌아와 하차 : 2+35+3+9+2=51(분)

따라서 소요되는 최소 시간은 총 51+30+51=132(분)이다.

22 예산관리능력 승차 요금 구하기

| 정답 | ②

| 해설 | 한양본부에서 지점 B, E 점검 후 복귀하는 최소 승차 요금 경로는 다음과 같다.

- 한양시청역 → 중구역 → 지점 B까지 총 10개역 승차 : 1,300원
- 지점 B → 국제항구역 → 지점 E까지 총 19개역 승차 : 1,450원
- 지점 E → 한양곶역 → 한양시청역까지 총 12개역 승차 : 1,350원

따라서 총 승차요금은 1,300+1,450+1,350=4,100(원)이다.

23 시간관리능력 최소 시간 이동경로 구하기

| 정답 | ②

| 해설 | 한양본부에서 출발해 지점 A, B, C, D 순으로 점검 후 복귀하는 최소 시간 경로는 다음과 같다.

- 한양본부 → 지점 A

  1호선을 타고 10개의 역을 이동한다.

- 지점 A → 지점 B

  두 가지 경로를 고려해 볼 수 있다.

  i) 지점 A에서 1호선을 타고 북구로 이동 후, 북구에서 4호선으로 환승하여 봉무향교역으로 이동하여 2호선으로 다시 환승하는 경우이다. 이때 소요되는 시간은 승하차 시간을 제외하고 45분이다.

  ii) 지점 A에서 중구로 이동한 후, 2호선으로 환승하는 경우이다. 이때 소요되는 시간은 승하차 시간을 제외하고 42분이다.

  그러므로 최소 시간 경로는 중구에서 환승하는 경우이다.

- 지점 B → 지점 C

  2호선을 타고 봉무향교까지 이동 후, 4호선으로 환승하여 대한대입구까지 이동한다. 이때 4호선을 이용하여 이동할 역의 개수는 환승역인 대한대입구를 제외하고 5개이다.

- 지점 C → 지점 D

  두 가지 경로를 고려해 볼 수 있다.

  i) 지점 C에서 3호선을 타고 장군나루역까지 이동 후, 1호선으로 환승하는 경우이다. 이때 소요되는 시간은 승하차 시간을 제외하고 59분이다.

  ii) 지점 C에서 3호선을 타고 대한대입구까지 이동 후 4호선을 타고 한양곶까지 이동하여, 1호선으로 다시 환승하는 경우이다. 이때 소요되는 시간은 승하차 시간을 제외하고 61분이다.

  그러므로 최소 시간 경로는 장군나루에서 환승하는 경우이다.

- 지점 D → 본부

  1호선을 타고 본부까지 이동한다.

따라서 4호선으로 이동할 역의 수는 5개이다.

24 시간관리능력 열차 정차 시간 구하기

| 정답 | ③

| 해설 | 〈보기〉를 참고하여 봉은사역에서의 정차시간을 구하면, 종합운동장역에서 봉은사역까지의 소요시간은 3분 30초이고 봉은사역에서 선정릉역까지의 소요시간은 4분 12초이다. 여기에 봉은사역에서 정차한 시간을 합하면 종합운동장역에서 선정릉역까지의 소요시간인 8분 2초가 되어야 하므로 봉은사역에서 20초 정차하였음을 알 수 있다. 이와 같은 방법으로 각 역에서의 정차시간을 구하면 다음과 같다.

역	정차시간	역	정차시간
봉은사	20초	노량진	21초
선정릉	18초	여의도	40초
신논현	22초	당산	21초
고속터미널	30초	염창	16초
동작	24초	가양	15초

따라서 정차시간이 동일한 역은 노량진과 당산이다.

25 기술이해능력 자료 이해하기

| 정답 | ③

| 해설 | 차량정지표지와 차막이표지의 디자인은 동일하지 않다.

| 오답풀이 |

④ 제동취급주의표지와 제동취급경고표지는 삼각형의 형태로 제시된 주요철도표시의 다른 열차표지들과 구분이 가능하다.

26 기술이해능력 올바른 철도표시 이해하기

| 정답 | ②

| 해설 | □□역 이후에야 속도제한 및 소음 최소화 구간이 종료되는 것이므로 □□역에서 기적표지는 올바르지 않는다.

| 오답풀이 |

① 기적제한표지 : 인근에 주택가 등 소음 최소화 구간이 존재하므로 적절하다.

③ 선로작업표지 : 노선 일부가 선로작업 중이므로 적절하다.

④ 속도제한표지 : 60km/h 속도제한이므로 적절하다.

⑤ 열차정지표지 : 해당 노선 일부에서 차량을 정지시켜야 하므로 적절하다.

27 기술이해능력 적절한 철도표지 이해하기

| 정답 | ②

| 해설 | □□역과 ○○역에는 선로전환기가 존재하므로 선로전환기표지를 설치해야한다.

| 오답풀이 |

④ 제동취급경고표지가 아니라 제동취급주의표지를 설치해야 적절하다.

28 기술능력 산업 재해 예방하기

| 정답 | ③

| 해설 | (가) 안전 관리 조직 단계에서 경영자는 안전 목표를 설정하고 안전 관리 책임자를 선정하며 안전계획을 수립하고 이를 시행 감독해야 하므로 ㉡이 들어가야 한다. (나) 안전기획단계에서는 단기 플랜뿐만 아니라 중장기 플랜과 연계하여 기획해야 하므로 ㉠이 들어가야 한다. 마지막으로 (다) 안전지원(안전활동)에는 ㉢이 들어가야 한다.

29 경력개발능력 경력개발 관련 이슈 알기

| 정답 | ④

| 해설 | 제시된 자료를 통해 투잡에 대한 긍정적 인식과 새로운 노동형태의 증가를 파악할 수 있다. 새롭게 등장한 노동자들은 전문성을 갖추기 위해 특정 조직 안에 고용된 사람들과는 다른 방식으로 경력개발 준비를 해야 한다.

30 자기개발능력 자기개발 이해하기

| 정답 | ②

| 해설 | 자기개발의 구성요소는 자아인식, 자기관리, 경력개발이다.

31 경력개발능력 경력 단계의 특징 이해하기

| 정답 | ⑤

| 해설 | ㉠ ~ ㉤에 들어갈 말은 다음과 같다.

㉠ 나는 지금까지 조직에 입사하는 과정에서 어떠한 경험을 하였는가?

㉡ 나는 직무와 조직의 규칙과 규범을 배우기 위하여 어떤 노력을 해야 하는가?

㉢ 나는 직무와 조직의 규칙과 규범을 위해 어떤 노력을 하고 있는가?

㉣ 나는 직무와 조직에서 안정기(정체기)에 접어들면 어떤 노력이 필요하고, 어떠한 생각을 가질 것 같은가?

㉤ 나는 직무와 조직에서 안정기(정체기)에 접어들면서 생각하고 준비한 것은 어느 정도 이루어졌는가?

한편 퇴직과 그 이후의 삶을 고려하는 단계는 경력 말기에 해당한다.

32 자아인식능력 올바른 성찰하기

| 정답 | ④

| 해설 | 성찰은 어느 날 갑자기 되는 것이 아니라 지속적인 연습에 의해 몸에 익히게 되는 것이므로 직원 D의 발언은 적절하지 않다.

33 대인관계능력 | 대인관계 향상 방법 이해하기

|정답| ④

|해설| C는 본인이 제시한 기간 내에 업무를 끝마침으로써 오히려 신용을 더 높일 수 있었다.

34 갈등관리능력 | 갈등 해결 방법 이해하기

|정답| ③

|해설| 갈등 해결을 위해서 조직원들과 대화를 피하지 않고 눈을 마주치는 태도가 좋으며, 갈등 해결 모델을 정해두기보다 갈등 상황에 맞춰 적절한 모델을 선택하는 것이 좋다.

|오답풀이|

㉡ 리더여도 잘못된 판단을 할 가능성이 있으며 강압적으로 따르라고 하는 방식은 갈등 해결 방법으로 바람직하지 않다.

35 팀워크능력 | 효과적인 팀의 특징 파악하기

|정답| ⑤

|해설| 효과적인 팀은 의견 불일치가 발생할 때 이를 개방적으로 다룬다. 팀원들은 갈등의 존재를 인정하며 상호신뢰를 바탕으로 솔직하게 토의를 통해 갈등을 해결한다. 〈보고서〉에 따르면 이 과장의 태스크 포스팀은 의견 불일치가 있을 시 팀장의 의견을 따른다고 했으므로 이는 적절하지 않으며 의견 불일치를 건설적으로 해결해야 한다.

36 리더십능력 | 동기부여의 방법 이해하기

|정답| ④

|해설| 강사 E가 제시한 동기부여의 방법은 조직원의 자발성과 책임감에 중점을 둔 방법이다. 동기부여의 방법 중 창의적 문제해결법을 모색하는 것은 창의적인 해결책을 스스로 찾고 책임지도록 하는 방법으로 자발성을 통해 업무에 열의를 가질 수 있게 하는 방법이다.

37 직업윤리 | 윤리 이해하기

|정답| ④

|해설| 윤리적 가치는 사회 질서를 유지하며 개인의 행복과 모든 사람의 행복을 보장하기에 중요하다. 따라서 윤리적으로 살다 보면 개인의 행복을 보장받지 못한다는 것은 적절하지 않다.

38 공동체윤리 | 상호존중의 문화 이해하기

|정답| ④

|해설| 한국의 기업문화는 공동체의 단합을 요구하지만 이를 이유로 개인의 다양성을 희생시키는 것은 적절한 상호존중의 문화가 아니다. 협력하는 기업의 분위기를 중시하되 개개인의 다양성을 존중해 주며 상호존중의 문화를 구축하는 것이 바람직하다.

39 공동체윤리 | 직장 내 괴롭힘 이해하기

|정답| ①

|해설| 제시된 취업규칙은 직장 내 괴롭힘 예방 및 금지를 위한 것으로 예절의 핵심 정신이 결여되어 상호 간 존중과 배려가 사라진 현재 우리 사회의 현실을 반영하고 있다고 볼 수 있다.

|오답풀이|

② 직장 내에서의 예절의 부재는 업무의 효율을 저해하는 요소이다.

③ 예절은 일정한 생활문화권에서 오랜 생활습관을 통해 하나의 공통된 생활방법으로 정립되어 관습적으로 행해지는 사회계약적인 생활규범으로 문화권에 따라 다른 형식을 지닐 수 있다.

④ 상대를 존중하는 마음은 예절의 핵심이다.

⑤ 사회적, 윤리적으로 금지되거나 비난의 대상이 되는 행위는 지양하는 것이 공동체윤리이다.

40 근로윤리 | 근면한 태도 이해하기

|정답| ②

|해설| 한국인들의 대표적인 이미지로 표현되며, 한국사회의 긍정적 부분을 강조하는 것은 '근면'이다.

4회 기출예상문제

문제 126쪽

01	④	02	⑤	03	①	04	④	05	②
06	①	07	⑤	08	④	09	⑤	10	①
11	⑤	12	③	13	①	14	②	15	④
16	①	17	④	18	④	19	⑤	20	②
21	③	22	⑤	23	①	24	⑤	25	④
26	①	27	④	28	②	29	⑤	30	⑤
31	③	32	①	33	④	34	④	35	③
36	④	37	③	38	①	39	②	40	③

01 문서이해능력 공지사항 이해하기

| 정답 | ④

| 해설 | 지난 인구주택총조사와 관련된 내용은 제시된 글에 나와 있지 않다.

| 오답풀이 |

① 인구주택총조사 시행의 법적 근거는 통계법 제5조의3, 지정통계(동법 제17조 제1항)이다.

② 인구주택총조사의 방문조사는 11월 1일부터 11월 18일까지 총 18일간 진행된다.

③ 대한민국 영토 내에 상주하는 모든 내·외국인과 이들이 살고 있는 거처를 조사대상으로 한다.

⑤ 방문조사 대상은 방문조사 기간에도 대면 조사와 비대면 조사를 선택할 수 있으며, 비대면 조사의 방법으로는 인터넷조사가 있다.

02 문서이해능력 조사표의 내용 확인하기

| 정답 | ⑤

| 해설 | 제시된 조사표는 전수조사가 아닌 방문조사표이므로 표본조사에 해당하며, 표본조사는 20X1년 3월부터 12월까지 결과를 공표한다.

| 오답풀이 |

① 해당 조사의 실시기관은 지방자치단체이다.

②, ③ 조사내용 중 '가족구조 변화'에 해당한다.

④ 조사내용 중 '안전한 사회'에 해당한다.

03 문서이해능력 공고문 이해하기

| 정답 | ①

| 해설 | 추가 도입기관 없이 총 사업비가 5억 원인 사업은 총 사업비의 50%인 2억 5천만 원 이내인 최대 2억 원을 지원받을 수 있다.

| 오답풀이 |

② 스마트 산단 소재 기업은 6대 뿌리기술에 해당하지 않는다.

③ 지원 제외 사유에 해당하는지 여부는 접수마감일을 기준으로 판단한다.

④ 제시된 자료에 언급되어 있지 않다.

⑤ 전사적 시스템 구축인 MES는 지원불가 대상이다.

04 문서이해능력 공고문 이해하기

| 정답 | ④

| 해설 | 경영정상화 약정을 체결하는 기관은 중소기업지원기관이 아닌 채권금융기관 협의회이다.

| 오답풀이 |

① 열처리 기술은 6대 뿌리기술에 해당한다.

② 도입기관 참여가 필수는 아니지만 도입기관이 사업에 많이 참여하면 우대를 받을 수 있다. 또한 금융 관련 채무불이행 상태인 기관은 지원 제외 사항에 해당한다.

③ 표면처리 기술은 6대 뿌리기술에 해당한다.

⑤ 신청기간은 2월 28일까지이다.

05 도표분석능력 자료의 수치 분석하기

| 정답 | ②

| 해설 | 이용인원 상위 4개 동은 1월에는 가동, 나동, 다동, 라동이지만 2월에는 가동, 다동, 라동, 마동이다.

| 오답풀이 |

① 2022년 1분기에 이용인원이 지속적으로 감소한 지역구는 G 구, H 구로 2개이다.

③ A 구의 가 ~ 바동 중 1분기에 이용인원이 지속적으로 증가한 동은 가동, 다동, 라동, 마동, 바동으로 5개이다.

④ 1월에 이용인원이 가장 많은 지역구는 B 구로 이용인원이 가장 적은 지역구인 A 구 이용인원의 $\frac{92,000}{4,455} ≒ 20.65$(배)이다.

⑤ 2022년 1분기 I 구 이용인원은 해당 기간 전체 이용인원의 $\frac{9,800}{484,541} \times 100 ≒ 2.02$(%)를 차지한다.

06 도표분석능력 자료를 바탕으로 수치 계산하기

| 정답 | ①

| 해설 | ㉠ 22,000+6,800+6,800=35,600

㉡ 400+470+500=1,370

07 도표분석능력 자료를 바탕으로 수치 계산하기

| 정답 | ⑤

| 해설 | ㉠ ~ ㉤에 들어갈 수치를 계산하면 다음과 같다.

㉠ 1,813−584=1,229

㉡ 37,380−40,801=−3,421

㉢ 127,622−127,560=62

㉣ 28,313−0=28,313

㉤ −149,547−(−143,682)=−5,865

08 도표분석능력 자료를 바탕으로 수치 계산하기

| 정답 | ④

| 해설 | (가) ~ (다)에 들어갈 수치를 계산하면 다음과 같다.

(가) $\frac{-1,180}{1,684} \times 100 ≒ -70.1$(%)

(나) $\frac{-1,104}{1,240} \times 100 ≒ -89.0$(%)

(다) $\frac{-706}{1,751} \times 100 ≒ -40.3$(%)

09 문제처리능력 자료 이해하기

| 정답 | ⑤

| 해설 | 공연콘텐츠 제작 · 배급 관련 개최경비 지원을 받기 위해서는 신규 발굴과 보유 컨텐츠 모두를 이용할 수 있다.

| 오답풀이 |

① 문예회관−예술단체 교류협력 프로그램의 변경 전 이름은 지역아트페스티벌이었다.

② '지원비율'을 통해 알 수 있다.

③ 해당 사업의 주최 및 시행은 한국문화예술회관연합회가 한다.

④ 민간예술단체, 국공립예술단체 우수공연 프로그램에는 우수공연에 대한 초청경비를 지원해 준다.

10 문제처리능력 지원비율 추론하기

| 정답 | ①

| 해설 | A 구는 문예회관의 소재지이며 재정자립도가 20% 이상이다. 따라서 민간예술단체 우수공연프로그램을 지원할 경우 받을 수 있는 지원비율이 60%로 가장 높다.

| 오답풀이 |

② 최대 지원비율은 30%이다.

③ 지원비율은 30%이다.

④ 지원비율은 50%이다.

⑤ 지원비율은 40%이다.

11 문제처리능력 자료 이해하기

| 정답 | ⑤

| 해설 | 영업비밀 유출 피해 입증과 관련된 디지털 증거자료 분석 후 분석 결과를 민간기관에 교차 검증을 실시한다.

| 오답풀이 |

① '지원절차'의 '증거 수집'을 통해 확인할 수 있다.

② 신청접수, 사전 준비, 증거 수집, 증거 분석, 결과 제공의 5단계에 걸쳐 진행된다.

③ 홈페이지 신청 이외에도 대표메일 접수, 서면을 통한 직접 제출이 가능하다.

④ '지원절차'의 '신청 접수'를 통해 확인할 수 있다.

12 문제처리능력 신청서 반려 이유 추론하기

| 정답 | ③

| 해설 | 작성한 신청서에는 반려될 이유가 나타나 있지 않으므로, 90개의 기업이 이미 사업에 신청하여 조기 마감되었음을 추론할 수 있다.

| 오답풀이 |

① 사업 신청기간 내에 신청서를 제출하였다.

②, ④ Y 기업은 영업비밀 유출 피해가 의심되어 증거 확보가 필요한 상시 직원 300명 이하의 중소기업이다.

⑤ 서면 제출은 본 사업에서 요구하는 신청 방법이다.

13 업무이해능력 근태 규정 이해하기

| 정답 | ①

| 해설 | 근태 규정에 따르면 출퇴근 시각 및 일일 근무시간은 재량으로 하되, 주당 법정근로시간 40시간과 연장근로시간 12시간을 지킬 것을 요구하고 있으나, 13시부터 17시까지를 필수근무시간으로 규정하고 있다는 점을 통해 실제로는 최소 13시 이전에는 출근하고 17시 이후에 퇴근해야 한다는 출퇴근 시각의 제한이 존재한다.

| 오답풀이 |

② 근무기록의 〈비고 유형〉에 따르면 일요일은 휴일이다.

③ 12시부터 13시까지의 중식시간과 18시부터 18시 30분까지의 석식시간은 일일 근무시간에서 제외한다.

④ 〈벌점 제도〉에 따르면 벌점에 의한 감봉은 추가수당에 영향을 준다.

⑤ 〈비고 유형〉과 20X9년 2월 5일의 근무기록에 따르면 교육 사유로의 외출 시간은 기본근무로 인정하고 있다.

14 업무이해능력 근태 규정 이해하기

| 정답 | ②

| 해설 | 한 주당 최대 근로 가능 시간은 법정근로시간 40시간과 연장근로시간 12시간을 합친 총 52시간이다. 〈보기〉의 내용을 추가하여 20X9년 2월 1일부터 2월 7일까지의 각 일자별 근로시간을 구하면 다음과 같다.

근무일자	근무시간 (출근－퇴근)	외출 (외출－복귀)	근무 제외시간 (제외사유)	근로시간
20X9. 02. 01.	13 : 00 ~ 23 : 00	–	30분 (석식)	9시간 30분
20X9. 02. 02.	12 : 00 ~ 22 : 00	–	1시간 30분 (중식, 석식)	8시간 30분
20X9. 02. 03.	08 : 00 ~ 20 : 00	–	1시간 30분 (중식, 석식)	10시간 30분
20X9. 02. 04	09 : 00 ~ 23 : 00	20 : 00 ~ 22 : 00	3시간 30분 (중식, 석식, 외출)	10시간 30분
20X9. 02. 05.	09 : 00 ~ 18 : 00	13 : 00 ~ 18 : 00 (교육 외출)	1시간 (중식)	8시간
2월 5일까지의 총 근로시간				47시간
20X9. 02. 06.	09 : 00 ~ (㉠)	–	??	5시간
20X9. 02. 07.	휴일(일요일)			
2월 7일까지의 총 근로시간				52시간

따라서 20X9년 2월 6일을 제외한 근무시간의 합은 총 47시간이며, 이 중 일일 법정근로시간인 8시간을 초과한 초과근무시간의 합은 총 7시간이다. 따라서 최대 근로 가능 시간까지 근무하였을 때의 20X9년 2월 6일의 총 근무시간은 5시간이다. 한편 20X9년 2월 6일의 출근시간은 9시이므로, 퇴근시간은 근무시간 5시간과 중식시간 1시간을 합하여 6시간 뒤인 15시가 된다.

15 업무이해능력 근태 규정 이해하기

| 정답 | ④

| 해설 | 2월 8일부터 2월 14일까지의 추가수당을 구하기 위해 해당 일자의 근무시간을 정리하면 다음과 같다.

근무일자	근무시간 (출근-퇴근)	근무 제외시간 (제외사유)	근로 시간	일일 연장 근로시간	비고
20X9. 02. 08.	10 : 00 ~ 17 : 00	1시간 (중식)	6시간	–	
20X9. 02. 09.	11 : 00 ~ 21 : 00	1시간 30분 (중식, 석식)	8시간 30분	30분	
20X9. 02. 10.	9 : 00 ~ 19 : 30	1시간 30분 (중식, 석식)	9시간	1시간	
20X9. 02. 11.	11 : 30 ~ 21 : 00	1시간 30분 (중식, 석식)	8시간	–	당직
20X9. 02. 12.	10 : 00 ~ 20 : 00	1시간 30분 (중식, 석식)	8시간 30분	30분	
20X9. 02. 13.	15 : 00 ~ 17 : 00	–	2시간	–	벌점 2점
20X9. 02. 14.	일요일				

20X9년 2월 13일에는 코어타임에 자리를 비우게 되어 벌점 2점을 받았으나, 〈벌점 제도〉에서 벌점 3점부터 추가수당이 감봉되므로 추가수당에는 영향이 없다. 따라서 지급받게 되는 추가수당은 연장근로 2시간에 의한 추가수당 40,000원과 2월 11일 당직근무에 따른 추가수당 80,000원을 합하여 총 120,000원이다.

16 경영이해능력 미션과 비전 이해하기

| 정답 | ①

| 해설 | 미션은 조직의 존재 이유로서 기업이 생존하는 한 절대 변하지 않는 목적이고, 비전은 오랜 기간 동안 유지되지만 정기적으로 변하는 요소로서 '언제까지 어떠한 회사가 된다'라는 미래 조직의 궁극적인 도달 목표, 바람직한 모습 등을 나타내는 것이다. 김 팀장은 미션과 비전을 반대로 설명하고 있으므로 적절하지 못한 발언이다.

17 컴퓨터활용능력 시스템 모니터링 코드 이해하기

| 정답 | ④

| 해설 | 시스템 상태에서 가장 낮은 등급은 Result Value가 0 이하인 '안전'이며, '정지'는 Result Value가 50을 초과하는 가장 높은 등급이다.

| 오답풀이 |

③ 산출 코드의 대 · 소문자에 따라 Error Value의 산출식이 달라진다.

⑤ Error Value의 총합, 즉 Result Value가 음수인 경우의 시스템 상태는 '안전'이다.

18 컴퓨터활용능력 시스템 모니터링 코드 이해하기

| 정답 | ④

| 해설 | • ErrorAlert m30 $-1 : 30\times(-1)=-30$

• ErrorAlert N20 $2 : 20\times2\times2=80$

• ErrorAlert m40 $0 : 40\times0=0$

따라서 Result Value는 $-30+80+0=50$으로 '위험'에 해당하므로 'M8nta'을 입력해야 한다.

19 컴퓨터활용능력 시스템 모니터링 코드 이해하기

| 정답 | ⑤

| 해설 | • ErrorAlert t80 $0 : 80\times0=0$

• ErrorAlert A10 $1 : 10\times1\times2=20$

• ErrorAlert b35 $1 : 35\times1=35$

따라서 Result Value는 $0+20+35=55$로 '정지'에 해당하므로 '8lack'을 입력해야 한다.

20 컴퓨터활용능력 시스템 모니터링 코드 이해하기

| 정답 | ②

| 해설 | • ErrorAlert R13 $1 : 13\times1\times2=26$

• ErrorAlert L29 $-1 : 29\times(-1)\times2=-58$

• ErrorAlert L10 $2 : 10\times2\times2=40$

따라서 Result Value는 $26+(-58)+40=8$로 '주의'에 해당하므로 '0reen'을 입력해야 한다.

21 인적자원관리능력 부서 배치하기

| 정답 | ③

| 해설 | 우선 희망 부서의 지망 순서와 관계없이 연수 부서와

희망 부서가 일치하는 가, 나를 각각 총무팀과 영업팀에 배치한 후, 나머지 신입사원들을 직원 평가 점수가 가장 높은 순서대로 배치한다.

기준 / 신입사원	직원 평가 점수	희망 부서 (1지망)	희망 부서 (2지망)	배치 부서
가	연수 부서로 배치			총무팀
나				영업팀
마	5점	영업팀	홍보팀	영업팀
라	4점	총무팀	생산팀	총무팀
바	3점	생산팀	총무팀	생산팀
사	3점	생산팀	총무팀	생산팀
아	2점	총무팀	영업팀	홍보팀
다	1점	영업팀	홍보팀	홍보팀

따라서 생산팀에 배치되는 사원은 바, 사이다.

22 인적자원관리능력 부서 배치하기

| 정답 | ⑤

| 해설 | 아 사원은 1지망 총무팀, 2지망 영업팀을 희망하였으나 실제로는 홍보팀에 배치된다.

23 인적자원관리능력 부서 배치하기

| 정답 | ①

| 해설 | 모든 신입사원을 직원 평가 점수가 높은 순서대로 정렬하여 희망 부서에 따라 부서를 배치하면 다음과 같다.

기준 / 신입사원	직원 평가 점수	희망 부서 (1지망)	희망 부서 (2지망)	배치 부서
마	5점	영업팀	홍보팀	영업팀
가	4점	영업팀	총무팀	영업팀
라	4점	총무팀	생산팀	총무팀
나	3점	총무팀	영업팀	총무팀
바	3점	생산팀	총무팀	생산팀
사	3점	생산팀	총무팀	생산팀
아	2점	총무팀	영업팀	홍보팀
다	1점	영업팀	홍보팀	홍보팀

따라서 영업팀에 배치되는 사원은 가, 마이다.

24 자원관리능력 자원의 특징과 낭비요인 파악하기

| 정답 | ⑤

| 해설 | 자원이란 기업 활동을 위해 사용되는 시간, 예산, 물적, 인적자원으로 이들은 유한성이라는 공통점을 가지고 있다. 이러한 특징으로 인해 자원을 효과적으로 확보, 유지, 활용하는 것이 매우 중요하다. 자원을 낭비하는 요인으로는 비계획적인 행동, 편리성 추구, 자원에 대한 인식 부재, 노하우 부족이 있다.

25 기술이해능력 점검 완료 시기 구하기

| 정답 | ④

| 해설 | 철도사고로 인한 특수 유지보수작업을 시행한 경우 선로 점검 대상은 궤도틀림, 선로순회, 레일 초음파 탐상, 침목 점검, 도상, 이음매부 점검이다. 그 중 본선과 분기기 중 분기기를 6월부터 점검해야하는데 궤도틀림은 6월, 선로순회와 침목 점검은 7월, 이음매부 점검은 9월, 도상은 10월, 레일 초음파 탐상은 11월에 최초 점검이 완료된다. 따라서 모든 항목에 대하여 최소 1회 점검이 완료되는 월은 11월이다.

26 기술이해능력 최소 점검 기간 구하기

| 정답 | ①

| 해설 | 사원 J가 점검해야 할 분기기 중 점검가능일정의 간격이 가장 넓은 도상과 레일 초음파 탐상의 마지막 점검은 10월이므로 한계선을 10월로 잡는다. 9월에는 이음매부 점검과 도유기, 8월에는 곡선 반경이 600m 이하인 본선의 레일마모 점검이 가능하다. 남은 선로순회와 본선의 궤도틀림, 침목 점검은 7월에 점검한다. 즉, 1회 점검이 완료되는데 걸리는 최소 기간은 총 3개월로 7월부터 10월이다.

27 기술능력 기술과 기술능력의 개념 알기

| 정답 | ④

| 해설 | 기술능력은 직업에 종사하기 위해 모든 사람들이 필요로 하는 능력으로 넓은 의미로 기술교양(Technical Literacy)이라는 개념으로 사용될 수 있으며, 기술교양의 개념을 보다 구체화시킨 개념으로 볼 수 있다.

28 기술능력 산업재해 이해하기

| 정답 | ②

| 해설 | 산업재해보상보험법 제37조 제1항 제4호에 따라 업무상 질병도 산업재해로 인정될 수 있다.

| 오답풀이 |

① 산업안전보건법 제2조에 따르면 산업재해란 노무를 제공하는 자가 업무에 관계되는 건설물 · 설비 · 원재료 · 가스 · 증기 · 분진 등에 의하거나 작업 또는 그 밖의 업무로 인하여 사망 또는 부상하거나 질병에 걸리는 것이다.

③ 산업재해보상보험법 제37조 제1항 제3호에 따라 출퇴근 재해도 산업재해로 인정될 수 있다.

④ 산업재해보상보험법 제36조에 따라 사업주는 근로자에게 요양급여, 휴업급여, 장해급여 등에 대한 책임을 지게 된다.

⑤ 산업안전보건법의 각종 벌칙규정들은 그 처벌 대상을 사업주로 국한하지 않고 산업재해의 발생에 책임이 있는 자를 처벌 대상으로 규정하고 있다.

29 자기관리능력 올바른 거절 방법 이해하기

| 정답 | ⑤

| 해설 | 거절의 의사결정은 빠를수록 좋다. 오래 지체될수록 상대방은 긍정의 대답을 기대하게 되고, 의사결정자는 거절을 하기 더욱 어려워지기 때문이다.

30 자기관리능력 자기관리의 과정 이해하기

| 정답 | ⑤

| 해설 | 자기관리의 과정은 다음과 같다.

[1단계] 비전 및 목적 정립 → [2단계] 과제 발견 → [3단계] 일정 수립 → [4단계] 수행 → [5단계] 반성 및 피드백

따라서 피드백을 한 후 수행에 반영해야 한다는 설명은 적절하지 않다.

31 자기관리능력 업무수행 성과 향상을 위한 행동 전략 알기

| 정답 | ③

| 해설 | ㉠ 10개의 비슷한 업무를 한꺼번에 처리하면 첫 번째 일을 하는데 드는 시간의 20% 정도밖에 걸리지 않을 정도로 효율적으로 일을 할 수 있다.

㉣ 회사와 팀의 업무 지침은 변화하는 환경 속에서 그 일의 전문가들에 의해 확립된 것이므로 기본적으로 지켜야 할 것은 지키되 그 속에서 자신만의 일하는 방식을 발견하는 것이 좋다.

32 자기개발능력 자기개발의 장애요인 알기

| 정답 | ①

| 해설 | A는 자신이 어떤 일을 잘할 수 있는지를 모르는 자기정보 부족, 회사 내의 색다른 업무에 대해 모르는 내부 작업정보 부족의 장애요인을 마주하였다. 외부 작업정보 부족은 다른 직업이나 회사 밖의 기회에 대해 충분히 알지 못하는 것이고, 의사결정 시 자신감 부족은 자기개발과 관련된 결정을 내릴 때 자신감이 부족한 것이다.

33 갈등관리능력 윈-윈 갈등관리법 이해하기

| 정답 | ④

| 해설 | ④는 윈-윈에 기초한 기준에 동의하는 4단계에 해당하는 내용이 아닌 두 사람의 입장을 명확히 하는 3단계에 해당한다.

34 팀워크능력 팔로워십 유형의 특징 이해하기

| 정답 | ④

| 해설 | 순응형 팔로워십의 특징은 리더나 조직을 믿고 헌신하며 조직을 위해 자신과 가족의 요구를 양보한다는 것이다. 한편, 새로운 아이디어가 없고 조직에서 인기 없는 일은 하지 않으려 한다는 평가를 받기도 한다.

| 오답풀이 |

① 주도형(모범형)은 조직의 목적 달성을 위해 자신의 역할을 적극적으로 실천하는 가장 이상적인 유형이다.

② 수동형은 판단이나 사고를 리더에게 전적으로 의존하는 유형이다. 이들은 조직이 자신의 노력과 아이디어를 원하지 않는다고 생각하고, 조직 구성원들은 이들이 제 몫을 하지 못한다고 생각한다.

③ 실무형은 모든 요소를 조금씩 갖춘 적극적인 유형으로 개인의 이익을 극대화하기 위한 흥정에 능하다.

⑤ 소외형은 독립적이고 비판적 사고를 가진 유형으로, 조직에 반대 목소리를 내지만 행동으로 나서는 적극적인 모습은 보이지 않는다. 이들은 조직이 자신을 불공정하게 대우한다고 생각하여 부정적, 냉소적 태도를 가지고 있다.

35 협상능력 | 리처드 셸의 협상전략 이해하기

| 정답 | ③

| 해설 | (A) 집주인은 비록 손해를 보지만 세입자와의 관계를 생각해 상대방의 요구를 일방적으로 수용했으므로 유화전략(I Lose, You Win)이다.

(B) 협상 가치가 낮다고 판단하여 철수를 선택했으므로 회피전략(I Lose, You Lose, We Lose)이다.

(C) 정과 무가 모두 만족할 수 있는 결과를 냈으므로 협력전략(I Win, You Win, We Win)이다.

36 고객서비스능력 | 불만 고객 대처하기

| 정답 | ④

| 해설 | A 고객은 직원의 설명이나 제품의 품질에 대해 의심이 많고 확신이 있는 말이 아니면 잘 믿지 않는다. 이러한 의심형 고객은 분명한 증거나 근거를 제시하여 스스로 확신을 갖도록 유도해야 하며, 때로는 책임자가 응대하도록 하는 것이 좋다.

| 오답풀이 |

① 옳지 않은 대처방법이다.

② 트집형 고객에게 적절한 대처방법이다.

③ 거만형 고객에게 적절한 대처방법이다.

⑤ 빨리빨리형 고객에게 적절한 대처방법이다.

37 공동체윤리 | 비즈니스 예절 이해하기

| 정답 | ③

| 해설 | 에티켓은 인간관계를 부드럽게 해 주는 사회적 불문율로서 형식적인 것이라면, 매너는 에티켓을 일상생활에 적용하는 방식을 말한다. 즉, 에티켓이 정해진 틀이나 형식이라면 매너는 방법이다. 따라서 임 대리의 설명은 적절하지 않다.

38 공동체윤리 | 서비스 이해하기

| 정답 | ①

| 해설 | 제시된 교육은 봉사와 책임의식과 관련된 내용이다. 이는 직업인으로서 기본적인 자세이지만 명시적으로 주어진 역할과 업무 이상의 사명감이 필요하다는 특징을 가진다.

39 직업윤리 | 직업윤리의 기본원칙 이해하기

| 정답 | ②

| 해설 | 제시된 사례에서 고객에 대해 적절하지 않은 대응을 하는 직원의 모습을 확인할 수 있다. 따라서 지켜지지 않은 직업윤리의 원칙은 고객봉사를 최우선으로 하며 현장중심, 실천중심을 내세우는 고객중심의 원칙이다.

| 오답풀이 |

① 전문성의 원칙은 전문가로서 능력과 의식을 가지고 책임을 다해야 한다는 원칙으로 자기개발이 이에 속한다.

③ 객관성의 원칙은 업무의 공공성을 바탕으로 공사를 구분하고 투명하게 업무를 처리해야 한다는 원칙이다.

④ 공정경쟁의 원칙은 법규를 준수하고 경쟁원리에 따라 공정하게 행동해야 한다는 원칙이다.

⑤ 정직과 신용의 원칙은 업무와 관련된 모든 것을 정직하게 수행하며 본분과 약속을 지켜 신뢰를 유지해야 한다는 원칙이다.

40 공동체윤리 | 준법정신 이해하기

| 정답 | ③

| 해설 | 제시된 자료에서 설명하고 있는 것은 준법정신이다. 준법이란 민주 시민으로서 기본적으로 지켜야 하는 의무이자 생활 자세로, 시민으로서의 자신의 권리를 보장받고 다른 사람의 권리를 보호해 주며 사회 질서를 유지하는 역할을 한다. 설문조사 결과를 통해 우리 사회는 규율의 준수와 그에 따른 책임을 지는 의식이 낮다는 것을 알 수 있다.

5회 기출예상문제

문제 156쪽

01	③	02	②	03	③	04	⑤	05	②
06	③	07	③	08	④	09	④	10	②
11	⑤	12	①	13	③	14	②	15	⑤
16	③	17	⑤	18	③	19	②	20	①
21	④	22	③	23	⑤	24	①	25	③
26	①	27	②	28	⑤	29	④	30	③
31	④	32	③	33	②	34	③	35	②
36	②	37	⑤	38	④	39	④	40	②

01 문서작성능력 제목 작성하기

| 정답 | ③

| 해설 | 보도자료는 4차 산업혁명의 철도기술혁신 국제세미나에 관한 내용이므로 제목으로 '4차 산업혁명을 대비하기 위한 철도기술혁신 세미나 개최'가 적절하다.

02 문서이해능력 글의 세부 내용 이해하기

| 정답 | ②

| 해설 | 하이퍼루프는 초고속 진공튜브 캡슐열차를 의미하며 ㉤에서 한국형 하이퍼루프인 하이퍼튜브는 저가형 항공기 속도의 절반 정도를 내는 것을 목표로 한다고 하였으므로 고가형 항공기 속도의 절반 정도를 내는 것을 목표로 한다는 내용은 적절하지 않다.

| 오답풀이 |

① ㉡에서 ☆☆철도기술연구원은 철도분야에서도 IoT(사물인터넷), 인공지능, 빅데이터 첨단기술을 연구 개발해 적용하고 있다고 하였다.

③ ㉣에서 휴먼에러로 인한 대형사고는 반드시 막아야 한다고 강조하고 있다.

④ ㉠에서 이번 국제세미나는 철도 분야의 미래신기술 개발과 기존 철도기술의 혁신을 통해 혁신성장동력을 창출하고자 마련됐다고 언급하였다.

⑤ ㉣에 오프닝 세션에서는 하이퍼루프의 중요성에 대해 강조했다고 제시되어 있다.

03 문서작성능력 문맥에 맞지 않는 문단 삭제하기

| 정답 | ③

| 해설 | ㉢은 철도 사고 예방을 위한 검사방식의 예방적 수시점검에 관한 내용으로 이는 4차 산업혁명의 철도기술혁신에 관한 내용과 거리가 멀다.

04 문서이해능력 문서이해의 절차 파악하기

| 정답 | ⑤

| 해설 | A 씨는 기사의 내용을 바탕으로 '가족의 밤'과 가족회의를 자신의 가족에도 적용할 것을 결심하였다. 이는 문서에서 이해한 목적 달성을 위해 취해야 할 행동을 생각하고 결정하기 단계에 해당된다.

05 도표분석능력 자료의 수치 분석하기

| 정답 | ②

| 해설 | 이동편의시설 개량에 투자하는 금액은 20X8년과 20X9년에 전년 대비 증가한다.

| 오답풀이 |

① 노후기반시설 개량에 투자하는 금액은 520 → 575 → 660 → 715억 원으로 매년 증가한다. 계산을 하지 않아도 노후신호설비 개량, 노후통신설비 개량에 투자하는 금액이 각각 매년 증가하므로 전체 금액도 매년 증가함을 알 수 있다.

③ LTE 기반 철도 무선망 구축에 대한 총 투자금이 3,320억 원으로 가장 많다.

④ 승강장조명설비 LED 개량에는 20X6년, 20X7년에만 투자가 이루어진다.

⑤ 구조물원격관리시스템 구축에 투자하는 금액은 20X9년이 170억 원으로 가장 많다.

06 도표작성능력 표를 그래프로 변환하기

| 정답 | ③

| 해설 | ㉠ $\frac{80-60}{60}\times 100 ≒ 33(\%)$

ㄴ $\frac{550-500}{500}\times 100=10(\%)$

07 도표작성능력 표를 그래프로 변환하기

| 정답 | ③

| 해설 | 20X9년의 개량투자계획 총 투자금에서 기반시설 성능개선에 투자하는 금액이 차지하는 비중은 $\frac{1,000+40+100}{3,000}\times 100=38(\%)$이다.

08 기초연산능력 함수 계산하기

| 정답 | ④

| 해설 | $f\left(\frac{1}{10}\right)+f\left(\frac{1}{9}\right)+\cdots+f\left(\frac{1}{1}\right)+f(0)+f(1)$

$$+\cdots+f(9)+f(10)$$

$$=\frac{1}{\frac{1}{10}+1}+\frac{1}{\frac{1}{9}+1}+\cdots+\frac{1}{\frac{1}{1}+1}+\frac{1}{0+1}+\frac{1}{1+1}$$

$$+\cdots+\frac{1}{9+1}+\frac{1}{10+1}$$

$$=\frac{10}{11}+\frac{9}{10}+\cdots+\frac{1}{2}+\frac{1}{1}+\frac{1}{2}+\cdots+\frac{1}{10}+\frac{1}{11}$$

$$=\left(\frac{10}{11}+\frac{1}{11}\right)+\left(\frac{9}{10}+\frac{1}{10}\right)+\cdots+\left(\frac{1}{2}+\frac{1}{2}\right)+\frac{1}{1}=11$$

09 문제처리능력 문제점 개선하기

| 정답 | ④

| 해설 | 두 방식 모두 실제 측정 시의 순 주행시간이 큰 차이를 보이지 않는다. 다만, 주행 소요시간과 정차시간이 시뮬레이션에 비해 크게 늘어난 것으로 보아 열차 운행 및 역사 내 혼잡함으로 인해 예정된 시간을 초과한 것이라 추측할 수 있으므로 이 문제점을 해결하기 위해서는 열차와 역사 내의 혼잡도를 개선하는 것이 적절하다.

10 문제처리능력 자료 이해하기

| 정답 | ②

| 해설 | 기대효과 5.에서 스마트 스테이션을 통해 운영비용이 최소화된다는 것을 확인할 수 있다.

11 문제처리능력 자료 이해하기

| 정답 | ⑤

| 해설 | 시범 구축 결과를 보면 역사 평균 순회시간이 일반 역사 28분에서 스마트 스테이션 10분으로 단축되었으므로 적절하다.

| 오답풀이 |

① 스마트 스테이션에서는 지능형 CCTV를 통해 가상순찰이 가능하다.

② 긴급상황 발생 시 평균 대응 시간은 일반 역사 11분, 스마트 스테이션 3분으로 일반 역사가 더 느리다.

③ 스마트 스테이션에서는 역무원 부재 시 역사 내 지능형 CCTV, 열화상 카메라 등을 활용한 스마트 센서와 상황인식 기반 기술로 범죄 및 테러 방지가 가능하다.

④ 스마트 스테이션에서는 3D 지도, IoT 센서, 지능형 CCTV 등이 유기적으로 기능하여 다양한 분야를 통합관리 할 수 있다.

12 문제처리능력 자료 이해하기

| 정답 | ①

| 해설 | 범죄자를 뚜렷하게 식별할 수 있는 것은 일반 CCTV가 아니라 지능형 CCTV이다.

13 체제이해능력 조직구조의 형태 이해하기

| 정답 | ③

| 해설 | 4차 산업혁명시대는 비효율적인 조직구조에서 창의성과 효율성을 극대화하는 조직구조로의 변화를 유발한다. 이전의 조직구조를 통해서는 변화하는 환경에 능동적인 대처를 할 수 없으므로 급변하는 환경변화에 효과적으로 대응하고 제품, 지역, 고객별 차이에 신속하게 대응할 수 있는 분권화된 조직구조가 4차 산업혁명시대에 적합하다.

14 체제이해능력 조직구조의 형태 이해하기

| 정답 | ②

| 해설 | 네트워크 조직은 업무적으로 상호 의존성이 크지만 상대 부서 또는 개인과는 서로 독립성을 유지하는 조직구조로 상호 의존적 관계가 많은 조직들 간의 협력관계와 거래비용 감소 및 전통적인 관료조직의 비효율성을 회피하는 특징이 있다.

| 오답풀이 |

① 기능별 조직에 대한 설명이다.
③ 매트릭스 조직에 대한 설명이다.
④ 관료제 조직에 대한 설명이다.
⑤ 프로세스 조직에 대한 설명이다.

보충 플러스+

조직유형

1. 종적 조직 설계유형
   ① 과업중심의 설계
   - 기업형 설계 : 키맨 조직, 스컹크 조직
   - 권력분립형 설계
   - 기능별 형태 : 상호관련성 있는 업무를 동일 부서에 배치, 부서 간 의존성이 크고 상호작용 필수, 부서 간 수평적 조정 약함.
   - 부문별 형태 : 기능별 조직의 한계극복, 불안정한 환경에서 신속한 변화에 적합, 특정 분야에 대한 전문화 부족
2. 횡적 조직 설계유형
   ① 매트릭스 조직 : 전통적인 수직 구조와 현대적인 수평적 팀 구조를 겹쳐 놓음. 한 개인에게 두 상급자의 지시와 보고가 있음.
   ② 프로세스 조직 : 산출물의 생산 공정 흐름에 따라 조직 설계가 이루어짐. 고객에 대한 신속하고 유연한 대응, 관리자의 권한이 축소, 핵심 프로세스를 규명하는 것이 어려움.
   ③ 네트워크 조직 : 상호 의존적 관계가 많은 조직들 간의 협력관계, 수평적이거나 수직적인 신뢰관계로 연결하는 조직 간의 계약에 바탕을 둠.
   ④ 혼합형 조직 : 다양한 조직들의 장점을 취하고 약점을 피하는 방법, 대부분의 기업에서 채택하여 사용
   ⑤ 팀 조직 : 관료제의 한계와 구성원들의 능력 개발을 위해 도입된 상호 보완적 조직
3. 이상적 조직유형
   ① 버츄얼 조직 : 조직과 외부의 물리적인 공간이나 장벽이 없어진 조직
   ② 모듈형 조직 : 조직의 설계 자체를 고정시키지 않고 필요할 때 즉흥적으로 조직을 만들어 사용
   ③ 오케스트라 조직 : 분권화되어 있고 경영자는 실무자들이 효과적으로 과업을 진행할 수 있도록 지원만 해 줌.
   ④ 모래시계 조직 : 정보화시대에 중간관리자의 필요성이 줄어들어 중간관리자를 없애고 상층과 하층만으로 이루어진 조직
   ⑤ 꽃송이 조직 : 개별 구성원들이 여러 팀을 넘나들며 다양한 업무를 참여할 수 있는 조직

15 경영이해능력 흑자 전환 시기 파악하기

| 정답 | ⑤

| 해설 | 첫 달은 초기 투자금 3,000만 원만 들어가고 이후부터 매달 100만 원씩 지출된다. 반면 수익은 첫 달부터 매달 300만 원이 생긴다. 흑자로 전환되는 시기는 수익이 비용보다 많아지는 시기이므로, 사업을 진행한 기간을 n개월이라고 할 때 이에 대한 식을 정리하면 다음과 같다.

$3,000+100(n-1)<300n$

$3,000+100n-100<300n$

$2,900<200n$

$14.5<n$

따라서 15개월 차부터 A 사업은 흑자로 전환된다.

16 경영이해능력 순수익 계산하기

| 정답 | ③

| 해설 | A ~ D 사업의 3년간의 순수익을 '순수익=예상 월수익의 합계−(초기 투자금+예상 월지출의 합계)'로 계산하면 다음과 같다.

- A 사업 : $300\times12\times0.5+300\times24-(3,000+100\times35)=9,000-6,500=2,500$(만 원)
- B 사업 : $120\times12\times2+120\times24-(2,000+20\times11+20\times24\times2)=5,760-3,180=2,580$(만 원)
- C 사업 : $300\times36-(4,000+50\times35)=10,800-5,750=5,050$(만 원)

- D 사업 : 200×36−(3,000+10×11×2+10×24)=7,200 −3,460=3,740(만 원)

따라서 순수익이 큰 사업을 순서대로 나열하면 C, D, B, A이다.

17 컴퓨터활용능력 프로그램 조작법 이해하기

| 정답 | ⑤

| 해설 | 재진단을 시행하지 않는 C#를 제외한 모든 System Code의 종류별로 FEV를 적용하는 단계와 재진단 프로세스에서 Error Code를 선정하는 방법을 비교하면, 재진단 프로세스는 앞서 FEV를 적용하는 Error Code로 선정되지 않은 System Code로 실행됨을 알 수 있다.

- System Code가 D#일 때에는 FEV를 적용하는 단계에서는 먼저 발견된 Error Code 3개를 순서대로 선정하고, 재진단에는 그 다음 순서로 발견된 Error Code로 실시한다.
- System Code가 E#일 때에는 SV값이 큰 순서대로 Error Code 3개를 선정하고 재진단은 그 다음으로 SV값이 큰 Error Code로 실시한다.
- System Code가 F#일 때에는 DV값이 큰 순서대로 Error Code 3개를 선정하고, 재진단은 그 다음으로 DV값이 큰 Error Code로 실시한다.

| 오답풀이 |

① System Code가 F#인 경우에는 FEV를 적용하는 단계와 재진단 프로세스 모두 Error Code의 DV를 기준으로 선정한다.

② 장치별 조정값을 합산한 FV가 0일 때 '재진단 필요'가 출력되면서 재진단 프로세스로 진행되는데, 만일 System Code가 C#라면 재진단을 시행하지 않으므로 바로 Orange를 입력해야 한다.

③ System Type은 EV를 이용하여 FEV를 지정하는데, 이때 모든 System Type에서는 DV를 제외한 값을 기준으로 한다. 한편 재진단 프로세스는 Error Code의 DV와 SV를 비교하는 방식으로 진행한다. 따라서 System Type과 진단 프로세스는 서로 그 작용요소가 다르므로 재진단 프로세스는 System Type의 영향을 받는다고 볼 수 없다.

④ 재진단 후의 FV는 System Code가 F#인 경우 최대 +2, 최소 −2가 나올 수 있다. FV의 값이 3 이상인 경우는 없다.

18 컴퓨터활용능력 프로그램 조작법 이해하기

| 정답 | ③

| 해설 | System Code가 C#, System Type이 128#이므로 나타난 모든 Error Code의 DV를 제외한 EV 중 가장 큰 두 개를 평균한 값이 FEV가 된다.

- I 장치의 SV는 20, DV를 제외한 EV 중 가장 큰 두 값은 CV와 HV 항목의 19, 12이므로 FEV는 $\frac{19+12}{2}=15.5$, SV>FEV가 되어 FV값에 −1
- U 장치의 SV는 16, DV를 제외한 EV중 가장 큰 두 값은 HV와 CV 항목의 32, 17이므로 FEV는 $\frac{32+17}{2}=24.5$, SV<FEV가 되어 FV값에 +1
- L 장치의 SV는 27, DV를 제외한 EV중 가장 큰 두 값은 IV와 HV 항목의 31, 23이므로 FEV는 $\frac{31+23}{2}=27$, SV=FEV가 되어 FV값 변동은 없다.

따라서 산출된 최종 FV값은 −1+1+0=0이며, System Code는 C#이므로 재진단은 진행하지 않아 최종 FV값은 그대로 0이므로 입력 코드는 Orange이다.

19 컴퓨터활용능력 프로그램 조작법 이해하기

| 정답 | ②

| 해설 | System Code가 D#, System Type이 32#이므로 먼저 발견된 3개의 Error Code의 DV를 제외한 EV 중에서 최댓값과 최솟값을 평균한 값이 각각의 FEV가 된다. 문제에서 먼저 발견된 3개의 Error Code는 Z 장치, X 장치, C 장치이다.

- Z 장치의 SV는 41, DV를 제외한 EV 항목 최댓값은 60, 최솟값은 7, 즉 FEV는 $\frac{60+7}{2}=33.5$이므로 SV>FEV가 되어 FV값에 −1
- X 장치의 SV는 43, DV를 제외한 EV 항목 최댓값은 78,

최솟값은 12, 즉 FEV는 $\frac{78+12}{2}=45$이므로 SV<FEV가 되어 FV값에 +1

- C 장치의 SV는 71, DV를 제외한 EV 항목 최댓값은 121, 최솟값은 21, 즉 FEV는 $\frac{121+21}{2}=71$이므로 SV=FEV가 되어 FV값 변동은 없다.

따라서 FV값은 −1+1+0=0이며, System Code가 D#이므로 네 번째로 발견된 V 장치의 Error Code로 재진단을 실시한다.

- V 장치의 Error Code의 DV는 50, SV는 52이므로 DV<SV가 되어 FV값에 −1

따라서 최종 산출된 FV값은 −1이므로 입력 코드는 Yellow이다.

20 컴퓨터활용능력 프로그램 조작법 이해하기

| 정답 | ①

| 해설 | System Code가 F#, System Type이 128#이므로 DV값이 큰 순서대로 선정한 3개의 Error Code의 DV를 제외한 EV 중 가장 큰 둘을 평균한 값이 FEV가 된다. 문제의 Error Code 중 DV값이 가장 큰 3개는 A 장치, S 장치, F 장치이다.

- A 장치의 SV는 47, DV를 제외한 EV 중 가장 큰 두 값은 CV와 IV 항목의 60, 34이므로 FEV는 $\frac{60+34}{2}=47$, SV=FEV가 되어 FV값 변동은 없다.
- S 장치의 SV는 34, DV를 제외한 EV 중 가장 큰 두 값은 IV와 HV 항목의 43, 22이므로 FEV는 $\frac{43+22}{2}=32.5$, SV>FEV가 되어 FV값에 −1
- F 장치의 SV는 3, DV는 제외한 EV 중 가장 큰 두 값은 CV와 HV 항목의 90, 12이므로 FEV는 $\frac{90+12}{2}=51$, SV<FEV가 되어 FV값에 +1

따라서 FV값은 0−1+1=0이며, System Code가 F#이므로 DV값이 네 번째로 큰 G 장치의 Error Code로 재진단을 실시한다.

- G 장치의 DV는 11, SV는 21이므로 DV<SV가 되어 FV값에 −2

따라서 최종 산출된 FV값은 −2이므로 입력 코드는 Green이다.

21 시간관리능력 자료를 바탕으로 파악하기

| 정답 | ④

| 해설 | 본사와 각 부설창고를 왕복하는 데 걸리는 최소시간을 계산하면 다음과 같다.

- a : 15×2=30(분)
- b : (10+15)×2=50(분)
- c : (5+20)×2=50(분)
- d : (5+20+10)×2=70(분)
- e : (5+20)×2=50(분)

따라서 본사와 d 창고를 왕복하는 데 최소 70분 이상이 걸린다.

| 오답풀이 |

① 본사에서 출발해 B 매장으로 물건을 납품할 때는 도로 요금을 지불하지 않는다.

② 매장에서 부설창고로 이동하는 시간이 가장 짧은 곳은 A 매장으로 10분이 소요되며, 가장 긴 곳은 E 매장으로 45분이 소요된다.

③ 본사에서 E 매장까지의 이동시간은 65분이다.

⑤ 본사에서 출발하여 부설창고에서 상차하고 매장에 하차하면 납품이 완료된다. 상 · 하차 시간까지 고려하여 각 매장의 납품 완료 시간을 계산하면 다음과 같다.

- A : 15+30+10+20=75(분)
- B : (10+15)+30+(15+15)+20=105(분)
- C : (5+20)+30+30+20=105(분)
- D : (5+20+10)+30+(10+20)+20=115(분)
- E : (5+20)+30+(15+30)+20=120(분)

따라서 본사에서 출발해 가장 빠르게 납품을 완료할 수 있는 매장은 A로, 1시간 15분이 소요된다.

22 시간관리능력 소요시간 계산하기

| 정답 | ③

| 해설 | 정 사원이 이동할 경로는 '본사→c 창고→C 매장→d 창고→D 매장→본사'이다.

이동시간은 5+20+30+10+10+20+5=100(분)이고, 상 · 하차는 각각 2번씩 해야 하므로 상 · 하차에 걸리는 시간은 (30+20)×2=100(분)이다. 따라서 총 소요시간은 3시간 20분이 되며, 해당 경로에서 고가도로를 2번 지나므로 도로요금은 3,000원이다.

23 시간관리능력 소요시간 계산하기

| 정답 | ⑤

| 해설 | 두 사원이 본사에 돌아온 시간을 계산하면 다음과 같다.

- 최 사원 : 이동경로는 '본사→a 창고→A 매장→b 창고→B 매장→본사'이다. 고가도로는 지날 수 없으므로 이동시간은 15+15+10+15+15+15+15+10=110(분), 상 · 하차 시간은 (30+20)×2=100(분)으로 3시간 30분 후인 11시 30분에 본사로 돌아온다.
- 민 사원 : 이동경로는 '본사→e 창고→d 창고→E 매장→D 매장→본사'이다. 이동시간은 5+20+15+30+30+15+20+5=140(분), 상 · 하차 시간은 (30+20)×2=100(분)으로 4시간 후인 12시에 본사로 돌아온다.

따라서 본사에 더 늦게 돌아오는 직원은 민 사원이며 시각은 12시이다.

24 시간관리능력 소요시간 계산하기

| 정답 | ①

| 해설 | 박 사원의 이동경로를 '본사→b 창고→a 창고→d 창고→c 창고→F 통합매장'으로 계산하면 이동시간은 10+15+15+10+30+15+10+20+10=135(분)이다. 또한 상차는 총 4번, 하차는 1번하므로 30×4+70=190(분)이 소요된다. 따라서 납품을 완료하는 데 걸리는 시간은 325분, 즉 5시간 25분이다.

25 기술선택능력 제품 사용설명서 파악하기

| 정답 | ③

| 해설 | 급속 코스는 물높이가 자동 설정되며 2kg당 '소'에서 1단계씩 높이가 상승하므로 10kg의 경우 '중'에 LED 라이트가 켜진다.

| 오답풀이 |

① 온냉수, 물살, 물높이, 예약, 세탁, 헹굼, 탈수, 코스, 동작/정지, 전원 버튼까지 총 10개이다.

② 자동세탁 시 통세척, 이불의 경우 '고'로 설정된다.

④ 자동세탁 코스 설정 후 사용자 편의에 따라 [세탁]/[헹굼]/[탈수] 옵션 버튼을 눌러 추가 설정이 가능하다.

⑤ 전원을 켠 후 바로 [동작] 버튼을 누르면 '표준' 모드로 실행되어 세탁 1회, 헹굼 2회, 탈수 1회가 진행된다.

26 기술선택능력 제품 사용설명서 파악하기

| 정답 | ①

| 해설 | 기본 조작법에 따라 [전원] 버튼을 1회 눌러 전원을 켠다. 수동세탁의 경우 [세탁]－[헹굼]－[탈수] 순으로 버튼을 눌러야 하며 누를 때마다 횟수가 추가되므로 [세탁] 1회, [헹굼] 3회, [탈수] 1회를 눌러야 한다. 세탁물 중량이 10kg이므로 물높이는 '중'으로 설정해야 하고 기본설정이 '소'이므로 [물높이] 버튼은 4회 누르면 된다. 물살은 '약'으로 설정해야 하며 기본설정이 '중'이므로 [물살] 버튼은 2회 눌러야 한다. 마지막으로 4시간 후로 세탁을 예약하기 위해서 [예약] 버튼을 1회 누르면 3시간이므로 2회 누르고, [동작] 버튼을 1회 누르면 된다.

27 기술선택능력 고객 문의에 답변하기

| 정답 | ②

| 해설 | 고객은 자동세탁으로 불림 기능을 사용하고 헹굼을 1회 추가하고 싶다고 하였다. 따라서 [코스] 버튼을 눌러 불림을 선택하고 [헹굼] 버튼을 1회 누른 뒤 [동작] 버튼을 누른다.

28 기술선택능력 제품 사용설명서 수정하기

| 정답 | ⑤

| 해설 | 제품 사용설명서에 따르면 통세척 기능은 다음과 같다.

구분	세탁	헹굼	탈수	옵션 (온냉수/ 물살/물높이)	비고
통세척	1회	1회	1회	온수/강/고	–불림 1회당 50분 –세탁조 세척에 추천

따라서 LED 창의 물높이는 '중저'가 아닌 '고'로 표시되어야 한다.

29 자아인식능력 자아인식 방법 이해하기

| 정답 | ④

| 해설 | 자아인식 방법에 해당하는 예시는 다음과 같다.

ㄱ. 내가 아는 나 확인하기–(라), (마)

ㄴ. 다른 사람과의 커뮤니케이션–(가), (다)

ㄷ. 표준화된 검사 도구–(나)

30 자기관리능력 자기관리의 과정 이해하기

| 정답 | ③

| 해설 | 우선순위를 설정하는 것은 과제 발견(2단계) 시 해야 할 일이다. 3단계에서는 하루, 주간, 월간 계획을 수립한다.

31 경력개발능력 경력개발 단계 이해하기

| 정답 | ④

| 해설 | 경력개발이라고 하면 직장(업무) 외 장소에서 새벽시간이나 저녁시간에 하는 것을 떠올리는 경우가 많으나, 기업에는 외부에서 얻는 것보다 더 풍부한 자원(인적자원, 물적자원, 시장전략, 기술력 등)이 많이 있다.

32 경력개발능력 경력개발 최근 이슈 알기

| 정답 | ③

| 해설 | 최근 인터넷의 확산으로 공간이나 시간의 제약이 없어짐에 따라 전 세계적으로 창업이 증가하고 있는 추세이다. 창업을 하는 이유로는 정치 변화, 경제 변화, 회사생활에 대한 불만 등으로 지적되고 있다.

33 대인관계능력 감정은행계좌 잔고 쌓기

| 정답 | ②

| 해설 | 〈보기〉에 따르면 타인과의 약속을 잘 지키고 상대방을 배려하는 태도는 감정은행계좌에 잔고를 적립해 준다고 한다. 또한 예시에 따르면 사소한 칭찬으로도 타인과의 좋은 관계를 형성해 감정은행계좌에 금액을 축적할 수 있다. 따라서 사소한 일에 대한 무관심은 감정은행계좌에 금액을 적립할 수 있는 방법으로 적절하지 않다. 금액을 적립하기 위해서는 사소한 일에도 관심을 가지고 칭찬, 배려 등을 보이는 것이 적절하다.

34 팀워크능력 팀워크 저해 요소 파악하기

| 정답 | ③

| 해설 | ㄱ. 자기중심적인 이기주의는 개인주의와 같은 개념으로, 다른 사람을 배려하지 않고 자기의 편의대로 행동하는 경향을 가리킨다. 이러한 행동은 팀워크를 저해한다.

ㄷ. 좋은 팀워크를 유지하기 위해서는 나와 다른 사고방식을 지니고 있더라도 이를 이해하고 존중하는 태도를 지녀야 한다. 따라서 사고방식 차이에 대한 무시는 팀워크를 저해한다.

ㄹ. 자의식 과잉은 자기 마음의 위치에 신경을 쓰는 자의식 또는 자기에 대한 자각적 의식이 지나치게 많은 상태를 가리킨다. 자의식 과잉은 열등감, 강박감, 분열감 따위를 유발하므로 팀워크를 저해한다.

ㅁ. 파벌주의는 공적 사회에서 친분, 추종자 등의 사적 관계로 하나의 파벌을 형성해 이익의 획득을 추구하는 의식상태를 가리킨다. 질투로 인한 파벌의 형성은 팀워크를 저해한다.

| 오답풀이 |

ㄴ. 성격은 개개인마다 다르게 가지고 있는 고유의 특질이므로 무뚝뚝하다고 해서 무조건적으로 덜 좋거나 친화력이 좋다고 해서 무조건적으로 더 좋은 것이라고는 말할 수 없다. 따라서 무뚝뚝한 성격을 팀워크 저해 요인으로 보는 것은 적절하지 않다.

35 협상능력 협상에서의 실수에 대처하기

| 정답 | ②

| 해설 | 협상에서 주로 나타나는 실수와 각각에 따른 대처방안은 다음과 같다.

- 협상할 준비가 되지 않은 상태에서 협상을 시작한다(㉰).
  → 먼저 협상을 요구해 오면 준비가 아직 덜 되었다고 솔직하게 고백한다. 또한 상대방의 입장에 대해 질문하는 기회로 삼고 듣기만 하는 태도를 고수한다(㉢).
- 잘못된 상대와 협상을 진행한다(㉮).
  → 상대가 협상에 대하여 책임을 질 수 있고 타결권한을 가지고 있는 사람인지를 먼저 확인하고 협상을 시작한다(㉠). 상급자는 세부사항을 잘 모르므로 올바른 상대가 아니다.
- 특정 입장만을 고집한다.
  → 협상에 있어서 한계를 설정해 두고 그 다음의 단계를 대안으로 제시한다.
- 협상의 통제권을 잃을까 두려워한다.
  → 협상의 목적은 통제권을 확보하는 것이 아니라 함께 의견 차이를 조정하면서 최선의 해결책을 탐색하는 것임을 기억한다.
- 상대방에 대해서 너무 많은 염려를 한다.
  → 원하는 것을 얻을 수 있을지에 대해 너무 염려하지 말고 협상이 타결되기 전에 자신과 상대방이 각각 만족할 만한 결과를 얻었는지, 현실적으로 효력이 있는지, 모두가 만족할 수 있는 상황인지를 확인해 본다.
- 협상 타결에 초점을 맞추지 못한다.
  → 모든 단계에서 협상의 종결에 초점을 맞추고 항상 염두에 둔다.
- 설정한 목표와 한계로부터 벗어난다(㉯).
  → 한계와 목표를 잃지 않도록 노트에 기록하여 길잡이로 삼는다(㉣). 그러나 더 많은 것을 얻기 위해 한계와 목표를 바꾸기도 한다(㉡).

따라서 ㉤은 적절하지 않은 대처방안이다.

36 고객서비스능력 고객 만족도 측정하기

| 정답 | ②

| 해설 | 고객 만족을 측정하는 데 범할 수 있는 오류의 유형은 다음과 같다.

- 고객이 원하는 것을 알고 있다고 생각한다.
- 적절한 측정 프로세스 없이 조사를 시작한다.
- 비전문가로부터 도움을 얻는다.
- 포괄적인 가치에 대해서만 질문한다.
- 중요도 척도를 오용한다.
- 모든 고객들이 동일한 수준의 서비스를 필요로 한다고 가정한다.

따라서 ②는 적절하지 않은 설명이다.

37 직업윤리 한국인들의 직업윤리 덕목 알기

| 정답 | ⑤

| 해설 | 한국인들이 일반적으로 직업인으로서 갖추어야 할 중요한 직업윤리의 덕목으로는 책임감, 성실함, 정직함, 신뢰성, 창의성, 협조성, 청렴함이 있다. 따라서 전문성은 해당되지 않는다.

38 근로윤리 정직과 신용 구축하기

| 정답 | ④

| 해설 | 정직과 신용을 구축하기 위한 지침으로는 다음과 같은 것들이 있다.

- 매사에 정직한 태도로 임하며 매일 조금씩 정직과 신뢰를 쌓는다.
- 잘못된 것, 실패한 것, 실수한 것에 대해 숨기지 않고 정직하게 인정한다.
- 타인의 부정직한 행위에 대해서 눈감아 주거나 묵인하지 않는다.
- 잘못된 관행을 합리화하며 인정하지 않는다.

따라서 ④는 적절하지 않은 설명이다.

39 공동체윤리 서비스의 의미 이해하기

| 정답 | ④

| 해설 | S 백화점의 경영방침의 토대는 '고객접점 서비스'이다. 고객접점 서비스란 고객이 서비스 상품을 구매하기 위해서는 입구에 들어올 때부터 나갈 때까지 여러 서비스 요원과 몇 번의 짧은 순간을 경험하게 되는데, 그때마다 서비스 요원은 모든 역량을 동원하여 고객을 만족시켜 주어야 한다는 것이다. 고객접점 서비스가 중요한 것은 곱셈법칙이 작용하여 고객이 여러 번의 결정적 순간에서 단 한 명에게 0점의 서비스를 받는다면 모든 서비스가 0이 되어 버린다는 사실 때문이다.

40 공동체윤리 소개 예절 파악하기

| 정답 | ②

| 해설 | 직장에서 소개할 때 지켜야 할 예절은 다음과 같다.

- 나이가 어린 사람을 연장자에게 소개하고 내가 속한 회사에 다니는 사람을 다른 회사 사람에게 소개하고, 신참자를 고참자에게 소개해야 한다.
- 반드시 성과 이름을 함께 소개해야 한다.
- 정부 고관의 경우 퇴직을 한 후에도 직급명을 그대로 사용한다.
- 각자의 관심사, 최근의 성과에 대해 간단히 언급하는 것이 좋다.
- 상대방이 항상 사용하는 경우라면, Dr. 또는 Ph.D 등의 칭호를 함께 언급한다.
- 비즈니스에서 사용하는 별칭이 아니라면 사용하지 않는다.

따라서 ②는 적절하지 않은 설명이다.

6회 기출예상문제

문제 190쪽

01	③	02	②	03	⑤	04	②	05	④
06	③	07	⑤	08	②	09	⑤	10	⑤
11	②	12	②	13	⑤	14	②	15	⑤
16	④	17	④	18	①	19	③	20	⑤
21	②	22	⑤	23	③	24	②	25	④
26	②	27	⑤	28	③	29	②	30	⑤
31	③	32	①	33	②	34	④	35	④
36	③	37	⑤	38	②	39	③	40	④

01 문서이해능력 세부 내용 이해하기

| 정답 | ③

| 해설 | 철도운영자와 시설관리자가 안전교육을 위탁할 수 있도록 안전전문기관을 지정한다는 내용은 제시되어 있지만 철도종사자 안전교육을 위탁받은 지정 기관명이 제시되지 않았다.

| 오답풀이 |

① 철도종사자 안전교육의 내용 및 이수시간은 Ⅱ-1-다에 제시되어 있다.

② 철도종사자 안전교육을 받아야 하는 대상자는 Ⅱ-1-나에 제시되어 있다.

④, ⑤ 철도차량에 대한 불법 개조 작업에 대한 행정처분 내용과 철도차량에 대한 개조 작업을 수행할 수 있는 자격요건은 Ⅱ-2-나에 언급되어 있다.

02 문서이해능력 글의 내용 도식화하기

| 정답 | ②

| 해설 | Ⅱ-2-나에서 먼저 철도차량을 소유하거나 운영하는 자는 개조 착수 20일 전까지 개조 범위, 사유 등을 첨부하여 국토부장관에게 신청(개조 신청)한 후, 개조 작업 기술력에 대한 검토(사전기술검토)를 받아야 한다고 하였다. 그다음 개조 작업을 진행하고, 개조 작업을 실시한 철도차량에 대하여 국토부장관이 '철도차량기술기준(고시)'의 적합성 여부를 검사(개조승인검사)하여, 적합한 경우 승인

운행한다. 따라서 철도차량 개조 절차는 '개조 신청－사전 기술검토－개조 작업－개조승인검사－승인 운행'이다.

03 문서이해능력 세부 내용 이해하기

| 정답 | ⑤

| 해설 | 예산안 주요 특징의 2. 노후시설 개량, 안전시설 확충 등을 위한 철도안전 투자 강화를 보면 도시철도(서울·부산) 노후 시설물 개량 지원을 566억 원으로 확대한다고 하였으므로 노후 시설물 개량 지원이 새로 지원되는 사업이란 설명은 적절하지 않다.

| 오답풀이 |

① 예산안 주요 특징 1, 2를 보면 수도권 교통 혼잡 완화 및 철도안전을 위한 투자가 이번 예산안의 주요 내용임을 알 수 있다.

② 예산안 주요 특징 1의 각주를 보면 GTX를 통해 수도권 외곽지역에서 서울 도심까지 30분 내로 이동 가능하다는 것을 알 수 있다.

③ 첫 번째 문단을 보면 철도안전 분야 예산을 큰 폭으로 증액(10,360 → 15,501억 원)하였음을 알 수 있다.

④ 예산안 주요 특징 1을 보면 수도권의 만성적인 교통난으로 인한 시민 불편을 획기적으로 개선하기 위해 수도권광역급행철도(GTX) 및 신안산선 등 광역철도 건설 사업이 진행된다고 하였다.

04 문서작성능력 빈칸에 들어갈 내용 추론하기

| 정답 | ②

| 해설 | 예산안 주요 특징 2를 보면 시설물을 안전하게 관리하고 장애 발생 시 보다 신속히 대처할 수 있도록 IoT(사물인터넷) 기반 원격제어, 센서 등을 활용한 스마트 기술을 도입할 예정이라고 하였으므로 ㉠에 들어갈 내용은 ②가 적절하다.

05 기초연산능력 비례식 계산하기

| 정답 | ④

| 해설 | A4용지의 세로 길이를 x, 가로 길이를 y라 하면, A5용지의 세로 길이는 A4용지의 가로 길이인 y, 가로 길이는 A4용지 세로 길이의 절반인 $\frac{x}{2}$이다. 모든 등급들의 가로 길이와 세로 길이 비율은 동일하다고 했으므로,

$$x : y = y : \frac{x}{2}$$

$$y^2 = \frac{x^2}{2}$$

$$y = \frac{x}{\sqrt{2}} = \frac{x}{1.4}$$

따라서 복사기 제어판에 표시되는 축소 비율은

$y : \frac{x}{2} = \frac{x}{1.4} : \frac{x}{2} = 1 : 0.7$, 즉 70%이다.

06 도표분석능력 표의 빈칸 채우기

| 정답 | ③

| 해설 | '지연운행 발생 현황'의 ㉠, ㉡에 들어갈 수치를 계산하면 다음과 같다.

㉠ 245－3－14－119－67＝42(건)

㉡ 259－1－4－55－1－51＝147(건)

따라서 ㉠, ㉡에 들어갈 값의 합은 42＋147＝189이다.

07 도표분석능력 자료의 수치 분석하기

| 정답 | ⑤

| 해설 | 선로장애/급전장애/신호장애로 인한 지연운행 발생 건수는 235건으로, 차량고장(675건), 기타(370건)에 이어 세 번째로 많다.

| 오답풀이 |

① 자료의 기간 동안 정지신호 위반운전으로 인한 운행장애는 1＋1＋2＋1＋5＝10(건) 발생하였다.

② 자료의 기간 동안 무허가 구간 열차운행, 위험물 누출 사건으로 인한 운행장애는 모두 2건씩 발생하였다.

③ 20X5년에 차량파손으로 인한 운행장애가 1건 발생하였다.

④ 20X8년에는 전년과 동일한 4건이 발생하였다.

08 도표작성능력 표를 그래프로 변환하기

| 정답 | ②

| 해설 | 20X5 ~ 20X9년 운행장애 발생건수는 다음과 같다.

- 20X5년 : 2+253=255(건)
- 20X6년 : 1+245=246(건)
- 20X7년 : 4+259=263(건)
- 20X8년 : 2+231=233(건)
- 20X9년 : 10+347=357(건)

따라서 자료와 일치하지 않는 그래프이다.

| 오답풀이 |

① 20X5 ~ 20X9년 위험사건 발생건수는 다음과 같다.

- 20X5년 : 1+1=2(건)
- 20X6년 : 1건
- 20X7년 : 2+2=4(건)
- 20X8년 : 1+1=2(건)
- 20X9년 : 1+5+2+1+1=10(건)

따라서 바르게 그려진 그래프이다.

④ 20X7 ~ 20X9년 지연운행 중 선로장애/급전장애/신호장애로 인한 지연운행 비중은 다음과 같다.

- 20X7년 : $\frac{55}{259}\times 100 ≒ 21(\%)$
- 20X8년 : $\frac{49}{231}\times 100 ≒ 21(\%)$
- 20X9년 : $\frac{61}{347}\times 100 ≒ 18(\%)$

따라서 바르게 그려진 그래프이다.

⑤ 20X5 ~ 20X9년 지연운행 중 기타로 인한 지연운행 비중은 다음과 같다.

- 20X5년 : $\frac{98}{253}\times 100 ≒ 39(\%)$
- 20X6년 : $\frac{67}{245}\times 100 ≒ 27(\%)$
- 20X7년 : $\frac{51}{259}\times 100 ≒ 20(\%)$
- 20X8년 : $\frac{67}{231}\times 100 ≒ 29(\%)$
- 20X9년 : $\frac{87}{347}\times 100 ≒ 25(\%)$

따라서 바르게 그려진 그래프이다.

09 문제처리능력 자료 이해하기

| 정답 | ⑤

| 해설 | 1. 추진 배경을 통해 BIM기반 통합운영시스템 개발 및 구축에 관한 연구가 스마트 건설 로드맵을 반영하여 작성된 것임을 확인할 수 있다.

10 문제처리능력 자료 추론하기

| 정답 | ⑤

| 해설 | 2. 과제 개요－연구수행체계를 보면 연구과제는 세부 1 ~ 3으로 총 3개이며, 각 세부과제는 3단계로 제시되어 있음을 알 수 있다.

| 오답풀이 |

① 1. 추진 배경을 보면 4차 산업혁명 기술을 적용한 철도 건설 산업의 생산성 향상 및 안전성 강화 필요에 의해 추진된 사업이므로 기술적인 기대효과가 존재한다.

② 정부투자금액은 2025년에 전년 대비 감소한다.

③ 연구기간은 2021년 4월부터 2025년 12월까지이므로 약 4년 동안 진행된다.

④ 특정 연구단을 지칭하지 않았다.

11 문제처리능력 자료 분석하기

| 정답 | ②

| 해설 | 2. 과제 개요－연구수행체계의 세부 1을 보면 철도 인프라 BIM 적용 현장 구축 및 운영으로 명시되어 있으므로 ⓛ은 현장 구축 및 운영이 적절하다.

12 사고력 진실을 말한 사람 찾기

| 정답 | ②

| 해설 | B사 직원이 거짓말을 했을 경우를 정리하면 다음과 같다.

－A사 직원의 말에 의해 E>A

－D사 직원의 말에 의해 E>A>D

－C사 직원의 말에 의해 C>E>A>D

－B사 직원의 말이 거짓이므로 C>E>A>D≥B

따라서 E사 직원의 말과 모순이 되므로 B사 직원은 진실을 말했다고 확신할 수 있다.

13 경영이해능력 대리인 문제 이해하기

| 정답 | ⑤

| 해설 | 대리인 문제는 개인이나 집단의 의사결정 과정을 다른 사람에게 위임하였을 때 대리인을 고용한 위임자와 대리인 간의 이해관계가 충돌하여 생기는 문제를 말한다. 대리인 문제를 해결하기 위해서 내부적으로 사외이사제도와 주식매수 선택권(스톡옵션)이 있고 외부적으로는 법적 규제제도(투자자 보호를 위한 사법제도)와 M&A 등이 있다.

14 경영이해능력 성과 기준 이해하기

| 정답 | ②

| 해설 | 〈성과 기준표〉에 의해서 각 영업팀별 평가 기준을 $\frac{\text{금년 매출액}}{\text{본부 제시 목표 실적}}\times 100$으로 계산하여 평가 등급을 나누면 다음과 같다.

구분	팀별 성과 평가 기준	평가 등급
영업 1팀	$\frac{6,000}{6,500}\times 100 ≒ 92.3(\%)$	C
영업 2팀	$\frac{4,500}{5,300}\times 100 ≒ 84.9(\%)$	D
영업 3팀	$\frac{8,000}{7,500}\times 100 ≒ 106.7(\%)$	B
영업 4팀	$\frac{6,000}{6,000}\times 100 = 100(\%)$	B
영업 5팀	$\frac{6,000}{6,000}\times 100 = 100(\%)$	B

따라서 가장 낮은 등급은 받은 팀은 영업 2팀이다.

15 경영이해능력 목표 실적 파악하기

| 정답 | ⑤

| 해설 | 〈팀 제시 목표 실적〉과 〈팀별 영업 매출 보고서〉를 통해 전년 대비 매출액 증가율을 계산하면 다음과 같다.

구분	전년 대비 매출액 증가율
영업 1팀	$\frac{6,000-5,500}{5,500}\times 100 ≒ 9.1(\%)$
영업 2팀	$\frac{4,500-4,000}{4,000}\times 100 = 12.5(\%)$
영업 3팀	$\frac{8,000-6,500}{6,500}\times 100 ≒ 23.1(\%)$
영업 4팀	$\frac{6,000-4,500}{4,500}\times 100 ≒ 33.3(\%)$
영업 5팀	$\frac{6,000-5,000}{5000}\times 100 = 20(\%)$

따라서 팀에서 제시한 목표 실적을 달성한 팀은 영업 3팀, 4팀, 5팀이다.

16 경영이해능력 실적 달성 여부 파악하기

| 정답 | ④

| 해설 | 각 팀별로 점수를 계산하면 다음과 같다.

구분	본부 제시 목표	팀 제시 목표	매출액 향상	계
영업 1팀	0	0	0	0
영업 2팀	0	0	0	0
영업 3팀	3	1	5	9
영업 4팀	3	1	5	9
영업 5팀	3	1	4	8

영업 3팀과 영업 4팀이 9점으로 같은 점수이지만 전년 대비 금년 매출액의 증가율이 영업 4팀(33.3%)이 영업 3팀(23.1%)보다 크므로 성과급은 영업 4팀이 받게 된다.

17 컴퓨터활용능력 시스템 모니터링 코드 이해하기

| 정답 | ④

| 해설 | • ErrorAlert C_H30 1 : $30\times 1\times 2=60$

• ErrorAlert S_j30 −1 : $30\times(-1)\times 1=-30$

• ErrorAlert S_y30 0.5 : $30\times 0.5\times 1=15$

따라서 Result Value는 $60+(-30)+15=45$로 '위험'에 해당하므로 'M8nta'을 입력해야 한다.

18 컴퓨터활용능력 시스템 모니터링 코드 이해하기

| 정답 | ①

| 해설 | • ErrorAlert S_P100 0.5 : 100×0.5×1=50

• ErrorAlert C_i200 1 : 200×1×0=0

• ErrorAlert S_G300 −1.5 : 300×(−1.5)×1=−450

따라서 Result Value는 50+0+(−450)=−400으로 '안전'에 해당하므로 'Whit3'을 입력해야 한다.

19 컴퓨터활용능력 시스템 모니터링 코드 이해하기

| 정답 | ③

| 해설 | • ErrorAlert S_f5 −5 : 5×(−5)×1=−25

• ErrorAlert S_a4 8 : 4×8×1=32

• ErrorAlert S_t2 9 : 2×9×1=18

따라서 Result Value는 (−25)+32+18=25로 '경고'에 해당하므로 '7ello'을 입력해야 한다.

20 컴퓨터활용능력 시스템 모니터링 코드 이해하기

| 정답 | ⑤

| 해설 | • ErrorAlert C_Y11 0 : 11×0×2=0

• ErrorAlert S_r22 0 : 22×0×1=0

• ErrorAlert C_G33 1 : 33×1×2=66

따라서 Result Value는 0+0+66=66으로 '정지'에 해당하므로 '8lack'을 입력해야 한다.

21 인적자원관리능력 규칙에 맞게 근무지 배치하기

| 정답 | ②

| 해설 | 희망 근무지로 강원도를 선택한 나 직원과 다 직원, 제주도를 선택한 마 직원은 희망 근무지 그대로 배치된다.

희망 근무지로 서울을 선택한 직원은 가, 차, 타 직원이며 한 근무지당 2명의 직원만 배치되어야 하므로 1명은 서울로 배치될 수 없다. 고속전호 업무를 하는 차 직원과 타 직원이 우선 배치되어야 하는데, 이때 한 근무지에 배치된 직원들은 업무 분야가 달라야 하며 분야가 동일할 경우 경력이 많은 순으로 우선 배치하므로 서울에 배치되는 직원은 가 직원과 타 직원이다.

희망 근무지로 경기도를 선택한 직원은 라, 사, 자 직원이며 마찬가지로 1명은 경기도로 배치될 수 없다. 고속전호 업무를 하는 라 직원이 우선 배치되고, 다음으로 입환유도 업무를 하는 사 직원과 자 직원 중 경력이 더 많은 사 직원이 배치된다. 따라서 경기도에 배치되는 직원은 라 직원과 사 직원이다.

희망 근무지로 부산을 선택한 직원은 바, 아, 카 직원이며 세 명의 직원 모두 구내운전 업무를 하므로 이 중 경력이 가장 많은 카 직원만 부산으로 배치된다.

〈근무지 배치 규칙〉에 따라 희망 근무지에 배치되는 직원을 정리하면 다음과 같다.

직원	희망 근무지	직원	희망 근무지
가	서울	사	경기도
나	강원도	아	부산
다	강원도	자	경기도
라	경기도	차	서울
마	제주도	카	부산
바	부산	타	서울

22 인적자원관리능력 규칙에 맞게 근무지 배치하기

| 정답 | ⑤

| 해설 | **21**의 해설을 참고할 때 선택지 중 희망 근무지에 배치되는 직원은 카 직원이다.

23 인적자원관리능력 규칙에 맞게 근무지 배치하기

| 정답 | ③

| 해설 | 주어진 규칙에 따라 희망 근무지에 배치된 직원을 제외하면, 남은 직원들(바, 마, 자, 차)은 희망자가 미달인 제주도(1명), 부산(1명), 광주(2명) 중 한 곳에 배치된다. 우선 배치 업무분야에 따라 입환유도 업무를 하는 자 직원이 남은 세 지역 중 가장 평점이 높은 광주에 배치된다. 다음으로 구내운전 업무를 하는 바 직원(경력 4년)과 아 직원(경력 2년) 중 경력이 적은 아 직원이 우선 배치되어야 하는데, 먼저 광주에 배치된 자 직원의 경력이 4년 이상이 되지 않으므로 아 직원은 광주에 배치될 수 없다. 그 다음으로 평점이 높은 부산에는 같은 업무분야 직원이 배치되어 있으므로, 아 직원은 제주도에 배치된다. 이어 바 직원은 광주에 배치되고, 차 직원은 부산에 배치된다.

최종 배치된 근무지를 정리하면 다음과 같다.

직원	근무지	직원	근무지
가	서울	사	경기도
나	강원도	아	제주도
다	강원도	자	광주
라	경기도	차	부산
마	제주도	카	부산
바	광주	타	서울

따라서 마 직원과 같은 근무지에 배치되는 직원은 아 직원이다.

24 예산관리능력 우선순위에 따라 업체와 품목 선정하기

| 정답 | ②

| 해설 | 직원 선호도 순위와 단체복 주문 시 제품별 업체별 총 금액은 다음과 같다.

품목	직원 선호도 순위	A 업체 (원)	B 업체 (원, 10% 할인)
라운드넥 티셔츠	3	600,000	585,000
칼라넥 티셔츠	2	700,000	787,500
집업 점퍼	1	1,100,000	900,000
플리스 점퍼	4	1,250,000	990,000

직원 선호도 순위를 최우선으로 고려하여 선정해야 하나, 다음 순위 품목의 총 구매 금액이 우선 품목 대비 20% 이상 저렴한 경우에는 다음 순위 품목을 선정한다는 조건을 반영한다. 먼저, 직원 선호도 1순위인 집업 점퍼와 2순위인 칼라넥 티셔츠를 비교하는데, 동일한 품목에서 총 구매금액이 더 저렴한 업체를 선정하므로 집업 점퍼는 B 업체를, 칼라넥 티셔츠는 A 업체를 기준으로 한다. $\frac{700,000}{900,000} \times 100$ ≒ 77.8(%)로, 칼라넥 티셔츠가 집업 점퍼보다 약 22% 저렴하므로 이때 칼라넥 티셔츠가 선택된다.

이어서, 직원 선호도 3순위인 라운드넥 티셔츠와 칼라넥 티셔츠를 비교한다. $\frac{585,000}{700,000}$ ≒ 83.6(%)로, 라운드넥 티셔츠가 약 16% 저렴하다. 따라서 최종 선정될 품목은 칼라넥 티셔츠이며 업체는 A 업체이다.

25 기술선택능력 점검일지 파악하기

| 정답 | ④

| 해설 | 점검 주기가 가장 긴 항목은 포장기의 운전부 중 온도 센서 점검, 용수탱크의 본체 균열 · 누수 여부 점검 두 항목이다.

| 오답풀이 |

① 검출기의 컨베이어 벨트는 나머지 둘과 다른 날 점검했다.

② 냉 · 난방온도 센서는 4일 간격으로 점검하고 있다.

③ 용수탱크는 설비 청소 상태를 점검하지 않는다.

⑤ 검출기는 16일에 검사한 항목이 없다.

26 기술선택능력 점검항목 나열하기

| 정답 | ②

| 해설 | 4월 1일에 점검해야 할 항목은 컨베이어 벨트의 설비 청소 상태, 살균 · 냉각조의 냉 · 난방온도 센서, 살균 · 냉각조의 수위 조절 레벨, 용수탱크의 램프 작동 여부, 용수탱크의 수질 상태 체크이다.

27 기술선택능력 점검계획 수립하기

| 정답 | ⑤

| 해설 | 박 과장의 조언을 반영하여 4월의 점검일을 정리하면 다음과 같다.

구분			일지						
설비		점검 항목	4/4	4/8	4/12	4/16	4/20	4/24	4/28
세척기	모터부	모터 작동 여부	✓				✓		
		체인의 마모 상태	✓				✓		
		구리스 주입 상태	✓			✓			✓
	세척부	설비 청소 상태	✓			✓			✓
포장기	운전부	베어링	✓			✓			✓
		온도 센서	✓						✓
	컨베이어 벨트	설비 청소 상태	✓			✓			✓
열 처리기	살균 · 냉각조	냉 · 난방온도 센서	✓				✓		
		수위 조절 레벨	✓				✓		
		설비 청소 상태	✓			✓			✓

검출기	금속 검출기	모터 작동 상태	✓				✓		
		컨베이어 벨트	✓				✓		
		검출센서	✓				✓		
		설비 청소 상태	✓				✓		
용수 탱크	용수 탱크	주위 청소 상태	✓			✓			✓
		본체 균열 · 누수 여부	✓						✓
		배관 오염 여부	✓					✓	
		녹 등 침식물 여부	✓			✓			✓
		월류관 파손 여부	✓			✓			✓
		램프 작동 여부	✓				✓		
		수질 상태 체크	✓			✓			✓

따라서 열처리기의 살균 · 냉각조의 냉 · 난방온도 센서 점검과 용수탱크의 램프 작동 여부의 점검은 같은 주기로 진행됨을 알 수 있다.

| 오답풀이 |

① 4월 24일에는 용수탱크의 배관 오염 여부를 점검해야 한다.

② 용수탱크의 수질 상태 체크는 4월 4일과 16일, 배관 오염 여부는 4월 4일과 24일에 점검한다.

③ 열처리기의 모든 점검 항목을 한 번에 점검하는 날은 4월 4일 하루이다.

④ 살균 · 냉각조의 설비 청소 상태 점검 주기는 12일, 금속검출기의 설비 청소 상태 점검 주기는 16일이다.

28 기술능력 지속가능한 발전의 사례 파악하기

| 정답 | ③

| 해설 | 지속가능한 기술은 환경보호와 중심적인 요소이다. 그리고 'ICT 및 데이터분석을 통한 기계설비의 과학적 유지'는 환경보호와는 거리가 멀다.

29 자아인식능력 조하리의 창 이해하기

| 정답 | ②

| 해설 | ㄴ은 자신의 습관이나 행동을 다른 사람들은 알고 있는데 본인은 바르게 인지하지 못하는 영역인 눈먼 자아의 사례이다.

| 오답풀이 |

①, ③ ㄱ은 공개된 자아, ㄷ은 숨겨진 자아의 사례로 두 영역 모두 자신에 대해 잘 알고 있으며, 타인이 자신에 대해서 잘 파악하고 있는가에 따라 구분된다.

④ ㄷ은 숨겨진 자아에 해당하는 사례로 상대방의 말을 잘 경청하고 수용적이며 속이 깊고 신중함을 보이지만 자신의 이야기나 속마음은 잘 드러내지 않는 경향이 있다.

⑤ ㄹ은 아무도 모르는 자아의 사례로 이에 해당하는 사람은 대체로 심리적인 고민이 많고 인간관계에 소극적이며 고립된 생활을 하는 경우가 많다. 따라서 자신에 대한 지속적인 관심과 피드백을 통해 공개된 자아 영역으로 넓히거나 자아성찰을 통해 의식전환을 할 필요가 있다.

30 자기관리능력 업무수행 성과를 높이는 행동전략 알기

| 정답 | ⑤

| 해설 | 다른 사람이 일하는 방식과 다른 방식으로 생각하다 보면 다른 사람이 발견하지 못한 더 좋은 해결책을 발견하는 경우도 있다. 다른 사람이 생각하는 순서와 거꾸로 생각해보고 다른 사람이 하는 일을 새로운 관점으로 본다면 창의적으로 보다 쉽게 처리할 수 있으며 업무 성과도 높일 수 있다.

31 자기관리능력 거절의 의사결정 표현 방법 알기

| 정답 | ③

| 해설 | 거절의 의사결정은 빠를수록 좋다. 의사결정이 오래 지체될수록 상대방은 긍정의 대답을 기대하게 되고, 의사결정자는 거절을 하기 더욱 어려워진다.

32 경력개발능력 경력개발의 필요성 알기

| 정답 | ①

| 해설 | 경력개발이 필요한 이유는 다음 세 가지 차원으로 나눌 수 있다.

• 환경 변화 : 삶의 질 추구(ㅁ), 인력난 심화 및 중견사원 이직 증가(ㅅ), 지식 정보의 빠른 변화

- 조직 요구 : 능력주의 문화(ㄱ), 직무환경 변화(ㄷ), 승진 적체(ㄹ), 경영전략 변화
- 개인 요구 : 발달 단계에 따른 가치관, 신념 변화(ㄴ), 전문성 축적 및 성장 요구 증가(ㅂ), 개인의 고용시장 가치 증대(ㅇ)

33 리더십능력 코칭 과정 파악하기

| 정답 | ②

| 해설 | 코칭이란 코치와 코치를 받는 사람이 파트너를 이뤄서 스스로 목표를 설정하고 효과적으로 달성하며 성장할 수 있도록 지원하는 과정이다. 코칭이 이루어지는 과정은 다음과 같다.

1. 시간을 명확히 알린다(㉠).
2. 목표를 정확히 밝힌다.
3. 핵심적인 질문으로 효과를 높인다(㉡).
4. 질문에 대한 답변을 적극적으로 경청한다.
5. 반응을 이해하고 인정한다.
6. 직원 스스로 해결책을 찾도록 유도한다(㉢).
7. 코칭의 과정을 반복한다.
8. 인정할 만한 일은 확실히 인정한다(㉣).
9. 결과에 따른 후속 작업에 집중한다(㉤).

따라서 ㉡ 단계에는 '핵심적인 질문으로 효과를 높인다'가 적절하다.

34 갈등관리능력 갈등을 파악하는 단서 알기

| 정답 | ④

| 해설 | 갈등을 파악할 수 있는 단서로는 다음과 같은 것들이 있다.

- 지나치게 감정적으로 논평을 하며 서로에게 제안을 한다.
- 타인의 의견에 대한 발표가 끝나기도 전에 타인의 의견에 대해 공격부터 한다.
- 서로의 입장에 대한 핵심을 이해하지 못했음을 이유로 서로를 비난한다.
- 편을 가르고 다른 편과 타협하기를 거부한다.
- 개인적인 수준에서 미묘한 방식으로 서로를 공격한다.

따라서 집단적인 수준에서 통계적인 방식으로 서로를 공격한다는 설명은 적절하지 않으며 갈등을 파악할 수 있는 단서로는 ㄱ, ㄴ, ㄷ, ㅁ이 적절하다.

35 협상능력 협상의 인식 차원 이해하기

| 정답 | ④

| 해설 | 의사결정 차원에서 바라보는 협상은 둘 이상의 이해당사자들이 여러 가지의 대안들 가운데서 모든 이해당사자들이 수용할 수 있는 대안을 찾기 위한 과정이다. 따라서 의사결정 차원에서 협상을 대하고 있는 구매자는 정이다.

| 오답풀이 |

① 갑은 의사소통 차원에서 협상을 바라보고 있다. 의사소통 차원에서 바라보는 협상은 이해당사자들이 자신의 욕구를 충족시키기 위해 상대방으로부터 최선의 것을 얻어내기 위해 상대방을 설득하는 의사소통의 과정이다.

② 을은 갈등해결 차원에서 협상을 바라보고 있다. 갈등해결 차원에서 바라보는 협상은 갈등 관계에 놓여 있는 이해당사자들이 대화를 통해서 갈등을 해결하고자 하는 상호작용의 과정이다.

③ 병은 지식과 노력 차원에서 협상을 바라보고 있다. 지식과 노력 차원에서 바라보는 협상은 얻고자 하는 것을 어떻게 하면 다른 사람들보다 더 우월한 지위를 점유하면서 얻을 수 있을 것인가 등에 관련된 지식이며 노력의 장이다.

⑤ 무는 교섭 차원에서 협상을 바라보고 있다. 교섭 차원에서 바라보는 협상은 서로 다른 이해당사자들이 합의점에 도달하기 위해 공동으로 의사결정을 하는 과정이다.

36 고객서비스능력 고객 만족 조사방법 알기

| 정답 | ③

| 해설 | 심층면접법의 특징은 다음과 같다.

- 일대일 대면접촉에 의해 응답자의 잠재된 동기, 신념, 태도 등을 발견하는 데 유용하다.
- 30분에서 1시간 정도의 비교적 긴 시간이 소요된다.
- 다른 방법을 통해 포착할 수 없는 심층적인 정보를 경험적으로 얻을 수 있다.
- 독특한 정보를 얻을 수 있다.
- 면접의 결과를 사실과 다르게 해석할 가능성이 있다.

1회 기출예상 2회 기출예상 3회 기출예상 4회 기출예상 5회 기출예상 6회 기출예상 7회 기출예상 8회 기출예상

설문조사의 특징은 다음과 같다.

- 비교적 빠른 시간 내에 조사를 실시할 수 있다.
- 조사결과를 통계적으로 처리할 수 있다.
- 응답자들이 쉽게 이해할 수 있는 말로 질문을 구성해야 한다.

따라서 ㄱ, ㄷ, ㄹ은 설문조사, ㄴ, ㅁ, ㅂ은 심층면접법의 특징이다.

37 근로윤리 정직 이해하기

| 정답 | ⑤

| 해설 | 정직은 신뢰를 형성 및 유지하고 사람과 사람이 협력하는 데 있어 필요한 가장 기본적인 규범이다. 정직함이 몸에 배인 사람은 조급하거나 가식적이지 않으며 숨길 것도 두려울 것도 없다. 정직한 사람은 자신의 삶을 올바른 방향으로 이끌 수 있는 생각과 시각을 지니고 있다. 이러한 정직은 정보 사회에서는 더욱 필요불가결하다. 하지만 우리나라의 정직 수준은 아직 완벽하지 못하다. 여기엔 원칙보다는 집단 내의 정과 의리를 소중히 여기는 문화적 정서도 그 원인 중 하나이다.

따라서 ㄱ, ㄴ, ㄷ, ㄹ, ㅁ 모두 적절한 설명이다.

38 직업윤리 개인윤리와 직업윤리 이해하기

| 정답 | ②

| 해설 | 직업윤리는 개인윤리의 연장선에 있지만, 개인윤리에 비해 자주성과 특수성을 가지고 있다. 그 대표적인 예로 개인윤리의 덕목에서는 타인에 대한 물리적 행사가 절대 금지되어 있지만 경찰이나 군인 등의 경우 필요한 상황에서는 그것이 허용된다는 점을 들 수 있다. 이와 같은 개인윤리와 직업윤리의 조화는 다음과 같이 이루어진다.

- 업무상 개인의 판단과 행동이 사회적으로 영향력이 큰 기업시스템을 통하면서 다수의 이해관계자와 관련을 가지게 된다.
- 수많은 사람들이 관련되어 고도화된 공동의 협력을 요구하므로, 맡은 역할에 대한 책임 완수와 정확하고 투명한 일 처리가 요구된다.
- 규모가 큰 공동의 재산, 정보 등을 개인의 권한하에 위임, 관리하므로 높은 윤리의식이 요구된다.
- 직장이라는 특수한 상황에서 가지는 집단적 인간관계는 가족관계, 개인적 선호에 의한 친분 관계와는 다른 측면의 배려가 요구된다.
- 기업은 경쟁을 통하여 달성한 것에 대해 사회적 책임을 다하고, 보다 강한 경쟁력을 위하여 조직원 개개인의 역할과 능력이 경쟁상황에서 적절하게 그리고 꾸준히 향상되어야 한다.
- 각각의 직무에서 오는 특수한 상황에서는 개인윤리 차원의 일반적인 상식과 기준으로는 규제할 수 없는 경우가 많다.

따라서 카드 2에 적힌 설명이 적절하지 않다.

39 근로윤리 근면에 필요한 자세 알기

| 정답 | ③

| 해설 | 근면은 게으르지 않고 부지런한 것을 의미하며, 근면함은 성공을 이루게 하는 기본 조건이다. 근면의 종류로는 외부로부터 강요당한 근면과 스스로 자진해서 하는 근면이 있는데, 보다 바람직한 것은 적극적이고 능동적인 자세로 근면함을 유지하는 '스스로 자진해서 하는 근면'이라고 할 수 있다. 따라서 C의 설명이 가장 적절하다.

40 공동체윤리 명함 교환 예절 알기

| 정답 | ④

| 해설 | 명함을 주고받을 때 유의할 점은 다음과 같다.

- 명함은 새것을 사용하여야 한다.
- 명함은 반드시 명함 지갑에서 꺼내고 상대방에게 받은 명함도 명함 지갑에 넣어야 한다.
- 상대방에게 명함을 받으면 받은 즉시 호주머니에 넣지 않고 명함에 대해 한두 마디의 대화를 건네는 것이 좋다.
- 명함은 하위에 있는 사람이 먼저 꺼내고, 상위자에 대해서는 왼손으로 가볍게 받치는 것이 예의이다.
- 쌍방이 명함을 동시에 꺼낼 경우 왼손으로 서로 교환하고 오른손으로 옮겨진다.
- 명함에 부가 정보를 적을 경우 상대방과의 만남이 끝난 후에 적어야 한다.

따라서 ④가 적절하지 않은 행동이다.

7회 기출예상문제

문제 222쪽

01	④	02	⑤	03	①	04	③	05	③
06	⑤	07	③	08	⑤	09	②	10	⑤
11	⑤	12	①	13	⑤	14	③	15	①
16	③	17	②	18	①	19	⑤	20	④
21	④	22	①	23	③	24	①	25	②
26	⑤	27	④	28	③	29	④	30	③
31	⑤	32	④	33	⑤	34	④	35	③
36	②	37	①	38	③	39	②	40	⑤

01 문서이해능력 내용 추론하기

| 정답 | ④

| 해설 | 2문단에 '철도 및 도시철도 역사는 ~ 역사를 이용하는 이용자들에게 편의성을 제공하기 위해 다양한 연구 및 기술개발이 수행되고 있으며 ~'라고 제시되어 있으므로 철도 및 도시철도 역사를 이용하는 사람들을 위한 편의성 제공 관련 연구가 거의 이루어지지 않고 있다는 것은 사실이 아니다.

| 오답풀이 |

① 1문단에 '~ 사람 중심의 교통체계 구축, 국민의 삶의 질 향상 등의 정부 정책에 따라 ~'라고 제시되어 있으므로 적절하다.

② 2문단에 '도시철도 역사 내의 이동패턴, 이동시간 등은 교통카드 데이터만으로 분석하기에는 한계가 존재한다'고 제시되어 있으므로 적절하다.

③ 1문단에 '4차 산업혁명 시대에 교통은 모빌리티 4.0이라고 일컬으며, 대중교통 중심의 지속가능한 교통체계를 중심으로 이용자 맞춤형, 수요 대응형 서비스를 지향하고 있다'라고 제시되어 있으므로 적절하다.

⑤ 2문단에 '다양한 이용자 특성에 대한 대중교통 이동 패턴 조사 및 데이터 기반의 문제점 파악이 미비한 실정이다'라고 제시되어 있으므로 적절하다.

02 문서이해능력 관련 내용 파악하기

| 정답 | ⑤

| 해설 | (가) 교통카드 데이터와 열차 출발 · 도착 데이터를 활용한 도시철도 역사 서비스 수준 추정을 위한 연구 방법을 3단계로 나누어 구성하였음을 알 수 있으며 이를 통해 각 단계에서 수행하는 일들을 제시하였으므로 '제3장 연구방법론 및 분석자료'와 관련되어 있다.

(나) '본 연구에서는 제안한 방법론의 신뢰성 및 활용가능성을 증가시키기 위해서는 다음과 같은 추가 연구가 필요하다'라고 하면서 지금까지 수행했던 연구 이외의 추가로 수행해야 하는 일을 제시하고 있으므로 '제5장 논의 및 결론'과 관련된다.

03 문서작성능력 소제목 작성하기

| 정답 | ①

| 해설 | (가) 차량부품 상태를 감시하고 자동 정비를 시행하며 차량 부품의 이상 상태에 대한 실시간 모니터링 시범사업을 시행한다고 하였으므로 차량관리 분야에 해당한다.

(나) 사물인터넷과 드론 등을 활용하여 시설물 상태를 점검하고, 첨단 장비들을 통해 유지보수를 시행한다고 하였으므로 시설관리 분야에 해당한다.

(다) 인공지능 센서를 통해 운전자의 졸음과 피로를 인지하여 위험을 실시간 확인 · 경고하고 기관사의 위험습관 등을 찾아내어 사전에 개선하는 사업에 관한 내용이므로 인적관리 분야에 해당한다.

(라) 빅데이터 분석을 통해 사고위험을 예측하고, 사고 예방을 위한 솔루션을 제공하며 위험요인을 예측하는 시스템에 관한 내용이므로 위험관리 분야에 해당한다.

(마) 지능형 CCTV, 인공지능 등을 활용한 스마트 철도보안체계를 구축하여, 테러 등의 위험을 사전에 감지하고 대응하며 위험물을 자동으로 검색하는 인공지능(AI) 기반 자동판독시스템 도입도 추진한다고 했으므로 보안관리 분야에 해당한다.

04 문서작성능력 제목 작성하기

| 정답 | ③

| 해설 | 첫 번째 문단에서 첨단기술을 활용하여 안전관리 방법을 향상시킬 수 있는 미래 철도안전 관리의 청사진을 제시하기 위해 중장기 계획을 수립하였다고 언급하고 있으며,

이때 말하는 첨단기술은 IoT, 빅데이터, 드론 등 스마트 기술이므로 제시된 글의 내용을 대표할 수 있는 헤드라인으로 ③이 적절하다.

05 도표분석능력 그래프 해석하기

| 정답 | ③

| 해설 | 제시된 그래프를 바탕으로 연도별 철도사고 수의 대략적인 값과 전년 대비 철도사고 변화율을 구하면 다음과 같다.

구분	철도사고 수(건)	전년 대비 변화율(%)
2012년	340	–
2013년	330	−2.9
2014년	310	−6.1
2015년	260	−16.1
2016년	230	−11.5
2017년	200	−13.0
2018년	180	−10.0
2019년	170	−5.6
2020년	140	−17.6
2021년	130	−7.1
2022년	100	−23.1

따라서 전년 대비 철도사고의 감소율이 가장 큰 해는 2022년이다.

06 도표분석능력 제시된 식을 활용하여 수치 계산하기

| 정답 | ⑤

| 해설 | 〈저감량 평가 방법〉을 활용하여 표의 빈칸을 채우면 다음과 같다.

구분	A 차	B 차
차량 구분	5인승	11인승
냉매의 종류	HFO−134a	저온난화지수냉매
냉매 용량	600g	750g
전기 압축기	있음	없음
Max Credit (M · C)	7.0	9.9
Leak Score (L · S)	4.1	10.4
GWP		
Leak Threshold (L · T)	11.0	750×0.02=15
Hileak Dis (H · L · D)	$1.1\times\left(\frac{4.1-11.0}{3.3}\right)$ ≒−2.3이므로 0	$1.3\times\left(\frac{10.4-15}{3.3}\right)$ ≒−1.8이므로 0

구분	C 차	D 차
차량 구분	10인승	8인승
냉매의 종류	저온난화지수냉매	HFO−134a
냉매 용량	650g	800g
전기 압축기	있음	없음
Max Credit (M · C)	7.9	7.0
Leak Score (L · S)	4.1	8.3
GWP	166	715
Leak Threshold (L · T)	11.0	800×0.02=16
Hileak Dis (H · L · D)	GWP가 150보다 크므로 0	GWP가 150보다 크므로 0

따라서 A 차의 Leakage Credit이 주어지지 않았으므로 GWP는 알 수 없다.

| 오답풀이 |

④ D 차의 Leakage Credit은

$$7.0\times\left(1-\frac{8.3}{16.6}\times\frac{715}{1,430}\right)-0=5.25$$이다.

07 도표분석능력 자료의 수치 분석하기

| 정답 | ③

| 해설 | 남자와 여자의 음료류 섭취량의 합은 2012년이 69+56=125(g)이고, 2022년이 231+182=413(g)이다. $125\times(1+0.127)^{10}=125\times3.3=412.5≒413$(g)이므로 음료류 섭취량이 연평균 약 12.7%씩 성장하였다는 것은 옳은 설명이다.

08 도표분석능력 그래프 해석하기

| 정답 | ⑤

| 해설 | A도 전체 그래프를 보면 2020년에 비해 2040년에는 젊은 층의 인구수가 줄고 고령층의 인구수가 눈에 띄게

증가하는 것을 알 수 있다. 따라서 A도 내의 평균 연령은 점차 높아질 것이라고 판단할 수 있다.

| 오답풀이 |

③ A도 전체 그래프를 보면 젊은 층의 인구 그래프가 감소하는 면적보다 고령층의 인구 그래프가 증가하는 면적이 더 크므로 A도의 전체 인구는 증가할 것이라고 추측할 수 있다.

09 문제처리능력 철도안전법령 규정 이해하기

| 정답 | ②

| 해설 | 철도안전법 제61조 제1항에 따르면, 사상자가 많은 사고 등 대통령령으로 정하는 철도사고 등이 발생하였을 때에는 국토교통부령으로 정하는 바에 따라 즉시 국토교통부장관에게 보고하여야 한다. 사고의 원인을 조사한 후 보고하는 것은 제1항에 따른 철도사고 등을 제외한 철도사고 등이 발생하였을 때이다.

| 오답풀이 |

① 철도안전법 제60조 제1항에 철도운영자 등은 철도사고 등이 발생하였을 때에는 사상자 구호, 유류품 관리, 여객 수송 및 철도시설 복구로 운행할 수 있도록 필요한 조치를 하여야 한다라고 명시되어 있다.

③, ④ 철도안전법 제60조 제3항에 '국토교통부장관은 제61조에 따라 사고 보고를 받은 후 필요하다고 인정하는 경우에는 철도운영자 등에게 사고 수습 등에 관하여 필요한 지시를 할 수 있다. 이 경우 지시를 받은 철도운영자 등은 특별한 사유가 없으면 지시에 따라야 한다'라고 명시되어 있다.

⑤ 철도안전법 시행규칙 제56조 제3항에 보고의 절차 및 방법 등에 관한 세부적인 사항은 국토교통부장관이 정하여 고시한다라고 명시되어 있다.

10 문제처리능력 철도안전법령 규정 이해하기

| 정답 | ⑤

| 해설 | 철도안전법 시행령 제56조 제3호에 철도차량 운행이 곤란한 경우에는 비상대응절차에 따라 대체교통수단을 마련하는 등 필요한 조치를 할 것이라고 명시되어 있다.

| 오답풀이 |

① 철도안전법 제60조 제2항에 철도사고 등이 발생하였을 때의 사상자 구호, 여객 수송 및 철도시설 복구 등에 필요한 사항은 대통령령으로 정한다라고 명시되어 있다.

② 집중호우로 인해 1천만 원의 재산피해가 발생한 철도사고의 경우, 철도안전법 제61조 제2항에 해당된다. 따라서 철도안전법 시행규칙 제56조 제2항에 따라 초기보고, 중간보고, 종결보고를 해야 한다.

③ 철도안전법 시행령 제56조 제1호에 사고수습이나 복구작업을 하는 경우에는 인명의 구조와 보호에 가장 우선순위를 둘 것이라고 명시되어 있다.

④ 철도안전법 시행령 제56조 제2호에 사상자가 발생한 경우에는 법 제7조 제1항에 따른 안전관리체계에 포함된 비상대응계획에서 정한 절차에 따라 응급처치, 의료기관으로 긴급이송, 유관기관과의 협조 등 필요한 조치를 신속히 할 것이라고 명시되어 있다.

11 사고력 최소 비용 산출하기

| 정답 | ⑤

| 해설 | <조건 1>에 따라 물류센터를 거리의 합이 최소가 되는 지점에 건설하려면 다음 표시한 지점 중 한 곳에 건설하면 된다.

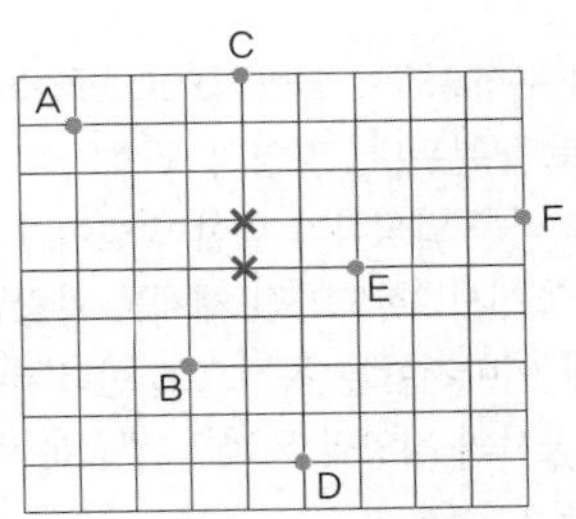

두 지점 모두 각 소매점까지의 거리의 합은 26이며, 따라서 최소 운송비용은 260,000원이다.

12 사고력 최소 비용 산출하기

| 정답 | ①

| 해설 | 소매점에 따라 운송비용이 달라지므로 비용을 줄이기 위해 1km당 20,000원인 D, E, F 소매점 쪽에 물류센터를 건설해야 한다.

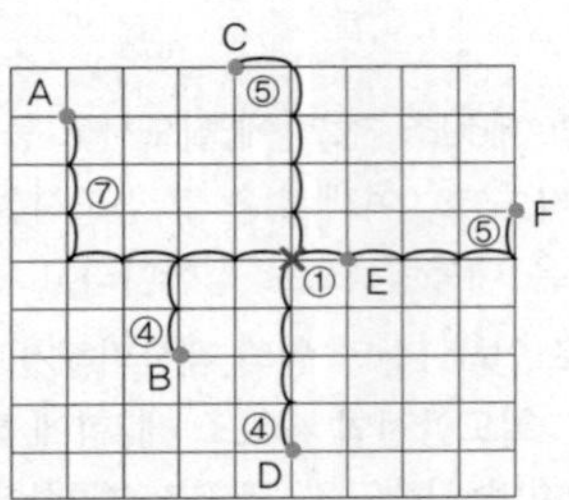

A(7)+B(4)+C(5)+2{D(4)+E(1)+F(5)}=36이므로 따라서 최소 운송비용은 360,000원이 된다.

13 체제이해능력 조직문화의 기능 이해하기

| 정답 | ⑤

| 해설 | 조직문화는 조직구성원들의 공유된 생활양식이나 가치이다. 조직문화의 순기능으로 조직구성원들에게 일체감과 정체성 부여, 조직몰입 향상, 구성원들에게 행동지침 제공, 조직의 안정성 유지 등이 있다. 그러나 강한 조직문화는 다양한 조직구성원들의 의견을 받아들일 수 없거나 조직이 변화해야 하는 시기에 장애요인으로 작용하기도 한다.

14 경영이해능력 경영의 구성요소 파악하기

| 정답 | ③

| 해설 | 경영의 구성요소는 일반적으로 경영목적, 인적자원, 자금, 전략으로 구분된다. 경영의 구성요소 가운데 경영목적은 조직의 목적을 달성하기 위한 방법이나 과정이다. 「철도안전법」 제1조에서 "철도안전 체계를 확립함으로써 공공복리의 증진에 이바지함을 목적으로 한다"라는 내용을 통해 철도 관련 공사의 경영의 목적은 '공공복리의 증진'인 것을 알 수 있다.

15 경영이해능력 조직의 중장기 발전전략 수립하기

| 정답 | ①

| 해설 | 전략은 계층별로 기업전략, 사업전략, 기능전략으로 구분할 수 있는데, 사업전략은 기업전략에서 정한 사업영역에서 '어떻게 경쟁할 것인가'를 결정짓는 것으로 각 사업의 경쟁적 우위를 점하기 위한 방향과 방법을 다룬다. 따라서 김 팀장의 주장은 옳지 않다.

16 경영이해능력 환경분석 이해하기

| 정답 | ③

| 해설 | 진입장벽이란 기존 기업들이 신규진입 기업에 갖는 우위로 경쟁기업의 진입을 저지하고 높은 수익률을 유지할 수 있게 한다. 대표적인 진입장벽은 높은 자본소요량, 규모의 경제, 절대적 비용우위, 제품차별화, 강력한 유통채널, 정부규제 등이 있다. 따라서 투자비용을 높게 만들어야 진입장벽이 높아져 잠재적 진입자가 시장에 들어오는 것이 어렵게 되므로 이 대리의 주장은 옳지 않다.

17 정보처리능력 IT 예산 관리하기

| 정답 | ②

| 해설 | 정부의 내년도 국정 목표는 정부에서 관리해야 하는 업무로 K 부장의 예산 편성 및 변경 수행 업무의 내용에 해당하지 않는다.

18 정보처리능력 사이버 범죄 이해하기

| 정답 | ①

| 해설 | 파밍(Pharming)은 악성코드에 감염된 사용자의 PC를 조작하여 정확한 웹 페이지 주소를 입력하여도 가짜 웹 페이지로 유도하여 금융정보를 빼내는 수법이다.

| 오답풀이 |

② 피싱(Phishing) : 개인정보(Private data)와 낚시(Fishing)의 합성어로 불특정 다수에게 이메일을 보내 정상 홈페이지로 가장한 가짜 사이트로 접속을 유도한 뒤 보안카드번호 등 이용자들의 금융정보를 입력하게 하여 이를 불법적으로 이용하는 사기수법을 말한다.

④ 스누핑(Snooping) : 네트워크상에서 남의 정보를 염탐하여 중요 정보를 불법으로 가로채는 행위를 말한다.

⑤ 스푸핑(Spoofing) : 의도적인 행위를 위해 타인의 신분으로 위장하는 것으로, 승인받은 사용자인 것처럼 시스템에 접근하거나 네트워크상에서 허가된 주소로 가장하여 접근 제어를 우회하는 공격 행위를 말한다.

19 정보처리능력 저작권 용어 이해하기

| 정답 | ⑤

| 해설 | (=) 표시는 변경금지(No Derivative Works)로 저작물을 변경하거나 저작물을 이용한 2차적 저작물 제작

을 금지한다는 것을 의미한다. 동일 조건 변경 허락(Share Alike)은 2차적 저작물 제작을 허용하되, 2차적 저작물에 원저작물과 동일한 라이선스를 적용해야 한다는 의미로 ⓒ 표시를 사용한다.

| 오답풀이 |

① 정식 제품 구매 전에 먼저 체험해 볼 수 있도록 사용 기간이나 특정 기능에 제한을 둔 소프트웨어를 셰어웨어라고 한다.

② 프리웨어는 광고 노출 등을 대가로 기능을 제한 없이 사용할 수 있도록 공개한 소프트웨어를 의미한다.

③ 'CCL'은 Creative Commons License의 줄임말로 자신의 창작물에 대하여 일정한 조건하에 다른 사람의 자유로운 이용을 허락하는 내용의 자유이용 라이선스이다.

④ 해당 표시는 저작물을 영리 목적으로 이용할 수 없으며 영리 목적의 이용을 위해서는 별도의 계약이 필요하다는 것을 의미한다.

20 정보처리능력 정보 용어 이해하기

| 정답 | ④

| 해설 | 유튜브는 인터넷 무료 동영상 공유 사이트이며, 프로 방송인이 아닌 직원들이 유튜버로 참여한다는 내용을 통해 유튜버를 전문가라고 하기는 어렵다. 따라서 '인터넷 무료 동영상 공유 사이트 유튜브에서 활동하는 개인 업로더들'이라는 설명이 적절하다.

21 물적자원관리능력 우선순위에 따라 부품 선정하기

| 정답 | ④

| 해설 | 필요한 A ~ F 부품에 대한 총 금액과 총 소요시간, 생산 개수는 다음과 같다.

부품	총 금액(원)	총 소요시간(분)	부품 생산 개수(개)
A	600,000	15	3
B	720,000	16	4
C	500,000	7	2
D	900,000	9	3
E	600,000	4	2
F	400,000	16	4

이 내용을 바탕으로 선택지에 있는 세 부품의 금액의 합과 시간의 합, 부품 수량의 합을 구하면 다음과 같다.

구분	금액의 합(원)	작업에 필요한 시간(분)	사용되는 부품 수량(개)
①	600,000+720,000 +500,000 =1,820,000	15+16+7 =38	3+4+2 =9
②	600,000+720,000 +900,000 =2,220,000	15+16+9 =40	3+4+3 =10
③	600,000+500,000 +600,000 =1,700,000	15+7+4 =26	3+2+2 =7
④	600,000+500,000 +400,000 =1,500,000	15+7+16 =38	3+2+4 =9
⑤	500,000+900,000 +600,000 =2,000,000	7+9+4 =20	2+3+2 =7

따라서 〈부품 선정 우선순위〉에서 총 금액이 저렴하여야 한다는 1순위 조건에 따라 A, C, F가 선정된다.

22 예산관리능력 합리적 선택하기

| 정답 | ①

| 해설 | 제시된 기준에 따라 점수를 매기면 다음과 같다.

(단위 : 점)

기준 / 프로그램	가격	난이도	수업 만족도	교육 효과	소요 시간	합계
요가	4	4	3	5	5	21
댄스 스포츠	5	5	3	2	5	20
요리	2	4	5	3	2	16
캘리그래피	2	2	3	2	5	14
코딩	3	1	4	5	1	14

따라서 ○○기업이 선택할 프로그램은 요가이다.

23 예산관리능력 합리적 선택하기

| 정답 | ③

| 해설 | 변경된 기준에 따라 자료를 다시 정리하고 점수를 매기면 다음과 같다.

기준 / 프로그램	가격	난이도	수업 만족도	교육 효과	소요 시간
요가	120만 원	보통	보통	높음	3시간
댄스 스포츠	100만 원	낮음	보통	낮음	2시간 30분
요리	150만 원	보통	매우 높음	보통	2시간
캘리그래피	150만 원	높음	보통	낮음	2시간 30분
코딩	120만 원	매우 높음	높음	높음	3시간

(단위 : 점)

기준 / 프로그램	가격	난이도	수업 만족도	교육 효과	소요 시간	합계
요가	4	4	3	5	2	18
댄스 스포츠	5	5	3	2	4	19
요리	2	4	5	3	5	19
캘리그래피	2	2	3	2	4	13
코딩	4	1	4	5	2	16

따라서 ○○기업은 점수가 가장 높은 댄스 스포츠와 요리 중 교육 효과가 더 높은 요리를 선택한다.

24 예산관리능력 배분기준에 따른 부담비용 파악하기

| 정답 | ①

| 해설 | 총 회식비용은 125,000원으로 전통적인 방법에 따르면 인원 수대로 나누어 1인당 25,000원씩 부담하게 된다. 그러나 내역기준에 따라 분담한다면 각 사람의 부담비용은 다음과 같다.

- 명수 : 17,000원
- 인석 : 28,000원
- 화영 : 25,000원
- 미정 : 29,000원
- 은희 : 26,000원

따라서 내역기준의 방법으로 분담했을 때 전통적인 방법에 비해 회식비용을 덜 부담하는 사람은 명수이다.

25 기술선택능력 매뉴얼 작성하기

| 정답 | ②

| 해설 | • 을 : 매뉴얼의 대상은 ○○공사 직원들이다. 법률용어는 직원들이 이해하기 어려우므로 가급적 법률용어의 사용을 삼가는 것이 좋다.

• 정 : 매뉴얼은 직원들이 법률조항을 어기지 않도록 하는 지침이 되어 주어야 하므로 정확하게 기술해야 한다.

26 기술선택능력 법률 이해하기

| 정답 | ⑤

| 해설 | N에는 제23조 제7항에 따라 '과태료 부과대상인 경우 관할법원에 위반사실 통보'가 들어가야 한다. 따라서 잘못 이해하고 있는 직원은 무이다.

27 기술이해능력 4차 산업혁명의 주요 기술 알기

| 정답 | ④

| 해설 | 월드 와이드 웹(World Wide Web)에 대한 설명으로, 3차 산업혁명의 주요 기술이다.

| 오답풀이 |

① 스마트 팜에 대한 설명이다.

② 3D 프린터에 대한 설명이다.

③ 블록체인에 대한 설명이다.

⑤ 사물인터넷에 대한 설명이다.

28 기술선택능력 산업재산권 보호 방법 알기

| 정답 | ③

| 해설 | ㉡ 특허권에 관한 내용이다. 특허권은 전체 276건 중 157건이 등록되었으므로 50%가 넘는다.

㉢ 실용신안권에 대한 내용이다. 실용신안권은 14건이 등록되어 등록 건수의 비율이 가장 낮다.

| 오답풀이 |

㉠ 디자인권에 대한 내용으로 등록건수는 23건이다.

㉣ 상표권에 대한 내용이다. 상표권은 82건이 등록되어 등록 비율이 2번째로 높다.

29 경력개발능력 성인교육(안드라고지) 이해하기

| 정답 | ④

| 해설 | '안드라고지'에서의 교사는 학습자들이 무엇을 배우고 싶어하는지 그 요구를 인식할 수 있도록 도와주어야 하

므로 학생들과 함께 그들의 학습욕구를 파악하고 교육목표를 설정하며, 그들의 의사를 반영한 평가과정을 준비해야 한다. 따라서 교육을 계획하고 학습자들의 학습욕구를 설정하며, 그에 따라 교육목표를 설정하고 평가한다는 설명은 적절하지 않다.

30 경력개발능력 경력개발 단계 이해하기

| 정답 | ③

| 해설 | '확립기'는 적합한 직무를 선택하고 동료로부터 인정을 받으며 업무를 배우면서 삶의 안정감 · 소속감을 형성하는 시기이다.

| 오답풀이 |

① 흥미, 능력, 가치 등 자아를 검증하고 직업을 탐색하는 시기는 '탐색기'에 해당한다.

② 정해진 직업에 자신의 위치를 확고히 하고 안정된 삶을 유지하는 시기는 '유지기'이다.

④ 욕구나 환상이 지배적이지만 점차 현실검증능력이 생기면서 흥미와 능력을 중시하여 진로를 선택하는 시기는 '성장기'이다.

⑤ 은퇴 후 새로운 역할과 활동을 찾는 시기는 '쇠퇴기'이다.

31 자아인식능력 진로정체성과 직업적응 이해하기

| 정답 | ⑤

| 해설 | 직업적응은 크게 능동적인 것과 수동적인 것으로 나눌 수 있는데 능동적인 적응은 개인이 작업 환경을 변화시키려고 시도하는 것이고, 수동적인 적응은 개인의 요구조건 등을 변화시키거나 환경의 요구조건에 적합하도록 개인의 직무기술 등을 향상시키는 것을 말한다.

따라서 '직업적응의 개념에서 개인과 환경의 불일치가 발생하게 될 경우 개인이 환경을 거부할 수는 없다'라는 설명은 옳지 않다.

32 자기관리능력 직무스트레스 대응하기

| 정답 | ④

| 해설 | 직원들의 직무스트레스를 관리하고 직무스트레스의 원인이 되는 직장환경에 대해 대책을 마련하는 것은 조직 차원에서 실천해야 할 관리 방법이다.

보충 플러스+

직무스트레스에 대한 대응

- 조직 차원의 관리
  1. 관리감독자의 부하직원 대하기
     - 평상시와는 다른 부하직원에 대한 파악과 대응
     - 부하직원과의 상담에 대한 대응
     - 정신적 불건강에 빠진 부하직원의 직장복귀 지원
  2. 직장환경 개선을 통한 스트레스 줄이기
- 개인 차원의 관리
  1. 스트레스 인지하기
  2. 스트레스와 친해지기
     - 자신에게 맞는 이완방법 익히기(스트레칭 등)
     - 규칙적인 생활을 하고 수면을 충분히 취하기
     - 가능한 편안한 환경 만들기
     - 일과 관계없는 취미 가지기
     - 친한 사람들과 교류하는 시간 가지기 등
  3. 자발적인 건강 상담하기

33 팀워크능력 멤버십 유형 이해하기

| 정답 | ⑤

| 해설 | 멤버십 유형을 나누는 두 가지 기준은 마인드를 나타내는 독립적 사고와 행동을 나타내는 적극적 실천으로 나눌 수 있다. 이에 따라 5가지 유형의 멤버십으로 나뉘는데 그 종류는 실무형, 소외형, 순응형, 수동형, 주도형(모범형)이 있다. 이 중 주도형 멤버는 '조직과 팀의 목적달성을 위해 독립적이고 혁신적으로 사고하며 역할을 적극적으로 실천하는 사람'으로서 가장 이상적인 멤버십 유형이라고 할 수 있다.

34 리더십능력 리더십의 유형 파악하기

| 정답 | ④

| 해설 | 서번트 리더십은 '섬기는 리더십'이라는 뜻으로 강력하고 지배적이기보다는 리더가 다른 이들을 섬기며 돌보는 리더십이다. 유비는 제갈량을 얻기 위해 나이가 많음에도 불구하고 자신을 낮추는 데 있어 주저함 없이 제갈량을 섬겼으므로 이는 서번트 리더십이라고 볼 수 있다.

| 오답풀이 |

① 셀프 리더십은 자기 자신 스스로가 자신의 리더가 되어 스스로를 통제하고 행동하는 리더십이다.

② 독재적 리더십은 자신의 권위를 강조하고 집단의 활동, 장기적 목표에 관하여 집단과 토의하지 않고 혼자서 결정하는 리더십이다.

③ 민주적 리더십은 지도자가 조직 구성원들의 참여와 합의에 따라 의사 결정을 하고 지도해 가는 리더십이다.

⑤ 카리스마 리더십은 목표가 정해지면 자기의 주관을 갖고 팀을 이끌어 가는 리더십이다.

35 협상능력 협상의 과정 이해하기

| 정답 | ③

| 해설 | 협상과정은 협상시작, 상호이해, 실질이해, 해결대안, 합의문서 총 5단계로 구분할 수 있다.

- 협상시작 : 협상당사자들 사이에 상호 친근감을 쌓고 협상 의사를 전달하는 단계
- 상호이해 : 갈등문제의 진행상황과 현재의 상황을 점검하고 경청하며 자기주장을 제시하는 단계
- 실질이해 : 실제로 원하는 것을 찾아내고 분할과 통합기법을 활용하여 이해관계를 분석하는 단계
- 해결대안 : 협상 안건마다 대안을 평가하고 개발한 대안들을 평가하는 단계
- 합의문서 : 협의문을 작성하고 합의 내용, 용어 등을 재점검하는 단계

따라서 협상시작은 ㉢, 상호이해는 ㉣, 실질이해는 ㉠, 해결대안은 ㉤, 합의문서는 ㉡에 해당한다.

36 고객서비스능력 고객만족관리 이해하기

| 정답 | ②

| 해설 | 고객만족관리는 고객의 만족을 목표로 보다 나은 서비스를 제공할 수 있도록 기업정책을 수립하며 기업의 전반적인 관리시스템이 고객서비스 업무를 지원하는 것을 말한다. 고객중심 기업은 기업이 실행한 서비스에 대해 계속적인 재평가를 실시함으로써 고객에게 양질의 서비스를 제공하도록 서비스 자체를 끊임없이 변화시키고 업그레이드 한다. 만족스러운 고객서비스를 통해 고객은 회사에 대한 충성도 즉, 애착이 형성되며 기업에 대한 선호도가 높아지고, 이로 인해 기업은 성장과 이익을 달성할 수 있다. 최근에는 국민경제가 성장하고 생활수준 및 소득수준이 향상됨에 따라 고객의 욕구와 요구 수준은 매년 더욱더 높아져 가고 있는 추세이다.

37 근로윤리 기업의 사회적 책임 알기

| 정답 | ①

| 해설 | 캐롤 교수는 기업의 사회적 책임을 경제적 책임, 법적 책임, 윤리적 책임, 자선적 책임 등으로 구분하였으며, 각 책임별 특징은 다음과 같다.

- 경제적 책임 : 기업이 제품과 서비스를 생산하여 적절한 가격에 판매하고 이윤을 창출함으로써 투자자들에게 그 수익의 일부를 배분하는 책임을 말한다. 이는 기업의 존재 목적이자 가장 기본적인 책임으로 생산활동을 통해 부가가치를 창출하고 고용 및 유효수요를 창출하는 등의 형태로 사회에 기여하는 것을 말한다.
- 법적 책임 : 기업의 경영이 공정한 규칙 속에서 이루어져야 한다는 의미로, 기업이 속한 사회가 제정해 놓은 법을 준수하는 책임을 말한다.
- 윤리적 책임 : 법적으로 강제되는 책임은 아니지만 기업이 모든 이해관계자의 기대와 기준 및 가치에 부합하는 행동을 하여야 할 책임을 말한다.
- 자선적 책임 : 기부나 사회 공헌 등 기업의 개별적 판단과 선택과 관련된 책임을 말한다.

따라서 (가) 자선적 책임, (나) 법적 책임, (다) 경제적 책임, (라) 윤리적 책임이다.

38 공동체윤리 전화예절 파악하기

| 정답 | ③

| 해설 | 비서를 통해 고객에게 전화를 건다면 고객은 상대가 자신의 시간을 고객보다 더 소중하게 여긴다는 느낌을 받게 된다. 따라서 고객에게 전화를 걸 경우에는 높은 직급에 있는 상급자라도 비서를 통해서 보다는 직접 전화를 거는 것이 적절하다.

39 공동체윤리 제조물 책임법 이해하기

| 정답 | ②

| 해설 | 제조물 책임법에 포함된 '제조물'은 제조되거나 가공된 동산(다른 동산이나 부동산의 일부를 구성하는 경우를 포함한다)을 말한다.

40 근로윤리 봉사의 중요성 파악하기

| 정답 | ⑤

| 해설 | 진실의 순간(MOT ; Moment Of Truth) 또는 결정적 순간은 고객접점 서비스에 관련된 내용이며, 이와 가장 관련된 윤리적 덕목은 봉사이다.

8회 기출예상문제

문제 256쪽

01	⑤	02	④	03	①	04	④	05	②
06	①	07	⑤	08	④	09	③	10	①
11	③	12	③	13	②	14	②	15	④
16	①	17	③	18	⑤	19	③	20	④
21	④	22	①	23	①	24	④	25	⑤
26	②	27	②	28	③	29	④	30	②
31	③	32	③	33	②	34	③	35	①
36	④	37	④	38	②	39	①	40	①

01 문서이해능력 법조문 이해하기

| 정답 | ⑤

| 해설 | 제10호 다목에서 여객승무원은 여객에게 승무(乘務) 서비스를 제공하는 사람으로 정의하고 있다.

| 오답풀이 |

① 제6호에서 열차란 선로를 운행할 목적으로 철도운영자가 편성하여 열차번호를 부여한 철도차량으로 정의하고 있다.

② 제7호에서 선로란 철도차량을 운행하기 위한 궤도와 이를 받치는 노반(路盤) 또는 인공구조물로 구성된 시설을 말한다고 정의하고 있다.

③ 제10호 나목에서 철도차량의 운행을 집중 제어 · 통제 · 감시하는 업무에 종사하는 사람을 관제업무에 종사하는 사람으로 정의하고 있다.

④ 제11호에서 철도사고란 철도운영 또는 철도시설관리와 관련하여 사람이 죽거나 다치거나 물건이 파손되는 사고를 말한다고 정의하고 있다.

02 경청능력 공감적 태도 이해하기

| 정답 | ④

| 해설 | 오프라 윈프리는 출연자의 마음을 이해하는 데 뛰어났다고 설명하고 있으며 상대방을 설득하기 위한 방법으로 상대방의 마음을 이해하고 그것을 통해 상대방의 공감을 얻어야 한다고 설명하고 있다. 따라서 ㉠에 들어갈 내용으로 '공감을 통한 화법이 가지는 힘'이 적절하다.

03 문서작성능력 공문서 작성 방법 파악하기

| 정답 | ①

| 해설 | 성과 이름은 붙여 쓰는 것이 원칙이지만 성이 두 글자일 때는 예외가 허용된다. '남궁수, 황보영' 같은 성명의 경우, '남/궁수, 황/보영'인지 '남궁/수, 황보/영'인지 혼동될 염려가 있으므로 성과 이름을 분명하게 밝히기 위해 띄어 쓰는 것도 허용된다.

| 오답풀이 |

② 날짜는 숫자로 표기하며 '년 · 월 · 일' 글자는 생략하며, '년 · 월 · 일' 다음에 온점을 사용하여 표시한다.

③ 공문서에서는 한글로 써야한다.

④ '15일'로 작성해야 한다.

⑤ 단기가 아닌 서기를 사용한다.

04 문서이해능력 법조문 이해하기

| 정답 | ④

| 해설 | 유의사항 3.을 보면 운전면허 취소 또는 효력정지 처분에 대하여 이의가 있는 사람은 「행정심판법」 또는 「행정소송법」에 따라 기한 내에 행정심판 또는 경쟁소송을 제기할 수 있다.

| 오답풀이 |

① 민원문서란 민원인이 행정기관에 대하여 허가, 인가, 기타 처분 등 특정한 행위를 요구하는 문서 및 그에 대한 처리 문서를 말한다.

② 철도안전법 시행규칙 제34조 제4항에 따라 운전면허증을 한국교통안전공단에 반납하여야 하므로 효력이 없다는 것은 잘못되었다.

③ 철도안전법 제20조 제1항 제3호에 따라 운전면허의 효력정지기간 중 철도차량을 운전하면 운전면허를 취소해야 한다.

⑤ '유의사항 2'를 보면 운전면허를 반납하지 않더라도 행정처분 결정내용에 따라 취소 또는 정지처분이 집행된다고 나와 있다.

보충 플러스+

철도안전법 시행령 제63조(업무의 위탁) ① 국토교통부장관은 법 제77조 제2항에 따라 다음 각호의 업무를 「한국교통안전공단법」에 따른 한국교통안전공단에 위탁한다.

(중략)

5. 법 제20조 제3항 및 제4항(법 제21조의11 제2항에서 준용하는 경우를 포함한다)에 따른 운전면허증 또는 관제자격증명서의 반납의 수령 및 보관

05 기초연산능력 농도 계산하기

| 정답 | ②

| 해설 | 우선 각각의 용기에 들어 있는 설탕의 질량을 구하면 다음과 같다.

• A 용기 : $\frac{12}{100} \times 200 = 24(\text{g})$

• B 용기 : $\frac{15}{100} \times 300 = 45(\text{g})$

• C 용기 : $\frac{17}{100} \times 100 = 17(\text{g})$

A 용기와 B 용기의 설탕물을 혼합하면 $\frac{24+45}{200+300} \times 100 = 13.8(\%)$의 설탕물이 만들어진다. 농도가 13.8%인 설탕물 300g 중 설탕의 질량은 $\frac{13.8}{100} \times 300 = 41.4(\text{g})$이므로 C 용기의 설탕물과 혼합하면 $\frac{41.4+17}{300+100} \times 100 = 14.6(\%)$의 설탕물이 만들어진다. 따라서 농도가 14.6%인 설탕물 300g 중 설탕의 질량은 $\frac{14.6}{100} \times 300 = 43.8(\text{g})$이다.

06 기초연산능력 조건을 만족시키는 직원 수 구하기

| 정답 | ①

| 해설 | 인사팀에서 김치볶음밥을 선택한 직원의 수를 a명, 총무팀에서 돈가스를 선택한 직원의 수를 b명이라 하면, 인사팀은 김치볶음밥, 총무팀은 돈가스를 가장 선호한다고 했기 때문에 a와 b는 모두 12보다 큰 수이다.

(단위 : 명)

음식	자장면	김치 볶음밥	돈가스	육개장	치킨	합계
인사팀	12	a $(a>12)$		6		41
총무팀	6		b $(b>12)$	12		40

만약 총무팀에서 김치볶음밥을 선택한 직원의 수가 $2a$라면, $2a > 24$이므로 팀원 수의 합이 40이라는 조건을 충족시키지 못한다. 마찬가지로 인사팀에서 돈가스를 선택한 직원의 수도 $2b$가 될 수 없다. 따라서 인사팀에서 돈가스를 선택한 직원의 수는 $\frac{b}{2}$, 총무팀에서 김치볶음밥을 선택한 직원의 수는 $\frac{a}{2}$이다. 이때 $\frac{a}{2}$와 $\frac{b}{2}$도 자연수여야 하므로 a와 b는 12보다 큰 짝수이다. 합계를 만족시키고, 치킨을 선택한 직원의 수가 0이 되지 않기 위해서는 $a=b=14$가 되어야 하며, 따라서 치킨을 선호하는 직원의 수는 인사팀 2명, 총무팀 1명으로 총 3명이다.

07 도표분석능력 자료의 수치 분석하기

| 정답 | ⑤

| 해설 | 일반의료폐기물 배출량의 전년 대비 상승률은 20X7년이 $\frac{153-128}{128} \times 100 \fallingdotseq 19.5(\%)$로 가장 많이 상승하였다.

| 오답풀이 |

① 의료폐기물 소각장과 관련된 내용은 자료로부터 알 수 없다.

② 의료폐기물 증가의 원인과 관련된 내용은 자료로부터 알 수 없다.

③ 자료에 유역별 인구는 나와 있지 않으므로 알 수 없다.

④ 20X9년 일반의료폐기물은 20X0년 대비 $\frac{173}{73} \fallingdotseq 2.37$배 증가하였다.

08 기초연산능력 점수 계산하기

| 정답 | ④

| 해설 | 1등은 Ⓐ, 2등은 Ⓑ, 3등은 Ⓒ점을 주기 때문에 5개의

평가항목에서 Ⓐ, Ⓑ, Ⓒ는 각각 5번씩 나온다.

5×Ⓐ+5×Ⓑ+5×Ⓒ=10+9+26=45

Ⓐ+Ⓑ+Ⓒ=9

Ⓐ>Ⓑ>Ⓒ이므로, 가능한 경우는 다음과 같다.

구분	Ⓐ	Ⓑ	Ⓒ
i	4	3	2
ii	5	3	1
iii	6	2	1

i)

구분	친절	희생	신속	전문	신뢰	합계
갑	(가)		(다)		4	10점

4, 3, 2 중 4개의 숫자를 골라 합했을 때 6이 되는 경우가 없으므로 불가능하다.

ii)

구분	친절	희생	신속	전문	신뢰	합계
갑	(가)		(다)		5	10점

5, 3, 1 중 4개의 숫자를 골라 합했을 때 5가 되는 경우가 없으므로 불가능하다.

iii)

구분	친절	희생	신속	전문	신뢰	합계
갑	1	1	1	1	6	10점
을	2	2	2	2	1	9점
병	6	6	6	6	2	26점

따라서 (가), (나), (다), (라)에 들어갈 점수의 합은 1+2+1+6=10(점)이다.

09 문제처리능력 자료 이해하기

| 정답 | ③

| 해설 | 청렴도 측정과 부패예방 시책평가 관련 사항이 시행되는 기간은 9월이나 3월, 2/4분기, 7 ~ 8월 등으로 다르다.

10 문제처리능력 자료 이해하기

| 정답 | ①

| 해설 | 상반기는 1 ~ 6월을 말하므로, 상반기가 일정인 협조사항은 전체 13개 중 일정이 3월, 4월, 2/4분기인 협조사항을 포함하여 총 9개이다.

11 문제처리능력 최대 형량 계산하기

| 정답 | ③

| 해설 | 丙은 철도안전법 제2조 제10호 마목의 '철도차량 및 철도시설의 점검 · 정비 등에 관한 업무에 종사하는 사람'에 해당하므로 철도종사자이다. 甲은 철도종사자를 폭행했으므로 철도안전법 제78조에 의해 5년 이하의 징역에 처할 수 있다. 또한 甲은 2년 전 업무상 과실 치상의 죄로 6월의 금고의 형을 받고 그 집행이 종료되었기 때문에 형법 제35조에 의해 누범으로 처벌할 수 있다. 그러나 평소 심신장애를 앓고 있었기 때문에 법률상 $\frac{1}{2}$ 감경사유에 해당된다. 따라서 처벌규정 5년, 누범 가중 사유로 법정형량 5년의 2배인 10년이지만, 심신장애 감경이므로 재판장이 선고할 수 있는 최대 형량은 그 절반인 5년이다.

12 사고력 상황에 따른 결과 예상하기

| 정답 | ③

| 해설 | ㉠ 다음과 같이 B, D 또는 A, F 교차로의 통제가 해제된다면 '가'와 '나' 지역 간에 이동이 가능하다.

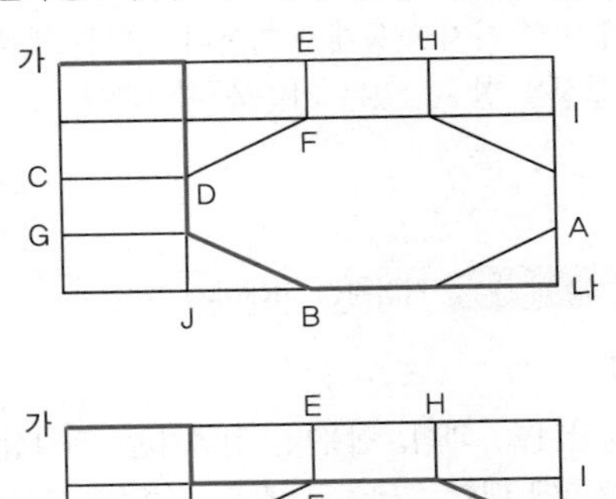

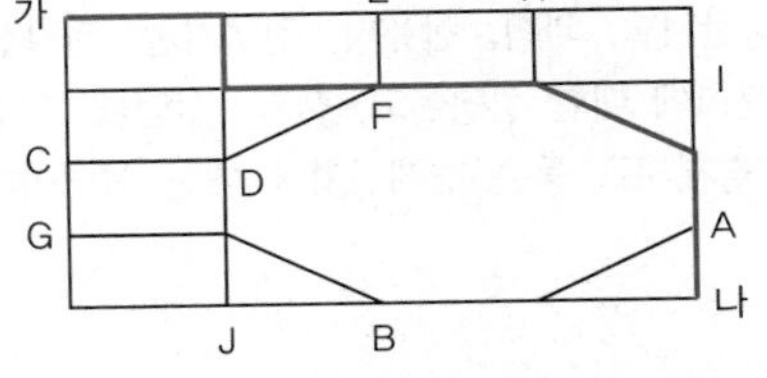

㉡ 만약 C, G, J 교차로의 통제가 해제된다면 '가'와 '나' 지역 간에 이동은 불가능하다.

| 오답풀이 |

㉢ 만약 C, E, G, J 교차로의 통제가 해제된다면 '가'와 '나' 지역 간에 이동은 불가능하다.

1회 기출예상 2회 기출예상 3회 기출예상 4회 기출예상 5회 기출예상 6회 기출예상 7회 기출예상 8회 기출예상

13 업무이해능력 분업화의 병폐 이해하기

| 정답 | ②

| 해설 | 주어진 글은 상황 변화에 대처하지 못하고 자신의 일만 하고 있는 두 사람의 모습을 통해 과도한 분업화의 문제점을 보여주고 있다.

14 체제이해능력 조직화의 원칙 이해하기

| 정답 | ②

| 해설 | 조직의 계층을 가능한 단축시켜야 한다는 원칙은 계층 단축화의 원칙이다. 권한 위양의 원칙은 조직의 규모가 확대되면 상위자는 하위자에게 직무에 따르는 권한을 위임해야 한다는 원칙이다.

15 체제이해능력 조직목표의 기능 및 특징 이해하기

| 정답 | ④

| 해설 | 공식목표가 조직의 정당성과 합법성을 제공하지만 구성원에게 구체적인 행동지침을 제시하는 것은 운영목표이다. 운영목표는 조직이 나아갈 방향을 제시하고 조직구성원들이 여러 가지 행동대안 가운데 적합한 것을 선택하고 의사결정을 할 수 있는 기준을 제시한다.

16 경영이해능력 기업환경 이해하기

| 정답 | ①

| 해설 | 생산기술, 과학, 컴퓨터, 정보기술, 전자상거래 등은 기술분야에 대한 설명이고, 불황, 실업률, 인플레이션, 투자율, 경제지표 등은 경제상황에 대한 설명이다.

17 정보능력 PC 보안 강화방법 이해하기

| 정답 | ③

| 해설 | 공유 폴더를 이용할 경우 악성 코드에 감염되면 PC 전체를 손상시킬 수 있으므로 PC 보안을 강화하기 위한 방법으로 적절하지 않다.

18 정보능력 해킹 유형 파악하기

| 정답 | ⑤

| 해설 | Q1 : 스미싱(Smishing)은 문자메시지(SMS)와 피싱(Phishing)의 합성어로 무료쿠폰 제공, 돌잔치 초대장, 모바일 청첩장 등을 내용으로 하는 문자메시지의 인터넷주소를 클릭하면 악성코드가 스마트폰에 설치되어 피해자가 모르는 사이에 소액결제 피해 발생 또는 개인 · 금융정보를 탈취하는 기법이다. 따라서 답은 ㅇ이다.

Q2 : 파밍(Pharming)은 악성코드에 감염된 사용자 PC를 조작하여 사용자가 정상 홈페이지에 접속하여도 피싱(가짜)사이트로 유도하여 금융정보를 탈취하고 범행계좌로 이체 등 금융정보를 입력하게 하여 개인정보를 훔치는 수법이다. 따라서 답은 ㅇ이다.

Q3 : 랜섬웨어(Ransomware)는 '몸값(Ransom)'과 '소프트웨어(Software)'의 합성어로, 시스템을 잠그거나 데이터를 암호화해 사용할 수 없도록 만든 뒤 이를 인질로 금전을 요구하는 악성 프로그램이다.

고성능 컴퓨터를 이용해 초당 엄청난 양의 접속신호를 한 사이트에 집중적으로 보냄으로써 상대 컴퓨터의 서버를 접속 불능 상태로 만들어 버리는 해킹 수법은 스머핑(Smurfing)에 대한 설명이다. 따라서 답은 ×이다.

따라서 A 사원은 Q1, Q2, Q3을 모두 맞췄으므로 20+30+40=90(점)을 받는다.

19 정보능력 정보 보안 용어 알기

| 정답 | ③

| 해설 | 캡차(CAPTCHA)는 사람과 컴퓨터를 구별하기 위한 자동계정생성방지기술로 흔히 인터넷에서 회원가입 등에 사용된다.

20 정보능력 5W2H 이해하기

| 정답 | ④

| 해설 | (가)에는 How(어떻게)로 상품을 어떻게 마케팅할 것이며 어떤 수단을 이용할지에 대한 내용이 들어가야 한다. 따라서 제품의 시연과 QLED의 우수성을 체험할 수 있도록 체험관을 설치하는 방법을 제시하는 것이 적합하다.

21 인적자원관리능력 인적자원관리의 변화 이해하기

|정답| ④

|해설| 4차 산업혁명은 사물인터넷(IoT), 인공지능, 빅데이터 등 정보통신기술(ICT)의 융합으로 이뤄지는 차세대 산업혁명을 말한다. 이러한 4차 산업혁명의 영향으로 온디맨드 및 공유경제와 같은 디지털플랫폼을 이용한 비즈니스가 확대되었으며, 공유경제에 필요한 인력 수요는 긱 이코노미(Gig Economy)라는 새로운 임시고용 형태로 이루어지고 있다. 긱 이코노미란 기업들이 필요에 따라 단기계약직이나 임시직으로 인력을 충원하고 그 대가를 지불하는 형태로, 이의 확산은 비경제활동인구의 노동시장 재진입 기회를 부여하는 등 고용시장에 긍정적인 효과를 부여함과 동시에 비정규직, 임시직이 크게 늘어 고용의 질과 안정성이 저해되거나 임금이 극도로 억제되는 등의 부정적인 측면도 공존하고 있다.

보충 플러스+

긱 이코노미(Gig Economy)
- 서비스 공급자가 소유한 도구와 자산을 이용해 서비스를 제공
- 서비스 공급자가 자신이 일하고 싶은 시간 및 기간을 선택할 수 있는 시간적 유연성
- 변화하는 시대에서 비정규적인 일자리를 선호하는 현상

22 예산관리능력 원가회계 그래프 파악하기

|정답| ①

|해설| 곡선 A에 표시된 지점이 다른 곡선과의 교점과 이어져 최적의 원가를 결정하고 있는 것으로 볼 수 있다. 따라서 곡선 A는 '총원가'이다. 곡선 B는 원가가 높아질수록 정보시스템의 정확성 또한 높아지므로 '정보시스템의 설계 · 수법 · 유지원가'로 볼 수 있다. 곡선 C는 원가가 높을수록 정보시스템의 정확성이 떨어지므로 '부적절한 경로시스템으로 인한 의사결정 손실'을 의미한다고 볼 수 있다.

23 예산관리능력 우월전략 파악하기

|정답| ①

|해설| 우월전략은 상대가 무엇을 선택하든지 자신의 선택이 같을 경우에 이루어지는 균형을 말한다.

(주)하늘모터스(B) / (주)바다자동차(A)	광고 ○ (b1)	광고 × (b2)
광고 ○ (a1)	(70, 70)	(100, 10)
광고 × (a2)	(10, 100)	(30, 30)

만일 B가 광고를 하는 전략(b1)을 택할 경우 A는 광고를 안 하는 것(a2)보다 하는 것(a1)이 유리하고, B가 광고를 하지 않는 전략(b2)을 택할 경우에도 A는 광고를 안 하는 것(a2)보다 하는 것(a1)이 유리하다. 따라서 A는 B의 선택과 관계없이 a1을 선택하게 되며 이것이 A의 우월전략이다.

마찬가지로 B의 우월전략을 파악해보면 A가 a1을 선택할 때 B는 b1을 선택하는 것이 유리하고 A가 a2를 선택할 때에도 B는 b1을 선택하는 것이 유리하다. 따라서 B의 우월전략은 b1이다. 즉 (주)하늘모터스와 (주)바다자동차 모두 광고를 하는 것이 우월전략이 된다.

|오답풀이|

② 내시균형이란 경쟁자들이 서로에 대한 대응으로 최선의 선택을 하여 더 이상 선택을 바꾸지 않는 상태를 의미한다.

24 예산관리능력 직접비용, 간접비용 구분하기

|정답| ④

|해설| 예산의 구성요소는 일반적으로 직접비용과 간접비용으로 구분된다. 직접비용은 제품이나 서비스를 창출하기 위한 비용으로 재료비, 원료와 장비, 시설비, 여행(출장) 및 잡비, 인건비가 있으며 간접비용은 직접비용을 제외한 비용으로 제품 생산이나 서비스 창출에 직접 관련되지 않은 비용으로 보험료, 건물관리비, 광고비, 통신비, 사무비품비, 각종 공과금 등이 있다.

25 기술이해능력 기술시스템 이해하기

|정답| ⑤

|해설| 기술경쟁은 기술시스템 사이에 경쟁이 일어나는 단계이며, 기술시스템이 탄생하고 성장하는 것은 발명 · 개발 · 혁신의 단계이다.

26 기술능력 기술의 특징 이해하기

| 정답 | ②

| 해설 | 기술은 노하우(Know-how)와 노와이(Know-why)로 나눌 수 있는데 노하우란 흔히 과학자, 엔지니어 등이 가지고 있는 체화된 기술이며, 노와이는 어떻게 기술이 성립하고 작용하는가에 관한 원리적 측면에 중심을 둔 개념이다. 기술을 설계하고 생산하고 사용하기 위해 필요한 정보, 기술, 절차를 갖는 데 노하우가 필요하므로 노하우가 기술에 포함되지 않는다는 설명은 적절하지 않다.

27 기술적용능력 4차 산업혁명의 기술 이해하기

| 정답 | ②

| 해설 | 1단계에서 데이터를 정리하고, 2단계에서 데이터베이스를 구축한 다음 이를 바탕으로 시스템 최적화 및 UI를 개선한다고 하였다. 데이터의 정리 및 관리가 주요 내용이므로 이 개발 계획에서 알 수 있는 제4차 산업혁명의 기술은 빅데이터이다.

28 기술선택능력 제품설명서 이해하기

| 정답 | ③

| 해설 | '고장'과 '재생이 안 되는 상황'을 잘 구분하여야 한다.

㉡ 원형이 아닌 다른 모양의 디스크를 사용할 경우에는 재생이 되지 않을 수 있다.

㉣ 해당 제품이 재생할 수 있는 Bit rate는 8 ~ 320kbps이다. 따라서 Bit rate가 해당 범위에서 벗어난 경우에는 재생이 되지 않을 수 있다.

㉤ CD-DA와 MP3 / WMA 파일을 혼합한 디스크는 재생이 되지 않을 수 있다.

| 오답풀이 |

㉠ 청소 시 시너를 사용하면 고장이 발생할 수 있다.

㉢ 직사광선 아래에 장시간 주차하면 차량 내부 온도가 높아져 제품에 고장이 발생할 수 있다.

㉥ 해당 제품은 가변 압축률을 이용한 MP3 파일을 재생할 수 있으므로 이는 적절한 사용법이다.

29 경력개발능력 경력개발단계 이해하기

| 정답 | ④

| 해설 | 경력개발과정 8단계에 따르면 다음과 같다.

1. 경력탐색(Career Exploration) : 해당 직무와 관련된 모든 정보를 수집하는 것으로 자기 자신 그리고 환경에 관한 정보를 모으는 것을 포함한다. → (사)
2. 자신과 환경 인식(Awareness of Self and Environment) : 개인이 심도 있게 자기를 인식하고 환경에 존재하고 있는 기회와 제약에 대하여 이해한다. 이러한 인식은 개인들이 경력목표를 수립하거나 수정하도록 이끌고, 전략개발을 이끌어 낸다. → (마)
3. 목표설정(Goal Setting) : 자신이 경력개발을 통해 달성하고자 하는 목표를 설정한다. → (나)
4. 전략개발(Strategy Development) : 경력목표를 달성하기 위한 행동계획을 수립하고, 효과적인 실천을 위한 전략방안을 마련한다. 전략이 실제적인 자기인식과 환경적인 인식에 기초하고 있다면 더 효과적이다. → (바)
5. 전략이행(Strategy Implementation) : 경력개발계획에 따라 경력개발을 이행할 준비를 하고 실행에 옮긴다. → (다)
6. 목표를 향한 과정(Progress Toward the Goal) : 개인들이 경력목표에 다가가기 위한 범위 내에서 경력개발을 적극적으로 추진한다. → (라)
7. 작업과 비작업 자원으로부터의 피드백(Feedback from Work-nonwork Sources) : 직무와 직접적으로 관련있는 동료, 감독자 그리고 전문가와 같은 작업 자원으로부터 유용한 정보를 획득하고 친구, 가족과 같이 직무와 직접적인 관련이 없지만 조언을 구할 수 있는 비작업 자원으로부터 의견을 수렴한다. → (아)
8. 경력평정(Career Appraisal) : 자신의 경력을 평가하여 점검한다. 이 평정은 경력탐색에 있어 새로운 과제를 부여한다. → (가)

30 경력개발능력 경력개발 프로그램 이해하기

| 정답 | ②

| 해설 | 경력개발 프로그램 개발의 목적은 개인 차원의 경력개발과 조직 차원의 경력관리가 상호조화를 이루기 위함이다. 개인의 역량발휘동기를 자극하여 궁극적으로 조직성과에 기여함으로써 구성원과 조직이 상생하는 결과를 갖기

위하여 조직에서는 조직의 요구와 개인의 능력을 매칭시켜 개인별 맞춤 커리어 경로를 제공하고 구성원 개인은 조직의 요구를 고려하여 개인의 경력개발계획을 수립하는 것이 적절하다.

31 자아인식능력 집단에 속하려는 이유 파악하기

| 정답 | ③

| 해설 | 프리랜서는 자유계약자 혹은 자유 직업인을 말한다. 이는 일정한 직장이나 회사에 소속되어 있지 않고 자유계약에 의해 일을 하는 사람을 일컫는다. 김서윤 씨의 말을 보면 프리랜서로 일하던 중에는 거래하던 회사가 폐업해 일을 중단하는 경우나 계약을 파기하는 경우가 있었으며 앞으로는 회사의 보호를 받으며 일하고 싶다고 말한다. 따라서 김서윤 씨가 집단에 속하려는 가장 큰 이유는 '안정감'임을 알 수 있다.

32 자기관리능력 행복의 5요소(PERMA) 이해하기

| 정답 | ③

| 해설 | 마틴 셀리그만(Martin E. P. Seligman)은 행복의 다섯 가지 요소를 '페르마(PERMA)'라고 칭하였으며 이는 긍정 정서(Positive Emotion), 몰입(Engagement), 관계(Relationship), 의미(Meaning) 그리고 성취(Accomplishment)를 뜻한다.

33 대인관계능력 대인관계 발전 모형 파악하기

| 정답 | ②

| 해설 | 2단계에서는 서로 사적인 자아를 드러내고 상호의 존적이게 되며 상대방에 대해 탐색하고자 한다.

| 오답풀이 |

① 1단계 접촉 : 다른 사람을 만나고 매력을 느낀다.

③ 3단계 친밀감 형성 : 다른 사람에게는 밝힐 수 없는 생각이나 감정을 표현하며 상대방에게 헌신하는 절친한 친구나 연인, 동료가 되는 등 안정적인 관계가 된다.

④ 4단계 악화 : 일부 관계는 여러 요인에 의해 붕괴된다.

⑤ 5단계 회복 : 관계가 끝남으로써 예상되는 보상과 관계 지속으로 생기는 보상을 비교하여 가능한 해결책을 찾고 변화해야 한다. 분리를 합의하거나 한 사람이 떠날 때 6단계(해체)가 이루어진다.

34 고객서비스능력 고객 불만 처리 프로세스 이해하기

| 정답 | ③

| 해설 | 고객 불만 처리 프로세스는 경청 → 감사와 공감표시 → 사과 → 해결 약속 → 정보 파악 → 신속 처리 → 처리 확인과 사과 → 피드백의 8단계로 구분된다.

A는 '사과' 단계로 고객의 이야기를 듣고 문제점에 대해 인정하며 잘못된 부분에 대해서 사과한다. 이에 해당하는 대화 내용은 (라)이다.

B는 '정보 파악' 단계로 문제해결을 위해 꼭 필요한 질문만 하여 정보를 얻는다. 만약 최선의 해결방법을 찾기 어려우면 고객에게 어떻게 해 주면 만족스러운지를 묻는다. 이에 해당하는 대화 내용은 (마)이다.

C는 '처리 확인과 사과' 단계로 불만처리 후 고객에게 처리 결과에 만족하는지를 묻는다. 이에 해당하는 대화 내용은 (아)이다.

35 리더십능력 코칭의 의미 알기

| 정답 | ①

| 해설 | 코칭(Coaching)이란 개인이 지닌 능력을 최대한 발휘하여 목표를 이룰 수 있도록 돕는 것을 말한다. 코칭 활동은 직원들의 능력을 신뢰하며 확신하고 있다는 사실에 기초하며 조직의 지속적인 성장과 성공을 만들어 내는 리더의 능력이다. 또한 직원들에게 질문을 던지는 한편 직원들의 의견을 적극적으로 경청하고 필요한 지원을 아끼지 않아 생산성을 높이고 기술 수준을 발전시키며, 자기 향상을 도모하는 직원들에게 도움을 주고 업무에 대한 만족감을 높이는 과정이다.

36 갈등관리능력 갈등 관리 방법 파악하기

| 정답 | ④

| 해설 | 조직 내에서 의견이 불일치하는 경우는 반드시 발생하며 이러한 논쟁을 건설적으로 해결하고자 하는 자세가 필요하다. 다른 팀원과 불일치하는 쟁점 사항이 생겼을

경우 서로 갈등의 존재를 인정하며 상호신뢰를 바탕으로 솔직하게 토의함으로써 갈등을 해결하는 것이 바람직하다. 따라서 관리자에게 먼저 말한다는 것은 옳지 않다.

37 직업윤리 비윤리적 행위의 원인 이해하기

|정답| ④

|해설| 최 씨는 자신의 행위가 비윤리적이라는 것은 알고 있지만 윤리적인 기준에 따라 행동해야 한다는 것을 중요하게 여기지 않았으므로 무관심에 기반한 행위이고, 조 씨는 자신을 통제하지 못해 비윤리적인 행위를 저질렀으므로 무절제에 기반한 행위이다.

38 공동체윤리 기업윤리 경영의 유형 파악하기

|정답| ②

|해설| 외부의 이해관계자, 정부, 생태계, 일반 공중과의 관계라고 하였으므로 외적 윤리에 해당하며, 요구되는 바람직한 기업의 행동을 포함하므로 적극적 윤리라고 할 수 있다. 따라서 ②는 대외적 적극적 기업윤리인 4유형에 대한 설명이다.

|오답풀이|

① 3유형(대내적 적극적 기업윤리)에 대한 설명이다.

③ 기업윤리경영의 모든 유형에 해당하지 않는다.

④ 1유형(대내적 소극적 기업윤리)에 대한 설명이다.

⑤ 2유형(대외적 소극적 기업윤리)에 대한 설명이다.

39 직업윤리 윤리적 의사결정의 원칙 파악하기

|정답| ①

|해설| 세 번째 문단을 보면 윤리적 의사결정을 내리기 위해서는 '의사결정의 기준이 공개되더라도 떳떳할 수 있는가?', '사람과 상황에 대한 처리가 공정하고 임의적이지 않은가?', '같은 상황에서 누가 결정하더라도 똑같은 선택을 할 수밖에 없었는가?', '의사결정에 따라 영향을 받는 사람들이 모두 받아들일 수 있는 선택인가?'를 고려해야 한다고 하였으므로 이에 해당하는 윤리원칙으로는 공개성의 원칙, 공정성의 원칙, 불가피성의 원칙, 보편성의 원칙임을 알 수 있다.

40 직업윤리 윤리적 사고 단계 파악하기

|정답| ①

|해설| 보참과 칠드레스(Beauchamp & Childress)는 실제 상황에서 윤리적 의사결정을 하거나 행동하는 데 이용 가능한 윤리적 사고 단계를 4단계로 제시하였는데 1수준은 윤리적 판단과 행동, 2수준은 윤리규칙, 3수준은 윤리원칙, 4수준은 윤리이론이다.

고시넷 전공필기시험 완전정복

경영학 기본서

신경향 이론 · 빈출테마

- 전공 실제시험을 경험하다 -

파트 1 기출문제

파트 2 경영과 기업 [경영학원론 I]

파트 3 기업활동의 조직 [경영학원론 II]

파트 4 인사관리

파트 5 생산관리

파트 6 마케팅관리

부록 실전모의고사

고시넷 공기업

서울교통공사 NCS 기출예상모의고사

8회